행복한 성공의 바이블

카네기 인간관계론

와일드북
와일드북은 한국평생교육원의 출판 브랜드입니다.

행복한 성공의 바이블
카네기 인간관계론

초판 1쇄 인쇄 · 2022년 3월 10일
초판 8쇄 발행 · 2022년 11월 30일

지은이 · 데일 카네기
편　역 · 유광선 · 최강석
발행인 · 유광선
발행처 · 한국평생교육원
편　집 · 장운갑
디자인 · 이종헌

주　소 · (대전) 대전광역시 유성구 도안대로589번길 13 2층
　　　　　(서울) 서울시 서초구 반포대로 14길 30(센츄리 1차오피스텔 1107호)
전　화 · (대전) 042-533-9333 / (서울) 02-597-2228
팩　스 · (대전) 0505-403-3331 / (서울) 02-597-2229

등록번호 · 제2018-000010호
이메일 · klec2228@gmail.com
　　　　　instagram @wildseffect

ISBN 979-11-88393-92-3 (13190)
책값은 책표지 뒤에 있습니다.

잘못되거나 파본된 책은 구입하신 서점에서 교환해 드립니다.

행복한 성공의 바이블

카네기
인간
관계론

데일 카네기 지음 | **유광선 · 최강석** 편역

자기관리론 | 성공 처세론 | 인생론

와일드북
WILD

이 책의 활용법

이 책은 실행을 위한 책이라고 할 수 있습니다. 이 책을 읽고 아무런 행동변화를 하지 않는다면 시간낭비가 될 수 있습니다.
다음과 같이 크게 2가지 방식의 활용법을 제안합니다.
어느 방식으로 해도 좋고 자신만의 새로운 방식을 고안하는 것도 좋습니다만, 실행에 중점을 두시기 바랍니다.

1안〉 혼자 읽기

1) 일단 전체 내용을 빠르게 읽고
2) 처음부터 다시 읽으면서 활용할 만한 아이디어에 밑줄 긋기
3) 각 장의 코칭 질문에 스스로 답을 적어보기
4) 독서와 코칭 질문을 바탕으로 실행계획을 작성하기
5) 실행하고 실행 결과와 소감을 기록하기
6) 2)~5)를 4~8주 동안 진행하기

2안〉 함께 읽기

1) 함께 읽고 실행할 사람 모으기(예: 독서 모임)
2) 각자 매주 각 장을 읽고
3) 함께 '코치의 질문'을 활용하여 대화 나누기
4) 독서와 대화를 통해 얻은 통찰을 바탕으로 실행계획 세우기
5) 실행 결과와 소감을 메모하여 모임에서 나누기
6) 2)~5)를 4~8주 동안 진행하기

데일 카네기(Dale Breckenridge Carnegie, 1888년~1955년)는 미국 미주리주 출신의 작가이며 강사이다. 그는 미주리주 워렌스버그에서 주립 학예대학을 졸업한 뒤 네브래스카에서 한때 교사와 잡상인 등의 잡다한 일에 종사하기도 하였고, 1911년에는 뉴욕 연극연구소에 들어가 지방 순회의 극단에 소속되어 활동하기도 했다.

그러나 그는 극단에도 별로 취미를 느끼지 못했고 뉴욕의 한 트럭회사에서 세일즈하기도 했다. 그러다가 그는 자신이 가장 적합한 일은 역시 대학 시절에 한때 심취했던 '변론술'이라는 것을 깨닫고 1912년, YMCA에서 성인을 대상으로 하는 대화 및 연설 기술을 강연하기 시작했다.

처음에는 단지 2달러의 보수밖에 받을 수 없었지만 점차 강좌의 수강생이 늘기 시작해 이윽고 하룻저녁에 30달러의 보수를 받을 수 있었다. 비로소 성인교육에 대한 자기의 적성을 발견하고 이름도 알려지게 된 것이다. 교육 내용은 참가자의 실천사례를 중심으로 진행되는 특징을 보이며 선풍적인 인기를 끌게 되었다. 그 이후 점점 강좌가 개선되어 인간관계와 소통, 리더십에 이르기까지 당시 미 중산층의 요구에 부응하며 강좌를 발전시켰다.

이후 데일 카네기는 '데일 카네기 트레이닝'을 설립하여 성인교육의 원조라 할 수 있는 '데일카네기코스'를 널리 보급하였고 현재는 전 세계 90여 개국에 데일 카네기 네트워크가 형성되어 있다. '카네기 인간관계론'은 이 교육강좌에서 나온 수많은 사례를 바탕으로 저술된 책이다.

그 밖에 공식적인 그의 저서로는 대표 저서인 '인간관계론 How To Win

Friends and Influence People' 외에, '행복론How To Stop Worrying and Start Living', '연설 및 대화The Quick and Easy Way to Effective Speaking' 등이 있으며, 우리나라에서는 그의 저서가 다양하게 번역 및 편역되어 '인간관계론, 자기관리론, 행복론, 인생론, 성공론, 대화론', '데일 카네기의 1% 성공 습관', '데일 카네기 나의 멘토 링컨', '화술 123 법칙' 등이 출간되어 소개되고 있다.

데일 카네기는 세상에는 수많은 능력을 지닌 사람이 많지만, 그중에서도 '친구를 얻고 사람을 변화시킬 수 있는 능력'이야말로 가장 위대한 능력이라고 말하였고, 그러한 자신의 신념을 바탕으로 강의를 진행하였다. 그리고 그 교육에서의 실천사례와 내용을 종합하여 그의 대표 저서인 '인간관계론How To Win Friends and Influence People'을 저술한 것이다.

이 '인간관계론'은 1936년에 처음 출판되었으며 현재까지 미국에서 1,500만 부 이상이 판매되었고 전 세계적으로는 약 1억 부가량이 팔렸다.

1980년대까지만 해도 그의 '인간관계론'은 '카네기 처세술'이라는 제목으로 번역되어 출판되었고 1990년대 이후에는 그 시대의 흐름에 맞게 주로 '카네기 인간관계론'과 같은 제목으로 출판되고 있다.

본서는 데일 카네기의 '인간관계론'에 초점을 맞추고 있지만 그의 저서 중 '자기관리론, 성공 처세론, 인생론'을 취합하여 편역자 임의로 발췌 번역한 후 다시 독자들의 시선을 끌고 실천할 수 있는 내용을 한데 묶어 편집한 것이다. 그리고 부록으로 '카네기 대화술' 중 핵심만 요약하였다.

대부분의 자기 계발서는 독자들이 이해하고 수긍하기는 하지만 막상 실천하려고 하면 쉽지 않다. 그러나 이 책은 중고등학생이라도 쉽게 응용할 수 있도록 예시를 들어 설명하였고 문맥상 난해한 부분은 풀어서 설명하였다.

그뿐만 아니라 각 장이 끝날 때마다 '코치의 질문'이 할애되어 있다. 독자 여러분은 스스로 답할 수 있으며 혹은 동료나 친구와 함께해도 좋다.

이는 국제코치연합과 그 밖에 전문가들의 도움을 받아 작성되었으며 이 책을 읽는 다양한 계층의 사람들에게 유용하게 쓰일 것으로 믿는다.

모쪼록 독자들은 이 책에 쓰인 내용을 잘 음미하여 평소의 생활 태도로 삼는다면 반드시 얻는 것이 있을 것이다.

— 편역자 유광선, 최강석

＊ 이 책을 출간하는 데 도움을 주신 국제코치연합 강은영, 고옥희, 김민정, 문혜숙, 박소현, 신의정, 오정희, 이봉선, 이유라, 이응준, 임근희, 황연정, 황준연 코치님께 감사드립니다.

잠시 후 당신은 데일 카네기의 인간관계론 수업에 참여하게 됩니다.
본 수업에 들어가기에 앞서 아래 질문에 대해 스스로 답해봅시다.

① 자신의 인간관계 능력을 10점 만점으로 표현해본다면, 현재 몇 점 정도라고 생각되나요?

② 만약 자신의 인간관계 능력이 10점이 되었다면 어떤 모습일까요?

③ 그때 자신의 말과 행동은 다른 사람들에게 어떻게 보일까요?

④ 자신을 아는 사람들은 자신을 어떤 사람이라고 말해줄까요?

⑤ 그 상태가 되면 자신의 일이나 삶에서 어떤 파급효과가 있을까요?

| 서문 |

나는 이 책을 쓰기 위해 신문, 잡지, 재판기록 등의 많은 자료와 심리학, 철학 그밖에 인간관계 서적을 일 년 반 동안이나 수집했다. 그리고 각계각층의 명사를 만나 직접 그 대화를 채록하기도 했다. 그리고 나는 오랫동안 '사람을 변화시키는 법'에 대한 강습회를 개최해 왔다. 국내뿐만 아니라 유럽 곳곳의 도시로 출장을 다녔고, 전기, 전화회사 등의 초청을 받아 사원들의 연수 교육을 맡았다.

처음 강습회를 시작할 무렵, 강의에 필요한 교재를 찾았지만 쓸 만한 책을 구할 수 없었기에 내가 직접 교재를 만들겠다고 결심했다. 이렇게 마련한 자료를 기초로 하여 나는 '친구를 얻고 사람을 변화시키는(움직이는) 법'이라는 짧은 강연 초고를 준비하였다.

나는 그것을 '짧은 것'이라고 표현했지만, 지금은 한 시간 반이나 걸리는 꽤 알찬 내용의 강연 거리가 되었고, 지난 수년 동안 계절이 바뀔 때마다 뉴욕에서 열리는 카네기 연구소 강습회에서 성인 남녀들에게 이 강연을 들려주었다.

나는 강연이 끝난 다음 수강생들에게 앞으로 나가 직접 사연이나 사교적인 접촉에서 들은 바를 시험해보고 다시 강의실로 들어와 그들이 겪은 바 경험 또는 성과를 이야기해 보도록 하였다. 그리고 그것은 꽤 재미있는 숙제 거리였고 매혹적인 것이었다.

이 책은 한 번에 쓴 것이 아니라 해를 거듭함에 따라 어린아이와 마찬가지로 성장하였으며 수많은 사람들의 경험에서 자라고 발전되어 나온 것이다.

몇 년 전만 해도 우편 엽서만 한 카드에 몇 가지 원칙을 프린트한 것으로 출발하였지만, 다음 계절에는 카드가 조금 커졌고, 그다음에는 전단만 해졌고, 그다음에는 몇 권의 조그마한 책자가 되어 그 부피는 점차 범위가 확대되어 갔다.

그 이후 15년에 걸친 실험과 연구의 결정으로 이 책이 나오게 된 것이다. 이 책 속에 게시된 원칙은 단순한 이론이나 추측의 산물이 아니다. 이들 원칙은 신통할 만큼 잘 들어맞는다. 사실같이 들리지 않을지 모르겠지만, 그 원칙을 적용함으로써 여러 사람의 생활에 문자 그대로 혁명을 가져오는 것을 나는 목격하였다.

사회는 여러 사람이 어우러져 사는 공동체적인 삶의 터전이다. 그러므로 인간관계의 중요성을 인정하지 않을 수 없다. 이토록 중요한 것을 학교에서는 가르쳐주지 않는다. 이로 인해 사회 초년생 또는 기성세대들이라 하더라도 사회에서 실패와 좌절을 겪는다. 단지 많은 사람 중 몇 명만이 인간관계를 조정하는 원리를 일깨울 뿐, 대부분은 평생 그 비결을 알지 못한 채 생을 마친다. 나는 요즘같이 눈부시게 진보하는 현대 사회에서 인간관계를 조정하는 원리를 찾았고 아울러 풍부한 경험을 바탕으로 알기 쉽게 그 원리를 설명하고자 했다.

인류 역사를 살펴보면, 동서고금 현자들 대부분의 가르침이 바로 인간관계를 설명하는 것들이다. 그러므로 내가 설명하고 있는 원리는 새롭거나 심오한 것이 아니라 오히려 진부해 보일지도 모른다.

어쨌든 나는 오랫동안 전해 내려온 심오한 사상을 설명하는 것이 아니라, 다만 현대 사회를 살아가는 우리에게 꼭 필요한 생활 테크닉을 전하고 싶을 따름이다.

— 데일 카네기

제1장

인간관계의
기본

미소는 가정에 행복을, 사업에서는 신뢰를 가져온다.
그리고 슬퍼하는 사람에게는 태양이 되고,
괴로워하는 사람에게는 해독제가 된다.

★★★
순수한 관심을 보여주어야 한다

친구를 만들고 싶으면 우선 그 사람을 위해서 일해야 한다. 그렇다고 친구 얻는 법을 배우기 위해서 책까지 읽을 필요는 없다. 다만 세상에서 그 방면에 가장 뛰어난 사람의 기략을 배우면 된다.

강아지는 사람이 다가가면 반갑다고 꼬리를 흔든다. 무슨 다른 속셈이 있어서 그와 같은 애성 표시를 하는 것이 아니다. 집이나 토지를 팔아넘기려 하거나, 결혼해 달라는 저의는 더욱 없다.

아마 하등의 일도 하지 않고 살아가는 가축은 개뿐일 것이다.

닭은 달걀을 낳고, 소는 우유를 생산하지만 개는 오로지 사람에게 애정을 드러내는 것만으로도 귀여움을 독차지하며 살아가는 것이다.

내가 다섯 살이 되던 해, 아버지는 황색의 강아지 한 마리를 사 오셨다. 그 강아지의 존재는 나에게 있어서 그 무엇과도 바꿀 수가 없는 기쁨이며 영광이었다.

매일 오후 4시 30분쯤 되면, 강아지는 앞마당에 앉아서 맑은 눈동자로 가만히 집 안쪽을 쳐다보고 있다가 내 목소리가 들리거나 혹은 나무숲 사이로 내 모습이 보이기만 하면 마치 총알처럼 숨을 헐떡이며 달려와서는 기뻐 날뛰며 짖어대거나 꼬리를 흔들고는 했다.

그로부터 5년 동안, 강아지는 내 둘도 없는 친구였다. 그런데 어느 날 3미터도 떨어지지 않은 내 눈앞에서 강아지가 죽었다. 벼락을 맞은 것이다. 그 강아지의 죽음은 내 어린 마음에 평생 잊을 수 없는 슬픔을 남기고 갔다.

그 강아지는 심리학에 관한 책을 읽은 적도 없으며 그럴 필요도 없었다. 상대의 관심을 끌려고 하기보다는 상대에게 순수한 관심을 보여 주는 편이 훨씬 많은 사랑을 받는다는 것을 본능으로 알고 있었던 것이다.

그렇다. 친구를 얻는 데는 상대의 관심을 끌려고 하기보다는 상대에게 순수한 관심을 보내는 일이 더 중요하다. 그런데 세상에는 다른 사람의 관심을 끌기 위해 엉뚱한 노력을 계속하지만 그 이치를 깨닫지 못하는 사람이 의외로 많다. 그래서는 아무리 노력해도 소용이 없다.

사람들은 대체로 남의 일에 관심을 두지 않는다. 오직 자기의 일에만 관심을 두고 있는 것이다.

뉴욕의 한 전기회사에서 '어떤 말이 가장 많이 사용되고 있는가.' 하고 그 통화내용을 연구한 적이 있다. 예상대로 가장 많이 사용되고 있는 단어는 '나'라는 말이었다. 5백 번의 통화에 무려 3,990번이나 '나'라는 말이 사용되었다.

여러 사람과 함께 찍은 사진을 볼 때 우리는 제일 먼저 누구의 얼굴을 찾는가? 이 질문에 대해서 굳이 대답할 필요는 없을 것이다.

자신이 타인에게 관심을 두고 있다고 생각하는 사람은 다음 질문에 대답해 주기 바란다.

"만약 당신이 오늘 밤 죽었다고 한다면 몇 사람의 조문객이 장례식에 참석해 줄 것인가?"

루스벨트 대통령의 절대적인 인기의 비밀도 역시 여기에 있었다. 하인들 한 사람 한 사람까지도 그를 흠모했으며, 그의 시종 흑인 요리사 제임스 에모스는 "요리사의 입장에서 본 루스벨트"라는 책자를 출간했는데, 그 책에 다음과 같은 한 대목이 있다.

어느 날이었다.

내 아내가 대통령에게 '딱따구리는 어떻게 생겼느냐?'라고 물어본 적이 있었다. 그때까지 아내는 딱따구리를 본 적이 없었다. 대통령은 내 아내에게 딱따구리는 어떠어떠한 새라는 것을 입이 닳도록 가르쳐 주었다.

그리고 나서 며칠 후, 우리 집에 전화가 걸려왔다. 아내가 전화를 받으니 상대방은 대통령이었다.

"지금 마침 그쪽 집 창밖에 딱따구리가 한 마리 있으니까 창문으로 내다보면 그 새가 보일 것입니다."

일부러 전화로 알려준 것이다.

이 작은 에피소드가 대통령의 인품을 잘 나타내 보여 주었다. 대통령이 우리의 집 앞을 지나칠 때는 우리의 모습이 보이든 보이지 않든 반드시 '이봐, 애니? 어이, 제임스!'라고 친근하게 인사를 던져 주고 갔다.

고용인들은 이러한 주인 같으면 좋아지지 않을 도리가 없을 것이다. 고용인이 아니더라도 누구나 좋아질 것이다.

어느 날, 태프트 대통령의 부부가 부재중에 백악관을 찾게 된 루스벨트는 그의 재임 때부터 일하고 있는 고용인들의 이름을 한 사람도 빠짐없이 기억하고 있어서 부엌의 찬모에게까지 친근한 목소리로 이름을 불러 인사를 했다. 이것은 그가 비록 손아랫사람이라도 진심으로부터 호의를 품고 있다는 증거가 될 것이다.

요리실에서 일하는 앨리스를 만났을 때 루스벨트는 그녀에게 물었다.

"지금도 여전히 옥수수빵을 굽고 있어요?"

"예, 하지만 지금은 저희가 먹기 위해 이따금씩 굽고 있을 뿐입니다. 3층 분들은 아무도 드시지 않습니다."

앨리스가 이렇게 대답하자, 루스벨트는 커다란 목소리로 말했다.

"진짜 옥수수빵 맛을 모르는 모양이군. 대통령을 만나면 한마디 말해 주어야겠군."

앨리스가 접시에 담아서 내놓은 옥수수빵을 한 조각 집어 입에 넣고 씹으면서 그는 밖으로 나갔다.

정원으로 나온 그는 정원사와 다른 일꾼들을 보자, 이전과 조금도 다름 없는 친근한 말씨로 하나하나 이름을 부르며 얘기를 걸었다.

일꾼들은 지금까지도 그때의 일을 기억하고 가끔 얘깃거리로 삼는다. 특히 아이크 후버라는 사람은 기쁨의 눈물을 보이면서 다음과 같이 말했다.

"최근 2년 동안에 이렇게 즐거운 날은 없었습니다. 이 기쁨은 도저히 돈으로 바꿀 수 없다고들 얘기를 나누었습니다."

내 경험으로 보아 이쪽이 진심으로부터 관심을 보이면 상대가 아무리 바쁜 사람이라도 관심을 보여 주며, 시간도 내주고 또 협력도 해주는 법이다.

기원전 1백 년 전에 로마의 시인 시라스는 이미 다음과 같이 말한 적이 있다.

"우리는 자기에게 관심을 보여 주는 사람들에게 관심을 보인다."

★ ★ ★

항상 미소를 지어야 한다

표현은 말 이상의 웅변이다.

"저는 당신을 좋아해요. 당신 덕분으로 매우 즐겁습니다. 당신을 만나

뵐 수 있어서 너무 기쁘답니다."

개가 귀염을 받는 이유이다. 개는 우리를 보면 기뻐서 어쩔 줄을 모른
다. 자연히 우리도 개가 귀엽게 느껴진다.

마음에도 없는 미소는 아무도 속지 않는다. 그러한 기계적인 미소에는
오히려 화가 치민다.

뉴욕의 어느 백화점 책임자의 말에 따르면, 직원으로서는 진지한 얼굴
을 가진 대학원 출신의 아가씨보다도 오히려 사랑스러운 미소를 짓는, 초
등학교도 제대로 졸업하지 못한 아가씨를 채용한다는 것이다.

미국 굴지의 고무회사 대표 얘기로는, '일이 재미가 나서 못 견딜 정도
가 아니면 좀처럼 성공할 수 없다.'라고 말한다.

상대가 즐거워하기를 바라는 사람은 우선 자기부터 즐거워해야 한다.

미소 따위를 보이고 싶지 않을 때는 어떻게 하면 되는가. 방법은 두 가
지가 있다.

우선 첫째는 무리하게라도 웃어 보이는 것이고, 둘째는 혼자 있을 때라
면 휘파람을 불거나 콧노래를 부름으로써 행복해서 못 견디겠다는 듯이
행세한다. 그러면 정말로 행복한 기분이 생겨나기 때문에 미소는 아주 묘
한 것이다.

다음에 인용하는 앨버트 하버드의 말을 잘 읽어 주기 바란다. 그러나
다만 읽는 것만으로는 아무 소용이 없다. 실행해야 한다.

◎ 집에서 나올 때는 턱을 끌어당기고 목을 반듯하게 세워서 가능한 한 크게 호흡할 것.

◎ 가슴을 활짝 열어 태양의 기운을 빨아들이도록 한다.

◎ 다른 사람에게 웃는 얼굴로 대하고 악수할 때는 정성스럽게 마음을 다한다.

◎ 하고 싶은 일을 분명히 마음속으로 다진다.

◎ 똑바로 목표를 향해 돌진한다.

◎ 항상 크고 훌륭한 일을 성취하고야 말겠다고 생각한다.

그러면 세월이 흐름에 따라서 어느 사이엔가 염원을 달성하는 데 필요한 기회가 자기의 품속에 쥐어진 것을 느끼게 될 것이다. 이는 마치 산호가 조류로부터 양분을 섭취하는 것과 같다.

예로부터 중국인들은 현명하기도 했지만, 처세에 아주 능숙했다. 그들의 격언에 다음과 같은 것이 있다.

"미소를 지을 줄 모르는 사람은 사업가가 될 자격이 없다."

★ ★ ★

상대방의 이름을 기억하자

사람들로부터 호감을 얻는 가장 간단하고 중요한 방법은 상대방의 이름을 기억하고, 상대방에게 자신감을 갖게 하는 일이다.

1898년, 뉴욕의 한 작은 마을에서 불행한 일이 발생했다.

짐 파레라는 사람이 마구간에 말을 끌어 내리러 갔다. 땅 위에는 눈이 쌓이고 날씨는 유난히 추웠다. 물통이 있는 곳까지 말을 데리고 가는 도중에 말이 갑자기 날뛰며, 뒷발을 높이 치켜들어서 짐 파레가 죽어버린 것이다.

짐 파레는 아내와 세 명의 아들, 그리고 약간의 보험금만을 남겨 놓고 세상을 떠났다.

그의 장남도 아버지 이름을 따서 짐이라 했지만 이제 겨우 열 살이 되었을 뿐이며 기와 공장에 품팔이를 나가야만 했다. 모래와 흙은 짓이겨 나무

틀에 넣은 다음, 그것을 햇볕에 말리는 것이 그의 일이었다.

어린 짐에게는 학교에 다닐 여유가 없었다. 그러나 어린 소년 짐은 아일랜드 사람 특유의 쾌활함을 지니고 있어서 누구에게나 호감을 샀다.

그는 사람의 이름을 잘 외우는 기이한 능력을 발휘하기 시작했다.

고등학교나 대학교 같은 곳은 가본 적도 없었지만 46세가 되었을 때는 네 군데의 대학에서 학위를 주고, 민주당 전국위원장과 체신 장관을 역임했다.

언젠가 나는 짐과 회견하게 되었고, 그의 성공 비결을 물으니 대답은 간단했다.

"그야 물론 근면입니다."

"농담은 좋아하지 않습니까?"

내가 이렇게 말하니 그는 도리어 내 의견을 물었다.

"그럼 선생님은 제 성공의 비결이 무엇이라고 생각하십니까?"

"그야 당신의 특별한 재능 때문이겠지요. 당신은 무려 1만여 명의 이름을 기억하고 있다고 들었습니다만……."

그러자 그는 즉시 내 말을 정정했다.

"아니, 5만여 명입니다."

프랭클린 루스벨트가 대통령이 되는 데에는 짐의 이 능력이 크게 도움이 되었다고 한다.

짐은 석고회사의 세일즈맨으로 여러 곳을 돌아다녔으며, 스토니 포인트의 관청에 근무할 때 사람의 이름을 기억하는 방법을 연구해 낸 것이다.

그 방법은 지극히 간단한 것이었다.

처음 대면하는 사람이라도 그의 성명, 가족, 직업, 정치에 관한 의견 등을 묻는다. 그리고 그것을 머릿속에 기억해 둔다. 그러면 그는 다음에 만났을 때, 비록 1년이 지났을지라도, 그 사람의 어깨를 두드리며 아내나 아이들의 얘기를 묻거나 정원에 심겨 있는 나무 얘기까지 할 수가 있었다. 그의 지지자가 늘어나게 되는 것은 어쩌면 당연한 일이었다.

루스벨트가 대통령 선거에 출마하기 전, 짐은 서부 및 서북부 각 주위 사람들 앞으로 매일 수백 통의 편지를 보냈다.

이어서 그는 기차를 타고 19일 동안 20여 주를 돌았다. 행로의 전 코스는 실로 1만 2천 마일, 그 사이에 마차, 기차, 자동차, 작은 배 등등 거의 모든 교통편을 이용했다.

마을에 도착하자마자 그 마을 사람들과 식사와 차를 함께 나누며 얘기를 나누고, 그런 다음 다른 마을로 떠나는 그러한 바쁜 일정이었다.

동부로 돌아와서 이번에는 마을의 대표자들에게 즉시 편지를 보내 회합에 모인 사람들의 명단을 보내줄 것을 의뢰했다. 그리하여 그의 손에 들어온 이름의 수는 수만 명에 이르렀다. 그리고 그 사람들은 민주당 전국위원장 짐으로부터 친절미가 넘치는 서신을 받았다.

그 편지는 '빌'이라든가 '존'으로 시작해 서명에는 '짐(제임스의 애칭)'으로 되어 있어서 친숙한 벗들 사이의 편지와 같은 투로 쓰여 있었다. 사람들은 남의 이름 따위에는 전혀 관심 밖이지만, 자기 이름에는 그렇지 않다는 것을 짐은 일찍부터 알고 있었다.

상대의 이름을 기억하고 불러준다는 것은 참으로 기분이 흐뭇한 일이며, 부질없는 아첨보다도 몇 배의 효과를 낼 수 있다. 그와 반대로 상대의 이름을 잊어버리거나 틀려서 쓰게 되면 기분을 상하게 한다.

나는 파리에서 웅변술의 강연회를 연 적이 있다. 재불 미국인에게 등사판으로 인쇄한 안내장을 보냈으나 영어의 소양이 없는 프랑스인인 타이피스트에게 주소를 쓰게 한 것이 실수의 원인이었다. 어떤 미국의 대은행 파리 지점장으로부터 이름의 철자가 틀려 있다고 엄중한 항의를 받은 적이 있다.

앤드루 카네기의 성공 비결이 무엇인가?

카네기는 강철왕으로 불리고 있지만 본인은 제강의 일에 관해서는 거의 아는 바가 없었다. 그는 자신보다도 훨씬 강철에 대해서 많이 알고 있는 수백 명의 사람들을 고용하고 있었던 것이다.

그리고 그는 사람을 다루는 방법을 알고 있었다. 그것이 바로 그를 강철왕으로 만든 것이다. 그는 어릴 때부터 사람을 조직하고 통솔하는 재능을 보여주었다.

10세 때는 이미 사람은 자신의 이름에 관심을 가지는 것이라고 자각하고 이를 이용해 타인의 협력을 얻었다.

다음에 한 가지 예를 들겠다.

그가 소년 시절의 얘기지만 어느 날 그는 토끼를 키우게 되었다. 그런데 그 토끼는 새끼를 배고 있었고 얼마 되지 않아서 수많은 새끼토끼가 작은 토끼집에 가득 찼다. 그러자 먹이가 모자랐다.

그때 그에게는 번쩍 기발한 생각이 떠올랐다. 이웃 아이들에게 토끼의 먹이가 되는 풀을 많이 뜯어온 아이의 이름을 토끼에게 붙여 준다고 했다.

이 계획은 어김없이 들어맞았고 카네기는 이때의 일을 절대로 잊지 않았던 것이다.

후일 이 심리를 사업에 응용해 그는 거액의 부를 얻었다. 그리고 또 다음과 같은 얘기가 있다.

그는 펜실베이니아 철도회사에 레일을 팔아넘기려고 하고 있었다. 그 당시는 에드거 톰슨이라는 사람이 그 철도회사의 사장이었다. 그래서 카네기는 피츠버그에 거대한 제철공장을 세운 다음, 그 공장을 '에드거 톰슨 제철소'라고 명명했다.

펜실베이니아 철도회사가 레일을 어디서 구매할 것인가는 독자의 상상에 맡겨도 좋을 것이다.

그 후, 카네기는 조지 풀맨과 침대차의 경쟁 매각이 시작되어 서로가 불꽃을 튕기고 있었다.

이때도 강철왕 카네기는 또 토끼의 교훈을 되새기게 되었다.

카네기의 센트럴 트랜스포테이션 회사와 풀맨의 회사는 유니언 퍼시픽 철도회사에 침대차를 팔려고 서로가 상대의 허점을 노리며 수입, 지출을 무시하고 경합을 하고 있었다. 따라서 카네기도 풀맨도 유니언 퍼시픽의 수뇌부를 만나기 위해서 뉴욕으로 갔다.

어느 날 밤, 호텔에서 이 두 사람이 얼굴을 마주쳤다. 카네기가 먼저 상대에게 말을 건넸다.

"아, 풀맨 씨 안녕하십니까? 생각해 보니 우리 두 사람은 서로가 참으로 어리석은 짓을 하고 있는 것 같습니다."

"그게 도대체 무슨 뜻이오?"

풀맨이 되물었다.

그러자 카네기는 이전부터 생각하고 있던 것을 그에게 털어놓았다. 그것은 두 회사의 합병안이다. 풀맨은 주의 깊게 듣고 있었으나 반신반의하는 모양이었다. 이윽고 풀맨은 카네기에게 이렇게 되물었다.

"그렇다면 그 새 회사의 명칭은 어떻게 할 셈이오?"

그러자 카네기는 즉석에서 대답했다.

"물론 풀맨 파레스 차량회사로 하죠."

풀맨은 금세 얼굴빛을 반짝이며 대답했다.

"그럼 내 방으로 가서 조용히 상의합시다."

이 협상은 미국 공업사에 새로운 장을 여는 계기가 되었다.

이처럼 친구나 거래 관계자의 이름을 존중하는 것이 카네기의 성공 비결의 한 가지였다. 그뿐만 아니라 카네기는 자신의 회사에서 일하고 있는 많은 노동자들의 이름을 기억하고 있는 것을 자랑으로 삼고 있었다. 그리고 그가 기업의 진두에 서 있는 동안에는 파업 사태가 한 번도 일어나지 않았다고 한다.

파르레프스키는 청중의 요청에 따라 전국으로 연주 여행을 떠났고 그때는 전용차를 타고 가지만 연주회가 끝난 후 밤참은 반드시 자신의 요리사에게 부탁했다.

파르레프스키는 그 흑인 요리사를 미국식으로 '조지' 따위로 격하시켜 부르는 일은 단 한 번도 없었고, 유럽식의 진지한 태도로 어떤 경우에도 '미스터 코파'라고 불러주었다. 물론 당사자인 미스터 코파는 매우 기뻐했음은 두말할 여지도 없다.

인간은 자신의 이름에 남다른 애착을 두고 있으며, 어떻게든 후세에 이름을 남기려 한다.

한때 인기를 끌었던 미국의 서커스 창시자이자 흥행사인 P. T. 바넘조차도 자신의 이름을 계승해 줄 자식이 없는 것을 걱정하다가 결국 손자인 C. H. 시레에게 자신의 이름을 쓰면 25,000달러를 내주겠다고 제의했다.

예나 지금이나 부자들도 책의 저자에게 돈을 지불하면서 '이 책을 아무개에게 바친다.'라고 자신의 이름을 책에 기입하는 걸 좋아한다.

대개의 사람들은 남의 이름을 별로 잘 기억하지 않는다. 바빠서 기억할 여유도 없고 필요성도 느끼지 않는다.

그러나 아무리 바빠도 프랭클린 루스벨트보다 더 바쁜 사람은 없을 것이다. 그 루스벨트가 우연히 마주친 한 기술자의 이름을 기억하기 위해 애를 쓴 적이 있었다.

크라이슬러 자동차회사가 루스벨트를 위해 특별 승용차를 제작한 일이 있는데, W. F. 첸바렌이 기술자와 함께 그 차를 가지고 대통령 관저로 갔다.

그때의 일을 첸바렌이 내게 보낸 편지에서 다음과 같이 말하고 있다.

저는 대통령께 특수한 장치가 붙어 있는 자동차의 조종법을 가르쳐 드렸습니다만 그분은 저에게 멋진 인간 조종법을 가르쳐주셨습니다. 관저를 찾으니 대통령께서는 아주 상쾌한 표정으로 제 이름을 불러서 얘기를 해주셨기 때문에 저는 매우 마음이 놓였습니다.

특히 감명 깊었던 것은 제 설명에 진심으로 흥미를 가져주신 일입니다. 그 차는 두 손만으로 조종할 수가 있게 되어 있었습니다. 구경꾼들이 몰려들었습니다.

그때 대통령은 이렇게 말씀하셨습니다.

"이건 정말 훌륭하군. 단추를 누르는 것만으로 자유롭게 조종할 수 있다니 대단하군. 어떤 장치가 되어 있을까. 틈나면 분해를 해서 충분히 속을 들여다보고 싶군."

대통령께서는 자동차에 눈이 팔려있는 사람들이 보는 앞에서 제게 또 말씀하셨습니다.

"첸바렌 씨, 이렇게 훌륭한 자동차를 만들기 위해 애를 많이 쓰셨겠죠. 정말 훌륭합니다."

라디에이터, 백미러, 시계, 조명 기구, 차내 장식, 운전석 트렁크 등등을 하나하나 다시금 확인하면서 매우 감탄하고 계셨습니다.

대통령은 제 고충을 충분히 이해해 주셨던 것입니다.

그리고 또 대통령은 영부인과 노동장관 미스 퍼킨스 등 주위에 계신 분들에게도 이 자동차의 새로운 장치를 보여 주고 설명하는 것을 잊지 않았습니다.

아울러 일부러 나이 지긋한 흑인 종업원을 불러서 '조지, 이 특제의 슈

트케이스는 특별히 잘 조심해서 취급해야겠어.'라고 일러주시기도 하였습니다.

운전 연습이 끝나자 대통령께서 제게 말씀하셨습니다.

"첸바렌 씨, 아까부터 연방 준비은행 사람들을 30분이나 기다리게 하고 있기에 오늘은 이 정도로 해둡시다."

저는 그때 기술자 한 사람을 데리고 갔습니다.

관저에 도착했을 때 그도 대통령께 소개되었습니다만 그 후는 잠자코 있었습니다. 대통령께서는 그의 이름을 한 번밖에 들은 적이 없을 것입니다. 본래가 내성적이어서 이 남자는 시종 사람들의 그늘 속에 숨어 있었습니다.

그런데 마지막으로 우리가 작별할 때가 되자, 대통령께서는 그 기술자를 찾아내어 그의 이름을 부르면서 악수를 하고 치하했습니다. 더구나 그 말씨는 결코 일상에서 쓰는 그런 형식적인 것이 아니고 진심으로부터 감사에 넘쳐 있었습니다.

저는 그것을 뚜렷이 알 수가 있었습니다.

뉴욕으로 돌아와서 수일 후 저는 대통령이 직접 사인을 한 사진과 감사장을 받았습니다. 대통령은 도대체 어떻게 이런 생각을 하셨는지 모르겠습니다.

저는 참으로 기이하게 생각했습니다.

프랭클린 루스벨트는, 사람에게 호감을 얻는 가장 간단하고 흔히 알려진, 그러면서도 가장 중요한 방법은 사람의 이름을 기억하고, 상대에게 자신감을 느끼도록 하는 일임을 알고 있었다.

그런데 그것을 알고 있는 사람이 세상에 몇이나 될까?

처음 보는 사람과 1~2분 동안 대화를 하고 막상 일어서려고 할 때는 상대의 이름을 생각해낼 수 없는 경우가 흔히 있는 법이다.

"유권자의 이름을 외우는 것, 그것이 정치적 수완이다. 그것을 잃어버리는 것은 곧 잊히는 것이다."

이는 정치가가 배워야 할 제1과제이다.

타인의 이름을 기억하는 것은 사업이나 사교에도 정치의 경우와 같이 중요한 일이다.

나폴레옹 3세는 나폴레옹의 조카뻘이 되는 사람이지만, 그는 바쁜 와중에도 불구하고 한 번 소개받은 일이 있는 사람의 이름을 모두 기억할 수 있다고 공언했다.

그가 사용한 방법은 매우 간단하다.

상대의 이름을 뚜렷이 들을 수가 없을 때는 '미안하지만 한 번 더 말씀해 주십시오.'라고 부탁한다. 만약 그것이 아주 이상한 이름 같으면 '어떤 글자를 쓰십니까?'라고 묻는다.

상대와 얘기하고 있을 때 그는 몇 번이나 상대의 이름을 되풀이하고 상대의 얼굴이나 표정, 모습 등과 함께 머릿속에 그려 넣기 위해 노력했다.

만약 상대가 중요한 인물 같으면 그는 더욱 노력을 거듭한다. 자신만의 시간이 되면 곧 메모지에 상대의 이름을 적고 그것을 쳐다보며 정신을 집중시켜 뚜렷이 기억한 후 그 메모지를 찢어내 버렸다.

이렇게 해서 눈과 귀와 양쪽을 동원해 기억하는 것이다.

이것은 꽤 시간이 걸리는 방법이지만 한번 시도해 봄 직하다.

에머슨의 말을 빌리면, '좋은 습관은 사소한 희생을 쌓아감으로써 이루어진다.'라고 했다.

★ ★ ★

진심으로 칭찬하자

뉴욕 8번가에 있는 우체국에서 나는 등기우편을 보내기 위해 순번을 기다리고 있었다.

우체국의 담당 직원은 매일같이 우편물의 계량, 우표와 거스름돈의 정산, 수령증의 발부 따위의 일정한 기계적인 일에 진절머리가 나는 듯 보였다.

그때 나는 문득 이런 생각이 들었다.

'어디, 이 사람으로 하여금 내게 호의를 갖도록 만들어 보자. 그렇게 하기 위해서는 내 일이 아니고 그의 일에 대해 무엇인가 부드러운 말을 해주어야겠다. 그에 대해서 내가 진정으로 감탄할 수 있는 일은 무엇일까?'

이것은 그리 쉬운 문제는 아니었다. 흔히 상대가 첫 대면의 사람이기 때문에 쉬운 일이 아닌 것이다. 그러던 중 나는 그에 대해서 곧 실로 멋진 것을 찾아낼 수가 있었다.

그가 내 우편물의 중량을 달고 있을 때 나는 진심으로 이렇게 말했다.

"당신의 아름다운 머리칼은 참 부럽군요!"

놀란 표정을 하고 나를 쳐다본 그의 얼굴에는 미소가 흐르고 있었다.

"웬걸요, 요즘은 전혀 못 쓰게 됐습니다."

그는 겸손하게 이렇게 말했다.

그전에는 어떠했는지 알 수는 없으니 어쨌든 훌륭하다고 나는 진심으로 얘기했고, 그의 기쁨은 매우 흐뭇한 것이었다. 우리는 겨우 두세 마디 유쾌하게 얘기를 나누었을 뿐인데, 그는 마지막으로 '실은 여러 사람이 그렇게 말해줍니다.'라고 본심을 털어놓았다.

그날 그는 마음이 들떠서 퇴근하고 집으로 가서 부인에게도 한마디 했을지도 모른다. 어쩌면 거울을 향해 '역시 멋있어!' 하고 혼잣말로 되새겼을지도 모른다.

나는 어느 날 이 얘기를 공개석상에서 끄집어냈다. 그러자 '그렇게 함으로써 선생님은 그 사람으로부터 무엇을 기대하고 있었습니까?'라는 질문을 하는 사람이 있었다.

내가 무엇을 기대하고 있었다니!

타인을 기쁘게 했다거나 칭찬을 했다고 해서 무슨 대가를 받지 않으면 마음이 편치 않다고 생각하는 친구들은 당연히 대인관계에서 실패할 것이다.

아니, 사실은 나도 역시 대가를 바라고 있었다. 내가 바라고 있었던 것은 돈으로는 살 수가 없는 것이다. 그리고 분명히 그것을 손에 넣었다. 그를 도와주고 더구나 그에게는 하등의 부담도 주지 않았다고 하는 시원스러운 심정이 그것이다.

이보다 더한 대가가 어디 있을까? 이것이 내가 바란 대가라면 대가일 것이다.

인간의 행위에 관해서 중요한 법칙이 한 가지 있다. 이 법칙에 따르면 대개의 분쟁은 피할 수가 있다. 이것을 지키기만 하면 친구는 수없이 많아지며 항상 행복을 느낄 수가 있다. 그러나 이 법칙을 깨뜨리게 되면 그날로 당장에 끝없는 분쟁에 휩쓸리게 된다.

상대의 이름을 기억하고 불러준다는 것은 참으로 기분이 흐뭇한 일이며, 부질없는 아첨보다도 몇 배의 효과를 낼 수 있다. 그와 반대로 상대의 이름을 잊어버리거나 틀려서 쓰게 되면 기분을 상하게 한다.

미소

◆ 밑천이 들지 않는다. 그러나 이익은 막대하다.

◆ 베풀어도 줄지 않고 베푼 자는 풍부해진다.

◆ 한순간만 보아도 그 기억을 영구히 간직할 수가 있다.

◆ 어떤 부자라도 이것 없이는 살 수가 없으며, 어떤 물질적인 가난뱅이도 이것으로 하여금 풍부해진다.

◆ 가정에 행복을, 사업에는 신뢰를 가져온다.

◆ 우정의 신호탄……

◆ 피로한 사람에겐 휴식이 된다.

◆ 실의에 빠진 사람에겐 광명이 된다.

◆ 슬퍼하는 사람에겐 태양이 된다.

◆ 괴로워하는 자에게는 자연의 해독제가 된다.

◆ 돈을 주고 살 수도, 강요할 수도, 빌릴 수도, 훔칠 수도 없다. 무상으로 주어야 비로소 가치가 있다.

반고 싶거든 베풀어야 한다

존 듀이 교수는 '중요한 인물이 되고자 하는 욕망은 인간의 가장 뿌리 깊은 욕구'라고 말하고 있다.

또 윌리엄 제임스 교수는 '인간성의 근원을 이루는 것은 타인에게 인정받고 싶다는 소망'이라고 단언하고 있다.

이 욕망이 인간과 다른 동물을 구별 짓는 잣대라는 것은 이미 알고 있겠지만 인류의 문명도 인간의 이러한 욕망에 의해 진전되어 왔다.

인간관계의 법칙에 대해서 철학자들은 수천 년에 걸쳐서 사색을 계속해 왔다. 그리고 그 사색 속에서 오직 한 가지 중요한 교훈이 생겨난 것이다.

그것은 결코 새삼스러운 교훈이 아니다. 인간의 역사와 같이 오랜 것이다.

3,000년 전, 페르시아에서 조로아스터는 이 교훈을 배화교도에게 전했고, 2,500년 전, 중국에서는 공자가 그것을 주장했다. 도교의 창시자인 노자도 그것을 제자에게 가르쳤다.

그리스도보다도 500년 빨리 석가모니는 성스러운 갠지스강의 기슭에서 이것을 깨우쳤고, 그보다 1,000년 전의 힌두교 성전에도 이것이 설파되어 있다. 그리스도는 2,000년 전에 바위산에서 이 가르침을 내렸다.

그리스도는 그것을 다음과 같은 말로 설법했다.

"남으로부터 받고 싶거든 베풀어라!"

사람은 누구나 주위의 사람으로부터 인정받기를 원한다. 자기의 진가를 인정해 주기를 바란다. 작으나마 자기의 세계에서는 자기가 중요한 존재라는 것을 느끼고 싶은 것이다. 빤히 들여다보이는 아첨은 듣고 싶지 않다. 그 반면에 진심 어린 칭찬에는 굶주려 있다.

누구나 마음만 있으면 누구에게든 베풀 수 있다.

어느 날 나는 세계적인 환락가의 중심에 있는 뉴욕의 록펠러 센터 라디오 시티 안내원에게 헨리 스벤의 사무실 번호를 물었다. 산뜻한 유니폼을 입은 그 안내원이 친절하게 위치를 알려주었다.

"헨리 스벤이라, 그곳은 18층 1816호실입니다."

안내원은 조금도 망설이지 않고 대답해주었다.

나는 서둘러 엘리베이터 쪽으로 가다가 다시 돌아와서 그 안내원에게 말했다.

"방금 그 태도는 훌륭합니다. 그 누구도 흉내 낼 수가 없겠습니다."

안내원은 내 말에 환한 웃음으로 답했다. 내 한 마디 칭찬으로 그의 마음이 흐뭇했던 것이다.

18층까지 올라가면서 나는 인류의 행복에 일조한 듯한 기쁨을 맛보았다.

이처럼 '칭찬의 철학'을 응용하면 큰 효과를 거둘 수 있다.

가령 레스토랑에서 직원이 주문한 것을 다르게 가져왔을 때도, '수고를 끼쳐 미안하지만 나는 커피보다도 홍차를 마시고 싶군요.' 하고 친절하게 말하면 직원은 군소리 없이 선뜻 바꾸어 온다. 상대에게 경의를 나타내 보였기 때문이다.

이렇게 친절한 말씨를 쓰면 단조로운 일상생활의 톱니바퀴에 기름 치는 역할을 하는 것과 같으며 동시에 그의 사람됨을 증명하는 것이 된다.

또 한 가지 예를 들어보자.

홀 케인은 "그리스도교도", "맨 섬의 재판관", "맨 섬의 사나이" 등의 소설을 쓴 유명한 작가이지만 그의 아버지는 대장간을 하는 사람이었다. 그는 비록 학교는 8년 남짓밖에 다니지 않았지만 나중에는 세계 굴지의 부자가 되었다.

홀 케인은 14행시나 민요를 좋아했으며 영국의 시인 댄디 가브리엘 로제티에 심취해 있었다. 그래서 그는 로제티의 예술적 공로를 크게 찬양한 논문을 써서 그 사본을 로제티에게 보내주었다. 로제티는 물론 기뻐했다.

'내 능력을 이처럼 높이 살 줄 아는 청년은 반드시 훌륭한 인물임에 틀림없을 것이다.'

그렇게 생각한 로제티는 이 대장간 집의 아이를 런던으로 불러서 자기의 비서로 삼았다. 이것이 홀 케인의 생애에 있어서 커다란 전환점이 되었다.

이 새로운 직업에 종사하면서 그는 당시의 유명한 문인들과 직접 가깝게 사귈 수가 있었으며, 그들로부터 조언과 격려를 얻어 홀 케인은 새로운 인생 항로를 출발하고 나중에는 세계에 이름을 떨치게 되었다.

맨 섬에 있는 그의 저택 그리프 캐슬은 세계 여러 곳에서 밀어닥치는 관광객의 메카가 되었다. 그가 남긴 재산은 250만 달러에 달했다고 전해지고 있는데, 만약 그가 유명한 시인에 대한 찬미의 논문을 쓰지 않았다면 그는 가난한 무명인의 생애를 보냈을 것이다.

진심으로부터의 칭찬은 이처럼 헤아릴 수 없는 위력이 있다.

로제티는 자기를 중요한 존재라고 생각하고 있었다. 당연한 일이다. 인간은 거의 예외 없이 그렇게 생각하고 있다. 세계 속의 어느 나라 인간도 모두 그렇게 생각하고 있다.

힌두교도에 대해서 우월감을 가지고 있든 말든 그것은 그들만의 자유이지만, 어쨌든 힌두교도들은 다른 나라 사람들보다도 자기들이 훨씬 우월하다고 생각하고 있다. 그러니까 이교도인 외국인의 그림자가 닿은 음식은 더럽혀진 것이라고 생각하고 결코 그것에 손대지 않는다.

에스키모인에 대해서 우월감을 느끼느냐 느끼지 않느냐 하는 것은 어디까지나 개인의 자유이지만 에스키모인이 백인에 대해서 어떤 생각을 하고 있는지 그것을 한번 소개해 보자.

에스키모인 사회에도 부랑자는 있다. 그러한 게으름뱅이고 몹쓸 인간을 에스키모인은, '백인 같은' 인간이라고 비유한다. 에스키모 사회에서 이것보다 더한 경멸은 없다고 한다.

이처럼 어느 나라 국민이든 저마다 타국인보다도 우수하다고 생각하고 있다. 그것이 애국심을 낳고 전쟁을 일으키는 원인이 되기도 한다.

사람은 누구나 타인보다 어떤 점에서는 뛰어나다고 생각한다. 그러니까 상대의 마음을 확실하게 얻는 방법은 상대가 중요한 인물이라는 것을 부각시키고 그것을 인정하는 것이다.

에머슨이, '그 어떤 사람도 자기보다 어떤 특수한 점에 있어서는 뛰어나 있고 배울 것을 갖추고 있다.'라고 말한 것을 되새겨 주기를 바란다.

그런데 불쌍한 일은 하등 남에게 자랑할 만한 장점을 갖추지 못한 인간이 그로 인한 열등감을 감추기 위해 터무니없는 자만심이나 자기 선전으로 눈가림하려는 경우이다.

★★★

칭찬의 원칙으로 성공한 사람들

'칭찬의 원칙'을 응용해 성공을 거둔 세 사람의 얘기를 소개해 보겠다. 그들 모두 내 강연회의 수강자이다.

우선 코네티컷 변호사의 얘기인데, 이름을 밝혀 두지 않기를 원하는 사람이다. R 씨라고 해두자.

그는 부인과 함께 롱아일랜드에 있는 부인의 숙모 집을 방문했다. 연세 지긋한 숙모의 집에 도착하자마자 부인은 R 씨를 숙모의 말 상대로 남겨두고, 자기는 다른 친척 집으로 가버렸다.

R 씨는 '칭찬의 원칙'을 실험한 결과를 강연회에서 보고하기로 되어 있었기 때문에, 우선 노老 숙모에게 한번 시도해 보려고 마음먹었다. 그리하여 그는 진심으로 감탄할 수 있는 것을 찾아내려고 온 집안을 둘러보았다.

"이 집은 1890년경에 지은 집이죠?"

그가 물으니 숙모가 대답했다.

"그래요, 꼭 1890년에 세웠어요."

"제가 태어난 집도 꼭 이런 집이었어요. 훌륭한 건물입니다. 아주 썩 잘 지어진 건축물입니다. 널찍하고…… 요즈음은 이런 집을 지을 수가 없게 됐습니다."

R 씨의 얘기를 듣자 숙모는 그의 뜻을 알고 기쁜 듯이 맞장구를 쳤다.

"정말 그래요. 지금의 젊은 사람들은 집 구조에 전혀 관심을 갖지 않아요. 비좁은 아파트에 각종 전자제품, 게다가 돌아다니기 위해서는 자가용이 젊은 사람들의 이상인 것 같아요."

옛날의 추억을 그리워하는 여운이 그녀의 말씨에서 우러나오고 있었다.

집 안의 안내가 끝나자 숙모는 R 씨를 차고로 데리고 갔다. 그곳에는 신품과 다름없는 차 한 대가 들어 올려져 있는 채로 있었다. 그것을 가리키면서 숙모는 조용히 말을 했다.

"남편이 돌아가시기 전에 이 차를 샀습니다만 나는 이 차를 타본 적이 없어요……. 당신은 물건의 좋고 나쁜 것을 아는 사람이군요. 나는 이 차를 당신에게 선물하고 싶은데 어떤가요?"

"숙모님, 그건 곤란합니다. 물론 마음은 고맙습니다만 이 차는 제가 받을 수가 없습니다. 저는 숙모님과 혈연관계가 있는 것도 아니고 자동차 같으면 저도 최근에 산 것이 있습니다. 이 차를 탐내고 있는 가까운 친척분이 많이 계실 것 같은데요?"

R 씨가 사양을 하니 숙모는 언성을 높여 말했다.

"친척이야 얼마든지 있죠. 이 차가 탐이 나서 내가 죽기를 기다리고 있는 그러한 친척들 말이에요. 그렇지만 그런 사람들에게 이 차를 줄 수는 없어요."

"그럼 중고 시장에 팔아 버리면 좋겠네요."

"팔다니! 내가 이 차를 팔 것이라고 생각해요? 어디 누군지 모르는 사람이 마구 굴리고 다닌다는데 참을 수 있다고 생각하나요? 이 차는 남편이 나를 위해서 사준 차란 말이에요. 팔다니, 꿈에도 생각할 수 없어요. 당신에게 주고 싶단 말이에요. 아름다운 것의 가치를 알 수 있는 사람에게!"

R 씨는 어떻게 상대의 마음을 상하지 않게 하면서 거절하려고 하였으나 도무지 더는 사양할 수 없게 되었다.

넓은 자택에서 오직 홀로 추억만을 되새기고 살아온 이 노(老) 부인은 사사로운 칭찬에도 굶주려 있었던 것이다. 그녀도 한때는 젊고 아름다웠으며, 남들이 소문을 일으킨 시절도 있었던 사랑의 집을 짓고 유럽의 각지에서 사들여온 물건으로 방을 장식한 일도 있었다.

그러나 지금은 늙고 외로운 노인에 불과했다. 그래서 남의 조그마한 진심과 칭찬에도 여간 마음이 흐뭇하지 않을 수 없었다. 그럼에도 아무도 그러한 것을 주려 하지 않았다. 그러니까 그녀는 R 씨의 관심과 칭찬에 한껏 고무되어 그 차를 선물하고 싶었던 것이다.

다음은 도널드 M. 맥마흔 씨의 얘기이다.

뉴욕에 있는 어떤 조경회사의 사장을 지내는 맥마흔 씨의 경험은 다음과 같다.

강연회에서 '사람을 움직이는 법'의 강의를 들은 후 얼마 되지 않아서 나는 어떤 유명한 법률가의 정원을 꾸미고 있었다. 그 집 주인이 마당으로 나와서 나에게 철쭉꽃이며 다른 꽃나무를 심을 장소를 일일이 알려주고 있었는데, 그때 내가 문득 말을 붙였다.

"선생님께서는 아주 좋으시겠습니다. 저토록 예쁜 개를 키우시다니. 메디슨 스퀘어 가든의 개 품평회에서 저 개가 많은 상을 탔다지요?"

이 뜻밖의 찬사에 대한 반응은 정말 놀라웠고, 그는 무척 자랑스러운 듯이 말했다.

"정말 즐거운 일이지요. 어디 개집으로 한번 안내를 할까요?"

그는 한 시간 이상이나 개 자랑을 늘어놓고 상패를 하나하나 보여 주었다. 그러다가 개의 혈통증서까지 꺼내 와서는 개의 우열을 좌우하는 것에 대해 설명해주었다.

나중에는 그가, "당신 집에 남자 아이가 있소?" 하고 묻기에 있다고 대답하니, "그 아이는 강아지를 좋아하나요?" 하고 물었다.

"예, 강아지를 무척 좋아합니다."라고 대답을 하니 그는, "그럼 좋소, 내가 강아지 한 마리를 아이에게 선물하겠소." 하고 자진해서 말했다.

그는 강아지를 키우는 요령을 설명하기 시작했으나 잠시 생각하더니 "입으로만 얘기해서는 잊어버릴지 모르겠군. 종이에 적어 주지."라고 말한 뒤 나를 남겨놓고 집 안으로 들어갔다. 그리고 혈통증서와 양육법에 대해 타이핑한 것을 갖추어, 가지고 가면 백 달러나 값이 나가는 강아지를 내게 주었다.

그뿐만 아니라 그의 귀중한 시간을 한 시간 반이나 쪼개어 준 것이다.

이것이 그의 취미와 성과에 대해서 보낸 솔직한 찬사의 선물이었다.

우리는 이처럼 놀라운 효과를 가지는 '칭찬의 원칙'을 다른 사람에게보다도 자기 가정에서나마 시험해 보아야 할 것이다. 가정만큼 칭찬을 필요로 하는 곳이 없으며 가정만큼 칭찬이 등한시되고 있는 곳 또한 없다.

어떤 아내나 남편에게도 반드시 장점은 있다. 적어도 남편이나 부인이 그것을 인정했기 때문에 결혼이 성립됐을 것이다.

그런데 당신은 아내나 남편의 매력을 찬미하지 않은 지 얼마나 되었는지 생각해보았는가.

수년 전 나는 캐나다의 미라미치강 상류까지 낚시질을 하러 간 일이 있다. 넓은 수림 지대에서 깊숙이 오지로 들어가서 마을과 떨어진 곳에 캠프를 쳤다.

그때 가지고 간 읽을거리라고는 오직 한 장의 지역 신문뿐이었다. 나는 그것을 구석구석 광고에 이르기까지 빠짐없이 읽어 보았다. 그 기사 속에 도로시 디스크 여사가 쓴 기사가 실려 있었다. 꽤 좋은 기사였기 때문에 그 부분을 오려서 지금까지 보존하고 있다.

그 기사에 의하면, 그 여사는 신부에게 주는 교훈은 귀가 따갑도록 들었으나 오히려 신랑에게야말로 다음과 같은 교훈을 주어야 한다는 것이다.

인정과 칭찬을 능숙하게 할 수 있을 때까지는 절대로 결혼해서는 안 된다. 독신으로 있는 동안은 여성을 칭찬하든 말든 자유이지만 일단 결혼하게 되면 상대를 칭찬해 주는 것이 필수 조건이다.

이는 자신의 안전을 위해서도 필요불가결하다. 솔직한 말을 하는 것은 금물이다. 결혼 생활은 외교와 같은 것이다.

만족스러운 나날을 보내고 싶으면 결코 아내의 살림살이에 대해서 비난을 하거나 심술궂게 다른 여자와 비교해서는 안 된다. 반대로 언제나 아내의 살림 솜씨를 칭찬해 주고, 이상적인 여자와 결혼하게 된 것을 행운으로 생각한다는 것을 보여 주어야 한다.

비록 비프스테이크가 소가죽처럼 굳어 있고, 토스트가 검은 숯처럼 타 있어도 결코 잔소리해서는 안 된다. '조금만 덜 구워졌으면 더 좋았을 텐데.'라는 정도로 가볍게 해두면 된다. 그러면 아내는 남편의 기대에 맞추려고 몸이 부서지도록 일할 것이다.

그러나 이 방법을 갑자기 시작하는 것은 좀 생각해야 한다. 아내가 이상하게 생각하기 때문이다. 우선 오늘 밤이나 내일 아침, 그녀에게 꽃이나 과자를 선물로 사 가는 것으로 시작해보자.

'응 그것도 좋겠네.' 하는 정도로 말해서는 쓸모가 없다. 본격적으로 해야 한다. 미소를 보이면서 부드러운 말씨를 한두 마디 걸어 본다. 이것을 실행하는 남편이나 아내가 늘어나게 되면 이 세상의 이혼율은 많이 줄어들 것이다.

여성에게 사랑을 받고 싶으면 이 비결을 숙달해야 한다. 꽤나 효력이 있는 방법이지만, 실은 이것은 내가 생각해낸 것이 아니고 도로시 디스크 여사로부터 얻어들은 얘기이다.

디스크 여사는 23명이나 되는 여성의 사랑과 재산을 송두리째 가로챈 유명한 결혼 사기꾼과 인터뷰를 한 적이 있었다.

그 장소는 교도소였는데, 여성에게 사랑받는 방법에 대해 그의 대답은 이러했다.

"별로 어려운 일은 없어요. 상대하는 여자에 관한 얘기만 하고 있으면 됩니다."

이 방법은 남성에 대해서도 마찬가지일 것이다.

"상대하는 남자의 얘기만 해야 한다. 그러면 상대는 몇 시간이라도 귀 기울이고 싫증을 내지 않을 것이다."

이것은 영국의 한 정치가가 한 말이다.

사람은 누구나 타인보다 어떤 점에서는 뛰어나다고 생각한다. 그러니까 상대의 마음을 확실하게 얻는 방법은 상대가 중요한 인물이라는 것을 부각시키고 그것을 인정하는 것이다.

상대방을 설득하는 방법

한 통의 쓸개즙보다 한 방울의 벌꿀을 사용하는 것이 더 많은 파리를 잡을 수 있다. 부드러움이 능히 강한 것을 꺾는다. 사람을 다루는 비결은 상대의 입장을 공감하고 그것을 잘 이해하는 일이다.

★ ★ ★

시비를 피해야 한다

시비하거나 반박을 함으로써 상대에게 이기는 일도 있을 것이다. 그러나 그것은 헛된 승리이다. 상대의 호의를 절대로 얻어낼 수 없기 때문이다.

제1차 대전 직후의 어느 날 밤, 나는 런던에서 귀중한 교훈을 얻었다.

당시 나는 로드 스미스 경의 매니저 일을 하고 있었다. 로드 스미스 경은 대전 중, 팔레스티나의 공중전에서 혁혁한 수훈을 세운 호주의 용사로서, 종전 직후 30일간 세계 일주 비행에 성공해 전 세계를 놀라게 했다.

호주 정부는 그에게 5만 달러의 상금을 주고 영국 국왕은 그에게 공작 작위를 수여함으로써 그는 대영제국의 화제 인물이 되었다.

말하자면, 그는 영국의 새로운 린드버그(Charles Augustus Lindbergh: 항공 역사상 가장 유명한 사람 가운데 한 사람이며, 1927년 뉴욕에서 파리까지 최초의 대서양 횡단 무착륙 단독비행을 했다.)가 된 셈이다.

어느 날, 밤 그를 위해 개최된 연회에 나도 참석해 보았다. 모두가 자리하고 있을 때, 내 테이블 옆자리에 있던 사람이 셰익스피어에 관련되는 재미나는 얘기를 했다.

그는 이 말이 성서에 있는 문구라고 말했다. 나는 그의 잘못된 출처를 지적했다. 그래서 나는 자신의 우월감을 충족시키기 위해서 그의 잘못을 지적하고 미움받는 역할을 사서 하게 되었다.

"뭐요? 셰익스피어의 문구라고요? 그럴 리가 있습니까. 어리석은 얘기는 그만하시오. 성서에 있는 말이오. 이것만은 틀림없소."

그는 매우 흥분한 기색으로 이렇게 단언했다.

그 사람은 내 오른쪽에 앉아 있었으나 내 왼쪽 좌석에는 옛날부터 친구였던 프랭크가 있었다.

프랭크는 셰익스피어의 연구를 여러 해 계속해 온 사람이었기 때문에 그의 의견을 듣기로 했다. 그는 쌍방의 주장을 듣고 있었으나 테이블 밑으로 내 발을 살짝 차면서 다음과 같이 말했다.

"데일, 자네 쪽이 틀렸어. 저분의 말이 옳아. 분명히 성서에 나온 말이야."

그날 밤 나는 연회가 끝나고 돌아오는 길에서 프랭크에게 말했다.

"프랭크, 그건 셰익스피어에게서 나온 말이야. 자네는 잘 알고 있을 게 아닌가?"

"물론 그렇지. '햄릿'의 제5막 제2장에 나오는 말이야. 그러나 데일, 우리는 자랑스러운 좌석에 초청받은 손님이야. 왜 그 사람의 잘못을 증명해야 하는가. 증명하면 상대방에게 호감을 사는가? 상대방의 체면도 좀 생각해줘야 할 것이 아닌가. 게다가 상대는 자네에게 의견조차 묻지 않았네. 자네의 의견 따위는 듣고 싶지 않았다는 거야. 시비 따위 할 필요가 어디에 있는가? 어떤 경우에도 모가 나는 일은 피하는 편이 좋아."

'어떤 경우에도 모가 나는 일은 피하는 편이 좋다.'라고 말해 준 친구, 그는 지금 이 세상에 없지만 그 교훈만은 아직도 내 가슴 깊이 새겨져 있다.

본래 나는 토론을 아주 좋아하는 편이어서 이 교훈은 내게 있어서 특히 필요했다. 젊을 때의 나는 세상의 모든 일에 대해서 형과 의견을 맞대었다. 대학에서는 논리학과 웅변을 연구하고 토론회에 참가했다. 무척이나 캐고 따지는 것을 좋아해서 증거를 눈앞에 들이대기까지는 좀처럼 투구를 벗지 않았다.

이후 나는 뉴욕에서 토론과 변론술을 가르치게 되었다. 지금 생각하니 식은땀이 흐르지만 그 방면의 책자도 펴낼 계획을 세운 일도 있다. 그 후부터 나는 가능한 한 모든 강연에 참가하여 경청하며 일원들과 토론하게 되었고 스스로를 돌아보게 되었다.

그 결과 토론에 이기는 최고의 방법은 이 세상에 오직 한 가지밖에 없다는 결론에 도달했다. 그 방법은 시비를 피하는 일이다. 항상 무서운 독을 품고 있는 독사를 피하듯이 시비를 피하는 일이다.

시비는 거의 예외 없이 서로 자기주장을 더욱 옳다고 확신시키고 끝나버린다.

시비에 이긴다는 것은 쉽지 않다. 만약 지게 되면 진 것이고 비록 이겼다고 하더라도 역시 져 있는 것이다.

왜냐하면 설혹 상대를 여지없이 때려눕혔다고 하더라도 그 결과는 어떻게 되는가? 때려눕힌 쪽은 크게 의기양양하겠지만 공격을 당한 쪽은 열등감을 가지고 자존심을 상하고 분개할 것이 틀림없다.

'인간은 설득당하는 것 같아도 수긍은 하지 않는다.'

이 말을 명심해야 한다.

어느 생명보험회사에서 보험 설계사의 수칙 요령으로 다음과 같은 방침을 확립했다.

'시비를 따지지 말 것.'

참다운 설계사의 자격은 시비를 잘 따지는 데 있지 않다. 시비의 '시'자도 소용이 없다. 사람의 마음은 시비를 따져서는 바꿀 수가 없다.

그 좋은 예가 있다.

수년 전의 일이지만 내 강연회에 논쟁을 좋아하는 아일랜드 사람이 참가했다. 그 사람은 교양은 별로 없지만 토론을 좋아했다. 이전에는 자가용 운전기사였던 사람이다.

트럭 세일즈를 해보았지만 잘되지 않아서 강연을 들으러 왔다고 한다. 두세 가지 질문을 해보니 항상 손님에게 시비를 걸거나 역정을 내고 있었다는 것이 밝혀졌다. 팔아넘기려는 트럭에 조금이라도 손님이 단점을 지적하면 무턱대고 목청을 돋우었다. 그리고 토론하게 되면 대개 상대방을 통쾌히 이겼다. 그는 나중에 다음과 같이 술회하고 있다.

"상대의 사무실을 나올 때 나는 '어때요, 역시 내게 졌지요?'라고 혼잣말로 중얼거렸습니다. 확실히 상대를 한 대 먹인 것은 틀림없었으나 트럭은 한 대도 팔지 못했습니다."

내가 할 수 있는 최초의 일은 그에게 대화의 요령을 가르치는 일이 아니라 침묵을 지키게 해 시비를 하지 않도록 하는 일이었다.

그는 지금 뉴욕의 화이트 모터 회사의 일류 세일즈맨이 되어 있다. 그의 성공사례를 그의 말로써 소개하고자 한다.

"가령 지금 제가 물건을 팔러 들어가서 상대로부터, '화이트의 트럭 말인가요? 그건 못 쓰겠어요. 거저 주어도 거절하겠어요. 산다면 ○○의 트럭을 사겠어.'라고 말했다고 칩시다. 그럼 '아, 그 말씀은 옳은 말씀입니다. ○○의 트럭은 물론 좋죠. 그 차를 사시면 틀림이 없습니다. 회사도 훌륭하고 판매원도 매우 우수합니다.'라고 저는 말합니다. 이렇게 되면 그쪽 사람은 두 마디째의 말발이 서지 않습니다. 시비의 여지가 없기 때문입니다. 상대가 ○○의 차가 가장 좋다고 말하고 이쪽도 그렇다고 대답하니 상대는 할 말이 없을 수밖에 없습니다. 이쪽이 동의하고 있는데 또 그 이상 ○○가 가장 좋다고 계속 되뇔 수만은 없는 노릇입니다. 그래서 이번에는 화제를 바꾸어서 우리 회사 트럭의 장점에 대해서 비로소 얘기를 끄집어내는 것입니다. 옛날의 저 같으면 그런 얘기를 듣기만 하면 당장에 울컥해서 ○○의 나쁜 점을 욕하기 시작했을 것입니다. 제가 성을 돋우면 돋울수록 상대는 ○○의 편을 들게 됩니다. 지금 돌이켜 생각해보면 그런 식으로 세일즈를 했어도 용하게 견뎌낸 것이 제 자신도 이상할 정도입니다. 저는 오랫동안 시비와 싸움으로 손해를 계속 보고 있었던 것입니다. 그러나 지금은 굳게 입을 다물고 있습니다."

벤저민 프랭클린은 다음과 같이 말한다.

"시비하거나 반박을 함으로써 상대에게 이기는 일도 있을 것이다. 그러나 그것은 헛된 승리이다. 상대의 호의는 절대로 얻어낼 수가 없기 때문이다."

그러니까 여기서 곰곰이 생각해 주기를 바란다. 이론 투쟁의 화려한 승리를 얻는 것이 좋은가. 아니면 상대의 호의를 획득하는 편이 좋은가? 이 두 가지는 좀처럼 양립하지 않는다.

어느 잡지에 다음과 같은 시가 실려 있었다. 그런데 그 의미는 상당히 의미심장하다.

여기에 윌리엄 제이가 영원히 잠들다.
올바르게 살려고 또 올바른 길을 걷다 여기에 잠들다.
올바르지 않은 길을 걸은 자와 똑같이 잠들다.

아무리 올바른 시비를 한다 해도 상대의 마음은 변치 않는다. 따라서 쓸데없는 시비를 하는 것과 하나도 다를 바가 없다.

우드로 윌슨 내각의 재무장관 윌리엄 G. 맥도버는 다년간의 정치 생활에서 '아무리 무지한 인간일지라도 시비로 이기기는 불가능하다.'라는 것을 깨달았다고 말한다.

'무지한 인간'이라고 하는 것은 맥도버 씨가 상당히 겸손하게 자기를 낮추어 얘기한 것이다. 내 경험으로는 지능지수의 여하를 불문하고 어떤 인간에게도 시비는 먹혀들어 가지 않는다.

실례를 들어보자.

소득세 상담을 하는 파슨스라는 사람이 어느 날 세무 감사관과 한 시간에 걸쳐서 논쟁을 벌이고 있었다. 9천 달러의 한 항목이 문제가 된 것이다.

파슨스의 주장은 그 9천 달러는 사실상 빚으로 도산한 악성 채권이므로 도저히 회수할 수 없으니 과세 대상이 되어서는 안 된다는 것이었다.

"빚으로 도산했다고요? 말도 안 되는 소리요! 그건 당연히 과세의 대상이 됩니다."

감사관은 도저히 승낙하지 않았다. 그때의 대화 내용을 파슨스 씨는 내 강연회에서 공개했다.

그 감사관은 냉혹하고 오만하며 완고해서 논쟁을 계속할수록 고집불통이 되었다. 그래서 나는 논쟁을 그만두고 화제를 바꾸어서 상대를 추켜세우기로 했다.

나는 '정말 선생님의 일은 힘드시겠어요. 이런 문제 같은 것은 극히 사소한 일이겠지만 더 액수가 많은 어려운 일을 하고 계시겠죠? 저는 조세 공부를 조금밖에 하지 못했지만 그것도 제 경우는 책에서 얻은 지식에 불과합니다. 선생님은 산경험으로 많은 지식을 얻으셨겠죠. 저도 선생님과 같은 일을 맡게 되면 좋았을 것으로 생각합니다. 반드시 좋은 공부가 될 것입니다.'라고 말하였지만 이는 아직 내 본심이 아니었다.

그러자 감사관은 의자를 다시 고쳐 앉더니 자랑스럽게 자기의 직업에 대해서 긴 사설을 늘어놓기 시작했다. 자기가 적발한 교묘한 탈세 사건의 얘기를 하다 보니 그 어조도 점점 부드러워졌다. 끝에 가서는 자기의 아들 얘기까지 내게 얘기해 주었다.

돌아갈 즈음에 그는 문제의 항목을 좀 더 생각한 다음에 이삼일 내로 회답을 하겠다고 말하고 사무실을 나갔다.

3일 후, 그는 사무실로 찾아와서 세금이 내가 신고한 대로 결정된 뜻을 전했다.

그 감사관은 인간의 가장 보편적인 약점을 드러내고 있는 것이다.

그는 자신의 중요성을 보이고 싶었던 것이다. 파슨스 씨와 논쟁을 하고 있는 동안에 자기의 권위를 행세함으로써 중요성을 과시하고 있었던 것이다. 그런데 자기의 중요성이 인정되자 논쟁은 중지되고 자아의 확대가 일어나 즉각적으로 친절미가 있는 선량한 인간으로 변한 것이다.

나폴레옹의 집사를 하고 있던 콘스턴트는 황후 조세핀과 자주 당구를 쳤다. 그가 쓴 '나폴레옹의 사생활 회고록'에는 다음과 같은 고백이 쓰여 있다.

"내 당구 솜씨는 상당한 것이었지만 황후에게는 항상 이기는 것을 양보하도록 했다. 그것이 황후에게는 매우 기뻤던 모양이다."

이 고백은 매우 귀중한 교훈을 내포하고 있다.

우리도 손님이나 애인 혹은 남편이나 아내와 말다툼을 하는 일이 있을 경우 상대에게 승리를 양보하는 미덕도 지녀야 한다.

석가모니는 이렇게 말했다.

"미움은 결코 미움으로써 영원히 사라지지 않는다. 미움은 사랑을 가지고서야 비로소 사라진다."

시비와 논쟁도 마찬가지이다. 오해는 논쟁을 통해 결코 영구히 해결되지 않는다. 그리고 상대의 입장에서 공감하고 생각하는 친절함을 보여 주어야 비로소 해결이 된다.

★★★
상대의 잘못을 지적해서는 안 된다

하루빨리 당신의 적과 화해해야 한다. 남을 설득시키려면 외교적인 사람이 되어야 한다. 상대의 잘못을 따지는 것으로는 아무런 이익도 생겨나지 않는다는 것을 확신한다.

루스벨트가 대통령이 되었을 때 자기가 생각하는 일이 백 가지 중에서 일흔일곱 가지만 옳으면 본인으로서는 그것이 바랄 수 있는 최고의 것이라고 다른 사람에게 말한 바 있다.

이런 위인조차 이렇다고 한다면 우리는 대체 어느 정도일까.

자기가 생각하는 일이 55%까지 옳다고 자신 있게 믿는 사람은 월가로 진출해 하루에 백만 달러를 벌어들이고, 요트를 사고 절세의 미인과 결혼할 수가 있다. 그것이 55%에 달할 자신이 없다고 한다면 그러한 인간은 남의 잘못을 지적할 자격이 과연 있다고 하겠는가.

눈짓, 말씨, 몸짓으로 상대의 잘못을 지적할 수가 있지만 그것은 분명히 상대를 욕하는 것과 하등의 변화가 없다.

그렇다면 사람은 왜 무엇 때문에 상대의 잘못을 지적하는가?

상대의 동의를 얻기 위해? 천만의 말씀이다.

상대는 자기의 지능, 판단, 자랑, 자존심에 뺨을 얻어맞고 있는 것이다.

당연히 보복이 있을 것이다. 아무리 플라톤이나 칸트의 논리로 설득해 들려주어도 상대의 의견은 변하지 않는다. 상처를 입는 것은 논리가 아니라 감정이기 때문이다.

"그럼 당신에게 그 이유를 설명하겠소."

이러한 서두는 금지해야 한다. 이것은 '나는 당신보다 머리가 좋다. 잘 타일러서 당신의 생각을 고쳐 주겠다.'라고 말하고 있는 것과 같다.

그야말로 도전적이다. 상대에게 반항심을 일으키고 싸울 준비를 시키는 것과 같다.

타인의 생각을 고치게 하는 것은 가장 혜택이 갖추어진 조건 아래에서도 대단한 일이다. 무엇이 필요해서 조건을 악화시키는가. 스스로 손발을 묶어놓은 것과 다름없지 않은가. 사람을 설득하고 싶으면 상대방이 눈치채지 않도록 해야 한다. 누구에게도 눈치채지 않도록 교묘하게 해야 한다.

"가르치지 않는 척하면서도 상대를 가르치고, 상대가 알지 못하면 그가 잊어버리고 있었다고 말해 준다."

이것이 비결이다.

체스터필드 경(1694~1773, 영국의 정치가, 외교관)이 자식에게 준 처세 중에 다음과 같은 구절이 있다.

"될 수 있으면 남보다 현명해져라. 그러나 그것을 남이 알게 해서는 안 된다."

나는 20년 전에 믿고 있던 일을 지금은 거의 모두 믿지 못하게 되었다. 아직까지 믿고 있는 것은 구구단의 셈을 헤아리는 것뿐이다. 그런데 아인슈타인의 책을 읽고 그 구구단조차도 의심이 생기게 되었다.

현재의 나는 이전과 달리 만사에 확신을 가질 수가 없게 되었다. 소크라테스는 제자들에게 되풀이해서 다음과 같이 말했다.

"나는 오직 한 가지 일조차 알지 못한다. 그것은 나는 아무것도 모른다는 바로 그것이다."

내가 아무리 잘났다고 하더라도 소크라테스보다 현명할 리는 없다. 그래서 타인의 잘못을 지적하는 따위의 흉내는 일절 하지 않기로 정했다. 이 방침 덕분으로 나는 여간 이득을 본 것이 아니다.

상대가 틀렸다고 생각될 때는 다음과 같이 서두를 꺼내도 좋을 것이다.

"저는 그렇게 생각하지 않았습니다만 아마 제 잘못일 겁니다. 잘못되어 있다면 고쳐야겠지요. 다시 잘 생각해보도록 하겠습니다."

이 '아마 내 잘못일 겁니다. 나는 자주 틀립니다. 다시 잘 생각해보도록 하지요.'라는 문구에는 이상할 만큼 효력이 있다.

이에 대해서 반대할 사람은 결코 없을 것이다.

이것은 또한 과학적인 방법이기도 하다.

북극 탐험가로서 유명한 과학자 스토퍼슨은 물과 고기만으로 11년간 북극권 생활을 계속한 체험의 주인공인데, 내가 그로부터 어떤 실험의 얘기를 들은 적이 있다.

이 실험에 의해 무엇을 증명하려고 했는가를 내가 묻자, 그는 다음과 같이 대답했다.

"과학자라는 것은 아무것도 증명하려고 하지 않습니다. 다만 사실을 발견하려 할 뿐입니다."

나는 아직도 이 과학자의 말이 생생하게 떠오른다.

'아마 내 잘못일 것이다.'라고 말하면 귀찮은 일이 생겨날 염려는 절대로 없다. 오히려 그것으로 시비가 종결되고 상대도 이쪽에 지지 않고 관대하며 공정한 태도를 취하고 싶어질 것이며 자기도 틀려 있을지도 모른다고 반성할 마음을 일으킨다.

상대가 분명히 잘못 알고 있을 경우에 그것을 노골적으로 지적하면 어떤 사태가 일어나는가?

그 좋은 예를 보자.

뉴욕의 젊은 변호사 S 씨가 미국 최고 재판소의 법정에서 변론을 하고 있었다. 그 사건에는 상당한 거액의 돈이 중요한 법률문제와 더불어 포함되어 있었다.

논쟁이 한창 진행될 때 재판관이 S 씨에게 물었다.

"해사법에 의한 기한 규정은 6년이지요?"

S 씨는 한참 동안 잠자코 재판관의 얼굴을 쳐다보고 있다가 이윽고 퉁명스럽게 대꾸했다.

"재판장님, 해사법에는 기한 규정이 없습니다."

그때의 사정을 S 씨는 내 강연회에서 다음과 같이 말했다.

"순간 법정은 물을 끼얹은 듯 조용해지고 차가운 공기가 맴돌았다. S 씨는 자신의 말이 옳았고, 재판관이 틀렸다는 것을 지적했을 뿐이다. 그러나 상대는 그것으로 내게 호의를 가졌을까? 아니, 나는 지금도 내가 옳았다고 믿고 있다. 그때의 변론도 좀처럼 드문 성과였다고 믿고 있다. 그러나 상대를 납득시키는 힘은 전혀 없었다."

S 씨는 재판관의 잘못을 지적함으로써 그에게 수치심을 안겨주는 큰 실책을 저질렀을 뿐이다.

원칙대로만 움직이는 사람은 좀처럼 없다.

대개의 사람은 편견을 가지고 선입견, 질투, 시기심, 공포, 뒤틀린 마음, 자부심 등에 침식당하고 있다. 그리고 자기들의 사상이나 종교, 심지어 머리 깎는 법 등의 생각도 좀처럼 바꾸려 하지 않는다.

만약 남의 잘못을 지적하고 싶으면 다음의 문장을 읽고 난 다음에 하는 것이 좋다. 제임스 로빈슨 교수의 명저 '정신의 발달 과정'의 한 구절을 인용해 보자.

우리는 자신의 사고방식이 옳다고 여기는 경우가 흔히 있다. 그래서 남으로부터 잘못을 지적당하면 화를 내고 자신의 주장을 굽히려 들지 않는다. 또한 우리는 별것도 아닌 것에 자신만의 신념을 갖게 된다. 그러나 그 신념을 누군가가 바꾸려고 하면 악착스럽게 반대한다. 이 경우 우리가 중시하고 있는 것은 분명히 신념 그 자체는 아니며 위기에 처한 자존심이다.

'내'라는 단순한 말은 실은 이 세상에서는 가장 중요한 말이다. 이 말을 올바르게 포착하는 것이 사려와 분별의 시작이다.

'내' 식사, '내' 개, '내' 집, '내' 아버지, '내' 나라, '내' 하나님, 그 아래 무엇이 이어지든지 이러한 '내'라는 말에는 같은 강도의 의미가 담겨져 있다.

우리는 자기의 것이라면 시계이든 자동차이든 혹은 또 천문, 지리, 역사, 의학 그 외의 지식이든 어쨌든 그것이 욕을 먹게 되면 한결같이 화를 낸다. 지금까지 진실이라고 받아들여 온 것을 언제까지나 믿고 싶은 것이다. 그런데 그 신념을 흔들어놓는 대상이 나타나면 분개한다. 그리고 어떻게든지 구실을 만들어 처음의 신념을 물고 늘어지려고 한다.

결국 우리의 논의는 대개의 경우, 자기의 신념을 고집하기 위한 과정에 불과한 경우가 허다하다.

★★★

상대의 의견을 존중해야 한다

어느 날 나는 실내장식 디자이너에게 방 안의 커튼을 달게 한 일이 있었다. 이후 청구서가 도착하자 나는 숨통이 막히는 듯한 생각이 들었다. 너무 비쌌기 때문이다.

며칠 후, 어떤 부인이 찾아와 그 커튼을 유심히 보고 있어서, 값을 들려 주니 그녀는 마치 조소하는 듯한 어조로 이렇게 말했다.

"어머, 참으로 예상외의 값이군요. 많은 돈을 버신 모양이죠?"

실은 그녀가 말한 대로이다. 그러나 자기의 어리석음을 비웃는 듯한 말에 좋아하는 듯 귀 기울이는 인간은 거의 없다. 나 역시 애써 변명하려 했고 질이 안 좋은 것은 결국 가격이 낮다거나, 고급 예술품은 비싼 것이 당연하다는 등 여러 가지로 궤변을 늘어놓았다.

그런데 다음 날, 또 다른 한 부인이 찾아와 같은 커튼을 보더니 한껏 칭찬하고 자기도 그 커튼을 갖고 싶다고 수다를 떨었다. 그에 대한 내 반응은 전혀 달라져 있었다.

"실은 저도 이러한 물건을 살 돈은 없었어요. 아무래도 바가지를 쓴 것 같은 생각이 듭니다. 주문하지 않았더라면 좋았을 것이라고 후회하고 있어요."

우리는 자기의 잘못을 스스로가 시인하는 일이 종종 있다. 또 그것이 타인으로부터 지적된 경우, 상대의 처사가 부드럽고 교묘하면 깨끗이 머리를 숙이고 오히려 자기의 솔직함이나 배짱이 큰 것을 자랑으로 느끼는 일도 있다. 그러나 상대가 그것을 강제로 자꾸 옳다고 우겨대면 그렇게 되지는 않는 법이다.

남북전쟁을 할 무렵, 전국에 이름을 떨친 호러스 그릴리라는 편집장이 있었다.

그는 링컨의 정책에 크게 반대를 했다. 그는 사사건건 링컨의 정책에 반박하는 기사를 썼고 링컨의 의견을 바꾸려고 몇 년 동안이나 주장을 굽히지 않았다. 링컨이 흉탄에 쓰러진 날에도 그는 링컨에 대한 불손하기 짝이 없는 인신공격을 그치지 않았다.

그래서 효과가 있었을까? 물론 없다. 조소나 비난으로 의견을 바꾸게 할 수는 없는 일이다.

사람을 다루는 법과 자기의 인격을 연마하는 방법을 알고 싶으면 벤저민 프랭클린의 자서전을 읽으면 된다. 또 그것은 미국 문학의 고전이기도 하다.

이 자서전에서, 프랭클린은 어떻게 해서 자기의 논쟁을 좋아하는 나쁜 버릇을 극복하고, 인간관계를 부드럽게 하고 사교적인 면에 있어서는 단연 두각을 나타낼 수 있는 인물이 될 수 있었는가를 말하고 있다.

프랭클린이 혈기 왕성하던 청년 시절의 얘기이다.

어느 날 그는 친구인 퀘이커교도로부터 아무도 없는 곳에서 엄격한 설교를 당했다.

"벤, 자네의 의견은 틀렸네. 자네는 의견이 다른 상대방에 대해서는 마치 모욕을 주듯 시비를 벌이곤 하는데, 너무 그러면 자네의 의견을 들어줄 사람은 아무도 없을 것일세. 자네가 옆에 있지 않은 것이 자네 친구들을 위해서는 다행이라고 여겨야 할 것이네. 자네는 자신이 가장 만물박사라고 생각하고 있어. 그러니까 아무도 자네에게 말을 걸려고 하지 않는 거야. 사실 자네와 얘기를 하면 불쾌하게 될 뿐이니까. 이후는 상대하지 않겠다고 다들 그렇게 생각하고 있단 말이야. 그러니까 자네의 지식은 언제까지나 지금 이상으로는 발전할 가능성이 없네. 지금의 보잘것없는 그 지식 이상으로는 말이야."

이처럼 강경한 비난을 순순히 받아들인 것이 프랭클린의 위대한 점이다. 이 친구의 충고대로 자신은 지금 파멸의 심연을 향해 나아가고 있다고 깨달은 점이 바로 그가 위대하기도 하고 현명하기도 한 점이다.

그래서 그는 심기일전했다. 그리고는 종래의 거만하고 독선적인 태도를 즉각 일축하고 새로운 태도를 취했던 것이다.

프랭클린은 다음과 같이 그때의 일을 회상했다.

"나는 남의 의견에 정면으로 반대하거나 내 의견을 단정적으로 말하지 않기로 했다. 결정적인 의견을 의미하는 그런 말, 가령 '확실히'라든가 '틀림없이' 따위와 같은 말은 아예 사용하지 않고 그 대신에 '저로서는 이렇게 생각하지만……'이라든가 '나는 그렇게 생각되지만…….' 하고 말하기로 했다.

상대방이 분명히 잘못된 말을 주장해도 곧 그것에 반대하거나, 상대의 잘못을 지적하는 것을 단념했다. 그리고 '하긴 그런 경우도 있겠지만, 그러나 이 경우는 좀 사정이 다르게 생각되는데…….'라는 식으로 운을 떼기도 했다.

이렇게 해서 지금까지의 방법을 바꾸어 보니 매우 이익이 되었다. 타인과의 대화가 이전보다도 훨씬 쉽게 진척되었다. 겸손하게 의견을 말하니 상대는 곧 납득을 하고 반대하는 사람도 적어졌다. 자신의 잘못을 인정하는 것이 그다지 고통스럽지 않게 되었으며, 또 상대의 잘못을 보다 더 쉽게 인정시킬 수 있었다.

이 방법을 처음 사용하기 시작했을 무렵에는, 자기의 성질을 억제하는 데 상당한 고민을 느꼈으나 마지막에는 능히 그것을 극복하게 되었으며 몸에 밴 습관이 되어 버렸다.

아마 지난 55년 동안에 걸쳐서 내가 독단적인 말을 쓰는 것을 들은 사람은 아무도 없었을 것이다. 새 제도의 설정이나 구제도의 개혁을 내가 제안하면 모두가 즉각 찬성해 준 것도 또한 시의회의원으로서 시의회를 움직일 수가 있었던 것도 주로 내 제2의 천성이 되어 버린 이 방법 덕분이라고 생각한다.

애당초 나는 입담이 없어서 결코 웅변가라고는 할 수가 없었다.

말의 선택에 시간이 걸리고 생각난 말도 그렇게 적절한 경우는 드물었다. 그러면서도 나는 대개 내 주장을 밀고 나갔던 것이다."

이러한 프랭클린의 방법이 과연 비즈니스에 도움이 되는지 예를 들어보자.

뉴욕의 리버티가에서 제휴관계의 특수 장치를 판매하고 있는 마하니 씨의 얘기이다.

그는 롱아일랜드의 중요한 단골로부터 제작 주문을 받았다. 상대방에게 청사진을 보이고 그것으로 좋다는 결론이 나와서 그 장치의 제작에 착수했다.

그런데 뜻밖의 장애가 일어났다. 그것을 사려는 단골손님이 그 장치 얘기를 친구들에게 얘기하자 친구들은 그 장치에 중대한 결함이 있다고 말했다.

그러자 그 손님은 터무니없는 물건에 속아 넘어갔다고 생각하고, 그 장치가 너무 넓거나 짧다며 이러쿵저러쿵 온갖 말을 쏟아내었다.

그리고 끝내 그 손님은 마하니 씨에게 전화해서 제작 중인 주문품을 받아들일 수가 없다며 일방적으로 계약을 파기해버렸다.

그때의 경위를 마하니 씨는 다음과 같이 말했다.

나는 그 제품을 샅샅이 재검토해 틀림이 없다는 것을 확신했다.

사는 사람이나 그 친구들의 얘기는 전혀 엉뚱한 것이었지만 지금 그것을 말해 버려서는 만사가 끝장나리라 생각했다.

나는 그를 만나기 위해서 롱아일랜드로 찾아갔다.

사무실로 들어서자마자 그는 몹시 험한 표정으로 냅다 소리쳤다. 흥분한 나머지 당장이라도 덤벼들 듯이 이성을 잃고 있었다.

나는 그가 실컷 화를 내도록 내버려 두었다. 한참 후, 그가 불쑥 내뱉었다.

"자, 이제 어떻게 할 것인가요?"

나는 극히 조용한 어조로 말했다.

"사장님이 원하시는 대로 하겠습니다. 사장님은 돈을 지불하니까 당연히 희망하는 물건을 손에 넣으셔야 할 것입니다. 그러나 누군가가 이 책임을 지지 않으면 안 됩니다. 만약 사장님이 옳다고 생각하신다면 새로운 설계도를 내놓아 주십시오. 지금까지 우리는 2천 달러의 비용이 들었지만 사장님을 위해서 기꺼이 그만한 돈은 우리 쪽에서 부담하겠습니다. 그러나 사장님이 말씀하신 대로 했을 경우에는 당연히 책임은 사장님이 지지 않으면 안 됩니다. 그런데 우리의 설계대로, 우리는 아직도 그것이 옳다고 확신하고 있습니다만, 제작을 맡긴다면 계속해서 책임은 우리가 지겠습니다."

내 말이 끝나자 그의 흥분은 어느 정도 가라앉고 있었다.

그는 결국 '좋아요. 그럼 당신이 하던 대로 하시오. 그러나 만약 당신의 설계가 틀렸다면 손해를 감수해야 할 것이니 각오하시오.' 하고 결론을 지었다.

예상한 대로 내 방법은 절대로 틀리지 않았다. 그 후 우리의 사업은 틀림이 없었고, 그리하여 그 단골손님은 계속해서 같은 장치를 두 개나 더 주문을 해왔다.

그렇기는 하지만 당시에 그 사람으로부터 받은 모욕은 심했다. 나를 풋내기라고 말했을 때, 시비하지 않기 위해서 참는 것은 고된 일이었다. 그러나 참은 만큼의 보람은 있었다.

만약 그때 상대에게 맞서고 나섰다면 어떻게 되었을까. 소송으로 발전해 골치 아픈 문제로 괴로워하고 엄청난 손실을 입은 끝에 중요한 고객을 잃는 결과가 되었을 것이다.

나는 그때의 경험을 통해, 상대의 잘못을 따지는 것으로는 아무런 이익도 생겨나지 않는다는 것을 확신한다.

또 다른 예를 한 가지 더 보자. 이러한 얘기는 세상에 허다하게 있을 줄로 안다.

뉴욕의 테일러 목재회사의 세일즈맨인 크로레는 여러 해 동안 거래처의 완고한 목재 검사원들을 상대로 하여 시비를 하고 시비를 할 때마다 상대를 윽박지르고는 했다. 그러나 그것으로 결코 좋은 결과는 얻어지지 않았다. 크로레의 말에 따르면 목재 검사원 따위의 패거리는 야구의 심판관과 같으며 일단 단정을 내리면 결코 그것을 바꾸려 하지 않는다고 한다.

그는 논쟁에는 이겼으나 그 때문에 회사는 5천 달러의 손해를 입었다. 그래서 그는 내 강연회에 참가하고 지금까지의 방법을 바꾸고, 시비는 절대로 하지 않기로 결심했다. 그래서 어떤 결과가 얻어졌는가. 강연회에서 그가 말한 체험담을 들어보자.

어느 날 아침, 사무실의 전화가 요란스럽게 울렸다.

그것은 전에 발송한 한 트럭 분량의 목재 품질이 나빠서 도저히 받을 수가 없다는 한 단골 거래처 공장으로부터 온 전화였다. 짐을 내리고 있던 일을 중단하고 있으니 빨리 인수하러 오라는 것이다. 약 4분의 1을 하역시키던 중 검사원이, 이 목재에는 절반 이상이 불합격품이 섞여 있다는 것이다.

나는 즉각 상대방의 공장으로 달려가던 도중에 가장 적절한 방법을 생각해보았다.

이러한 경우에 평소 같으면 나는 다년간의 목재에 관한 지식을 쏟아내며 등급 판정 기준에 대한 상대방 검사원의 잘못을 지적했을 것이다. 그러나 이번에는 이 강연회에서 배운 원칙을 적용해 보려고 생각했다.

내가 그 공장에 도착하자 검사원은 상을 찌푸리고 당장이라도 싸울듯 했다.

나는 상대와 함께 현장으로 가서 어쨌든 목재들을 모두 내려서 보여 달라고 부탁했다. 그리고 지금까지 한 것과 같이 합격품과 불합격품을 골라 나누어서 따로따로 놓아달라고 검사원에게 부탁했다.

검사원이 선별하는 것을 한참 동안 바라보고 있는 동안에 그의 방식이 지나치게 엄격해 판정 기준을 잘못 적용하고 있음을 알았다.

문제의 목재는 백송재白松材였으나 그의 지식은 견목재樫木材에 한정되어 있어서 그의 판단으로 백송재가 낙제였을 것이다.

백송재는 내 전문이었다. 그러나 나는 그의 방식에 대해서 구태여 이의를 제기하지 않았다. 한참 동안 잠자코 보고 있다가 차차로 조금씩 불합격의 이유를 물어보기 시작했다.

그러나 상대의 잘못을 지적하는 그러한 태도는 결코 취하지 않고, 이후에는 어떤 물건을 보내면 만족하게 받아들일 수가 있느냐 하는 것을 알고 싶다고 말했다.

상대가 하는 대로 맡겨두고 협조적인 친절한 태도로 묻고 있는 동안에 상대의 심정도 누그러지고 지금까지의 험악한 공기도 사라졌다. 내가 이따금 주의 깊은 질문을 하면서 상대에게 생각할 기회를 주었다.

어쩌면 자기가 불합격품으로써 제쳐두고 있는 재목은 실은 주문을 한 그 등급의 물건이며, 오히려 자기가 주문한 등급 이상의 기준을 적용하고 있는지도 모른다는 것을 스스로 깨닫게 된 것이다.

나로서는 바로 그 점을 지적하고 싶었지만 그런 기색은 조금도 보이지 않았다.

결국 차츰 그의 태도가 달라졌다. 마침내 그는 나를 향해서 실은 백송재에 대해서는 별로 경험이 없다고 말하고 짐을 내리는 재목에 대해서 묻기 시작했다.

나는 그 재목이 모두 지정된 등급에는 합격점이라고 설명하고 싶었으나 그렇게 말하지 않고 마음에 들지 않는 것은 하등 구애 없이 도로 가져가겠다고 말했다.

마침내 그는 불합격품을 더 골라내는 일에 마음의 가책을 느끼게 되는 지경까지 오고 말았다. 그리고 잘못은 결국 자기 쪽에 있는 것을 시인하고 처음부터 상질의 등급을 주문했어야 옳았다고 말했다.

결국 그는 내가 돌아온 뒤 다시 한번 검사를 한 후에 전부를 합격시켰고 그 대금도 받을 수 있었다.

이 예처럼 약간의 배려와 상대의 잘못을 지적하지 않는다는 마음가짐만으로도 목적한 바를 이룰 수 있었던 것이다.

여기에서 언급한 사항은 결코 새로운 무슨 기발한 얘기는 아니다.

그리스도는 '하루빨리 당신의 적과 화해해야 한다.'라고 가르쳤다.

말하자면 상대가 누구든 시비를 해서는 안 된다고 했다. 상대의 잘못을 지적해 화가 나도록 하지 말고 사교적 수완을 발휘해야 한다는 뜻이다.

★★★

깨끗이 자기의 잘못을 시인해야 한다

지는 것이 곧 이기는 것이다.

'이번 일은 모두가 내 잘못 때문이다. 책임은 나 한 사람에게 있다. 타인의 비난을 받기보다는 자기 스스로 비판하는 것이 훨씬 마음이 편하다.'라고 생각하자.

나는 지도상 뉴욕의 중심가에 살고 있다.

그런데 우리 집 바로 옆에 원시림이 있으니 참 재미가 있다. 이 숲속에는 봄이 되면 검은 딸기 줄기가 온통 즐비하게 희고 작은 꽃을 피운다. 그 일대를 다람쥐가 집 구멍을 만들어 놓고 새끼를 키우고 있으며, 잡초는 말의 키만큼이나 크게 자라나 있다.

이 숲의 모습은 아마 콜럼버스가 아메리카 대륙을 처음 발견했을 때의 숲과 크게 다르지 않을 것이다.

나는 렉스라고 부르는 불도그를 데리고 이 공원으로 자주 산책을 간다. 렉스는 사람을 잘 따르기 때문에 결코 남을 물거나 덤비는 일은 없다. 게다가 공원에서는 좀처럼 사람을 만날 수가 없기 때문에 나는 렉스에게 쇠줄도, 재갈도 물리지 않고 데리고 간다.

그러던 어느 날, 공원 안에서 기마경찰관을 만났다. 그 경찰관은 자기의 권위를 과시하고 싶어서 안달이 나 있는 사람 같았다. 그는 대뜸 나를 윽박질렀다.

"입 가리개도 하지 않고 개를 데리고 다니다니, 이게 법에 저촉되는 것을 모르오?"

경찰관이 소리를 지르자 나는 조용히 대답했다.

"예, 잘 알고 있습니다. 그러나 저 개는 사람에게 해를 주지 않는 개이기 때문에 괜찮을 거라고 생각했습니다."

"생각했다고? 생각했다는 것이 대체 무슨 뜻이오? 어떻게 생각하든, 그래서 법률이 바뀐다고 생각하는가? 당신의 개가 다람쥐나 아이들을 물게 될지 어떻게 보장해. 오늘은 봐주겠지만 다음에 또 이런 일이 있으면 재판까지 가야 할 것이오."

나는 앞으로 조심하겠다고 순순히 약속했다.

그리고 나는 약속을 지켰다.

그러나 얼마 후, 개가 재갈을 싫어하고 나도 구태여 억지로 끼우고 싶지 않았기 때문에 들키면 들키는 대로 어떻게 될 것이라고 생각해 버리고 그냥 산책길에 나섰다.

한동안은 아무 일 없이 지나갔다.

그런데 하루는 일이 닥치고야 말았다. 나와 렉스가 비탈길을 뛰어 올라가자 난데없이 길 앞을 막아서는 엄숙한 법의 수호자가 밤색 털의 말을 타고 나타났다.

나는 당황했지만 렉스는 아무것도 모르고 똑바로 경찰관 쪽으로 달려갔다.

기어코 사건은 구차하게 돼 버렸다. 나는 모든 것을 단념하고 경찰관의 말을 기다리지 않고 먼저 선수를 쳐서 입을 뗐다.

"기어코 현행범으로 잡히고 말았습니다. 제가 잘못입니다. 뭐라고 할 말이 없습니다. 지난주에, 두 번 다시 이런 일이 있으면 벌금을 물어야 한다고 주의를 받았습니다만."

"아, 그래요. 그러나 주위에 사람이 없을 때는 이런 작은 개 정도는 흔히 재갈을 떼놓고 싶은 것이 사람의 심정일 것이오."

경찰관의 음성은 조용했다.

"실은 그렇습니다만 그러나 법은 법이죠."

"그건 그렇지만, 이런 작은 개는 아무에게도 해를 끼치지 않겠죠?"

경찰관은 이렇게 말하며 오히려 공감 어린 발언을 해주었다.

"아닙니다. 다람쥐라도 물게 될지 모릅니다."

이것은 내 말이었다.

"그것은 당신이 지나치게 생각하고 있는 것이오. 그렇다면 이렇게 하면 어때요? 언덕의 저쪽으로 데리고 가서 놓아주시오. 그렇게 하면 내 눈도 닿지 않을 테니까. 그것으로 만사 해결합시다."

경찰관도 역시 인간이다. 그에게도 자기의 중요성이 필요했던 것이다. 내가 자신의 죄를 인정했을 때 그의 자부심을 만족시키는 유일한 방법은 잘못을 인정하는 솔직함이었던 것이다.

그때 거꾸로 만약 내가 구실을 달고 변명을 늘어놓았다면, 결국 경찰관과 시비를 벌이게 될 것은 자명한 일이었다.

경찰관과 상대를 하는 대신에 나는 먼저 그쪽이 절대로 옳고 내가 잘못이라는 것을 시인했다. 그러자 서로가 양보하는 마음이 생겼다. 나는 상대의 입장이 되고 상대는 내 입장이 되어 얘기를 나누게 되니 사건은 흐뭇하게 해결된 것이다.

이처럼 자신의 잘못이 명백하다면 상대방이 자신을 비난하기 전에 자기 스스로가 자기를 꾸짖는 편이 훨씬 낫다. 타인의 비난을 받기보다는 자기 스스로 비판하는 것이 훨씬 마음 편할 것이다.

자기에게 잘못이 있을 때, 상대가 말할 것을 먼저 자기가 말해 버리는 것도 한 요령이다. 그렇게 하면 상대에게는 아무런 할 말이 없어진다. 십중팔구 상대방은 관대해지고 이쪽의 잘못을 용서하는 태도로 나오게 될 것이다. 나와 렉스를 용서한 기마경찰관과 같이 말이다.

어떤 바보라도 잘못의 핑계쯤은 댈 수가 있다. 사실 바보는 대개 그런 짓거리를 곧잘 취한다. 자기의 과실을 인정하는 것은 그 인간의 가치를 올리고 스스로도 무엇인가 고상한 느낌을 갖게 되어 기쁜 것이다.

그 예로써 남북전쟁의 남쪽 군 총사령관 리 장군의 전기에 기록된 미담 한 가지를 소개하겠다.

게티즈버그 전투에서 부하인 피켓 장군이 실패한 책임을 리 장군은 자기 혼자서 짊어진 일이 있다. 다음은 그 얘기이다.

피켓 장군의 돌격작전은 서양의 전쟁사에서도 그 예를 찾아볼 수가 없을 만큼 치열한 것이었다. 피켓 장군은 용맹이 뛰어난 군인으로 붉은 갈색 머리칼을 길게 늘여 어깨까지 닿을 듯했다.

운명의 날 오후, 그는 말에 올라 모자를 비스듬히 쓴 모습으로 진격을 시작하니 그를 신뢰하는 부하들은 온통 갈채를 아끼지 않았다. 그들은 군기를 바람에 나부끼고 총검을 번쩍이면서 속속 장군의 뒤를 따랐다.

참으로 용맹스러운 광경이었다.

이 당당한 진군을 바라보고 있던 적진에서도 탄성의 소리가 들렸다. 피켓 장군의 돌격대는 적탄을 무릅쓰고 들을 넘고 산을 넘어 물밀듯이 진격해 들어갔다.

세미터리 리치에 도착했을 때, 돌연 돌담 뒤에서 북군이 나타나서 피켓의 부대를 향해 맹렬히 일제 사격을 퍼부었다. 세미터리 리치의 언덕은 순간적으로 총포와 화약의 바다로 변하고 아수라장이 되었다.

피켓의 군대 지휘관 중에서 살아남은 장교는 오직 한 사람뿐이었으며 5천 명의 군사는 순식간에 그 5분의 4를 잃었다.

피켓의 돌격작전은 치열하고 용감무쌍한 작전이었으나 실은 남군이 패배한 첫 번째의 시련이었다. 리 장군은 이 작전에서 완전히 실패한 것이다. 북군에 이길 가망은 끝내 사라지고 만 것이다.

남부 연맹의 운명은 결정되었다.

완전히 의기를 상실한 리 장군은 그때의 남부 연맹의 대통령 제퍼슨 데이비스에게 사표를 제출하고 자기보다 젊고 유능한 인물을 임명하도록 건의했다.

만약 리 장군이 피켓의 돌격작전에 따른 실패의 책임을 다른 사람에게 전가하려고 생각했으면 얼마든지 변명의 길은 있었을 것이다.

휘하의 사령관 중에서 그의 명령을 어긴 사람도 있었다. 기병대도 돌격의 시간보다 늦게 도착했다. 그 외에도 여러 가지 이유를 들 수도 있었다.

그러나 그는 책임을 전가하기에는 너무나도 고결한 인물이었다. 패배한 피켓 부대의 병사를 혼자서 전선으로 마중 나간 리 장군은 한결같이 자기를 책망했다. 그야말로 숭고하리만큼 철저한 태도였다.

그는 병사들을 향해 이렇게 말했다.

"이번 일은 모두가 내 잘못 때문이다. 책임은 나 한 사람에게 있다."

이렇게 부하들에게 책임을 전가시키지 않고 사죄할 수 있는 용기와 인격을 갖춘 장군은 동서고금을 통해서 그렇게 흔하게 볼 수 없다.

앨버트 하버드는 참으로 독창적인 작가지만, 그만큼 독자들의 감정을 자극한 작가도 드물 것이다. 그 신랄한 문장은 몇 번이나 여론의 맹렬한 반격을 받았다. 그런데 그는 드물게 사람을 다룰 줄 아는 사람으로서, 적을 자기 편으로 만들어 버리는 일이 종종 있었다.

가령 독자들로부터 혹독한 항의가 들어왔을 때 그는 보통 다음과 같은 답장을 보냈다.

실은 제 자신도 그 문제에 대해서는 크게 의문을 느끼고 있습니다. 어제의 제 의견은 반드시 오늘의 제 의견은 아닙니다. 귀하의 의견을 겸허히 수용하며 참으로 제 뜻과 함께 함을 느꼈습니다.

혹시라도 이곳으로 오시는 길이 있다면 누추하기는 하지만 꼭 저희 집에 들러주시기를 바랍니다. 심기일전해 서로의 의견이 일치함을 축하하고자 하는 바람입니다.

이런 식으로 자기를 낮추어서 대하면 대개의 사람은 아무 말도 할 수가 없게 된다.

자기가 옳을 때는 눈치채지 않게 설득하는 것이다. 누구나 자신이 잘못되어 있을 때, 잘 생각해보면 본인이 틀려 있을 경우가 많은 법이다.

그러한 때는 조속히 자기의 잘못을 흔쾌히 시인하도록 해야 한다. 그러면 예상 밖의 효과가 있을 것이다. 게다가 괴로운 변명을 하기보다는 이렇게 하는 편이 훨씬 유쾌한 기분이 될 수가 있다.

속담에도 '지는 것이 곧, 이기는 것.'이라고 하지 않았던가?

사람을 설득하고 싶으면 상대방이 눈치채지 않도록 해야 한다. 누구에게도 눈치채지 않도록 교묘하게 해야 한다.

"가르치지 않는 척하면서도 상대를 가르치고, 상대가 알지 못하면 그가 잊어버리고 있었다고 말해 준다."

이것이 비결이다.

상대를 변화시키는 방법

4

★ ★ ★
먼저 칭찬하자

언젠가 대통령의 초대를 받고 주말을 백악관에서 보낸 일이 있는 친구가 있었다. 그가 대통령의 방에 들어서자 대통령은 비서에게 이렇게 말했다.

"오늘은 아주 잘 어울리는 옷을 입고 왔군. 당신은 정말 미인이야."

평소에 말수가 적은 대통령이었기에 이만큼의 찬사는 아주 드물었다. 느닷없이 그런 소리를 들은 그 비서는 몹시 당황해 볼을 붉게 물들였다.

그러자 대통령이 다시 말했다.

"그렇게 굳어질 것 없어요. 기분이 좋아지라고 한 말이니까. 그리고 이제부터는 맞춤법에 조금 더 주의해야겠어."라고 말했다.

우리는 누구나 칭찬받은 뒤에 약간의 잔소리를 들어도 그다지 기분이 나쁘지 않다.

이발사는 면도를 하기 전에 근육을 풀기 위해 얼굴에 비누 거품을 바른다. 매킨리가 대통령 선거에 입후보했을 때 이발사의 이 방법을 흉내 냈다.

어느 유명한 당원이 선거 연설의 초고를 써서 일대의 명연설이라고 자부하고 자신만만하게 매킨리에게 들려주었다. 들어보니 잘된 곳도 있지만 전체적으로 쓸 만하지 않았다. 매킨리로서는 이 사람의 자존심을 상하지 않게 하고 또 그 열의를 존중해 주지 않을 수 없었다. 그러나 이 연설에 대해서는 '아니오.'라고 말하지 않으면 안 되었다. 그는 이 난처한 일을 보기 좋게 처리했다.

"참 잘됐소. 훌륭한 연설이야. 이만한 연설의 원고를 쓸 수 있는 사람은 그리 많지 않아. 적당한 경우에 쓰면 100%의 효과가 있겠어. 그러나 이번 경우에는 조금 적당치 않다고 생각하는데, 물론 자네의 입장에서 보면 이만큼 훌륭한 것은 없을 것이겠지만 내 입장에서 생각해 보지 않으면 안 되는데, 어떤가? 내 취지에 따라 다시 한번 써줄 수 없겠는가. 다 되거든 수고롭지만 좀 보내 줄 수 있겠지."

상대는 알아듣고 매킨리가 말한 대로 고쳐 써 왔다. 그리고 유능한 변사로서 대활약을 했다.

링컨의 편지 중 두 번째로 유명한 것을 소개하고자 한다.

가장 유명한 것은 빅스비 부인 앞으로 그녀의 다섯 아들이 전사한 데 대한 조문 편지였다.

링컨은 이 편지를 꽤 급하게 쓴 것으로 생각된다. 그러나 그것이 경매에서 엄청난 액수에 팔렸다. 그 돈은 링컨이 50년간 일해 저축한 돈보다도 많은 액수였다.

이 서한은 남북전쟁에서 북군이 가장 근심하는 입장에 놓여 있을 즈음인 1863년 4월 26일에 쓰인 것이다.

북군은 작전상의 잘못으로 18개월간 계속 패배의 쓴 잔만 마셔왔다. 사상자의 수만 늘어나고 국민들은 얼굴빛을 잃어갔다. 탈주병은 늘어나고 공화당의 상원의원조차 링컨을 퇴진시키려고 했다. 그때는 링컨이 "바야흐로 우리의 운명은 파멸의 위기에 부딪혔다. 하늘의 도움도 이제는 바랄 수 없고 한 가닥의 희망의 빛조차 찾아볼 수 없게 되었다."라고 한탄하던 시기에 쓰인 것이다.

이 편지는 국가의 운명이 한 장군의 어깨에 걸려 있는 위급한 시기에서 링컨은 어떻게 해서 그 완고한 장군의 생각을 고치게 했던가, 그간의 사정을 나타내고 있다.

이 편지는 그의 대통령 취임 이후에 쓰인 편지 중에서 가장 통렬한 것이다. 그러나 후커 장군의 중대한 과실을 책망하기에 앞서 그를 칭찬하고 있는 점을 무심히 넘길 수 없다.

"귀관이 하는 방법이 나에게는 약간 만족하게 생각할 수 없는 점이 있소."

이렇게 표현하는 것으로 보아, 실로 '아' 다르고 '어' 다르다는 점을 여실히 알려 준다.

다음은 후커 장군에게 보낸 편지다.

나는 귀관을 포토맥 전선의 지휘관으로 임명했습니다. 물론 나는 확신을 갖고 이를 결정했지만, 귀관의 방법에 대해 나에게도 약간 만족하게 생각할 수 없는 점이 있다는 것을 생각해 주었으면 좋겠습니다. 나는 귀관이 용맹하고 훌륭한 군인이라는 것을 굳게 믿고 있습니다. 물론 나는 그런 군인을 좋아합니다. 귀관은 또 정치와 군사를 혼동하지 않는 인물이라고 확신하며 그것은 올바른 일입니다.

귀관은 야심에 찬 의욕이 있으며 이 또한 정도를 넘지 않으면 아주 좋은 일입니다.

그러나 귀관이 번사이드 장군의 지휘하에 있을 때 초조하게 공을 생각한 나머지 명령을 어기고 마음대로 행동해 국가와 명예가 있는 장군에 대해 중대한 과실을 저질렀습니다.

들리는 바에 의하면 귀관은 정치 및 군사에 있어서는 독재자의 필요를 역설하고 있는 듯하지만 물론 나는 그 또한 인지하고 귀관을 지휘관으로 임명했습니다. 그러나 그것은 결코 귀관의 의견에 동의한 결과는 아닙니다. 독재권을 인정하기에는 그에 의한 성공이 보장되어 있지 않으면 안됩니다.

내가 귀관에게 희망하는 것은 먼저 군사적으로 성공하는 것입니다. 그러기 위해서는 독재권을 가져도 상관이 없다고 생각합니다. 금후에도 정부는 전력을 다해서 다른 지휘관과 같이 귀관에게도 원조하겠습니다.

귀관의 언동에 영향을 받아 군대 내에서 상관을 비난하는 풍조가 일고 드디어는 그것이 귀관 자신에게로 향하는 것은 아닌가 하는 두려움이 있거니와 나는 가능한 한 귀관을 원조해 그와 같은 사태 발생을 막으려고 합니다.

만일 그러한 경향이 나타난다면, 나폴레옹이라도 우수한 군대로 만들기 어려울 것입니다. 따라서 경거망동은 삼가시고 최후의 승리를 얻도록 전력을 다해 주시기 바랍니다.

우리는 매킨리도, 또 링컨도 아니다. 우리가 알고 싶은 것은 이 방법이 일상생활에서 어떠한 효과가 있을 것인가 하는 점이다.

그러면 필라델피아의 워크 건설 고우 씨의 예를 들어보자. 고우 씨는 우리와 조금도 다름없는 보통 시민으로 필라델피아에서 열린 내 수강생의 한 사람이다.

워크 회사에서는 어느 건축공사를 청부받아 지정 기일까지 완성하기 위해 공사를 서두르고 있었다.

만사가 순조롭게 진행되고 있었으나 준공 일보 직전에 돌연 건물의 외부 장식에 쓰이는 청동 세공의 하청업자로부터 기일 내에 납품할 수 없다는 통지를 받았다. 큰일이 아닐 수 없었다. 얼마만큼의 손해를 입었는지 알 수가 없었다. 단 한 사람의 업자 때문에 공사 전체가 좌절되는 것이다.

전화를 걸어서 따져보았지만 아무 소용이 없었다. 그래서 고우 씨는 범의 굴에 들어가는 역할을 맡아 뉴욕으로 떠났다.

고우 씨는 그 회사의 사장실에 들어서자 먼저 이렇게 말했다.

"브루클린에는 사장님과 같은 성을 가진 사람은 한 명도 없더군요."

"그렇습니까? 그것은 저도 미처 몰랐습니다."

사장이 놀라는 것을 보고 고우 씨는 설명하기 시작했다.

"오늘 아침 이곳에 도착하자 바로 사장님의 주소를 찾으려고 전화번호부를 들추어 보았지요. 그러나 브루클린의 전화번호부에는 사장님과 동성의 사람은 한 사람도 없었지요."

"그랬어요?"

이렇게 말하며 사장은 열심히 전화번호부를 펼쳐 보고 있었다.

"네, 흔하지 않은 성이에요. 제 조상은 2백 년쯤 전에 아일랜드에서 이 뉴욕으로 건너왔거든요."

그는 자랑스럽게 자기 가족과 조상의 얘기를 말하기 시작했다. 그 말이 끝나자 고우 씨는 상대 공장의 규모와 설비에 대해 극구 칭찬했다.

"정말 훌륭한 공장입니다. 잘 정돈되어 있을 뿐만 아니라 청동 공장으로서는 일류입니다."

"저는 이 사업에 평생을 걸고 살았습니다. 조금은 자랑을 해도 좋으리라 생각하지요. 어떻습니까? 공장을 한번 둘러보지 않겠습니까?"

그리하여 고우 씨는 공장을 둘러보면서 그 시설과 제도를 칭찬하고 다른 업자에게서는 볼 수 없는 우수한 것이라고 다시 칭찬했다. 그리고 기계를 보며 감탄하자 사장은 그 기계는 자신이 발명한 것이라며 신이 나서 장시간 그 기계를 조작해 보았다.

점심도 같이 먹었다. 그때까지 고우 씨는 용건에 대해 단 한 마디도 언급하지 않았다.

점심을 마치고 난 사장은 이렇게 말을 꺼냈다.

"자, 그러면 사업 얘기로 넘어갑시다. 물론 당신이 온 목적은 충분히 알고 있습니다. 당신과 이렇게 즐거운 얘기를 하리라고는 생각하지 못했습니다. 다른 회사의 주문을 늦추더라도 당신 것은 꼭 제시간에 맞추어 드릴 터이니 안심하고 돌아가십시오."

고우 씨 편에서는 아무 부탁도 하지 않았지만, 목적은 완전히 달성된 것이다. 약속대로 제품은 도착하였고 건물은 예정 기일 안에 완성되었다.

만약 고우 씨가 강경책을 취했다면 과연 어떤 결과가 되었을 것인지 생각해보자.

또 하나의 예를 들어보자.

몇 년 전 나는 내 조카를 비서로 두었다. 그녀는 3년 전에 고향의 고등학교를 졸업한 19세의 처녀로서 사회생활 경험이 없는 상태였다. 지금이야 능숙한 비서라고 할 수 있지만, 처음에는 실수를 자주 저질렀다.

어느 날 나는 잔소리를 하려고 했다. 그러나 고쳐 생각하고 나 자신에게 이렇게 타일렀다.

'잠깐 기다려라. 데일, 너는 조세핀보다 훨씬 나이가 많지 않으냐? 그리고 일의 경험은 그녀의 몇만 배는 가지고 있다. 그녀에게 너와 같은 능력을 기대한다는 것은 근본적으로 무리다. 더욱이 너의 능력이라고 해 봤자 대단한 것도 아니잖느냐? 첫째 너는 19세 때 어떤 일을 했었던가 생각해보자. 실수만 저지르지 않았는가 말이다.'

돌이켜 생각해보면 당시의 나보다도 그녀가 야구에서 말하면 타율이 높다는 결론에 도달했다. 그렇지만 나보다 타율이 높다는 것을 너무 칭찬할 일은 아니었다.

그 후부터 그녀에게 잔소리할 때는 다음과 같이 하기로 했다.

"조세핀, 이것은 안 된다. 그러나 내가 지금까지 저지른 실패에 비하면 이 정도는 아주 적은 거야. 처음에는 틀리는 것이 당연하지. 경험을 쌓아야 비로소 잘못이 없어지는 거야. 내가 젊었을 때에 비하면 지금의 네가 훨씬 낫다. 나는 많은 실수를 저지른 기억이 있기에 너에게 잔소리할 마음은 없다. 어떠냐? 이렇게 해보면……."

사람에게 잔소리하는 경우 겸허한 태도로 자기는 결코 완전하지 못하고 자주 실수한다고 전제하고서 상대의 잘못을 주의해 주면 상대는 그다지 불쾌한 생각을 하지 않을 것이다.

독일 제국 최후의 황제로 거만했던 빌헬름 2세 밑에서 수상직을 맡았던 폰 블로우 공은 이 방법의 필요성을 절실하게 느꼈다. 당시의 빌헬름 황제는 방대한 육·해군을 통수하며 천하무적을 자랑했다.

그러던 어느 날 큰 소동이 일어났다. 영국 방문 중 황제가 대단한 폭언을 해서 그것을 '데일리 텔리그라프'지에 게재한 것이다. 순식간에 영국 조정의 분노를 샀고 독일 본국의 정치가들도 황제의 독선적인 언동에 아연실색해지고 말았다.

그는 영국에 호의를 갖는 유일한 독일인이라고 한다든가, 일본의 위험에 대해 대해군을 건설했다든가, 영국이 러시아와 프랑스로부터 공격을 받지 않아 안심하고, 또 보어 전쟁에 영국의 로버트 경이 승리를 얻게 된 것도 역시 그의 덕분이라고도 말했다.

문제가 예상외로 커지게 되자 황제도 놀랐다. 결국 황제는 폰 블로우의 말대로 따라 했을 뿐이니 책임은 폰 블로우에게 있다고 선언하라는 것이다.

"폐하, 저는 폐하를 움직여 그와 같은 말을 하게 할 수 있는 힘을 가지고 있는 자는 이 세상에 아무도 없다고 생각합니다."

폰 블로우는 이렇게 대답했으나 그 순간 '아차.' 하고 생각했다. 황제가 격노하기 시작했던 것이다.

"당신은 나를 바보 취급하는가. 당신 같으면 절대로 저지르지 않을 실수를 내가 했다고 말하는가!"

폰 블로우는 책망하기 전에 칭찬을 먼저 했어야 한다는 것을 잊었구나 하고 깨달았으나 이미 쏟아진 물과 같았다. 그는 최선의 대책을 강구했다. 책망하고 난 후에 칭찬한 것이다. 이것이 훌륭하게 기적을 낳았다.

그는 공손하게 이렇게 말했다.

"저는 결코 그런 뜻으로 말씀드린 것이 아닙니다. 현명하신 폐하를 어찌 저와 같은 자와 비교하겠습니까. 육·해군의 일은 말씀드릴 필요조차 없고 자연 과학의 깊은 조예는 놀라지 않을 수 없습니다. 폐하는 무선, 전신 등의 설명을 해주셨습니다. 저는 그때마다 감탄할 따름입니다. 저는 그 방향의 일은 부끄럽게도 아무것도 아는 것이 없습니다. 단순한 자연 현상조차 설명하지 못합니다. 오직 역사의 지식을 조금 알고 정치나 특히 외교에 필요한 지식을 다소 가지고 있을 뿐입니다."

황제의 얼굴에는 미소가 감돌았다. 폰 블로우가 칭찬하였기 때문이다. 폰 블로우는 황제를 치켜올리고 자신을 깎아내린 것이다. 이렇게 되니까 황제는 어떠한 일이라도 용서해 주었다.

"언제고 내가 말하는 대로 서로 돕고 힘을 합해 잘해 나가는 게 좋지 않겠나. 굳세게 손을 맞잡고 앞으로 나아가세."

황제는 폰 블로우의 손을 몇 번이고 굳게 잡았다. 마지막에는 진심으로 "폰 블로우를 욕하는 자는 그냥 두지 않겠다."라고까지 말했다.

폰 블로우는 위험한 지경에서 겨우 살아났다. 그러나 그 사람만큼 빈틈이 없는 외교가도 역시 실수를 한 것이다. 우선 처음에 먼저 자기의 단점과 황제의 장점을 말했어야 할 것인데 거꾸로 황제를 바보 취급했던 것이다.

이 예를 보더라도 확실히 겸손과 칭찬은 우리의 일상 교제에도 커다란 효과를 발휘할 수 있다. 바르게만 응용한다면 인간관계에 기적을 낳을 수도 있을 것이다.

★ ★ ★

간접적으로 말하자

어느 날 정오 찰스 슈워브가 공장을 돌아보고 있을 때 종업원들이 담배를 피우고 있었다. 그들 머리 위에는 '금연' 표시가 붙어 있었다. 슈워브는 그들에게 다가서서 한 사람 한 사람에게 담배까지 나눠주고, '금연' 푯말을 손으로 가리키며 말했다.

"모두 밖에 나가서 피우고 오지."

결국 그에 관해서 한 마디의 말도 하지 않고 담배까지 주면서 체면을 세워주었기에 그들이 복종하는 것은 당연한 일이다.

설교 잘하기로 널리 알려진 헨리 워드 비처가 죽은 것은 1887년 3월 8일이었다. 다음 일요일에는 비치의 후임으로 에버트가 교회에 초빙되어 첫 설교를 하게 되었다.

그는 열심히 설교의 초고를 쓰고 세심한 주의를 다해 추고를 거듭했다. 원고를 완성 후에 그것을 부인에게 읽어주었다. 원고를 읽는 듯한 연설은 본래 재미가 없는 것처럼 이 원고 역시 그 예에서 벗어나지 않았다. 그러나 그 아내는 현명했다.

"틀렸어요, 재미없어요. 듣는 사람이 잠들겠어요. 마치 백과사전을 읽는 것 같아요. 오랫동안 설교를 하셨으면 그런 것쯤은 하셔야죠. 더 자연스럽게 할 수 없어요?"

이렇게 말하지 않았다.

"북미평론北美評論에 내면 아주 훌륭한 논문이 될 거예요."

그녀는 그저 그렇게 말했을 뿐이었다. 결국 칭찬과 함께 연설에는 적당치 않다는 것을 교묘하게 말했다. 그도 그 의미를 알았다. 물론 설교의 초고는 휴지통으로 들어갔고 그는 메모도 없이 설교했다.

★ ★ ★

체면을 살려주어야 한다

제너럴 일렉트릭 회사는 찰스 스타인케츠 부장의 이동이라는 미묘한 문제에 부딪혔다.

그는 전기에 대해서는 일류 기술자였으나 기획부장으로서는 부적격자였다. 회사로서는 그의 감정을 상하게 하고 싶지 않았다. 사실 그는 없어서는 안 될 인물이긴 하지만 한편 매우 신경질적인 사람이었다. 그래서 회사는 새로운 직명을 신설해서 그를 그 직에 임명했다. '제너럴 일렉트릭 회사 고문기사'라고 하는 것이 그 직명이다. 그리고 업무는 별로 변한 게 없고 부장은 다른 사람을 임명했다.

스타인케츠도 기뻐했고 임원들도 좋아했다. 그만큼 다루기 어려운 사람의 체면을 세워줌으로써 무사히 움직이게 한 것이다.

상대의 체면을 세워준다는 것은 중요한 일이다. 그런데 그 중요함을 이해하고 있는 사람은 과연 몇이나 될 것인가?

자기의 기분을 살리기 위해 타인의 감정은 짓밟고 지나간다. 상대의 자존심 같은 것은 전혀 생각하지 않는다. 사람들 앞에서 사정없이 고용인이나 어린이들을 나무란다. 조금 더 생각해서 한두 마디 동정 어린 말을 걸어 상대의 심정을 이해해 주면 그쪽이 훨씬 잘될 것을…….

아르바이트생이나 직원들을 해고하지 않으면 안 될 어쩔 수 없는 경우에는 다음 경우를 잘 생각해 주기 바란다.

마샬 A. 글렌저라고 하는 공인회계사로부터 나에게로 온 편지의 한 구절을 소개한다.

종업원의 해고라는 것은 아무리 생각해도 유쾌한 일은 아닙니다. 해고당하는 몸이 되면 더욱 그러할 것입니다. 우리 상품은 계절에 따라 수요가 좌우되는 수가 많아 매년 3월이 되면 많은 인원을 해고할 수밖에 없습니다.

해고 담당 역은 결코 유쾌한 것이 아닙니다. 따라서 될 수 있는 대로 일을 간단하게 처리하는 습관이 우리 사이에서는 생겨났습니다. 통례적으로 다음과 같이 합니다.

"스미스 씨 앉으세요. 아시다시피 계절도 지났으므로 여러분의 일도 없어졌습니다. 처음부터 바쁠 때에만 봐주신다는 약속이었지요."

상대는 이 말로 꽤 타격을 받을 것이며. 내동댕이쳐진 기분일 것입니다. 그들의 태반은 한 가지 일로 일생을 보내는 사람들인데 이렇게 단칼에 목을 자르는 회사에는 한 가닥의 애정도 느껴지지 않을 것입니다.

그래서 저는 임시 고용인들을 해고할 때는 좀 더 동정 어린 방법을 취해보았으면 하고 생각했습니다. 그리하여 각자의 성적표를 자세히 검토한 뒤에 그 사람을 불러 다음과 같이 말했습니다.

"스미스 씨, 당신의 일하는 솜씨에는 정말 감복했습니다.(실제로 그가 일을 잘했다고 가정합니다.) 뉴욕에 출장 가 주셨을 때는 정말 애쓰셨지요. 그렇게 훌륭하게 해주셔서 회사의 위상도 높아졌습니다. 당신은 그렇게 실력이 있으니, 어디에 가든 걱정이 없겠습니다. 우리도 당신을 믿고 있고 또될 수 있는 한 힘이 되고자 생각하고 있습니다. 부디 저희 일을 잊지 말아주십시오."

그 결과 그는 해고당한 것을 그다지 괴롭게 여기지 않고 밝은 기분으로 떠나갔습니다. 밀려서 쫓겨나는 듯한 기분이 아닙니다. 회사에 일만 있으면 계속해서 고용해 줄 것이 틀림없다고 생각하기 때문입니다. 회사가 다시 그들을 필요로 했을 때는 기쁘게 다시 와 줄 것입니다.

★★★
사소한 일에도 신경을 써줘야 한다

내 친구 중에는 피트 바로라는 서커스 단장이 있다. 그는 개와 말을 끌고 각지를 순회하고 있었다. 나는 피트가 개에게 묘기를 가르치는 것을 보고 퍽 재미있게 생각했다. 개가 조금이라도 잘하면 어루만져 주고 고기를 주며 잘했다고 칭찬해 준다.

이 방법은 절대로 새로운 것이 아니다. 동물의 훈련에는 예부터 이 방법을 쓰고 있다.

우리는 이 뻔히 알고 있는 방법을 왜 인간에게 응용하지 않는 것일까? 왜 회초리 대신 쇠고기를, 비평 대신 칭찬을 하지 않는가? 가령 조금이라도 발전을 보이면 마음으로부터 칭찬해 볼 만하지 않은가? 그것에 힘을 얻어 상대는 더욱 더 발전하고 향상할 것이다.

싱싱 교도소의 소장 루이스 E. 로즈에 의하면, 상습범죄자까지도 약간의 발전, 향상한 것을 칭찬해 주면 대단한 효과를 보였다고 한다. 실은 이 단원을 집필 중에 그로부터 편지를 받은 것인데, 그 가운데에 이렇게 쓰여 있었다.

"죄수들은 노력을 적당하게 칭찬해 주면 갱생하려는 마음을 일으킵니다. 비행을 엄하게 책망하는 것보다 훨씬 효과가 있습니다."

적어도 지금까지 나는 싱싱 교도소에 들어갔던 일은 없다. 그러나 내가 지금까지 걸어온 길을 되돌아보면 칭찬의 말이 내 생애에 대전환을 가져온 기억은 확실히 있다. 누구에게나 생각나는 일이 있을 것이다. 역사에서 현저한 예를 얼마든지 볼 수 있다.

　지금부터 50년 전 10세쯤의 소년이 나폴리의 어느 공장에서 일하고 있었다. 그는 성악가가 되고 싶었다. 그러나 처음 만난 교사는, '너에게 노래는 합당치 않다. 마치 덧문이 바람에 흔들리는 것 같은 목소리다.'라고 말해 그를 낙담시켰다. 그러나 그의 어머니는 가난한 농부 부인이었으나 그를 끌어안고 온화하고 애정 어린 말로 격려했다.

　"너는 꼭 훌륭한 성악가가 될 것이다. 엄마는 확실히 알 수 있거든. 그 증거로 너는 점점 잘 부르고 있지 않니?"

　그녀는 얼굴이 새까맣게 되도록 열심히 일해서 아들에게 음악 공부를 시켜 주었다. 그리고 그 어머니의 칭찬과 격려가 소년의 생애를 변화시켰다.

　그의 이름은 독자들도 익히 아는, 유명한 카르소였다.

　꽤 오래된 얘기인데, 런던에 작가를 지망하는 젊은이가 있었다. 그에게 있어서 유리하다고 생각되는 조건은 무엇 하나 없었다. 학교도 4년밖에 다니지 않았고 아버지는 빚에 쪼들리다 못해 교도소로 갔다. 하루 세 끼의 밥도 거르기 일쑤였다. 그러는 중에 그에게 일자리가 생겼다. 쥐구멍 같은 창고 속에서 구두약 용기에 상표를 붙이는 일이었다. 밤에는 으슥한 골방에서 두 소년과 함께 잤다. 그 두 소년이란 빈민가의 부랑아였다. 그는 자신이 없었기 때문에 남의 웃음거리가 되지 않으려고 사람들이 잠든 틈을 타 자리에서 빠져나와 출판사로 그의 처녀 작품을 우송했다. 차례로 계속해서 작품을 보내 보았으나 모두 되돌아왔다.

　그러나 기어이 그에게도 기념할 날이 돌아왔다. 어떤 작품이 채택된 것이다. 원고료는 한 푼도 받지 못했으나 편집자에게서 칭찬을 들었다. 드디어 인정받은 것이다. 그는 감격한 나머지 흐르는 눈물을 닦지도 않고 거리를 돌아다녔다. 자기의 작품이 활자화되어서 세상에 나온다는 것이 그의 생에서 커다란 변화를 가져왔다. 만일 그것이 없었다면 그는 평생을 움막 같은 곳에서 지냈을지도 모른다. 그 소년이 바로 찰스 디킨스다.

★ ★ ★

격려해주어야 한다

내가 아는 사람 중에 어네스트 겐트라고 하는 부인이 있다. 그 부인은 어느 날 가정부를 고용하기로 하고 한 가정부를 다음 주 월요일부터 오도록 말했다. 그리고 전 주인이었던 부인에게 전화를 걸어 물어보았더니 그 처녀에게는 다소의 결점이 있다는 것을 알았다. 약속한 날에 가정부가 오자 부인은 이렇게 말했다.

"넬리, 나는 지난번 전 주인에게 전화를 해서 넬리에 대해 물어보았어요. 어린아이도 잘 돌봐준다고 들었어요. 하지만 청소는 잘못한다고 하던데 아니겠지요? 나는 믿어지지 않아요. 넬리가 입고 있는 옷이 깨끗한 것을 보면 알 수 있어요. 넬리는 그 옷매무새와 같이 집안일도 깨끗하게 해줄 게 틀림없어요. 우리 서로 잘해 나갈 수 있을 거예요."

정말 두 사람은 잘해 나갔다. 넬리는 부인의 기대에 어긋나지 않으려고 열심히 일했다. 집안은 언제나 깨끗하게 청소되어 있었다. 부인의 기대에 보답하려고 시간 외의 청소도 마다하지 않았다.

볼드윈 기관 제조회사의 사무엘 버클렌 사장은 이렇게 말했다.

"무엇이든 장점을 발견해 그것을 칭찬해 주면, 대부분의 사람은 이쪽의 마음먹은 대로 쫓아온다."

요컨대 상대의 어떤 점에 대해 교정하고 싶다고 생각한다면 그 점에 대해 그는 이미 다른 사람에 비해 월등하다고 말해 줄 일이다. 셰익스피어는

'덕이 없어도 덕이 있는 듯이 행동하라.'라고 말했다. 상대의 아름다운 점을 칭찬해주고 싶다면, 진심으로 그 아름다움을 칭찬해 주어야 한다.

장점을 얘기해 주면 그 사람은 여러분의 기대에 어긋나지 않도록 노력할 것이다.

내 친구 중에는 사십이 넘은 독신자가 있다. 그런데 그 친구가 최근 어느 여성과 약혼을 했다. 그런데 상대 여성은 그에게 댄스를 배우라고 했다. 그에 대해 그는 나에게 이렇게 말했다.

"나는 젊었을 때 춤을 배워 20년간을 똑같은 방법으로 추고 있으니, 언젠가는 다시 고쳐 배울 필요가 확실히 있었네. 맨 처음에 찾아간 교사는 내 춤을 엉망이라고 했어. 그건 사실일 거야. 처음부터 고쳐 배우지 않으면 안 된다기에 나는 마음이 내키지 않아 그 교사에게 배우는 것을 포기했지. 다음 교사는 진실을 말하지 않는 것 같았으나 나는 그편이 마음에 들었어. 내 춤은 다소 시대에 뒤떨어졌으나 기본이 착실히 되어 있으므로 새로운 스텝은 문제가 없을 것이라고 말했지. 처음 교사는 내 결점을 강조해서 나를 맥 풀리게 했는데 이 교사는 그와는 반대였어. 장점을 칭찬하고 결점에 대해서는 별로 말이 없었거든. 리듬을 잘 알고 소질도 보통 이상이라고 말해 주었지. 그렇게 말해 주니까 자신이 서투르다는 것을 알고 있었으면서도 자칫 그렇지 않은 것 같은 마음도 들게 마련이지. 물론 교습료를 지불했으니까 속 빈 인사말 정도도 이상할 것은 없으나 그런 것을 생각할 필요는 없었지. 어찌했든 칭찬받은 덕택으로 내 춤은 확실히 숙달되었어. 교사의 말에 용기가 나고 희망이 솟았지. 향상심이 생긴 것이지."

어린아이나 배우자, 종업원을 바보라든가, 무능하다든가, 재능이 없다는 말로 나무라는 것은 향상심의 싹을 자르는 것이 된다. 자주 기운을 북돋우고, 하기만 하면 쉽게 할 수 있다는 생각을 갖게 하고, 상대의 능력을 이쪽은 믿고 있다고 알려 주는 것이다. 그렇게 하면 상대는 자신의 우수함을 나타내 보이려고 부지런히 노력한다.

로웰 토머스도 이 방법을 쓰고 있다. 그는 이 방면에 도가 트인 사람이다. 사람을 분발시키고 자신감을 주고 용기와 신념을 심어주는 일에 능한 것이다.

이런 일이 있었다. 며칠 전 나는 토머스 부부와 함께 주말을 보냈다. 그 토요일 밤, 훨훨 타오르는 난로 옆에서 나는 브리지를 하지 않겠느냐는 권고를 받았다. 브리지라고? 천만의 말씀을! 브리지는 나에게는 영원의 수수께끼 같은 것이다. 전혀 할 줄 모른다.

"데일, 브리지 같은 거 아무것도 아니야. 따로 비결이 있는 것도 아니야. 그저 기억력과 판단력의 문제야. 자네는 기억력에 관한 책을 저술한 일도 있잖은가? 자네에게는 안성맞춤의 게임이거든."

그러다 보니 나는 태어나서 처음으로 브리지의 테이블에 마주 앉아 있었다. 멋지게 추켜세우는 바람에 쉽사리 할 수 있을 것 같은 마음이 생겨 이러한 결과가 된 것이다.

브리지라고 하면 컬버트슨을 생각하게 된다. 브리지를 할 만한 정도의 사람이라면 누구든 그의 이름을 알 것이다.

그가 쓴 브리지에 관한 책은 여러 나라의 언어로 번역되어 이미 1백만 부는 팔리고 있다고 한다. 그도 어느 젊은 여성으로부터 '당신에게는 훌륭한 브리지 소질이 있다.'라는 말을 듣지 않았더라면 이 방면에서 밥을 먹고 살아가지는 못했을 것이다.

컬버트슨이 미국으로 온 것은 1922년으로 처음에는 철학과 사회학의 교사가 되려고 하였으나 적당한 근무처가 없었다. 그래서 그는 석탄 매매를 했으나 실패했다. 계속해서 커피 판매를 했으나 역시 그도 여의치 않았다.

그 당시 그는 브리지의 교사가 되겠다는 생각은 더욱 없었다. 트럼프 놀이는 서툴기만 할 뿐 아니라, 다른 사람에게까지 피해가 갔다. 처음부터 끝까지 질문만으로 끝낸 꼴이 됐다. 그리고 승부가 끝나면 게임의 경과를 다른 사람은 아랑곳없이 귀찮으리만큼 검토하기 때문에 모두 그와 함께 하기를 싫어할 정도였다.

그런 어느 날, 그는 조세핀이라는 미모의 브리지 교사와 사귀게 되어, 급기야 결혼까지 했다. 그녀는 그가 면밀하게 카드를 분석하고 생각하는 것을 보고 그에게 트럼프 경기에 대한 선천적인 소질이 있다고 칭찬했다. 컬버트슨으로 하여금 브리지의 대권위자가 되게 한 것은 그녀의, 격려의 말이었다고 한다.

★ ★ ★

상대방을 치켜세워 주어야 한다

제1차 세계대전이 한창일 때 미국도 가만히 보고만 있을 수 없게 되었다. 과연 평화를 회복할 수 있을지 어떨지는 누구도 알 수 없었으나 윌슨 대통령은 어쨌든 노력해 보겠다고 결심하고 전쟁 당사국의 지도자들과 협의하기 위해 평화사절단을 파견하기로 했다.

평화주의를 표방하는 국무장관 윌리엄 제닝스 브라이언은 이 임무를 맡고 싶어 했다. 자기의 이름을 후세에 남기는 절호의 기회라고 보았다. 그러나 윌슨은 브라이언이 아닌 그의 친구 하우스 대령을 임명했다. 그리고 브라이언의 감정을 다치지 않도록 주의하며, 그에게 이 일을 털어놓지 않으면 안 되었다.

당시의 상황을 윌슨은 일기에 이렇게 쓰고 있다.

'브라이언은 나에게서 그 얘기를 듣고 분명히 실망의 빛을 나타냈다. 그는 자기가 갈 생각이었다고 말했다. 그래서 나는 대통령으로서 이번의 사절 파견을 공식적으로 하는 것이 현명한 방책이 아니라는 의견을 가지고 있고, 브라이언이 가게 되면 세간의 시선을 끌고 상황이 좋지 않을 것 같다고 말했다.'

즉 브라이언은 너무 지나치게 거물이어서 이 임무에 적당하지 않다는 것이다. 이것으로 그도 완전히 만족해했다.

윌슨 대통령은 윌리엄 G. 맥아더를 각료로 입각시킬 때도 이 방법을 사용했다. 각료라고 하면 누구에게나 명예의 지위이다. 그것을 주는 데 윌슨은 상대의 중요성을 배가시켜주는 방법을 썼다. 맥아더 자신의 말을 빌려보기로 하자.

"윌슨 대통령은 '지금 개각 중이니 재무부장관을 맡아 주면 정말로 고맙겠다.'라고 나에게 말했다. 참으로 상대방을 기쁘게 하는 방식이었다. 이 명예의 자리를 맡는다면 그것으로 내가 은혜를 갚는 것이 아닌가 하는 마음이 든다."

그러나 불행하게도 윌슨은 언제나 이와 같은 방법을 쓰고 있지만은 않았다. 그가 이 방법을 계속해서 쓰고 있었더라면 아마 역사도 많이 달라졌을 것이 틀림없다.

예를 들면 국제연맹 가입 문제로 그는 상원을 화나게 하고, 공화당을 무시했다. 인간관계를 생각지 않은 이 방법은 그 자신에게 실각을 가져왔고, 그의 건강을 해치고 수명을 줄여 미국을 연맹 불참국으로 만들었고, 세계 역사를 바꾸어 놓고 말았다.

더블데이페이지라고 하는 유명한 출판사가 있다. 이 회사는 항상 같은 법칙을 실행하고 있다. 오 헨리가 말하는 바에 의하면 이 회사는 출판을 거절하는 경우 대단히 정중해서 다른 출판사가 출판을 맡아 주는 것보다도 이 회사에서 거절당하는 것이 오히려 즐겁기조차 하다는 것이다.

내가 아는 사람 중에 강연을 부탁받으면 항상 거절하는 사람이 있다. 그러나 그의 사절하는 방법이 아주 정중해서 거절당한 쪽도 그렇게 기분 상해하지 않는다. 그 거절하는 방법이 바쁘다든가 어쨌다든가 하는 그쪽의 형편을 말하는 것이 아니고 먼저 의뢰받는 것에 대해 마음에서 우러나오는 감사의 뜻을 표하고 '아쉽지만 사정이 여의치 않으니 도저히 시간을 낼 수가 없다.'라고 말한다. 그 대신 다른 강연자를 천거해 준다. 결국 상대방에게 실망을 느끼게 할 여유를 주지 않고 다른 강연자의 일을 생각하게 하는 것이다.

"제 친구 중에 '브룩클린 이글'의 편집장으로 클리블랜드 로저스라고 하는 사람이 있는데, 그에게 부탁하는 게 어떨까요? 그렇지 않으면 가이 히키크가 좋을지 모르겠군요. 그는 유럽 특파원으로 파리 주재 15년의 경험을 가지고 있으니까 깜짝 놀랄 만한 화제가 풍부합니다. 혹은 인도에서 맹수 사냥 경험을 가진 리빙스턴 롱펠로는 어떻습니까?"라는 식으로 말하는 것이다.

뉴욕 일류 인쇄회사 사장인 윈트는 언젠가 한 기계공의 태도를 바꾸게 할 필요성이 있었다. 이 기계공의 일은 타이프라이터와 그 외 밤낮 구별 없이 혹사당하고 있는 기계를 조정하는 일이다. 그리하여 그는 노동 시간이 길고 일의 양이 과중해 조수가 필요하다고 입버릇처럼 말하고 있었다.

그런데 윈트는 조수도 붙이지 않고 시간도 단축해 주지 않았을 뿐만 아니라 일의 양도 줄여 주지 않고서도 그를 만족시켰다. 그에게 전용 방 하나를 만들어준 것이다. 출입문에는 그의 이름을 써 붙이고 '수리 팀장'이라는 직명을 붙였다.

이렇게 되니 그는 벌써 평범한 일반 공원이 아니었다. 회사에 없어서는 안 될 훌륭한 수리 팀장이었던 것이다.

권위를 주고 사람에게 인정을 받고 자기의 중요감이 충족된 것이다. 그리하여 지금까지의 불평을 잊고 그는 만족해서 열심히 일했다.

이것은 마치 어린아이를 달래는 방법이라고 할지 모른다. 그러나 나폴레옹 1세도 같은 일을 했다.

그는 자기가 제정한 레종 '드뇌르 훈장'을 1,500개나 뿌리고 18명의 대장에게 '원수'의 칭호를 주었으며 자기 군대를 '대육군'이라고 불렀다. 전장의 역전 용사를 장난감으로 속이고 있다고 비난을 받으면 그는 간단하게 대답했다.

"인간은 어차피 명예에 사로잡힌다."

이 나폴레옹이 하던 방법, 즉 직함이나 권위를 주는 방법은 우리가 써도 효과가 있다. 그 예로써, 내 친구 젠트 부인의 경우를 소개하자.

부인은 근처의 개구쟁이들 때문에 골치를 앓는 일이 있었다. 정원의 잔디를 못 쓰게 만드는 것이다. 얼러도 보고 달래도 보았지만 효과가 없었다. 그래서 그는 그 악동들의 대장에게 직함을 주고 권위를 주었다. 바로 '탐정'이라는 직함이다. 그리고 잔디의 불법 침입자를 단속하는 직책을 주었다.

이 방법은 주효했다. '탐정'은 뒷마당에 모닥불을 피워 철봉을 벌겋게 달구어 그것을 휘두르며 불법 침입자들을 위세 있게 몰아내고 있었다.

셰익스피어는 '덕이 없어도 덕이 있는 듯이 행동하라.'라고 말했다. 상대의 아름다운 점을 칭찬해주고 싶다면, 진심으로 그 아름다움을 칭찬해 주어야 한다. 장점을 얘기해 주면 그 사람은 여러분의 기대에 어긋나지 않도록 노력할 것이다.

코치의 질문

이번 장의 내용들을 바탕으로 아래 질문에 스스로 답해보거나,
동료와 대화를 나누어 봅시다.

① 이번 장에서 마음에 와닿는 내용은 어떤 것들이 있었나요?

② 우선적으로 좀 더 좋은 관계를 가지고 싶은 사람 한 명이 있다면 누구인가요?

③ 그 사람에게 자신의 관심을 보인다면 어떤 말이나 행동으로 보여줄 수 있을까요?

④ 그 사람의 강점은 무엇일까요?

⑤ 그 사람의 어떤 면을 인정하거나 칭찬할 수 있을까요?

⑥ 어떤 말이나 행동으로 그것을 표현하면 적절할까요?

⑦ 언제 그 인정이나 칭찬을 하면 좋을까요?

제**2**장

사람의 마음을
읽어야 한다

인간의 행동은 마음속의 욕구에서 생긴다.
그러므로 사람을 움직이는 최선의 방법은 우선 먼저
상대의 마음속에 강렬한 욕구를 일으키게 하는 것이다.

남을 비난하기 전에 상대를 이해해야 한다

남의 결점을 고쳐 주려고 생각하는 마음은 분명히 훌륭하고 칭찬받을 가치가 있다. 그러나 어째서 먼저 자신의 결점을 고치려고 생각하지 않는 것일까?

1931년 5월 7일 뉴욕시에서는 세상에 일찍이 없었던 범죄와의 전쟁 소탕전이 벌어졌다.

포악한 살인범이자, 사격의 명수이며, 게다가 술도 담배도 하지 않는다는 쌍권총의 명수 크로울리가 몇 주간에 걸친 수사 끝에 마침내 추적을 당하고 웨스트 앤드가에 있는 정부情夫의 아파트로 도망쳐 들어갔다.

범인이 잠복하고 있는 그 아파트의 맨 위층을 150명의 경찰대가 포위하고 지붕에 구멍을 뚫고 최루가스를 집어넣어 크로울리를 사로잡으려고 했다. 한편 주위의 빌딩 옥상에는 기관총이 준비되어 있었다.

이윽고 뉴욕의 고급 주택가에 느닷없는 총성이 한 시간 이상 걸쳐서 요란스럽게 울리게 되었다. 크로울리는 큼직한 소파의 뒤에 숨어서 경찰을 향해 맹렬한 총격을 가했다. 이 소란을 구경하려고 모인 군중의 수는 무려 1만 명에 달했다. 그야말로 뉴욕에서는 전에 보지 못했던 대활약극이 벌어졌기 때문이었다.

크로울리가 체포되었을 때 경시총감 마르네가 발표한 바에 의하면, 이 쌍권총의 명수는 뉴욕의 범죄사에서 드물게 보는 흉악범으로 '바늘 끝만

한 동기'가 있어도 살인을 저지르곤 했다고 한다.

그런데 이 쌍권총 크로울리는 스스로를 어떻게 생각하고 있었을까? 실은 이에 대한 해답을 얻을 여지가 남아 있었다. 그것은 그 총격전의 현장에서도 이 사나이는 '관계자 제위'에게 보내는 한 통의 편지를 남긴 것이다. 그 편지를 쓰는 동안에도 피를 계속해 흘렸다. 피에 물든 편지의 한 구절에는 다음과 같은 말이 기록되어 있다.

> 내 마음, 그것은 삶에 지쳐 버린 마음이긴 하지만 부드럽고 온화한 마음이다. 그 누구도 사람을 상하게 하리라고는 생각한 적이 없는 마음이다.

이 사건이 일어나기 조금 전에 크로울리는 롱아일랜드의 시골 길가에 차를 세워 놓고 정부情夫와 함께 있었다.

그때 경찰이 차에 다가가서 말을 건넸다.

"면허증을 보여 주시오."

그러나 느닷없이 권총을 꺼낸 크로울리는 아무 말도 없이 상대를 향해 총알을 퍼부었다. 경찰이 그 자리에 쓰러지자 크로울리는 차에서 뛰어내려 경찰의 권총까지 탈취해서 그것으로 다시 한 발을 쏘아서 숨을 거두게 했다.

이런 살인마가 '누구 하나 사람을 상하게 할 수 없는 마음의 소유자'라고 자기 스스로 말하고 있는 것이었다.

크로울리가 교도소의 전기의자에 앉았을 때 어떤 말을 했을까?

"이렇게 된 것도 내 자업자득이다. 수많은 사람을 죽인 범죄자이니까."

이렇게 말했을까? 천만에, 그는 그렇게 말하지 않았다.

"나는 내 몸을 지키려다 이런 꼴이 되었다."

이것이 크로울리가 남긴 최후의 말이었다.

이 말의 요점은 흉악무도한 크로울리마저 자기가 나쁘다고는 전혀 생각하지 않았다는 것이다.

이런 생각을 가진 범죄자는 결코 드물지 않다.

전 미국을 떨게 했던 암흑가의 황제 알 카포네가 한탄한 말은 다음과 같았다.

"나는 한창 일할 나이의 태반을 이 세상과 사람들을 위해 살아왔다. 그런데 결국 내가 얻은 것은 차가운 세상의 비난과 전과자라는 낙인뿐이다."

카포네 같은 극악한 인간도 스스로 악인이라고 생각하지 않았을 뿐만 아니라 자기는 오히려 자선사업가라고 생각하고 있었다. 그런데 세상이 오히려 그의 선행을 오해하고 있다고 말한 것이다.

뉴욕의 제1급 악인 역시 마찬가지였다. 갱들끼리의 싸움으로 목숨을 잃기 전의 일인데 어느 신문 기자 회견식장에서 그는 자신을 '사람들의 영웅'으로 칭하고 있었다. 사실 그 자신은 그렇게 믿고 있었다.

이 문제에 대해서 필자는 교도소 소장으로부터 흥미 있는 이야기를 들은 바 있다.

대개의 수형자들은 자기 자신을 악인이라고 생각하고 있는 사람이 거의 없다는 것이다. 곧 그들은 자기는 일반 선량한 시민과 조금도 다르지 않다고 생각하며 어디까지나 자기 행위에 대해 정당한 사유를 들어 옳다고 믿고 있다는 것이다.

즉 그들은 왜 금고를 털지 않으면 안 되었던가, 또는 권총의 방아쇠를 당기지 않으면 안 되었던가 따위의 이유를 정말 그럴듯하게 설명한다고 한다.

범죄자는 대개 자신의 나쁜 짓에 그럴듯한 이유를 달아서 그것을 정당화하고 교도소에 수감된 것을 매우 부당하다거나 재수 없이 자신이 걸려들었다고 생각하고 있는 것이다.

이제까지 열거한 악인들까지도 자신이 옳았다고 생각하고 있다면 그들처럼 악인이 아닌 일반인들은 자기 자신을 도대체 어떻게 생각하고 있겠는가.

미국의 위대한 설법가 존 워너메이커는 다음과 같이 말했다.

"30년 전에 나는 사람을 나무라는 것은 가장 어리석은 짓이라고 생각했다. 어느 누구도 완전하지 못하다는 사실을 알고 있었기 때문이다. 자신의 일까지 자신의 생각대로는 되지 않는다. 하나님이 모든 사람에게 평등한 지능을 주시지 않았다는 것까지 화를 낼 수는 없는 노릇이다."

워너메이커는 젊어서 이러한 것을 깨달았지만, 나는 아쉽게도 사십이 가깝게 되어서야 비로소 인간은 비록 아무리 자기가 잘못되어 보여도 결코 자기가 나쁘다고는 생각하기를 꺼린다는 것을 알게 되었다.

타인의 허물을 찾아내는 것은 아무런 소용이 없다.

상대는 곧 방어 태세를 갖추고 어떻게든 자기를 정당화하려고 할 것이다. 게다가 자존심을 상하게 된 상대는 결국 반항심을 일으키게 되니 실로 위험천만한 일이 된다.

지난날 독일의 군대에서는 무슨 불만이 있어도 그 자리에서 곧 불평하는 것을 허락하지 않았다. 화가 치밀고 속이 상해도 하룻밤을 자고 난 후가 아니면 말할 수가 없었다.

다음 날이 되면 어느새 기분도 진정되고 있어서 아무런 말도 없게 된다는 것이다. 이 규칙은 엄격히 지켜졌다.

이것은 당연히 일반 사회에도 법률로 적용되어서 항상 잔소리만 하는 부모, 까다로운 남편, 고용인에게 무조건 호통만 치는 고용주, 그 밖에 세상의 허물만을 들추는 사람 모두를 단속해야 한다고 생각되었다.

남을 비난하는 일의 무익함은 역사에도 많은 예가 있다.

루스벨트 대통령과 그 후계자인 태프트 대통령과의 유명한 반목이 그

한 예이다.

이 사건 때문에 두 사람이 이끄는 공화당이 분열되고 결국은 민주당의 윌슨이 백악관의 주인이 되었다. 이는 제1차 세계대전에 미국이 참전하는 등 역사의 흐름을 변화시키는 데 일조를 하게 되었다.

1908년, 루스벨트는 같은 공화당의 태프트에게 대통령 자리를 양보하고 자신은 아프리카에 사자 사냥을 가버렸다.

그런데 얼마 후 돌아와 보니 아무래도 태프트가 하는 일이 마땅치 않았다. 너무 보수적 경향이 강했던 것이다. 그래서 루스벨트는 차기 대통령의 지명을 확보하기 위해 진보당을 조직했다. 그 결과 공화당은 파멸의 위기에 빠졌고 다음 선거에서 태프트를 대통령 후보로 내세운 공화당은 버몬트와 유타 등 2개 주에서만 지지를 받았을 뿐 전례 없는 참패를 당했다.

루스벨트는 태프트를 책망했다. 그러나 책망을 받은 태프트는 정녕 자신이 나쁘다고 생각했을까? 물론 그렇게는 생각하지 않았다.

"아무리 생각해도 나로서는 그렇게밖에 할 도리가 없었다."

태프트는 참회의 눈물을 머금고 사람들에게 이렇게 말했다.

이 두 사람 중에서 어느 편이 나쁜가 하고 말한다면 솔직한 얘기로 나는 그것을 분간할 수 없고, 또 알 필요도 없다.

내가 말하고 싶은 것은 루스벨트가 아무리 태프트를 꾸짖더라도 태프트로 하여금 자기는 나쁘다고 생각하게 할 수는 없었으리라는 것이다.

결과는 다만 어떻게든지 자신의 입장을 정당화하려고 기를 쓰고 '아무리 생각해도 그렇게 할 수밖에 다른 방법은 없었다.'라는 이야기만 반복시킬 따름일 것이다.

약한 사람일수록 자기가 한 짓은 미화시키고 남의 얘기를 하게 된다. 이것이 인간의 천성이다. 그런데 이것은 악인의 경우에 국한된 것은 아니다. 우리도 역시 마찬가지이다. 그러므로 만약 비난하고 싶어지면 알 카포네나 크로울리의 이야기를 상기해 주기 바란다. 남을 비난하는 것은 마치 하늘을 쳐다보고 침을 뱉는 것과 같아서 반드시 자기 몸으로 되돌아온다.

남의 잘못을 들추거나 비난하면 결국 상대는 반대로 이쪽을 노렸다가 태프트와 같이, '그렇게 할 수밖에 방법이 없었다.'라고 말하는 것이 고작이다.

★ ★ ★

먼저 자신을 돌아보아야 한다

1856년 4월 15일 토요일 아침, 포드 극장에서 부스의 흉탄에 쓰러진 에이브러햄 링컨은 극장 맞은편 어느 싸구려 여관의 침대에 눕혀져 죽음을 기다리고 있었다. 침대가 너무 작아서 링컨은 대각선으로 침대 위에 눕혀져 있었다. 방 벽에는 로자 보뇌르의 유명한 '말 시장' 그림의 값싼 모조품이 걸려 있을 뿐이었다. 그리고 침침한 가스등 불빛이 누렇게 흔들리고 있었다.

이 참담한 광경을 지켜보고 있던 스탠턴 육군 장관은, '여기에 누워 있는 사람만큼 완전하게 인간의 마음을 지배할 수 있었던 사람은 세상에 둘도 없을 것이다.'라고 중얼거렸다.

이처럼 교묘하게 인간의 마음을 사로잡은 링컨의 비결은 무엇이었을까? 나는 링컨의 생애를 10년간 연구하고 그로부터 3년에 걸쳐서 '세상에 알려진 링컨'이라고 하는 책을 내놓게 되었으나 링컨의 사람됨과 그 가정생활에 관해서도 남김없이 연구하고, 그 성과에 대해서도 타인의 추종을 불허한다고 자부하고 있다.

또 링컨의 사람을 다루는 방법에 대해서는 특히 온갖 노력을 기울여서 연구했다.

링컨이 사람을 비난하는 일에 흥미를 가진 적이 있었느냐고 묻는다면 그렇다고 대답할 것이다. 그것도 매우 많이 말이다.

그가 아직 젊었을 때 인디애나주의 피존 크리크 바레라는 시골 동네에 거주하고 있었을 당시, 그는 남의 잘못을 찾아내어 헐뜯었을 뿐만 아니라 상대방을 비웃는 시詩나 편지를 써서 그것을 일부러 사람들의 눈에 띄도록 길에 떨어뜨려 놓기도 했다. 그 편지 한 통으로 인해 평생 그에게 반감을 지니게 된 사람도 있었다.

그 후, 스프링필드에 나와 변호사를 개업한 후로도 그는 반대자를 비난하는 편지를 신문 지상에 공개하는 등의 행동을 서슴지 않았으며, 그것이 너무나 지나쳐서 나중에는 큰 봉변을 당하게 되었다.

1842년 가을, 링컨은 '스프링필드 저널'지에 제임스 실즈라는 겉 멋쟁이요 시비를 좋아하는 아일랜드 출신의 정치인을 비난하기 위해 익명으로 풍자문을 써 보냈다. 이것이 게재되자 온 동네가 폭소를 자아냈고, 실즈는 당장 비웃음의 대상이 되었다.

그러자 감정적이고 자존심이 강한 실즈는 불덩이같이 대로했다. 투서의 주인공이 누구인지를 알게 되자, 즉각 말을 타고 링컨에게 달려가 결투를 신청했다.

링컨은 결투에는 반대하였으나 결국 거절하지 못하고 신청을 받아들이게 되어서 무기의 선택은 링컨에게 일임되었다. 링컨은 팔이 길었으므로 기병들이 쓰는 폭넓은 검을 선택해 육군사관학교 출신인 친구에게 이 검의 사용법을 지도받았다.

약속된 날이 되자 두 사람은 미시시피강의 모래섬에서 만나 드디어 결투가 시작되려고 했을 때, 쌍방의 입회인이 끼어들어서 결투는 그것으로 끝나버리고 말았다.

이 사건은 링컨의 간담을 서늘하게 만들었다. 덕분에 그는 사람을 다루는 방법에 대해서는 더없는 교훈을 얻었다. 두 번 다시 사람을 어리석게 하려는 편지를 쓰지 않았고, 사람을 조롱하는 일도 중지하고 어떤 일이 있어도 남을 비난하는 일은 거의 하지 않게 되었다.

그 후 꽤 오래된 일이지만 남북전쟁 때의 일이다.

포트맥강 지구의 전투가 신통치 않았기 때문에 링컨은 사령관을 자꾸 갈아치우지 않으면 안 되었다. 그러나 그가 임명한 맥래던, 포프, 번사이드, 후커, 미드 등의 5인의 장군을 갈아 보았으나 모두 공교롭게도 실수만을 저질렀다.

링컨은 그야말로 비관적이었다. 국민 대부분도 이 무능한 장군들을 통렬하게 비난했으나 링컨은 '악의를 버리고 사랑을 하라.'는 성경 구절에 따라 자신을 타이르며 마음의 평정을 잃지 않았다.

'남을 책하지 마라. 남의 원한을 사는 것이 싫다면.'이라고 말하는 것이 그가 즐겨 쓴 좌우명이었다.

링컨은 아내나 측근의 인물들이 남부 사람들을 욕할 때마다 이렇게 말했다.

"남에게 욕질하는 것을 삼가시오. 우리도 입장이 바뀐다면 틀림없이 남부의 사람들처럼 될 테니까."

한 가지 예를 더 들어보자.

1863년 7월 1일부터 3일간에 걸쳐 게티즈버그에서는 남북 양군의 격전이 벌어지고 있었다.

4일 밤이 되자, 리 장군이 이끄는 남군이 때마침 폭우에 쫓겨 후퇴하기 시작했다. 패잔병을 이끌고 리 장군이 포트맥강까지 퇴각하자 강물은 밤새 내린 큰비로 범람하고 있었다. 도저히 건너갈 수 없었고, 배후에서는 기세를 얻은 북군이 추격하고 있었다. 남군은 완전히 궁지에 빠지고 말았다.

링컨은 남군을 괴멸시키고 전쟁을 즉각 종결시킬 수 있는 좋은 기회를 얻은 것을 기뻐하고 기대에 가슴이 부풀었다. 그는 미드 장군에게 작전회의 따위는 취소하고 지체 없이 추격할 것을 명령했다. 이 명령은 우선 전보로 미드 장군에게 전해졌고 뒤이어 특사가 파견되어서 당장 공격을 개시하도록 독촉했다.

그러나 미드 장군은 링컨의 명령과는 정반대되는 일을 해버렸다. 작전회의를 열어서 공연히 시간을 낭비하고 여러 가지 구실을 붙여 공격을 거부해 버렸다. 그동안에 강물은 줄어들고 리 장군은 남군을 이끌고 무사히 강을 건너 후퇴해 버렸다.

링컨은 울화통이 터졌다.

"도대체 이것이 어떻게 된 일이냐!"

그는 아들인 로버트를 붙들고 소리쳤다.

"이게 무슨 꼴이야! 적은 독 안에 든 쥐가 아니었던가? 이쪽에서는 손만 약간 내밀어도 될 것을, 내가 아무리 말해도 우리 군대는 꼼짝도 하지 않으니 말이다. 그런 경우라면 어떤 장군이라도 리 장군을 격파할 수가 있었을 거야. 나라도 할 수가 있을 정도다!"

심히 낙담한 링컨은 미드 장군에게 한 통의 편지를 썼다.

이때의 링컨은 매우 조심스럽게 글을 쓰고 있다는 것을 알 수가 있다. 그리고 1863년에 쓰인 이 편지는 링컨이 몹시 화를 내어 쓴 것임이 틀림없었다.

장군께!

나는 적장 리의 탈출로 인해 야기되는 불행한 사태의 중대성을 귀하께서 올바르게 인식하고 있다고는 생각하지 않습니다. 적은 확실히 우리의 수중에 있었습니다. 추격했다면 전쟁에 종결을 가져왔을 것이 분명합니다. 그런데도 이 절호의 기회를 놓친 지금에 있어서는 전쟁 종결의 가능성은 도무지 서지 않게 되었습니다.

장군은 지난 월요일에 리를 공격하는 것이 가장 안전했었습니다. 그것마저도 할 수 없었다고 한다면 적장이 피안으로 도망쳐 버린 지금에 있어서 그를 공격하는 것은 절대로 불가능할 것입니다. 그날 병력의 3분의 2밖에 오늘날은 이용할 수 없습니다.

앞으로 귀하의 활약에 기대한다는 것은 무리라고 생각됩니다. 사실 나는 기대하고 있지 않습니다. 귀하는 천재일우의 기회를 놓친 것입니다. 그 때문에 나도 역시 말할 수 없는 고통을 겪고 있습니다.

미드 장군은 이 편지를 읽고 어떻게 생각했을까?

그러나 미드는 이 편지를 읽지 못했다. 왜냐하면 링컨이 보내지 않았기 때문이다. 이 편지는 링컨이 죽은 후에 그의 서류 속에서 발견된 것이다.

이는 내가 추측해 보건대 아마도 링컨은 이 편지를 써놓고 한참 동안 창밖을 내다보았을 것이다. 그리고 이렇게 생각했을 것이다.

'돌이켜 생각해보면 어쩌면 이것은 너무 성급한 일인지도 모른다. 이렇게 고요한 백악관의 구석에 앉은 채 미드 장군에게 명령을 내리는 것은 내게 있어서는 매우 쉬운 일이지만 만약 내가 게티즈버그 전선에 지난 1주간 미드 장군이 보았을 만큼의 유혈 사태를 눈여겨보고 있었더라면, 그리고 부상병의 비명과 단발마적인 절규를 귀가 따갑도록 들었다면 아마 나도 나아가 공격을 계속할 마음이 없어졌을지도 모른다. 또한 만약 내가 미드와 같이 소심했다면 틀림없이 나도 그와 같은 행동을 했을지도 모른다. 게다가 이미 모든 일은 때가 늦었다. 하긴 이 편지를 보내면 내 마음은 풀릴지 모른다. 그러나 미드는 어떻게 할 것인가? 자기를 정당화하고 반대로 나를 비난하겠지. 그리고 내게 대한 반감이 더해져서 앞으로도 사령관으로서는 쓸모가 없어지고 결국은 군대를 떠나야만 할 것이다.'

링컨은 이 편지를 전술한 바와 같이 책상 서랍 속에 그대로 버려둔 것임이 틀림없다. 링컨은 과거의 쓰라린 경험에서 심한 비난이나 책망은 대개 아무 효과도 없다는 것을 알고 있었던 것이다.

루스벨트 대통령 재임 중 어떤 난국에 부딪히면 언제나 거실의 벽에 걸려 있는 링컨의 초상화를 쳐다보며, '링컨 같으면 이 문제를 어떻게 처리할까?' 하고 생각해보는 것이 습관이 되었다고 스스로 말하고 있다.

우리도 남을 공격하고 싶어졌을 때는 루스벨트 대통령의 생활신조를 본받아서 한번 생각해보자.

★★★
모든 것을 알면 용서하게 된다

대체로 사람을 다룰 때는 상대방을 논리적인 동물이라고 생각해서는 안 된다. 상대는 감정의 동물이며, 편견과 자존심, 그리고 허영심에 의해 행동한다는 사실을 늘 염두에 두지 않으면 안 된다.

남을 비난하는 것은 가장 위험한 불꽃놀이다. 그 불꽃놀이는 자존심이라고 하는 화약고의 폭발을 유발하기 쉽다. 이 폭발은 때때로 사람의 목숨을 빼앗기도 한다.

영문학의 대가 토머스 하디가 영원히 소설을 쓰지 않게 된 이유는 매정한 비평 때문이며, 영국의 천재 시인을 자살로 몰아넣은 것도 역시 비평이었다.

젊었을 때 대인관계가 나쁘기로 유명했던 벤저민 프랭클린은 뒷날 매우 외교적인 기술을 터득하고 사람 다루는 방법이 능숙한 것을 인정받아 마침내 주불 대사로 임명되었다.

그는 성공 비결을 다음과 같이 말하고 있다.

"결코 남의 단점을 들춰내지 않고 장점만 칭찬한다."

남을 비평하거나 잔소리를 늘어놓는 것은 어떤 바보라도 할 수 있다. 그리고 바보일수록 그런 것을 하고 싶어 한다.

이해와 관용은 뛰어난 성품과 인내심을 갖춘 사람이 처음으로 가질 수 있는 덕이다.

영국의 사상가 칼라일에 의하면, '위인은 소인을 다루는 방법에서도 그 위대함을 나타낸다.'라고 말했다. 그러므로 남을 비난하는 대신 상대를 이해하도록 노력하지 않으면 안 된다. 어떤 이유로 해서 상대가 그러한 것을 저지르게 되었는지 잘 생각해보아야 한다. 그렇게 하는 것이 훨씬 유익하고 재미도 있다. 그렇게 하면 동정과 관용, 호의가 저절로 우러나온다.

모든 것을 알면 모든 것을 용서하게 된다.

영국의 위대한 문학가 닥터 존슨은, "하나님도 사람을 심판하려면 그 사람의 사후까지 기다린다."라고 말했다.

하물며 우리 인간이 그때까지 기다리지 못할 까닭이 없지 않겠는가?

젊었을 때 대인관계가 나쁘기로 유명했던 벤저민 프랭클린은 뒷날 매우 외교적인 기술을 터득하고 사람 다루는 방법이 능숙한 것을 인정받아 마침내 주불 대사로 임명되었다. 그는 성공 비결을 다음과 같이 말하고 있다.

"결코 남의 단점을 들춰내지 않고 장점만 칭찬한다."

중요한 존재임을 인식시키자

2

★★★
인간의 가장 뿌리 깊은 충동

인간은 무엇을 탐내는가?

인간이 갖는 가장 뿌리 깊은 충동은 '주요 인물이 되고자 하는 욕구'라고 했다. 자기 중요성의 욕구를 만족시키는 방법에 따라서 그 인간의 성격의 정해지는 것이다.

사람을 움직이는 비결은 이 세상에 오직 한 가지밖에 없다. 즉 스스로가 움직이고 싶은 마음을 일으키게 해주는 것, 바로 이것이 비결이다. 거듭 말하거니와 그 외에는 별다른 비결이 없다.

물론 상대의 가슴에 권총을 들이대고 반지를 빼주고 싶은 마음을 일으키게 할 수는 있다. 종업원에게 목을 찌른다고 위협해 협력하게 할 수도 있다. 적어도 감시의 눈이 번쩍이고 있는 동안만은 채찍이나 호통쳐서 아이들을 마음대로 움직일 수도 있다. 그러나 이런 서툰 방법에는 항상 좋지 못한 반작용이 있게 마련이다.

사람을 움직이는 데는 상대가 원하는 것을 주는 것이 유일한 방법이다.

사람은 무엇을 원하고 있는가?

20세기의 위대한 심리학자 프로이트 박사에 의하면 인간의 모든 행동은 두 가지 동기에서 출발한다고 한다. 즉 성적인 충동과 위대해지고자 하는 욕망이 그것이다.

우리 인간은 무엇을 탐내는가? 비록 원하는 것이 별로 없는 듯한 사람에게도 어디까지나 손에 넣지 않고는 배기지 못하는 것이 몇 가지는 있을 것이다. 평범한 인간이면 우선 다음에 드는 것을 소망할 것이다.

① 건강과 장수 ② 맛있는 음식 ③ 안락한 휴식과 수면 ④ 금전의 욕구 ⑤ 죽은 다음의 부활 ⑥ 성적인 만족 ⑦ 자손의 번영 ⑧ 자신의 중요성 — 자기 자신의 확고한 지위 확보

이상의 욕구는 대체로 만족할 수 있는 것들이지만 하나만은 예외가 있다. 이 욕구는 성욕이나 휴식 같은 욕구와 같이 매우 뿌리가 깊으며 더구나 좀처럼 충족될 수가 없는 것이다. 즉 그것은 맨 마지막 여덟 번째의 '자신의 중요성'이 그것이다. 프로이트가 말하는 '위대해지고 싶은 욕망'이 그것이며, 듀이가 말하는 '주요 인물이 되고 싶은 욕구'가 그것이다.

링컨의 편지 서두에는 '사람은 누구나 겉치레를 좋아한다.'라고 쓰인 것이 있다. 심리학자인 윌리엄 제임스는 '인간이 지닌 성정性情 중에서 가장 강한 것은 남의 인정을 받는 것을 갈망하는 기분이다.'라고 한다.

여기서 제임스가 '희망한다.'든가, '동경한다.'든가 하는 우아한 표현을 쓰지 않고 굳이 '갈망한다.'라는 말을 쓴 것에 주의해 주기를 바란다.

이것이야말로 인간의 마음을 끊임없이 흔들고 있는 불타는 듯한 갈증이다. 이와 같은 마음의 갈증을 올바르게 채워 줄 수 있는 사람은 극히 드물지만, 그것을 할 수 있는 사람이야말로 비로소 타인의 마음을 자기의 손아귀에 넣을 수가 있는 것이다.

장의사라 할지라도 이런 사람이 죽었다면 진심으로 슬퍼할 일이다.

자기의 중오감 또는 중요한 사람이 되고자 하는 욕구는 인간을 동물과

구별하고 있는 가장 중요한 인간의 특성이다.

이에 대해 재미나는 이야기가 있다.

필자가 아직 미주리주의 시골에 있을 때의 어느 날 이야기지만 아버지는 저지종의 돼지와 흰 머리의 순종 소를 먹이면서 중서부 각지에서 열린 품평회에 출품해 몇 번이나 1등을 했다.

아버지는 그 수많은 영예의 1등상 리본을 한 장의 흰 모슬린 천에 핀으로 꽂아서 줄지어 놓고 손님이 있으면 언제나 그 긴 모슬린 천을 들고나왔다. 천의 한쪽 끝을 아버지가 가지고 또 한쪽 끝을 내가 가지고 리본을 손님에게 보이는 것이었다.

돼지는 자기가 얻은 상에 하등의 관심도 없었지만, 아버지께서는 대단히 중요한 문제였다. 결국 그 상이 아버지로 하여금 자신이 중요한 존재라는 인식을 갖게 한 것이다.

만약 우리의 조상이 이 불타는 듯한 자기의 중요성에 대한 욕구를 갖지 않았더라면 인류의 문명도 생겨나지 않았을 것이다.

교육을 받지 못한 가난한 한 식료품 직원을 분발시켜, 전에 그가 50센트로 사두었던 법률책을 짐짝 속에서 꺼내어 공부하게 한 것은, 다름 아닌 자기의 중요성에 대한 욕구에 눈떴기 때문이다. 이 직원이 바로 누구나 다 알고 있으리라 생각되는 링컨이다.

영국의 소설가 디킨스에게 위대한 소설을 쓰게 한 것도, 18세기 영국의 명 건축가 크리스토퍼 랜에게 불후의 명작을 남기게 한 것도, 역시 록펠러에게 평생 써도 다 쓸 수 없는 부를 만들게 한 것도 모두가 자기의 중요한 인간이 되고자 하는 욕구였다.

부자가 필요 이상의 호화주택을 짓는 것도 역시 같은 욕구이다.

최신 유행의 스타일로 몸을 치장하거나 외제 승용차를 굴리고 다니거나 자기 집 아이들을 자랑하는 것도 모두 이 욕구가 있기 때문이다.

많은 청소년들이 악의 길로 유혹당하는 것도 이 욕구 때문이며, 뉴욕의 경시총감이었던 마르네도 다음과 같이 말하고 있다.

"최근의 청소년 범죄자들은 마치 자아의 덩어리 같다. 체포 후에 그들의 최초의 요구는 자기를 영웅같이 취급해 크게 다룬 신문을 보여 달라고 하는 것이다. 자기 사진이 세간의 주목받는 유명한 인물들, 즉 베이브 루즈나 아인슈타인, 린드버그, 루스벨트 등의 사진과 함께 실려 있는 것을 보고 있으면 전기의자에 앉게 될지도 모른다는 염려는 어느새 멀리 사라져 버리는 것이다."

＊＊＊
제각기 다른 자기 중요성의 욕구 만족

자기의 중요성을 만족시키는 사람들의 그 방법을 들어보면 그 사람이 어떤 사람인가를 알 수 있다. 다시 말해 자기 중요성의 욕구를 만족시키는 방법에 따라서 그 인간의 성격이 정해지는 것이다. 이는 매우 의미 깊은 말이다.

가령 존 D. 록펠러는 자기의 중요성에 대한 욕구를 채우게 하는 방법으로써, 전혀 알지도 못하는 중국의 빈민들을 위해 북경에 현대적인 병원을 세우는 데 필요한 자금을 기부하는 것이었다.

그러나 델린저라는 사람은 자기의 중요성을 만족시키기 위해 절도와 은행 강도, 그러다가 나중에는 살인범이 되어버렸다. 경관에게 쫓겨서 미네소타의 어떤 농가에 도망쳐 들어갔을 때 그가 외친 말이 있다.

"나는 델린저다!"

그는 또 자기가 흉악범이라는 것을 과시하고 싶어서 못 견디겠다는 듯

이렇게 말했다.

"나는 너희들을 괴롭힐 생각은 없다. 그러나 나는 델린저다!"

그는 자신이 범죄자라는 사실에 더할 수 없는 긍지를 과시하고 싶었던 것이다.

이와 같이 델린저와 록펠러와의 중요한 차이점은 자기가 중요한 존재임을 만족시키기 위해 취한 방법의 차이일 뿐이다.

유명한 사람들이 자기의 중요성을 채우기 위해 노력한 예는 세상 어디서나 찾아볼 수 있다.

조지 워싱턴도 자기를 '미합중국 대통령 각하'라고 불러 주기를 원했다. 콜럼버스도 '해군 대제독, 인도 총독'이라는 칭호가 탐났던 모양이다. 러시아의 캐서린 여왕은 자기에게 오는 편지 중에서 서두에 '폐하'라고 쓰여 있지 않은 것들은 거들떠보지도 않았다. 그리고 링컨 부인은 대통령 관저에서 그랜드 장군 부인을 향해 "아이, 참, 정말 당신이란 사람은 뻔뻔스럽군요? 내가 앉으라는 말도 하기 전에 먼저 주저앉아 버리니 말이에요!" 하며 노하여 소리쳤다.

버드 소장이 이끄는 남극 탐험대에 미국의 백만장자들이 다투어 자금을 원조한 것 또한 남극의 산맥에 자신들의 이름을 기록하라는 조건이 달려 있었다.

어디 그뿐이랴, 프랑스의 위대한 작가 빅토르 위고는 수도 파리를 자기의 이름과 관련된 명칭으로 변경시키는 엄청난 야망을 품고 있었다. 저 위대한 셰익스피어까지도 자기의 이름을 빛내기 위해 많은 돈을 들여 귀족의 칭호를 얻었다.

그와 반대로 남의 동정과 관심을 끌어서 자기의 중요성을 만족시키기 위해 꾀병을 핑계로 삼은 사람도 때때로 있다.

가령 맥킨리 대통령의 부인도 그 경우의 예이다.

그녀는 자기의 중요성을 부각시키게 하기 위해 남편인 맥킨리 대통령에게 중대한 국사를 소홀히 하게 하고 침실에 들게 해 자기가 잠들 때까지 몇 시간이든 애무를 계속하게 했다. 또 그 부인은 치과 치료를 받는 동안, 남편을 옆에서 한시도 놓지 않고 그것이 남의 주의를 끌게 해 자기의 욕구를 만족시켰다.

하루는 대통령이 다른 약속이 있어서 아무래도 부인을 치과 의사에게 남겨두고 떠나지 않으면 안 될 처지에 이르렀다. 그 뒤에 큰 소동이 일어난 것은 말할 나위도 없다.

♠ ♠ ♠
아낌없는 격려와 찬사

연봉 1백만 달러 이상의 보수를 받는 찰스 슈워브를 보자.

앤드루 카네기가 이 슈워브라는 사나이에게 어떤 뜻으로 백만 달러, 즉 하루에 3천 달러 이상의 급료를 지불했을까? 슈워브가 천재이기 때문일까? 아니다. 슈워브가 그만한 급료를 받는 중요한 이유는 그가 사람을 다루는 명수이기 때문이라고 스스로 말하고 있다. 그 비결을 물어보니, 그것은 그야말로 명언이었다. 동판에 새겨서 각 가정이나 학교, 매장, 사무실 등의 벽에 걸어두면 좋을 것이다. 아이들도 라틴어의 동사 변화나 브라질의 연중 강우량 따위를 외우는 대신에 이 말을 암기해 둘 필요가 있다. 이 말을 활용하면 우리의 인생도 크게 달라질 것이다.

"나에게는 사람의 열의를 불러일으키는 능력이 있다. 이것이 나에게 그 무엇과도 대체할 수 없는 보물이라고 생각한다. 상대방의 장점을 길러 주기 위해서는 칭찬하는 것과 격려하는 것이 무엇보다 좋은 방법이다. 윗사람으로부터 꾸중을 듣는 것만큼 향상심을 해치는 것도 없다. 나는 결코 사람을 비난하지 않는다. 남을 일하게 하려면 격려가 필요하다고 믿고 있다. 그러니까 나는 남을 칭찬하는 일을 좋아하지만 비난하는 것은 매우 싫어한다. 마음에 드는 일이 있으면 진심으로 찬성하고 아낌없이 찬사를 보낸다."

이것이 슈워브의 사람 다루는 비결이다. 그런데 일반 사람은 어떻게 하는가? 꼭 그와 반대로 하고 있다. 마음에 들지 않으면 마구 비난하고 해치지만 마음에 들면 아무 말도 하지 않는다.

슈워브는 또 이렇게 단언한다.

"나는 지금까지 세계 각국의 수많은 훌륭한 사람들과 사귀어 왔지만 아무리 지위가 높은 사람도 옆에서 잔소리를 들으면서 일하는 것보다는 칭찬을 받으며 일할 때가 일에 열성이 깃들일 뿐만 아니라 능률도 오르는 것 같았다. 그 예외는 아직 한 번도 겪은 일이 없다."

실은 이것이 앤드루 카네기가 대성공을 한 열쇠라고 슈워브는 말하고 있다. 카네기도 공사를 막론하고 어느 경우에서든지 남을 칭찬했다.

앤드루 카네기는 남의 일을 자기 무덤의 묘비에까지 새겨서 칭찬하려고 했다. 그가 스스로 쓴 묘비명은 이렇다.

《자기보다도 현명한 인물들을 주변에 모으는 방법을 터득한 사람이 여기에 잠들다.》

그리고 진심으로 감사하는 것이 록펠러가 사람을 다루는 비결이다.

그에게는 다음과 같은 일화가 있다.

에드워드 베드포드라는 그의 동업자가 있었는데, 어느 날 그는 남미에서 얼토당토않은 매입에 실패해 회사에 2백만 달러의 손해를 입혔다. 다른 사람 같으면 아마 길길이 날뛰며 분통을 터뜨리고 질책했을 것이다.

그런데 록펠러는 베드포드가 최선을 다했다는 사실을 알고 있었다. 게다가 사건은 이미 끝나버린 뒤였다. 그래서 그는 거꾸로 상대를 칭찬할 재료를 찾아냈다.

즉 베드포드가 투자액의 60%까지나마 회수할 수 있었던 것을 기뻐하고, '잘했어. 그나마 회수할 수 있다니 정말 다행일세.'라고 말한 것이다.

에머슨은 이렇게 말하고 있다.

"어떠한 인간이라도 나보다 뛰어난 점, 그러니까 내가 본받아야 할 장점이 있다."

거짓이 아닌 진심으로부터 칭찬하도록 하자. 아낌없이 칭찬해주자. 상대는 그것을 마음 깊이 간직해 두었다가 평생토록 잊지 않을 것이다. 칭찬한 본인은 설혹 잊어도 칭찬을 받은 사람은 언제까지나 잊지 않고 소중히 간직할 것이다.

→

3

상대방의 입장에서 생각하자

★ ★ ★

사람을 움직이는 최고의 방법

성공의 비결이 있다면 그것은 타인의 입장을 이해하고 자기의 입장과 동시에 타인의 입장에서 사물을 볼 수 있는 능력이다.

나는 매년 여름이 되면 거의 매일 낚시를 떠난다. 나는 딸기 우유를 좋아하는데 그곳의 고기는 지렁이를 좋아한다. 그러니까 나는 낚시를 갈 때는 내가 좋아하는 것은 제쳐놓고 고기가 좋아하는 것을 생각한다. 딸기 우유를 미끼로 쓰지 않고 지렁이를 바늘에 꿰어서 고기에게 내밀고 '어서 드십시오.'라고 한다.

사람을 사귀는 경우에도 이 고기 잡는 방법을 이용하면 좋을 것이다.

영국의 총리 로이드 조지는 이 방법을 이용한 인물로 유명하다.

제1차 대전 중 그와 함께 활약한 연합국의 지도자 윌슨, 오랜드, 클레망소 등의 인물들은 이미 세상에서 잊힌 존재가 되어 있지만 유독 그 혼자만이 변함없이 그 지위를 보유하고 있었다. 비결을 질문받자 그는, '낚싯바늘에는 고기의 입맛에 맞는 것을 달아두는 것이 최선의 요령'이라고 대답했다.

자기가 좋아하는 기호는 되도록 잊어야 한다.

자기 것을 중시하는 것은 철부지의 어리석은 생각이다. 물론 우리는 자기가 좋아하는 것에 흥미가 있다. 그러나 자기 외에는 아무도 그런 것에 흥미를 느껴주지는 않는다. 누구나 마찬가지로 사람들은 자기가 원하는 것에만 관심을 두게 마련이기 때문이다.

그러므로 사람을 움직일 수 있는 유일한 방법은, 그 사람이 좋아하는 것을 문제로 삼고 그것을 손에 넣는 방법을 가르쳐 주어야 한다.

이 점을 잊어서는 사람을 다룰 수 없을 것이다.

가령 자녀들에게 담배를 피우지 않게 하려면 장황한 설교 따위는 쓸모가 없다. 특히 자기의 희망을 말하는 것도 설득력이 없다. 오히려 자기 자식에게 관심이 있는, 담배를 피우는 사람은 야구 선수가 될 수 없고, 백 미터 경주에서도 이길 수 없다는 것을 설명해 주어야 한다.

이러한 방법을 터득하고 있으면, 어른들은 물론 송아지나 침팬지라도 마음대로 움직일 수가 있다.

이러한 얘기가 있다.

어느 날 에머슨과 그의 아들이 송아지를 외양간에 넣으려고 했다. 그런데 에머슨 부자는 흔한 실수를 저지르고 말았다. 그들은 자기들의 희망밖에 생각하지 않았던 것이다.

아들이 송아지를 끌고 에머슨이 뒤에서 밀었다. 그러자 송아지 또한 에머슨 부자와 같은 짓을 했다. 즉 자기가 하고 싶은 것밖에 생각하지 않았다. 네 발을 버티고 꼼짝하려 하지 않았다. 그것을 보다 못해 아일랜드 출신의 가정부가 거들려고 왔다.

그녀는 논문이나 책을 쓸 줄은 모르지만 적어도 이 경우에는 에머슨보다도 송아지 몰이의 상식을 터득하고 있었다. 말하자면 송아지가 무엇을 원하고 있는가를 생각하고 있었다. 그녀는 자기의 손가락을 송아지의 입에 물려서 그것을 빨게 하면서 친절하게 송아지를 외양간 속으로 끌어들였던 것이다.

인간의 행동은 '무엇을 원하는가?'에서부터 출발한다.

미국의 심리학자 오버스트리트 교수의 명저 '인간의 행위를 지배하는 힘'이라는 책에 다음과 같은 말이 있다.

"인간의 행동은 마음속의 욕구에서 생긴다……. 그러므로 사람을 움직이는 최선의 방법은 우선 상대의 마음속에 강한 욕구를 일으키게 하는 일이다. 장사하는 데 있어서나, 가정과 학교에 있어서나, 혹은 정치에 있어서도, 사람을 움직이려는 사람은 이 사실을 잘 기억해 둘 필요가 있다. 이것을 할 수 있는 사람은 만인의 지지를 얻는 일에 성공하고, 할 수 없는 사람은 한 사람의 지지자를 얻는 데도 실패할 것이다."

★★★
타인의 입장에서 사물을 볼 수 있는 능력

강철왕 앤드루 카네기도 애당초 스코틀랜드 태생의 가난뱅이에 지나지 않았다. 처음에는 한 시간에 2센트의 급료밖에 받을 수가 없었으나 나중에는 사회 각 방면에 3억 6천 5백만 달러를 기부하기에 이르렀다.

그는 젊은 날에 이미 사람을 다루려면 상대가 원하고 있는 일들을 생각해서 이야기하는 수밖에 방법이 없다고 깨닫고 있었다. 학교라고는 4년밖에 다니지 못했으나 사람을 다루는 방법은 알고 있었던 것이다.

다음과 같은 일화가 있다.

카네기의 사촌 누이동생은 예일 대학에 다니고 있는 두 자식의 일로 앓아누울 만큼 걱정을 하고 있었다. 두 아들은 모두 자기 일에만 정신이 팔려 집에 편지 한 통도 보내지 않았던 것이다. 그들의 어머니가 아무리 애타는 마음으로 편지를 보내도 답장은 오지 않았다.

카네기는 조카들에게 편지를 써서 회답에 대해서는 하등 언급을 하지 않고 답장을 보내 올 것인지의 여부에 대해서 백 달러를 걸고 내기를 해보자고 했다.

내기에 응하는 사람이 있어서 그는 조카들에게 편지를 보냈다. 별 용건도 없는 두서없는 글을 써 보낸 편지였다.

다만 추신에 두 사람에게 5달러씩을 보내 주겠다고 하고 그럴듯하게 말했다.

그러나 그 돈은 동봉하지 않았다.

조카들에게 감사의 마음을 전하는 답장이 곧 도착했다.

"앤드루 숙부님, 편지 감사해요……."

그 다음의 문구는 상상에 맡긴다.

남을 설득시켜서 무엇인가 일을 시키려면 입을 열기에 앞서 자신에게 물어볼 필요가 있다.

"어떻게 하면 상대방에게 그렇게 하고 싶은 심정이 일어나게 할 수 있을까?"

이렇게 하면 남에게 불필요한 잔소리를 늘어놓지 않아도 될 것이다.

나는 강연회를 열기 위해 뉴욕의 어느 호텔 한 홀을 시즌마다 20일간 밤에만 빌려 쓰고 있었다.

그런데 어느 시즌이 시작될 무렵에 돌연 그 사용료를 종래의 3배 가까운 금액으로 올린다는 통지를 받게 되었다. 그때는 이미 티켓의 인쇄가 끝나 예매가 진행되고 있었을 뿐만 아니라 일반에게 발표도 해버린 뒤였다.

나로서는 당연히 그러한 인상을 받아들여야 할 생각이 추호도 없었다. 그러나 내 마음을 호텔로 전달해 봐야 하등의 소용이 없으리라고 판단했다. 오히려 호텔 측은 오직 호텔의 문제밖에 생각하고 있지 않을 것이다. 그래서 한 이틀쯤 지나 지배인을 만나러 갔다.

"통지를 받았을 때는 다소 놀랐습니다. 그러나 지배인님을 탓할 생각은 없습니다. 저도 지배인님의 입장이라면 분명히 그와 같은 편지를 썼을 것입니다. 호텔의 지배인으로서는 가능한 한 호텔의 수익을 올리는 것이 그 임무입니다. 그 임무를 다하지 못하는 지배인 같으면 마땅히 파면돼야 할 것입니다. 그런데 이번에 사용료를 인상해 값을 올리는 것이 호텔에 어떤 이익과 손실을 초래할지는 모르지만, 그 자세한 내용을 표로 작성해 보지 않겠습니까?"

이렇게 말하고 나는 종이를 손에 들고 맨 가운데에 선을 긋고 '이익'과 '손실'의 난을 만들었다.

"빈 큰 홀을 댄스파티나 다른 집회용으로 빌려줄 수 있다면 많은 이익이 있을 것입니다. 아마 우리 강연회용으로 빌려주는 것보다도 훨씬 많은 사용료를 받을 수가 있을 것입니다.

그런데 다음은 손해에 대해서 생각해 보지요. 우선 첫째로 저로부터 들어오게 될 돈이 없다면 어찌 될까요? 저는 지배인님이 말씀하시는 그대로의 사용료를 지불할 수가 없기에 강연회는 부득불 어디 다른 장소를 빌려서 할 수밖에 없습니다. 게다가 또 한 가지 호텔 측으로서는 이익이 되지 않는 일이 있습니다. 이 강연회에는 지식인들이 수없이 모여들 것이고, 이는 호텔을 위해서 큰 선전이 될 것입니다. 사실 신문에 5천 달러짜리 광고를 낸다 한들 제 강연회에 올 만한 사람들이 이 호텔을 보러 오리라고는 생각할 수 없습니다. 이것은 호텔 측으로서는 매우 유리한 일이 아닙니까?"

이상의 두 가지 '손해와 조건'을 해당란에 써넣고 종이쪽지를 지배인에게 건네주었다.

"여기에 적힌 손익계산표를 보고 잘 생각한 후에 최종적인 회답을 들려주십시오."

다음 날, 나는 사용료의 세 배가 아닌 50%만 인상하겠다는 통지를 받았다.

이 문제에 관해서 나는 내 요구를 단 한 마디도 입에 담지 않았다는 사실에 유의하기 바란다. 시종 상대방의 요구에 관해서 얘기하고 어떻게 하면 그 요구를 충족시킬 것인가를 이야기했을 뿐이다.

가령 내가 감정에 따라서 지배인의 방으로 뛰어 들어가 다음과 같이 소리쳤다고 가정해 보자.

"여보시오! 이제 와서 세 배로 값을 올린다는 것은 부당하지 않은가요. 티켓도 이미 다 인쇄되어 있고…… 어디 그뿐인가요. 행사를 위해 광고도 이미 한 것을 당신도 잘 알 것이 아니오? 세 배라니 말도 안 되는 소리지요. 누가 그렇게 지불합니까?"

이럴 경우, 어떤 결과가 되고 말았을까? 서로가 흥분해서 입에 거품을 품고 그 결과는 말하지 않아도 쉽게 알 수 있을 것이다. 비록 내가 상대를 설득해서 그 잘못을 깨닫게 하더라도 상대는 물러서지 않을 것이다. 자존심이 그것을 허락지 않을 것이다.

자동차왕 헨리 포드가 인간관계에 대해서 언급한 명언이 있다.

"성공의 비결이라는 것이 있다면 그것은 타인의 입장을 이해하고 자기의 입장과 동시에 타인의 입장에서 사물을 볼 수 있는 능력이다."

실로 음미해 볼 만한 말이 아닌가. 몇 번인가 되풀이해서 잘 기억해주기를 바란다. 참으로 간단하고 알기 쉬운 도리이지만 그러면서도 대개의 사람은 그냥 지나쳐버리고 있는 실정이다.

오늘도 여전히 수많은 세일즈맨들이 성과도 제대로 내지 못한 채, 실망과 피로에 지쳐서 거리를 돌아다니고 있다.

왜냐하면 그들은 항상 자기가 원하는 것밖에 생각하지 않기 때문이다. 고객들은 그것을 알지 못한다. 고객들은 사고 싶은 것이 있으면 스스로 나가서 사면 그만이다. 그러나 고객들은 자기의 문제를 해결하면서 세일즈맨이 팔려고 하는 것이, 생활에 도움이 된다는 것이 증명만 되면 자진해서 살 것이다.

세일즈맨은 강매를 할 필요가 전혀 없다. 손님이라는 존재는 사고 싶어서 사는 것을 좋아하지만 강요를 당하는 것은 원치 않는 것이다. 그런데도 세일즈맨의 대다수는 고객의 입장에 서서 생각하고 팔려고 하지 않는다.

한 가지 좋은 예가 있다.

나는 뉴욕 교외의 포리스트 언덕에 살고 있지만, 어느 날 정거장으로 급히 가는 도중에 롱아일랜드에서 다년간 부동산 중개업을 하는 사람을 만났다. 그 사람은 포리스트 언덕의 사정을 잘 알고 있었기 때문에 내가 살고 있는 집의 건축 재료에 대해 물어보았다. 그러나 그는 모른다고 대답하고 정원협회에 전화로 문의해 보라고 일러 주었다. 그 정도의 일이라면 나도 이미 잘 알고 있었다.

그런데 다음 날, 그로부터 한 통의 편지가 왔다. 어제 물어본 일을 알게 되었을까? 전화를 걸면 일 분도 채 걸리지 않는 문제이다. 궁금해서 편지를 펴본 나는 그만 실망하고 말았다. 그는 어제와 같이 전화로 물어보라고 거듭 되풀이하고 그 후에 보험에 가입해 달라고 부탁하고 있었다.

이 사람은 나에게 도움이 되는 그러한 일에는 하등의 흥미가 없었다. 그 자신에게 도움이 되는 일에만 흥미를 느끼고 있는 것이다. 이 사람이 남의 도움이 되는 일에 흥미를 갖게 된다면 나를 보험에 가입시키는 것보다 몇천 배나 이익을 거둔 셈이 되겠지만 유감이 아닐 수 없다.

지적인 직업에 종사하고 있는 사람이라도 역시 이 같은 실수를 종종 저지른다.

나는 필라델피아에서 유명한 이비인후과 병원의 문을 들어선 적이 있다. 그런데 그 의사는 내 편도선을 보기도 전에 직업을 물었다. 그는 내 편도선의 중세보다도 호주머니 사정에 관심이 있었던 것이다. 사람을 구제하는 것보다도 돈벌이에 더욱 흥미를 느끼고 있었다. 그 결과 그는 그만큼 손해를 보았다. 두말할 것도 없이 나는 그의 인격을 경멸해 그대로 돌아와 버렸기 때문이다.

세상에는 이러한 사리사욕에 눈이 어두운 인간이 들끓고 있다. 그러니까 자기보다도 타인을 위해 봉사하려고 하는 소수의 사람들에게 있어서 세상은 기가 막히게 유리하게 되어있다. 말하자면 경쟁자가 거의 없는 셈이다.

"타인의 입장에 설 수가 있고, 타인의 마음의 움직임을 이해할 수 있는 사람은 장래를 걱정할 필요는 없다."

이것은 오웬 영의 말이다.

이 책을 읽고 '항상 상대의 입장에 자기를 두고 상대의 입장에서 사물을 보고 생각하라.'라는, 오직 한 가지 일만을 배울 수가 있다면 성공으로 가는 첫 발자국은 이미 내디딘 것이나 다름없다.

일찍이 나는 뉴저지 뉴워크에 있는 커리어 냉난방기 제조회사에 '화술'을 강의하러 간 일이 있었다.

수강자는 대학을 갓 졸업한 신입사원들뿐이었다. 강의가 막 끝나자마자 수강자 중 한 친구가 동료들에게 농구를 하자고 했다.

그는 여러 사람을 향해 이렇게 말했다.

"우리, 같이 농구를 하면 어떨까? 나는 농구에 흥미가 있어서 몇 번인가 체육관에 나가 보았으나 항상 사람 수가 부족해서 게임을 할 수가 없었어. 지난번에는 2~3명밖에 없어서 볼 던지기를 하고 있는 동안에 볼에 얻어맞아서 혼이 난 일이 있었어. 내일 밤은 여러분이 꼭 와주기를 바랄게. 나는 농구를 하고 싶어서 견딜 수가 없어."

그는 상대가 농구를 하고 싶어 하든 말든 그것에는 단 한 마디 말도 하지 않았다. 아무도 가지 않는 체육관에는 아무도 가고 싶지 않은 것이 정한 이치이다. 그가 아무리 하고 싶어도 그것은 다른 사람이 아랑곳할 일이 아니다. 그런데 일부러 그곳으로 가서 볼에 얻어맞고 곤란한 봉변을 당하고 싶은 사람이 어디 있겠는가?

그는 표현을 달리 할 수도 있었을 것이다.

농구를 하게 되면 어떤 이익이 있다든가, 힘이 난다든가, 식욕이 왕성해진다든가, 머리가 맑아진다든가, 아주 재미있다든가, 이익은 얼마든지 있을 것이다.

여기서 오버스트리트 교수의 말을 거듭 되새겨 보자.

"인간의 행동은 마음속의 욕구에서 생긴다. 그러므로 사람을 움직이는 최고의 방법은 우선 먼저 상대의 마음속에 강렬한 욕구를 일으키게 하는 것이다. 이것을 할 수 있는 사람은 만인의 지지를 얻는 것에 성공하고, 할 수 없는 사람은 한 사람의 지지자도 얻는 데 실패한다."

★★★
상대의 마음속에 강한 욕구를 일으키게 해야 한다

내 강연회에 참가한 어떤 수강생의 이야기인데 그는 항상 어린 자식의 일을 염려하고 있었다. 그 아이는 심한 편식을 하기에 매우 야위어 있었다. 세상의 부모가 다 그러하듯이 그와 아내는 항상 나무라기만 했다.

"엄마는 네가 이것을 먹어 주면 좋겠다."

"아빠는 네 몸이 건강하기를 원하고 있어."

이런 말만을 듣고 이 아이가 부모의 소망을 들어주게 된다면 오히려 그것이 더 이상스럽다.

30세의 아버지가 생각하는 방식을 세 살짜리 아이에게 납득시키려고 하는 것은 무리가 있다는 것쯤은 누구나 다 잘 알고 있다. 그런데도 그는 어리석게도 무리하게 밀고 나가려고 한 것이다. 그러나 나중에 그는 겨우 깨닫고 이렇게 생각해 보았다.

'도대체 우리 아이는 무엇을 가장 원하고 있을까. 어떻게 하면 아이의 소원과 내 소원을 일치시킬 수가 있을까?'

이렇게 생각하자, 그는 의외로 손쉽게 해결책을 찾을 수 있었다.

생각하면 곧 해결책이 나올 수 있는 것이다. 아이는 세발자전거를 가지고 있으며 그것을 타고 집 앞의 아스팔트 위에서 노는 것을 좋아했다. 그런데 이웃에 아주 말썽꾸러기 개구쟁이가 있어서 그 녀석이 세발자전거를 뺏어서 자기 것인 듯 타고 다녔다.

자전거를 빼앗긴 아이는 울음보를 터뜨리고 어머니에게로 달려온다. 어머니는 급히 뛰어나가서 세발자전거를 도로 찾아온다. 이러한 일이 거의 매일같이 되풀이되었다.

그렇다면 이 아이는 무엇을 가장 원하고 있을까?

셜록 홈스를 들먹일 필요도 없이 생각해 보면 즉시 알 수가 있다. 그의 자존심과 노여움, 그리고 자기의 중요성, 이러한 마음의 강렬한 감정이 그를 움직여서 그 개구쟁이 악동을 언젠가는 앙갚음하겠다는 굳은 결심을 하게 되었다.

"엄마가 먹으라는 것을 무엇이든지 먹기만 하면 곧 너도 그 애보다 강해질 수 있을 거야."

이 말 한마디로 아이의 편식 문제는 당장 해소되고 말았다.

그 아이는 이웃집 개구쟁이를 이기기 위한 마음에 무엇이든지 먹게 되었다.

편식 문제가 해결되자 그 아버지는 또 다음 문제에 부딪히게 되었다. 이 아이의 또 한 가지 골칫거리는 밤에 오줌 싸는 버릇이었다.

이 아이는 항상 할머니와 함께 자고 있었으나 아침이 되면 할머니가 '또 오줌 쌌구나…….' 하고 나무랐다. 아이는 그것을 완강히 부정하며 오줌을 싼 것은 할머니 쪽이라고 말했다.

그때마다 어르고 달래고 타일러도 전혀 효과가 없었다. 그래서 그 부부는 밤에 오줌을 싸지 않도록 하는 방법을 연구해 보았다.

아이는 무엇을 원하고 있는가?

첫째는 할머니가 입고 있는 잠옷이 아니고 아버지와 같이 파자마를 입고 싶어 하고 있다. 할머니는 손자의 나쁜 버릇에 진력이 나 있었기 때문에 그것을 고칠 수만 있다면 파자마를 사주어도 좋다고 제의했다.

다음에 아이가 소원하고 있는 것은 자기 전용의 침대였다. 이것에도 할머니는 이의가 없었다.

그래서 어머니는 아이를 데리고 백화점으로 갔다.

"이 애가 무엇인가 사고 싶은 물건이 있대요."

여자 판매원에게 눈짓을 하면서 그렇게 말하자 판매원 아가씨도 알아차리고 친절하게 대했다.

"어서 오세요. 무엇을 살려고 해요, 어린이께서는?"

판매원의 친절한 물음에 그 아이는 아주 만족해서 대답했다.

"내가 쓸 침대를 사고 싶단 말이야."

엄마로부터 눈짓을 받은 판매원의 권유에 따라서 결국 그는 자기가 필요한 침대를 사고 그 침대는 그 다음 날 집으로 운반되었다. 저녁에 아버지가 돌아오자 그 아이는 부리나케 현관으로 뛰어나갔다.

"아빠, 빨리 이 층으로 가서 내가 산 침대를 봐주세요!"

아버지는 그 침대를 쳐다보면서 아낌없이 칭찬해 주었다.

"이 침대에서 오줌 싸지 않겠지?"

아버지가 그렇게 말하자 그 아이는 결코 오줌을 싸지 않겠다는 약속과 함께 사실 그 후로는 오줌을 싸지 않았다.

자존심이 약속을 지키게 한 것이다.

자기의 침대이며 더구나 그가 자기 혼자서 골라 사 온 침대이다. 어른과 같이 파자마도 입고 있다. 어른과 같이 행동하고 싶은 것이다. 그리고 그대로 행동을 취한 것이다.

또 하나의 예를 들어보자.

'다치만'이라고 하는 전화 기술자이며, 내 강연회에 참가하는 사람이 있었다. 그도 역시 세 살짜리 딸이 아침을 먹지 않아 애를 먹고 있었다.

어르고 타일러도 전혀 효과가 없었다. 그래서 도대체 어떻게 하면 딸이 아침을 먹고 싶어 할까 생각을 해보았다.

그 아이는 엄마 흉내를 내는 것을 좋아했다. 엄마 흉내를 내면 어른이 된 것과 같은 마음이 되는 모양이다.

그래서 어느 날 아침, 이 아이에게 아침 식사 준비를 시켜 보았다. 그녀가 요리의 흉내를 내는 도중에 적당한 시간을 두고서 아빠가 부엌을 들여다보니 그 아이는 기쁜 듯이 소리쳤다.

"아빠, 이것 봐요. 내가 아침 식사를 만들고 있어요!"

그날 아침 그 아이는 오토밀을 두 접시나 먹어 치웠다. 아침 식사를 만드는 것에 흥미를 갖게 되었기 때문이다. 그 아이는 자기의 중요한 욕구를 만족시킨 것이다. 아침 식사를 만듦으로써 자기표현의 방법을 발견하게 되었다.

"자기표현은 인간의 중요한 욕구의 일종이다."

이것은 윌리엄 윈터의 말이지만 우리는 이 심리를 어떤 일에나 응용할 수가 있다.

누구나 마찬가지로 사람들은 자기가 원하는 것에만 관심을 두게 마련이다. 그러 므로 사람을 움직일 수 있는 유일한 방법은, 그 사람이 좋아하는 것을 문제로 삼고 그것을 손에 넣는 방법을 가르쳐 주어야 한다.

★★★

어떤 아첨도 이보다 더 나은 효과는 없다

얼마 전의 일이다. 나는 어떤 브리지 모임에 초대된 적이 있었다. 실은 나는 브리지 놀이를 하지 않는다.

그런데 마침 또 한 사람, 나와 같이 브리지를 하지 않는 금발 부인이 와 있었다.

나는 로웰 토머스가 라디오에 나와서 유명하게 되기 전에 그의 매니저를 하고 있었으며, 그의 그림이 들어 있는 여행기 준비를 위해 둘이서 널리 유럽을 여행한 일이 있었다.

그런데 그 부인은 내게 그 이야기를 해달라고 했다.

"카네기 선생님, 당신이 여행한 멋진 장소와 그곳의 아름다운 경치에 관해 얘기해 주세요."

그녀는 내 옆에 앉으며 최근, 남편과 함께 아프리카 여행에서 막 돌아온 직후라고 말했다.

"아프리카!"

나는 커다란 소리를 내질렀다.

"아프리카를 여행하셨다고요? 저도 이전에 꼭 한 번 가보고 싶다고 생각했었죠. 저는 알제리에 불과 24시간밖에 머물러 있지 않았으며 아프리카의 일은 그것밖에는 아무것도 모릅니다. 부인, 부인은 맹수가 있는 지방에도 가 보셨겠네요? 참 좋았겠군요? 정말 부럽습니다. 제 유럽 여행 이야기보다 부인의 아프리카 이야기를 들려주십시오."

그녀는 꼭 45분 동안 아프리카 이야기를 들려주었다. 그리고는 내 여행담을 들려달라고는 두 번 다시 말하지 않았다. 그녀가 희망했던 것은 자기의 얘기에 귀를 기울여달라는, 자기를 만족시켜 주는, 열성 있게 듣는 이를 원했던 것이다.

그녀는 변덕스러운 것일까? 아니 그렇지는 않다. 지극히 보통이다.

가령 이런 일이 있었다.

어느 날 나는 뉴욕의 출판업자 그린바아 주최의 만찬회 석상에서 어떤 유명한 식물학자를 만났다. 나는 지금까지 식물학자와는 한 번도 이야기를 나눈 적이 없었다. 그래서인지 나는 그의 이야기에 아주 많이 매혹되고 말았다.

회교도들이 마취에 사용하는 인도 대마의 이야기, 식물의 새로운 품종을 수없이 만들어낸 루사 바뱅그의 이야기, 그 밖에 실내 정원이나 고구마 등에 관한 이야기를 듣고 있는 동안에 나는 문자 그대로 넋이 나간 사람처럼 멍해 있었다.

우리 집에는 작은 실내 정원이 하나 있어서 나는 실내 정원에 관한 의문을 두세 가지나 있었으나 그의 이야기를 듣고 나니 그 의문이 시원스럽게 풀려나갔다.

만찬회에는 우리 외에도 몇 명 정도의 손님이 더 있었지만 나는 무례한 것도 생각할 여지도 없이 다른 손님들을 무시하고 몇 시간이나 그 식물학자와 이야기를 나누었다.

밤이 깊어 나는 그들과 헤어졌다. 그때 식물학자는 그 집주인에게 나를 극구 칭찬해 주었다.

"카네기 씨는 정말 이야기꾼이더군요."

내가 이야기꾼이라니? 그 말은 당황스러웠다. 그때 나는 실제로 거의 아무 말도 하지 않았다. 말을 하려 해도 식물에 관해서는 전혀 무지했으며 화제라도 바꾸지 않는 한 내게는 할 얘기가 없었다. 하긴 말하는 대신에 듣는 것만은 분명히 진심이었다. 진심으로 재미가 있다고 생각하고 성심성의껏 들어주었고, 적절한 질문도 아끼지 않았다. 바로 그 점이 상대방을 기분 좋게 했던 것이다. 따라서 상대는 기뻤던 것이다.

이러한 듣는 법은 우리가 누구에게나 줄 수 있는 최고의 찬사이다.

"어떤 칭찬의 말에도, 자기의 이야기에 마음을 빼앗기고 있는 상대방에게는 마음이 흔들린다."

이 말은 잭 우드퍼드의 말이지만, 나는 이야기에 마음을 빼앗겼을 뿐만 아니라 아낌없이 찬사를 해주었다.

"이야기를 듣고 매우 즐거웠습니다. 정말 얻은 점이 많이 있었습니다."

"저도 선생님 정도로 지식이 있었으면 좋다고 생각합니다."

"선생님의 친구가 되어서 들판을 마냥 돌아다니고 싶습니다."

"꼭 다시 한번 만나보고 싶다고 생각합니다."

나는 이러한 찬사를 입에 담았으나 그 모두가 마음속에서 우러나온 말이었다.

그러니까 실제로는 단지 그의 이야기를 진지하게 들어준 것이 그가 나에 대해 "이야기꾼"이라는 찬사를 하게끔 만든 것이다.

상담의 비결에 대해서 하버드 대학의 총장을 지낸 찰스 엘리엇 박사는 이렇게 말하고 있다.

"상담에는 별다른 비결 같은 것은 없다. …… 다만 상대의 이야기에 귀를 기울이는 것이 중요하다. 어떤 아첨도 이보다 더 나은 효과는 없다."

이것은 누구나 다 알고 있는 이야기다. 그런데도 많은 임금을 지불하고 점포를 빌려서 상품을 요령 있게 구매해 쇼윈도와 선전 광고 등 많은 돈을 지출하면서도 상대의 말에 성실히 귀 기울이지 못하고, 센스 없는 사람을 고용하는 업주가 얼마든지 있다.

손님의 이야기를 중간에 잘라버리고, 손님의 말에 역정을 내고, 화나게 하는 등 손님을 내쫓는 일을 하는 직원을 채용하는 어리석음을 범하는 것이다.

예를 들면 이런 이야기가 있다. 이것은 우튼이라는 사람의 경험담으로 내 강연회에서 발표된 내용이다.

그는 뉴저지주의 어떤 백화점에서 와이셔츠 한 벌을 사 가지고 돌아갔다. 집에 돌아와서 입어보니 염색이 퇴색되고, 깃에는 때가 묻어 있었다.

실망한 그는 와이셔츠를 가지고 다시 그 백화점으로 가니 마침 구매 당시의 직원이 있어서 사정을 얘기했다. 그러자 그 직원은 대뜸 이렇게 말하는 것이었다.

"우리는 지금까지 이 와이셔츠를 몇천 벌을 팔았습니다만 말썽을 일으킨 사람은 손님이 처음입니다."

이 직원의 말을 글로 표현하니 이렇지만 그 말투는 마치 '거짓말하지 마시오! 당신 같은 인간에게 속아 넘어갈 줄 알아.'라고 비난하는 것과 다름없었다.

화가 난 우튼 씨는 직원과 실랑이를 벌였다. 그 도중에 다른 직원이 입을 열었다.

"싼 게 비지떡이지요. 검은 옷은 모두 처음에는 색깔이 풀어집니다. 이 값으로는 어쩔 수가 없습니다. 염료가 나빠서 그렇습니다."

"이렇게 되니 나는 더 참을 수가 없어졌습니다."

우튼 씨는 그때의 사정을 다음과 같이 말하고 있었다.

"최초의 직원은 제 정직성을 의심했습니다. 다음의 직원은 제가 마치 싼 물건을 산 것처럼 말하고 있습니다. 저는 가슴속이 부글부글 들끓었습니다. 그리하여 그들에게 옷을 내동댕이치려고 하는 차에 지배인이 왔습니다. 그런데 과연 지배인은 장사의 요령을 터득하고 있어서 제 심정을 잘 마무리 지어 주었습니다. 미처 날뛰고 있던 인간을 만족한 손님으로 뒤바꾸어 놓았습니다. 그가 사용한 방법은 다음의 세 가지였습니다.

첫째, 그는 제 이야기를 처음부터 끝까지 말없이 들어 주었습니다.

둘째, 제 이야기가 끝나자, 다시 한꺼번에 소리 지르려는 직원들을 만류하고, 저와 같은 손님의 입장에서 그들과 시비를 하였습니다. 칼라의 때묻은 곳은 분명히 옷의 색깔이 바래져서 그렇다고 지적했을 뿐만 아니라 손님에게 만족을 줄 수 없는 이러한 물건은 이후 절대로 이 점포에서 팔아서는 안 된다고 타일렀습니다.

셋째, 이 옷에 결함이 있었다는 것을 모르고 있었던 자기의 잘못을 사과하고 솔직하게 '이 옷을 어떻게 하겠습니까? 우리는 선생님이 요구하시는 대로 하겠습니다.'라고 말했습니다.

저는 이렇게 되자 방금까지 밉살스러운 옷을 되돌려 주고 싶었으나, 저는 '지배인님에게 물어보겠습니다만, 색깔이 변하는 것은 일시적입니까, 아니면 이를 방지할 방법이 있다면 가르쳐 주실 수 없겠습니까?'라고 했습니다.

그러자 그는 일주일만 더 입어보시면 어떻겠냐고 권유하며 말을 이었습니다.

'만약 그래도 마음에 들지 않으시면 언제라도 오십시오. 마음에 드시는 것과 바꿔드리겠습니다. 폐를 끼쳐 죄송합니다. 뭐라 사과드려야 할지 모르겠습니다.'

저는 아주 마음이 개운해져서 집으로 돌아왔습니다. 일주일 후에는 색깔도 변하지 않았고 그 백화점에 대한 제 신뢰도 원상태로 회복되었습니다."

그 백화점의 지배인은 역시 지배인이 될 만한 자격을 갖추고 있었다. 그와는 달리 이 직원들이 문제인데 이 친구들은 평생 평범한 직원으로 끝날 것이다. 아니, 필경 손님과 얼굴을 상대하지 않는 포장부로 배치될 것이다.

★ ★ ★
끝까지 들어주어야 한다

사소한 일에도 성미를 돋우어 잔소리하는 사람이 있다. 그중에는 악질도 있지만 그러한 악질의 경우라도 참을성 있게 귀담아 상대의 얘기에 귀를 기울이는 사람이나, 아무리 성질을 부려도, 코브라와 같이 독을 품어도 조용히 끝까지 귀를 기울여 주는 사람에 대해서는 대개 유순해지는 법이다.

몇 해 전의 일이지만 이런 일이 있었다.

뉴욕 전화국의 교환원을 울리는 전화 가입자가 있었다.

그는 교환원들에게 차마 듣기 힘든 온갖 욕설과 폭언을 퍼붓는 것이었다. 그뿐만 아니라 수화기의 타일 선을 뜯어내 버리겠다고 위협하거나, 청구서가 틀려 있다고 요금을 내지 않거나, 신문에 투서하거나, 그리고 끝내는 공익사업 위원회에 진정을 들이밀거나 전화국을 상대로 소송을 제기하는 등 몹시 까다로운 사람이 있었다.

전화국에서는 마침내 국내에서 가장 분쟁 해결의 솜씨가 능란한 사람에게 이 말썽꾸러기 인물을 만나게 했다. 그 직원은 상대가 마음껏 울분을 터뜨리도록 하고 그의 주장을 열심히 잘 귀담아 들어주며, 하긴 그것도 그럴듯하다는 동조를 나타내기도 했다.

그 일에 관해서 그 직원은 다음과 같이 말하고 있다.

"처음 방문했을 때, 그가 냅다 고함을 지르는 것을 세 시간 가까이 참고 들어 주었습니다. 다음에 갔을 때도 역시 같은 식으로 그의 주장에 귀를 기울였습니다. 결국 전부 네 번 만나러 갔습니다.

네 번째의 만남이 끝날 때는 그가 설립을 계획하고 있는 모임의 발기인이 되어 있었습니다. 그 회의 명칭은 전화 가입자 보호협회라고 하는 것입니다만 현재에도 제가 아는 한 그 남자 이외에 회원은 저 혼자밖에 없는 것 같습니다.

저는 시종일관 상대의 입장이 되어서 상대의 주장을 들어 주었습니다. 전화국 직원이 이러한 태도를 보이는 것을 그는 처음 겪는 일로써 나중에는 저를 마치 친구와 같이 대했습니다.

그와는 네 번 만났습니다만 저는 그를 방문한 목적에 대해서는 한마디도 언급하지 않았습니다. 그러나 네 번째는 목적이 완전히 달성되었습니다. 체납되어 있던 전화료도 모두 지불했으며 위원회 제소도 취하해 주었습니다."

이 말썽의 주인공은 가혹한 착취에서 공민권을 방위하는 전사로서 자처하고 있었음이 틀림없다. 그러나 실상은 자기의 중요성을 나타내고 싶었던 것이다. 자기의 중요성을 얻기 위해서 그는 전화국을 상대로 문제를 제기했는데 이제 그것이 채워지자 그가 드러낸 불평은 그 자리에서 자취를 감추고 사라져 버렸다.

또 다른 예가 있다.

세계적으로 유수한 데트마 모직물 회사를 창립 후 아직 얼마 지나지 않았을 무렵, 초대 사장 데트마의 사무실에 고객이 뛰어들어 소란을 피웠다.

데트마 사장은 그때의 상황을 다음과 같이 말해주었다.

"데트마의 거래처인 그 손님에게는 15달러의 판매대금 미수금이 남아 있었습니다. 그러나 그 사람은 그럴 리가 없다고 우기며 말을 듣지 않았습니다. 우리 쪽은 절대로 틀림이 없다는 자신이 있었기 때문에 재삼 독촉장을 보냈습니다. 그러자 그는 화를 내며 지불은커녕 이후는 다시 데트마 회사와는 거래를 하지 않겠다고 잘라 말했습니다.

나는 조용히 그의 얘기를 들었습니다. 그의 말 도중에 몇 번이나 말대꾸하려고 생각했으나 그것은 상책이 아니라고 고쳐 생각하고, 말하고 싶은 얘기를 끝까지 들어 주었습니다. 말할 만큼 털어내 버리고 나서 그는 흥분도 가라앉고 이쪽의 얘기도 들어줄 듯이 생각되었습니다.

그 기회를 엿보고 나는 조용히 입을 열었습니다.

'일부러 시카고까지 와주셔서 뭐라고 사례를 드려야 할지 모르겠습니다. 정말 좋은 말씀을 많이 들었습니다. 관계 직원이 그러한 폐를 끼쳐드렸다면 또 다른 손님에게도 폐를 끼치고 있을지 모르겠습니다. 그렇다면 사장님이 오시지 않더라도 우리 쪽에서 찾아가 봬야 할 일이었습니다.'

이렇게 내가 인사를 드리리라고는 그는 미처 생각하지 못했을 것입니다. 나를 골탕 먹이기 위해서 일부러 그는 시카고까지 찾아왔는데 오히려 감사드린다고 하니 다소 맥이 빠졌을지도 모를 일입니다. 나는 이어서 다시 이렇게 말했습니다.

'저희 직원이 수많은 거래처의 계산서를 취급하게 됩니다. 그런데 사장님은 정직한 분이시군요. 계산서는 저희들에게서 오는 것만 유의하고 계시면 되니까 아마 잘못은 저희 쪽에 있는 듯합니다. 15달러의 문제는 취소하기로 하겠습니다.'

나는 그의 심정을 잘 알았으며, 만약 내가 사장님이라도 역시 그렇게 했을 것이라고 말했습니다. 그는 이미 우리 회사와는 거래하지 않겠다고 말했으니까 나로서는 그에게 다른 회사를 추천하기로 했습니다.

이전부터 그가 시카고로 오면 항상 점심을 함께 먹었기 때문에 그날도 나는 함께 점심을 하자고 권했습니다. 그는 마지못해 나를 따라왔으나 점심을 마치고 사무실까지 함께 돌아오자 지금까지 사간 것보다 다량의 물건을 나에게 주문했습니다.

마음을 돌려서 돌아간 그는 그때까지의 태도를 바꾸어서 한 번 더 서류함을 조사한 후, 잘못 두고 잊어버렸던 문제의 우리 쪽 청구서를 발견하고 사과의 글과 함께 15달러의 수표를 동봉해왔습니다.

그 후, 그의 집에서 득남하자 아기의 이름을 '데트마'라고 붙였다고 합니다. 그리고 그는 죽을 때까지 22년 동안 우리의 좋은 친구이며 좋은 고객으로 기억되었습니다."

'리더스 다이제스트'지에 언젠가 다음과 같은 기사가 실려 있었다.

《이 세상에는 자기의 이야기를 들어 주기를 원하기 때문에 의사를 부르는 환자가 있다.》

남북전쟁의 막바지에 링컨은 고향의 옛 친구에게 편지를 보내어 워싱턴으로 와달라고 말했다. 중요한 문제에 관해서 상의하고 싶다는 것이었다.

그 친구가 백악관에 도착하자 링컨은 〈노예 해방 선언〉을 발표하는 것이 과연 상책인지 어떤지를 수 시간에 걸쳐서 얘기했다. 자기의 의견을 마저 진술하고 나서 이번에는 투서된 신문 기사를 읽었다. 어떤 사람은 해방에 반대하고 어떤 사람은 찬성하고 있었다.

이리하여 몇 시간의 이야기가 끝나자 링컨은 친구와 악수하고 그의 의견은 한마디도 듣지 않고 돌려보냈다. 처음부터 끝까지 링컨은 혼자서 지껄이고 있었으나 그래도 마음이 썩 개운한 모양이었다.

그 친구도 링컨이 할 말을 다 하고 나자 퍽 마음이 편해진 것 같다고 훗날 얘기하고 있다. 링컨에게는 상대의 의견을 들을 필요는 없었다. 다만 마음의 부담을 덜어 주는 사람이 필요했음이 틀림없다.

마음에 괴로움이 있을 때는 누구나 그렇다.

화를 내는 손님, 불평을 품고 있는 고용인, 상심하고 있는 친구 등에게는 성실하게 자신의 이야기를 들어줄 줄 아는 사람이 필요한 것이다.

콜롬비아 대학 총장인 니콜라스 바틀리 박사는 이렇게 말하고 있다.

"자기의 일밖에 생각하지 않는 인간은 교양이 없는 인간이다. 비록 아무리 교육을 많이 받았다 하더라도 교양이 전혀 몸에 붙지 않는 사람이다."

좋은 이야기꾼이 되려면 듣는 귀를 가져야 한다.

찰즈 리 부인은 이 뜻을 다음과 같이 말했다.

"상대방에게 흥미를 갖게 하려면, 먼저 이쪽이 흥미를 느껴야 합니다."

그러므로 상대가 기쁜 마음으로 기꺼이 대답할 수 있는 그러한 질문을 하는 것이다. 상대방의 일이나, 자랑으로 삼고 있는 일에 대해 질문하면, 상대는 거침없이 자신의 이야기를 할 것이다.

당신의 얘기 상대는 당신의 일에 대해서는 사실 별로 관심이 없다. 바로 이 점을 명심해야 한다.

어떤 나라에서 백만 명이 굶어 죽는 대기근이 일어난다 해도, 인간 개개인에게는 자신을 고통으로 몰아넣고 있는 자신의 치통이 훨씬 중요한 사건이다. 자신의 목에 생긴 부스럼이 아프리카에서 일어난 지진보다 더 큰 관심사이다.

사람과 이야기할 때는 이 일을 잘 생각해 주기를 바란다.

상대방의 관심을 파악해야 한다

루스벨트 대통령을 방문한 사람이라면 누구나 그의 해박한 지식에 놀랐을 것이다.

"루스벨트는 상대가 카우보이든, 의용 기병대원이든 혹은 정치가, 외교관 그 밖에 누구든지 그 사람에게 적합한 화제를 풍부하게 간직하고 있다."

이는 마리엘 브래드포드의 말이다.

루스벨트는 누가 찾아오는 사람이 있다는 것을 알면, 그 사람이 특히 좋아하거나 흥미를 가질 만한 문제에 관해서 전날 밤늦게까지 여러모로 연구해두었다고 한다.

루스벨트도 다른 지도자들과 같이 사람의 마음을 사로잡는 지름길은 상대가 가장 깊은 관심이 있는 문제를 화제로 삼는 일이라는 것을 알고 있었던 것이다.

예일 대학의 전 문학부 교수 윌리엄 라이언 펠프스는 어릴 적에 이미 이 일을 알고 있었다.

그는 '인간성에 관해서'라는 제목의 논문 속에서 이렇게 쓰고 있다.

나는 여덟 살 때에 어느 주말 스트래드 포드에 있는 린제이 숙모의 집에 놀러 간 일이 있었다. 저물녘에 중년의 남자 손님이 찾아와서 한동안 숙모와 흥겹게 얘기를 주고받고 있었으나 얼마 후 나를 상대로 열심히 이야기를 시작했다. 그 무렵 나는 보트에 열중하고 있었는데 그 사람의 이야기는 완전히 내 마음을 사로잡았다. 그 사람이 돌아가자 나는 열심히 숙모에게 그 사람을 칭찬했다.

"정말 멋있는 사람이에요! 보트를 그렇게 좋아하는 사람은 처음 보았어요."

그러자 숙모는 '그 손님은 변호사야. 보트에 대해서는 별로 아는 것이 없을 텐데…….' 하고 고개를 갸웃했다.

"그럼 왜 보트 얘기만을 했어요?"

"그건 그분이 신사이니까, 네가 보트에 정신이 팔려 있는 것을 알아보고 너를 기쁘게 해주려고 기분 좋게 너의 상대가 되어 준 거야."

펠프스 교수는 숙모의 이야기를 결코 잊어버릴 수 없다고 쓰고 있다.

현재 보이스카우트의 일로 활약하고 있는 에드워드 차리프에게서 온 편지를 소개하겠다.

어느 날 저는 다른 사람의 도움에 의지하지 않고는 어쩔 수 없는 문제와 맞부딪치고 있었습니다. 유럽에서 행해지는 스카우트 대회가 눈앞에 다가와 있었으며 그 대회에 대표 소년을 한 사람 출석시키고 싶었습니다만 그 비용을 어느 회사의 회장님이 기부해 주었으면 하고 생각했습니다.

그 회장님을 만나러 가기 직전, 제 입장에 도움이 되는 좋은 얘기를 들었습니다. 그것은 그 기업체의 회장님이 백만 달러짜리 수표를 끊은 뒤, 이제는 지불이 끝난 그 수표를 액자에 넣어서 장식하고 있다는 얘기입니다. 저는 회장실에 들어서자마자 우선 그 수표를 보여 달라고 부탁했습니다. '1백만 달러의 수표! 그러한 큰 금액의 수표를 실제로 보고 왔다는 이야기를 스카우트의 아이들에게 들려주고 싶다.'라고 저는 말했습니다. 그 회장님은 기뻐하며 그 수표를 보여 주었습니다. 저는 감탄을 하면서 그 수표를 끊기 시작하게 된 동기를 자상하게 들려줄 것을 부탁했습니다.

독자들도 눈치챘겠지만 차리프 씨는 보이스카우트나 유럽의 스카우트 대회 혹은 그의 희망 같은 것에 대해서는 일절 언급하지 않았다. 다만 상대가 관심이 있는 일에 관해서만 얘기했다.

그 결과는 다음과 같이 되었다.

그 회장님은 중간에 '그런데 당신의 용건은 무엇이었죠?'라고 제게 물었습니다. 그래서 저는 비로소 용건을 꺼내었습니다.

그런데 놀랍게도 회장님은 제 부탁을 즉석에서 수락했을 뿐만 아니라 이쪽에서 예기치 않았던 일까지 자청해 주었습니다. 저는 소년단원, 대표의 소년을 한 사람만 보내도록 부탁했습니다만 회장님은 다섯 명의 소년과 동시에 저도 함께 보내 주었습니다. 천 달러의 신용장을 건네주었으며 7주간을 머물렀다가 돌아오도록 말했습니다.

그 밖에 그분은 유럽의 지점장에게 소개장을 써서 우리의 편의를 도모하도록 부탁했습니다.

그리고 그 자신은 우리와 파리에서 만나 친절히 파리 안내까지 해주셨습니다. 그 이후 그분은 우리 그룹의 뒤를 돌보며 가정이 곤란한 단원에게는 직장을 구해준 일도 여러 번 있었습니다. 그렇지만 만약 제가 그분을 처음 만났을 때, 그분의 관심이 무엇인지를 모르고 그분의 흥미를 불러 일으키지 않았다면 그분이 그렇게 쉽게 저희에게 마음을 열 수가 없었을 것입니다.

이 방법이 과연 비즈니스에도 응용이 될 수 있을지는 알 수 없지만 일례로, 뉴욕 일류의 제빵회사 듀바노이 회사의 헨리 듀바노이 씨의 경우를 예로 들어보자.

듀바노이 씨는 이전부터 뉴욕에 있는 어느 한 호텔에 자기 회사의 빵을 팔려고 애를 태우고 있었다. 4년간을 매주 지배인에게 찾아갔고, 지배인이 출석하는 회합에 동석하곤 했다. 그리고 그 호텔의 손님이 되어서 체류해 보기도 했으나 그것도 헛수고였다.

듀바노이 씨는 그때의 상황을 다음과 같이 말하고 있다.

"그래서 나는 인간관계를 연구했습니다. 그리고 전술을 다시 세웠습니다. 이 사람이 무엇에 관심을 가지고 있는가. 즉 어떤 일에 열성을 기울이고 있는가를 조사하기 시작했습니다.

그 결과, 나는 그가 미국 호텔협회의 회원이라는 것을 알았습니다. 그것도 단순히 평회원이 아니라 그 협회의 회장이었으며, 국제 호텔협회의 회장도 겸하고 있었습니다. 협회의 대회가 어디서 열리든 간에 비행기를 타고, 들을 넘고 산을 넘어 반드시 출석하는 열성파였습니다.

그래서 다음 날, 나는 그를 만나서 협회의 이야기를 꺼내었습니다. 반응은 굉장한 것이었습니다. 그는 눈을 반짝거리며 30분가량 협회의 이야기를 해주었습니다. 협회에서 육성하는 것은 그에게 있어서 무상의 즐거움이며 정열의 원천이 되고 있는 듯했습니다.

그러면서 그는 내게도 입회를 권유했습니다.

그와 이야기를 하는 동안에 나는 빵에 대해서는 조금도 비치지 않았습니다. 그런데 수일 후 호텔의 구매과에서 전화가 걸려 와서 나에게 빵의 견본과 가격표를 가지고 오라는 것이었습니다.

호텔에 도착해 '당신이 어떤 수단을 썼는지는 모르겠지만 우리 지배인님께서는 당신이 매우 마음에 든 모양입니다.' 하며 구매 담당이 내게 이야기를 했습니다.

생각해 보십시오. 그 사람과 거래를 트고 싶은 생각에 4년간이나 그 꽁무니를 쫓아다녔습니다. 만약에 그 사람이 무엇에 관심을 집중시키고 있는가, 어떤 화제를 좋아하는가를 찾아보는 요령을 모르고 있었다면 나는 아직도 그를 뒤쫓고 있을 것입니다."

상담의 비결에 대해서 하버드 대학의 총장을 지낸 찰스 엘리엇 박사는 이렇게 말하고 있다.
"상담에는 별다른 비결 같은 것은 없다. …… 다만 상대의 이야기에 귀를 기울이는 것이 중요하다. 어떤 아첨도 이보다 더 나은 효과는 없다."

코치의 질문

이번 장의 내용들을 바탕으로 아래 질문에 스스로 답해보거나,
동료와 대화를 나누어 봅시다.

① 이번 장에서 마음에 와닿는 내용은 어떤 것들이 있었나요?

② 좀 더 이해하고 싶은 사람이 있다면 누구인가요?

③ 그 사람이 좋아하는 것은 어떤 것들인가요?

④ 그 사람은 어떤 욕구를 갖고 있을까요?

⑤ 그 사람이 관심이 있어 하는 것에는 어떤 것들이 있나요?

⑥ 그 사람이 얻고 싶어 하는 욕구나 유익에는 어떤 것들이 있을까요?

⑦ 그 사람이 피하고 싶어 하는 고통이나 줄이고 싶은 불편함에는 어떤 것들이 있을까요?

⑧ 그 사람은 자신의 어떤 점을 인정받고 싶어 할까요?

⑨ 그 사람은 다른 사람이 자신의 어떤 이야기를 들어주기를 바랄까요?

제**3**장

목적을 달성하는 법

한 통의 쓸개즙보다 한 방울의 벌꿀을 사용하는 것이
더 많은 파리를 잡을 수 있다. 부드러움이 능히 강한 것을
꺾는다. 사람을 다루는 비결은 상대의 입장을 이해하고
그것을 잘 이해하는 일이다.

1

태양은 매섭게 불어닥치는 북풍보다 빠르게 외투를 벗게 하듯이 부드럽고 친절한 방법은 어떤 경우일지라도 심한 힘의 대결을 하는 것보다도 훨씬 효과가 있다.

화가 났을 때 상대방을 마음껏 공격하고 나면 정말 가슴이 후련할 것이다. 그러나 공격당한 쪽도 그와 같이 가슴이 후련할까? 시비조로 호되게 당하고 나서 기분 좋게 이쪽의 마음대로 움직여 줄까?

우드로 윌슨 대통령은 다음과 같이 말했다.

"만약 상대가 주먹을 움켜쥐고 들이닥치면 이쪽도 지지 않고 주먹을 움켜쥐고 맞이하는 것이 세상일이다. 그러나 상대방이 '서로 잘해보지 않겠습니까? 그리고 만약에 의견이 다른 점이 있으면 그 이유나 문제점을 밝혀 봅시다.'라고 타이르듯 조용히 말한다면 어떻게 될까? 그러면 두 사람의 의견 차이가 생각했던 것보다 그리 심하지 않다는 사실을 깨달을 수 있을 것이다. 그런 다음, 서로가 인내와 솔직함과 선의를 가지고 문제에 접근한다면 쉽사리 그 문제를 해결할 수 있을 것이다."

이 윌슨의 말을 누구보다 잘 이해하고 있었던 사람은 록펠러 2세였다.

록펠러는 콜로라도의 민중들로부터 몹시 미움을 사고 있었다.

미국 산업사상 유례없는 대파업 사태가 무려 2년에 걸쳐서 콜로라도주를 온통 뒤흔들어 놓았다. 록펠러가 관리하는 회사에서도 임금 인상을 요구하던 직원들 또한 극도로 신경이 날카로워져 있었다. 회사의 건물이 파괴되는가 하면 군대가 출동한다 해서 마침내는 유혈 사태가 벌어졌다.

이와 같은 대립 격화 속에서 록펠러는 어떻게든 상대방을 설득하고 싶었다. 그리고 마침내 성취하고 말았다.

다음은 그때의 이야기이다.

그는 수 주간에 걸쳐 화해의 제스처를 취한 후 노조 측의 대표자들을 모아놓고 연설을 했다. 이때 그가 한 연설은 한 점의 결점도 없는 훌륭한 것이었으며 당연히 커다란 성과를 거두었다.

록펠러는 이 연설에서 우정에 넘치는 태도로 있는 사실을 설명하며 친절하게 설득해 나갔다. 그러자 노동자들은 그처럼 강경히 주장하던 임금 인상에 대해서는 아무 말도 하지 않고 각자의 직장으로 복귀했다.

그때의 연설 첫머리 부분을 인용해 보기로 한다. 얼마나 그것이 우정에 넘치는지 잘 음미하기 바란다.

록펠러는 바로 조금 전까지도 그를 목매달아놓아도 시원치 않다고 생각하고 있던 사람들을 상대로 지극히 우호적인 어조로 조용히 말을 시작했다.

비록 자선단체에서 이야기한다고 치더라도 이처럼 조용한 태도로 할 수는 없을 것 같은 그런 태도였다.

"나는 이 자리에 나오게 된 것을 매우 자랑스럽게 생각합니다. 여러분의 가정을 방문해 가족도 만났으므로 우리는 인사도 없는 남남끼리가 아니라 친구로서 만나고 있는 것입니다. …… 우리 상호의 우정, 우리의 공통된 이해! 내가 이 자리에 나올 수가 있었던 것은 오로지 여러분의 호의에 의한 것이라고 생각하고 있습니다."

이러한 문구들이 그의 연설을 장식하고 있었다. 그리고 록펠러는 입을 열고 다음과 같이 말했다.

"오늘은 내 생애에서 특히 기념할 만한 날입니다. 이 회사의 직원 대표와 간부 여러분을 한자리에서 만나볼 기회를 얻었다는 것은 나에게 일찍이 없었던 행운의 자리라고 생각합니다. 그리고 나는 이 자리에 나오게 된 것을 매우 자랑스럽게 생각합니다. 이 자리는 오래도록 언제까지나 내 기억에 남으리라고 확신합니다.

만약 이 자리가 2주일 전에 이루어졌다면 아마 나는 극히 몇몇 분들을 제외하고는 대부분의 사람들과는 인사가 없는 존재에 지나지 않았으리라고 생각합니다.

나는 지난주, 남광구를 방문했습니다. 때마침 그곳에 부재중인 분들을 제외하고는 거의 모든 대표자 여러분과 개별로 이야기를 나누고 또 여러분의 가정을 방문해 가족분들도 만나 뵈었습니다. 그러므로 이제 우리는 서로가 알지 못하는 타인이 아닙니다. 즉 친구로서 만나고 있는 것입니다.

이러한 우리 상호의 우정에 입각해서 나는 우리 공통의 이해에 대해서 여러분과 이야기를 나누고자 합니다.

이 자리는 회사의 간부들과 직원 대표 여러분들께서 마련한 것으로 알고 있습니다. 회사의 간부도 아니고 직원 대표도 아닌 내가 오늘의 이 자리에 나오게 된 것은 오로지 여러분들의 호의로 이루어진 것으로 생각합니다. 나는 간부도 직원 대표도 아닙니다만, 그러나 주주와 임원의 대표자로서 여러분과 밀접한 관계가 있다고 생각합니다."

이것이야말로 적을 자기 편으로 끌어들이는 훌륭한 방법의 본보기라고 말할 수 있는 예가 될 것이다.

만약 록펠러가 다른 방법을 취해서 토론을 벌이고 사실을 앞세우고 잘못은 노동자 측에 있다고 말하고 우격다짐으로 주장을 하거나 혹은 그들의 잘못을 이론적으로 증명하려고 했다면 그 사태는 어떻게 되었을까? 그야말로 불에 기름을 붓는 결과가 되었을 것이다.

상대방의 심정이 반항과 증오에 가득 차 있을 때는 아무리 훌륭하고 적합한 이론을 들먹여도 설득할 수는 없다.

아이를 나무라는 부모, 권력을 행세하는 고용주나 남편, 바가지가 심한 아내와 같은, 이런 사람들은 자기의 생각을 바꾸려 하지 않는다는 사실을 분명히 알아두어야 한다. 이런 사람들을 무리하게 자기 의견을 따르게 할 수는 없다. 그러나 부드럽고 친절한 태도로 얘기를 주고받으면 상대방의 마음도 바꿀 수가 있다.

록펠러와 같이 경영자 중에는, 파업자 측과 우호적으로 만나 무난히 분쟁을 해결한 사람이 많다. 또 그 한 예를 들어보자.

화이트 모터 회사의 2,500명 직원이 임금 인상과 유니언 숍(노동 협약에 따라 고용된 노동자는 모두 의무적으로 노동조합에 가입해야 하며 고용주는 탈퇴, 제명 등으로 비조합원이 된 자를 해고하도록 의무화한) 제도의 수용을 요구해 파업을 일으켰다.

그런데도 사장인 로버트 블랙은 노동자에 대해서 하등의 악감정도 보이지 않고 반대로 그들이 '평화적인 태도로 파업에 들어간 것'을 '클리블랜드' 신문에 칭찬하는 기사를 내보냈다.

그리고 바리케이드를 치고 있는 사람들이 지쳐 있는 것을 보고 그는 야구 도구를 사들여서 공지를 이용해 야구를 하도록 권했다. 볼링을 좋아하는 사람을 위해서는 볼링장을 빌려주기도 했다.

경영자 측이 취한 이 우호적인 태도는 충분한 효과가 있었다. 말하자면 우정이 우정을 낳은 것이다. 노동자들은 청소도구를 빌려와서는 공장 주변을 청소하기 시작했다. 한편으로는 임금 인상과 '유니언 숍' 제도 시행을 위해 싸우면서도, 다른 한편으로는 공장의 주변을 청소하는 것이다.

이것이야말로 바람직한 풍경이 아닌가? 격렬한 논쟁에 얼룩진 미국 노동사상 일찍이 볼 수 없었던 광경이었다. 이 파업은 일주일을 넘기지 않고 해결해 쌍방 간 하등의 악한 감정도 갖지 않았다.

★ ★ ★

되도록 침착하고 조용히 말해야 한다

스트로브라는 전기 기사가 방값을 싸게 해주었으면 생각하고 있었다. 그러나 집주인은 소문난 구두쇠였다. 다음은 그가 내 강연회에서 공개한 이야기이다.

"저는 계약기간이 끝나는 대로 아파트를 나가겠다고 집주인에게 통고했습니다. 그러나 사실 저는 나가고 싶지 않았습니다. 집세를 싸게 해주기만 하면 그대로 그 집에 머물고 싶었지요.

그러나 상황은 전혀 비관적이었습니다. 다른 세 든 사람들도 모두가 실패했으며, 그 집주인만큼 다루기 힘든 사람은 없다고 누구나 입을 모아 손사래를 쳤습니다. 그러나 저는 마음속으로 이렇게 생각했습니다.

'나는 강연회에서 사람을 다루는 방법을 배우고 있다. 한번 집주인에게 응용해 효과를 시험해보자.'

제 편지를 받고 난 뒤에 곧장 집주인은 비서를 데리고 나타났습니다.

저는 쾌활한 얼굴로 집주인을 맞이하고 진심으로 호의를 보였습니다. 집세가 비싸다는 그런 말은 조금도 내비치지 않았습니다.

먼저 저는 이 아파트가 매우 마음에 든다고 서두를 꺼냈습니다. 사실 저는 가감 없이 칭찬한 것입니다. 아파트의 관리에 대해서도 탄복하고 하다못해 한 일 년쯤은 더 이곳에 머물고 싶지만 애석하게도 그럴 수 없다고 집주인에게 말했습니다.

아마 집주인은 지금까지 세 든 사람들로부터 그러한 환영을 받은 일은 한 번도 없었던 모양입니다. 전혀 예기치 못했는지 그전과는 딴판인 표정을 보였습니다.

한참 후에 집주인은 자기의 고충을 한 가지 한 가지 늘어놓았습니다.

말썽만을 들먹이는 임차인, 그중에는 열네 통이나 트집을 부리는 편지를 보내는 사람이 있는가 하면, 또 지나치게 모욕적인 편지도 몇 가지가 있었습니다. 집주인의 책임이니, 위층 사람의 코 고는 소리를 멈추게 해주지 않으면 계약을 파기하겠다고 위협하는 사람 등등 이루 다 말할 수가 없다는 것이었습니다.

'당신과 같이 얘기가 통하는 사람이 있어 준다는 것은 참으로 고마운 일'이라고 말하고 제가 먼저 내비치기도 전에 먼저 집주인 쪽에서 방값을 조금 내려주겠다고 말했습니다. 저는 좀 더 내려주어야 했기 때문에 분명히 제가 지불할 수 있는 금액을 말하니 집주인은 즉각 그것을 승낙해 주었습니다.

게다가 그는 '방 안의 장식을 바꾸어 드리고 싶습니다만 어디 요구할 점이 있으면 말하시오.'라는 말까지 하고 돌아갔습니다.

만약 제가 다른 사용자들과 같은 방법으로 집세의 인하 운동을 벌였다고 한다면 역시 그들과 같이 실패했음에 틀림이 없습니다. 우호적이며, 동정을 구하는 척, 그러면서도 감사에 찬 태도가 이와 같은 성공을 가져오게 한 것입니다."

또 한 가지 더 다른 예를 들어 말해 보자. 이번에는 사교계에서 유명한 부인, 롱아일랜드의 가든 시티에 살고 있는 드로시 데이 부인의 이야기이다.

"일전에 저는 간단한 오찬회를 개최한 일이 있습니다. 제게 있어서는 모두가 한 사람 한 사람 귀중한 손님이었기 때문에 만사 실수 없도록 매우 신경을 썼습니다. 그렇지만 이러한 파티를 개최할 때, 저는 언제나 에밀이라고 하는 요리사에게 모든 것을 의뢰해 두고 있었습니다. 그런데 이번에는 그 에밀이 사고를 치고 말았습니다.

에밀은 마지막까지 얼굴을 보이지 않고 그의 조수 한 사람만을 보냈습니다. 그 조수란 사람이 아주 서툴러서 쓸모가 전혀 없었습니다.

주빈을 구석진 자리에 앉히는가 하면 커다란 접시에 작은 사라다를 조금만 담아서 내놓곤 했습니다. 고기는 굳어 있었고 고구마는 기름투성이였으며 그야말로 엉망진창이었습니다.

저는 울화통이 터져 견딜 수가 없었습니다. 그것을 가만히 참고 미소를 보이는 괴로움은 이루 헤아릴 수 없었습니다.

'어디 두고 보자. 이번에 에밀을 만나면 그냥 두지 않을 테다.'라고 저는 결심했습니다.

이번 오찬회는 수요일에 있어서 다음 날 밤, 저는 '인간관계'에 대한 강연을 들으러 갔습니다. 그런데 듣고 있는 동안에 에밀을 일방적으로 책망하는 것은 공연한 짓이라는 것을 깨달았습니다. 그를 화나게 하면 이후에는 절대로 도와주지 않을 것이라는 생각이 들었습니다. 그래서 저는 에밀의 입장에서 생각해 보기로 했습니다.

'요리의 재료를 사들인 것도, 그것을 요리한 사람도 그가 아니다. 그의 조수들 중에는 감각이 무딘 사람도 있을 것이다. 생각해 보면 내가 처사를 잘못한 점도 있을 것이다.'

저는 그를 책망하는 대신에 조용히 대화를 나누어 보기로 했습니다.

그래서 우선 그에게 감사하기로 마음을 고쳐먹었습니다. 이 방법은 훌륭한 결실을 맺었습니다. 다음 날 에밀을 만나니 그는 나를 경계하고 얼굴에는 성난 표정이 역력했습니다. 그야말로 한바탕 곧 떠벌릴 기세였습니다.

'이봐요, 에밀. 당신은 내가 파티를 열 때는 없어서는 안 되는 사람이에요. 당신은 뉴욕에서도 일급 요리사가 아닙니까? 물론 재료의 구입이나 요리는 당신이 한 것이 아니니까, 그래서 지난 수요일과 같은 일이 있었던 것도 어쩔 수 없는 일이지요.'

저는 점잖게 말했습니다.

그러자 그의 험악한 얼굴빛은 금세 웃는 얼굴로 변했습니다.

'에밀, 실은 나는 또 파티를 열려고 생각하고 있으니 아무래도 당신이 좀 도와주어야겠어요.'

'부인, 이번에는 그런 실수가 없도록 하겠습니다.'

그는 정중히 대답했습니다.

그 다음 주에 저는 또 오찬회를 열었습니다. 그러나 메뉴는 에밀과 상의해 만들었습니다. 그전의 일은 일체 흘려버리고 그의 의견을 충분히 채택했습니다.

드디어 저희가 오찬회장으로 들어가 보니 테이블은 아름다운 장미로 장식되고 에밀은 빈틈없이 손님 접대를 해주었습니다. 제가 여왕님을 초대했다고 하더라도 만점을 줄 만큼 조수들도 전과 달리 네 사람이나 얼굴을 보이고 있었습니다. 에밀도 마지막에는 스스로 요리를 날라다 주었습니다.

파티가 끝나자 그날의 주빈이 '부인, 저분에게 마술이라도 쓴 것이 아닙니까? 그렇게 빈틈없는 서비스를 받은 일은 정말 처음 있는 일이군요.'라고 저에게 귀띔했다.

바로 그렇습니다. 저는 신중한 태도로 진심을 가지고 칭찬하는 마술을 쓴 것입니다."

상대방의 심정이 반항과 증오에 가득 차 있을 때는 아무리 훌륭하고 적합한 이론을 들먹여도 설득할 수는 없다. 그러나 부드럽고 친절한 태도로 얘기를 주고받으면 상대방의 마음도 바꿀 수가 있다.

2 '네.'라고 대답할 수 있는 문제를 선택해야 한다

소크라테스는 상대의 잘못을 지적하는 일은 절대로 하지 않았다. 우선 상대방으로부터 '네.'라고 답을 끌어내는 것을 주안점으로 삼고 있었다.

상대방과 이야기할 때, 서로 의견이 충돌되는 문제를 처음부터 꺼내서는 안 된다. 우선 서로 의견이 일치하고 있는 문제부터 시작해 그것을 항상 강조하면서 이야기를 진행한다. 서로가 같은 목적을 추구하고 있다는 것을 상대방에게 인식시키고, 다만 그 방법에 차이가 있을 뿐이라는 것을 강조해야 한다.

처음에는 상대에게 '네.'라고 말할 수 있는 그러한 문제만을 채택하고, 가능한 한 '아니요.'라고 말하지 않도록 해야 한다.

오버스트리트 교수는 다음과 같이 말하고 있다.

"상대에게 일단 '아니요.'라고 말한 이상, 그것을 번복하는 것은 자존심이 허락하지 않는다. '아니요.'라고 말해 버리고 후회할 때도 있을지 모르지만 비록 그렇게 되더라도 자존심을 상하게 할 수는 없다. 말을 꺼낸 이상 어디까지나 그것을 고집한다. 그러니까 처음부터 '네.'라고 말할 수 있는 방향으로 이야기를 끌고 가는 것이 매우 중요하다."

화술이 능한 사람은 상대방에게 몇 번이나 '네.'라고 말하게끔 만든다. 그러면 상대방의 심리는 자연스럽게 긍정적인 방향으로 움직이기 시작한다. 이것은 꼭 당구의 공이 어떤 방향으로 굴러가는 것과 같은 것이며 그 방향을 바꾸게 하려면 상당한 힘이 필요하다. 더구나 반대의 방향으로 되돌아가게 하려면 그것보다 훨씬 많은 힘이 든다.

이럴 때의 심리적인 패턴은 아주 분명하다.

사람이 진심으로 '아니요.'라고 말할 때는 단순히 그 말을 입으로 나타낼 뿐만 아니라, 동시에 온갖 행동으로 표현된다.

즉 신체의 각종 분비선, 신경, 근육 단위의 모든 조직이 일제히 딱딱하게 굳어져 거부 태세를 취한다. 그리고 대개 그것은 뚜렷이 알 수 있을 정도의 커다란 동작으로 나타나는 일도 있다.

말하자면 신경과 근육의 전 조직이 거부의 태세를 취하는 것이다.

그런데 '네.'라고 말할 때는 이러한 현상은 전혀 일어나지 않는다. 신체의 조직이 무엇인가를 받아들이려고 하는 자세를 취한다. 그 때문에 처음에 '네.'라고 말을 많이 하게 하면 할수록 상대를 이쪽이 생각하는 방향으로 끌고 가는 것이 쉽다.

상대방에게 '네.'라고 말하게 하는 기술은 극히 간단하다. 그러면서도 이 간단한 기술이 별로 이용되고 있지 않다. 미리부터 반대하는 것으로 자기의 중요성을 반복하는 듯한 사람이 더러 있어 보인다.

세상에는 급진파의 사람이 보수파의 동료들과 이야기를 나누게 되면 즉각 상대방을 화나게 하고 만다. 도대체 그래서 무슨 도움이 되며, 무슨 소용이 있다는 것인가? 단순히 일종의 쾌감을 맛보기 위한 것이라면 그것으로 충분할지도 모른다. 그러나 그 어떤 성과를 기대하고 있다면, 그러한 인물은 인간의 심리에 관하는 한 바보 천치가 하는 짓이나 마찬가지이다.

학생이거나 고객, 그리고 자기의 아이이거나 남편 혹은 아내이든 처음에 '아니요.'라고 말하게 하면 그것을 '네.'라고 바꾸어 놓으려면 상당한 지혜와 인내가 필요하다.

뉴욕의 그리니치 저축은행의 출납계원인 제임스 에버슨은, 이 '네.'라고 하는 방법을 이용함으로써 하마터면 놓칠 뻔한 손님을 가까스로 만류할 수가 있었다.

그 에버슨 씨의 이야기를 들어보자.

"손님 한 분이 예금통장을 개설하기 위해서 찾아왔습니다.

나는 평소에 하던 대로 용지에 필요한 사항을 기재해 줄 것을 기대하고 있었습니다. 그런데 그는 대개의 질문을 자진해서 대답해 주었습니다만 어떤 질문에 대해서는 도무지 대답하려 하지 않았습니다.

내가 인간관계의 공부를 하기 이전의 일 같았으면 이 질문에 응답해 주지 않으면 통장을 개설할 수 없다고 분명히 말했을지도 모릅니다. 부끄러운 얘기입니다만 사실 나는 지금까지 그러한 행동을 해왔습니다. 그렇게 해서 상대를 몰아세우는 것은 확실히 통쾌한 일입니다. 은행의 규칙을 방패로 삼고 자기의 우위를 상대에게 보여준 것입니다. 그러나 그러한 태도는 일부러 걸음을 해준 손님에게 호감과 중요성을 주지 못하는 결과를 초래했습니다.

나는 상식에 맞는 행동할 것을 결심했습니다.

은행 측의 희망이 아니고 손님의 요구사항에 부응하도록 했습니다. 그리고 처음부터 '네.'라고 손님에게 말하게 하도록 시도해 보려고 생각했습니다. 그래서 나는 손님에게 반대하지 않고 마음에 들지 않는 질문에는 구태여 대답할 필요가 없다고 말했습니다. 그리고 다음과 같이 덧붙여 말했습니다.

'그러나 가령, 예금을 하신 후에 손님에게 만약의 사고가 있다면 어떻게 하겠습니까? 법적으로 손님의 가장 가까운 사람이 예금을 찾을 수 있도록 해야겠죠?'

그러자 그는 '네.'라고 대답했습니다.

'그럴 경우를 대비해서 저희는 고객님과 가장 가까운 사람의 이름을 알아두는 것입니다. 좋은 방법이라고 생각하지 않습니까?'

그는 또 '네.'라고 대답했습니다.

내가 질문한 사항이 은행을 위한 것이 아니라, 그를 위한 것이라는 사실을 깨달은 손님의 태도는 일변했습니다.

그는 자신에 관해서뿐만 아니라 내 권유에 따라서 그의 어머니를 수취인으로 하는 신탁구좌를 개설하고, 어머니에 관한 질문에도 기쁘게 응답해 주었습니다.

그가 처음의 문제를 잊어버리고 결국 내 말대로 움직이게 된 것은 처음부터 그에게 '네.'라고 대답하게끔 유도했기 때문이라고 생각합니다."

인류의 사상에 일대 변화를 가져다준 아테네의 대철학자 소크라테스는 사람을 설득하는 요령에 있어서는 동서고금을 통해서 제1인자라고 한다.

그 소크라테스는 상대의 잘못을 지적하는 일은 절대로 하지 않았다. 소위 '소크라테스식 문답법'으로 상대로부터 '네.'라고 답을 끌어내는 것을 주안점으로 삼고 있었다.

그는 우선 상대방이 '네.'라고 말하지 않을 수 없는 질문을 한다. 다음의 질문도 역시 '네.'라는 대답을 끌어내는 질문이 되풀이되는 그런 과정을 통해 상대방은 자신이 최초에 부정하고 있었던 문제에 대해서 어느 사이에 '네.'라는 대답을 하게 되는 것이다.

상대의 잘못을 지적하고 싶으면, 소크라테스의 얘기를 생각하고 상대방에게 '네.'라고 말하도록 유도해 볼 일이다.

중국의 옛말에 '부드러움이 능히 강한 것을 꺾는다.'라는 격언이 있다.

5천 년의 역사를 가진 민족에게 어울리는 명언이 아닌가.

상대방이 '아니요.'라고 말한 이상, 그것을 번복하는 것은 자존심이 허락하지 않는다. '아니요.'라고 말해 버리고 후회할 때도 있을지 모르지만 비록 그렇게 되더라도 자존심을 상하게 할 수는 없다. 말을 꺼낸 이상 어디까지나 그것을 고집한다. 그러니까 처음부터 '네.'라고 말할 수 있는 방향으로 이야기를 끌고 가는 것이 매우 중요하다."

상대방이 말하게 해야 한다

만일 당신이 적을 만들고 싶으면 상대방을 이기도록 해야 한다. 그러나 자기 편을 만들고 싶으면 상대방이 당신을 이길 수 있도록 해야 한다.

상대를 설득시키려고 자기 혼자서 계속 지껄이는 사람이 있다.

세일즈맨에게 특히 이러한 잘못을 저지르는 사람이 많다. 그러나 상대 방을 설득시키기 위해서는 상대방이 충분히 말하도록 하는 것이 좋다. 본 인에 대해서는 본인이 가장 잘 알고 있으므로 상대방 스스로 말하도록 하는 것이 좋다는 얘기다.

상대방이 말하는 중에 이의를 주장하고 싶어도 참지 않으면 안 된다. 상대가 말하고 싶은 문제를 아직 가지고 있는 한 이쪽에서 무슨 말을 해도 소용이 없다. 넓은 마음으로 참을성 있게 더구나 성의를 가지고 들어주며, 거리낌 없이 자기 의견을 말하도록 한다.

이 방법을 사업에 이용하면 어떨까?

그런데 부득이 어찌할 도리 없이 곤경에 처한 어느 사람의 체험담을 다음에 인용해 설명해 보자.

수년 전에, 미국 굴지의 자동차 회사가 차내 장식용 직물류 일 년 치 분량을 구매하려고 하고 있었다. 세 군데의 유명 브랜드 회사에서 견본을 보내왔다. 자동차 회사의 임원들은 그 견본을 세밀히 검토한 후에 담당 브랜드 회사에 각각 통지를 보내고 최종적인 설명을 들은 후에 계약할 예정이니 지정된 날짜에 찾아오라고 말해 놓았다.

그날, 한 브랜드의 대표자 R 씨가 몸이 불편한 데도 불구하고 자동차 회사를 방문했다. (그는 심하게 후두염을 앓고 있었다.)

다음은 그 R 씨가 실제로 겪은 체험담이다.

"내가 설명할 차례가 돌아왔다. 자기 회사의 상황을 말해야 하는데도 목에서 소리가 나올 것 같지 않았다. 가는 소리조차 나오지 않는 처지였다. 나는 별도의 어떤 방으로 안내되었는데, 그 방 안에는 사장을 비롯한 각 부분의 책임자가 쭉 둘러앉아 있었다.

나는 일어서서 말하려고 했으나 내 목은 '시익, 시익' 소리만 날 뿐이었다. 그래서 나는 한 장의 종이쪽지에 '목을 앓고 있어서 소리가 나오지 않습니다.'라고 적어서 내놓았다.

그것을 본 사장이 '그럼 당신을 대신해서 내가 말해 주겠소.'라고 입을 열었다. 그리고 나의 견본을 펼치더니 그 장점을 자랑하기 시작했다. 그러자 나의 물건에 대해서 활발한 의견이 각 책임자로부터 제기되었다. 사장은 나의 대역을 맡는 형편이 되었기 때문에 부득이 나의 편을 들게 되었다. 나는 다만 미소를 짓거나, 머리를 끄덕이거나 하는 따위의 몸짓만 보이는 것으로 족했다.

이 엉뚱한 회담의 결과, 나는 50만 마일의 천을 주문받는 데 성공했다. 금액으로 따져도 160만 달러이다. 내게는 난생처음의 큰 거래였다.

그때 만약 내가 후두염을 앓고 있지 않았다면 도저히 그 주문은 맡을 수가 없었을 것이다. 나는 그때까지 사업하는 방식에 대해서 터무니없는 잘못된 생각을 가졌던 것이다.

그전에 나는 내 편에서 말하기보다는 상대편에게 말하게 하는 것이 이익이 더 많은 경우가 있다는 것을 알지 못했던 것이다."

필라델피아 전기회사의 조셉 웹도 이와 비슷한 경험을 한 적이 있었다. 웹 씨는 언젠가 펜실베니아주의 부유한 네덜란드 사람들이 모여 사는 농업지대를 시찰한 적이 있었다.

깨끗하게 손질이 잘되어 있는 농가의 앞을 지나가면서 웹 씨는 '어째서 이 부근의 농가에서는 전기를 사용하지 않는 것일까?'라고 그 지역 담당의 동행자에게 물어보았다.

그러자 담당자가 이렇게 말하는 것이었다.

"워낙 인색한 구두쇠 영감들이 모여 살고 있기에 아무리 권해도 안 됩니다. 게다가 회사에 대해서 반감조차 가지고 있습니다. 지금까지 몇 번이나 권유해 보았으나 얘기 상대가 되질 않습니다."

사실 그럴지도 모르겠지만 어쨌든 웹 씨는 한번 직접 맞부딪쳐 보려고 그중 한 농가를 찾아갔다.

다음은 웹 씨의 이야기다.

"그 부인은 우리가 전기회사 사람인 것을 알자 문을 닫아 버렸다. 나는 몇 번이나 노크했다. 마지못해 문은 다시 열렸으나 이번에는 험한 기세로 우리에게 욕을 퍼붓는 것이었다.

'부인, 소란을 피워서 죄송합니다. 실은 저는 전기 용건 때문에 찾아온 것이 아니고 달걀을 살까 하고 찾아왔습니다.'

부인은 의심쩍은 얼굴로 나를 쳐다보며 문을 좀 더 열어 주었다.

'댁의 닭은 참 훌륭합니다. 도미니크종 같은데……. 달걀 한 꾸러미를 파실 수 없겠습니까?'

그러자 부인이 호기심 어린 눈으로 내게 물었습니다.

'어떻게 도미니크종이라는 걸 아셨어요?'

'나도 닭을 키우고 있습니다만 이렇게 훌륭한 닭은 본 적이 없습니다.'

'그러시면 댁의 달걀을 쓰시면 될 게 아닙니까?'

그녀는 아직도 석연치 않다는 눈치였다.

'우리 집에서 기르고 있는 닭은 레그혼종이기 때문에 흰 달걀밖에 낳지 않습니다. 부인께서는 직접 요리를 하시니 아시리라 생각합니다만 과자를 만들려면 흰 달걀보다도 노란색의 달걀이 훨씬 좋답니다. 우리 집사람은 과자 굽는 것이 자랑이죠.'

이렇게 얘기를 주고받자 그녀의 마음도 훨씬 누그러지고 강아지까지 달려 나왔다. 그동안에 나는 주위를 살펴보고 이 농장에 낙농 설비까지 갖추어져 있는 것을 알았다.

나는 계속해서 물었습니다.

'부인께서 기르고 있는 닭이 아마 젖소의 우유보다도 훨씬 이윤이 있다고 생각합니다만 어떻습니까?'

나의 이 말이 멋지게 주효했다. 이것이야말로 그녀가 남에게 얘기하고 싶어 못 견디는 문제였다. 그녀의 완고한 남편은 내가 얘기한 사실을 인정하려고 하지 않는다는 것이다.

그녀는 우리를 닭장으로 안내했다. 그곳을 돌아보는 동안에 나는 그 부인이 만들었다고 생각되는 여러 가지 장치를 발견했기 때문에 진심으로 그것을 칭찬했다. 나는 사료는 어떤 것이 좋다든지 온도는 몇 도 정도가 적당하니 그렇게 하라고 권하는 한편 그녀로부터 양계에 대한 온갖 얘기를 가르침 받았다.

결국 우리는 서로가 쌍방의 벽을 허물고 즐겁게 경험담을 얘기하면서 시간을 보냈다.

그러자 그녀는 닭장에 전등을 켜서 좋은 성적을 올리는 농가가 이웃에 있는 모양인데 과연 정말 그것이 유리한지 어떤지 솔직한 얘기를 들려달라고 내게 말했다.

2주일 후 그 부인의 닭들은 밝은 전등 아래에서 만족스럽게 모이를 쪼고 있었다. 나는 전기공사의 주문을 맡고 그녀는 이전보다 많은 달걀을 얻을 수 있었다. 만사가 잘된 것은 두말할 여지도 없다.

그런데 이 이야기의 가장 중요한 요점은 만약 내가 처음에 그녀에게 말을 하도록 하지 않았다면 내 세일즈는 실패하고 말았을 것이다. 강제로 권하거나 팔려고 하지 말고 상대방의 마음을 돌리게 하는 것이 요령이다."

또 하나의 예를 들어보자.

뉴욕 '헤럴드 트리뷴'지의 경제란에서 '경험 있는 우수한 인물'을 구하는 구인광고가 나와 있는 것을 보고 찰스 큐베리스가 응모를 했다.

며칠 후, 그 사람 앞으로 면접 통지서가 왔다. 면접에 앞서 그는 월가로 가서 그 회사의 설립자에 대해 자세한 조사를 해두었다.

면접 당일, 그는 사장에게 물었다.

"이렇게 훌륭한 업적을 가진 회사에서 일할 수 있는 것이 저의 소망이라고 생각합니다. 들은 바에 의하면 28년 전에 거의 무일푼으로 이 회사를 시작하셨다는데 그게 사실입니까?"

대개 성공한 사람들은 젊었을 때 자신이 걸은 가시밭길을 회상하는 것을 좋아한다. 이 사장도 예외가 아니었다.

겨우 450달러의 자금과 독자적인 아이디어만으로 발족할 당시의 고충을 길게 이야기하기 시작했다. 일요일도 공휴일도 쉬지 않고 모든 장애와 싸워서 드디어 현재의 지위를 쌓아 올렸으며 지금은 월가의 일류인사들이 오히려 그의 의견을 구하러 오게 되었다고 사장은 말했다.

그는 확실히 자기 자랑을 할 만한 가치가 있는 성공을 거둔 인물로서 그 얘기를 들려주는 것이 무척이나 즐거운 것 같았다. 고생담이 끝나자 그는 큐베리스의 이력에 관해서 간단한 질문을 한 후, 부사장을 부르더니 "이 사람을 채용하시오."라고 했다.

큐베리스 씨는 상대방의 업적을 조사하는 수고를 했다. 그것은 상대에게 관심을 보인 것이다. 그리고 상대에게 이야기를 하게 만들고 좋은 인상을 심은 것이다.

친구 사이라 할지라도 상대방의 자기 자랑을 듣는 것보다는 자기의 공훈담을 이야기하고 싶은 것이 사람이다.

프랑스의 철학자 라 로슈프코는 이렇게 말했다.

"만일 당신이 적을 만들고 싶으면 상대방을 이기도록 해라. 그러나 친구를 만들고 싶다면 상대방이 당신을 이길 수 있도록 해라."

그 이유는 사람은 누구나 상대방보다 뛰어날 때 스스로 중요성을 느끼지만, 그 반대의 경우에는 열등감을 가지고 선망과 질투를 일으키기 때문이다.

독일의 속담에는 이런 말이 있다.

"남의 실패에 대한 기쁨 이상의 기쁨은 없다."

우리 주변에는 우리의 성공보다는 실패를 기뻐하는 사람이 있을 것이다. 그러니까 자기의 성공은 될 수 있으면 비밀스럽게 이야기해야 한다. 이 방법은 반드시 효과가 있을 것이다.

이런 예가 있다.

내 강연회에 참가한 필라델피아의 아돌프 젤스 씨는 자동차 판매의 부진으로 그 부하 세일즈맨들이 모두 기가 꺾여 있는 것을 보고 그들을 격려할 필요성을 느꼈다.

그리하여 그는 판매 회의를 열어서 그들의 요구를 기탄없이 발표하도록 했다. 그는 그들의 요구사항을 칠판에 적은 후, 직원들에게 다음과 같이 말했다.

"여러분의 의견을 모두 들어주겠습니다. 그러기 전에 먼저 여러분이 나를 위해 할 수 있는 일이 무엇인지, 그것에 대해 말해 주기 바랍니다."

그러자 부하들은 즉석에서 대답했다. 충성을 맹세하는 사람이 있는가 하면, 정직함과 적극성, 낙천주의, 팀워크 등을 약속하는 사람, 하루 8시간의 노동을 제시하는 사람, 그들 중에는 또 14시간 노동을 감히 마지않겠다고 하는 사람도 나왔다.

회의는 용기를 북돋아 주고 격려를 한 다음 끝냈다. 그리고 그 후 판매 성적은 놀라울 만큼 향상되었다.

이에 대해서 젤스 씨는 다음과 같이 말하고 있다.

"세일즈맨들은 나와 일종의 도의적인 계약을 맺었다. 내가 그 계약에 따라서 행동하는 한 그들도 역시 그와 같이 행동하려고 결심한 것이다. 그들의 희망이나 의견을 들어준 것이 기사회생의 묘약이 된 것이다."

상대방으로부터 강요를 당하고 있다든지, 명령을 받고 있다든지 하는 느낌은 어떤 사람이든 싫은 것이다. 그것보다도 자주적으로 행동하고 있다는 느낌이 오히려 훨씬 바람직하다.

자기의 희망이나 욕망을 남이 들어주는 것은 기쁜 일이다.

유진 웨슨의 예를 인용해서 생각해 보자.

그는 이 진리를 이해하기까지 수업료로 수천 달러나 지불했다. 웨슨 씨는 직물 제조업자에게 아이디어를 공급하는 스튜디오에 밑그림(본을 뜨는 사본 그림)을 팔아넘기는 것이 그의 업무였다.

그는 뉴욕의 어떤 일류급 디자이너를 3년간 매주 방문하고 있었다.

웨슨 씨는 그 디자이너에 대해 이렇게 말하고 있다.

"그는 언제나 만나주기는 하지만 한 번도 제 디자인을 사주지는 않았습니다. 제 스케치를 천천히 들여다보고는 반드시, '안 되겠군요. 웨슨 씨. 역시 마음에 들지 않아요.'라고 말할 뿐입니다."

무려 150회의 실패를 거듭한 후에 웨슨 씨는 방법을 바꿀 필요가 있다고 생각했다. 그래서 그는 사람을 다루는 요령에 관한 강연회에 일주일에 한 번씩 나갈 결심을 했다. 그리고 새로운 방법을 배우고 다시 용기를 냈다.

그는 미완성의 그림을 몇 장 가지고 그것을 구매자 사무실로 찾아갔다.

"실은 여기에 미완성의 스케치를 가져왔습니다만 이것을 어떻게 완성하면 선생님에게 쓸모가 있겠습니까? 지장이 없으시다면 가르쳐주셨으면 합니다."

그가 이렇게 부탁하자 그 디자이너는 스케치를 말없이 쳐다보고 있다가 이윽고 말했다.

"웨슨 씨, 2~3일 동안 맡아둘 터이니 한 번 더 와줘요."

3일 후에 웨슨 씨는 다시 디자이너를 찾아가서 여러 가지 의견을 들은 다음에 스케치를 도로 가지고 와서 주문대로 완성했다.

그 결과는 물론, 그림을 몽땅 팔게 되었다.

이것은 지금부터 9개월 전의 일이지만 그 이후 이 디자이너는 수많은 스케치를 웨슨 씨에게 주문 의뢰하고 있다.

그것들은 모두 디자이너의 아이디어에 의해 그려진 것임을 말할 것도 없다. 결국 웨슨 씨가 말하는 바에 의하면 꼭 1,600달러 이상의 그림 제작 수수료가 굴러 들어왔다고 한다.

그때의 일에 대해 웨슨 씨는 이렇게 말한다.

"제가 몇 해 동안이나 그림 팔기에 실패한 것은 당연한 일이었다는 것을 깨달았습니다. 그때까지 저는 이쪽의 의견을, 즉 제 생각을 강매하려고만 했던 것입니다. 하지만 지금은 거꾸로 상대에게 의견을 말하게 하고 있습니다. 상대방은 자기가 디자인을 창작하고 있다고 생각합니다. 사실이 그런 것입니다. 그러니까 이쪽에서 강매할 필요가 없습니다. 상대가 사게 되는 것입니다."

루스벨트가 뉴욕주 지사를 지내고 있을 때, 깜짝 놀라운 곡예를 연출해 보인 일이 있다. 그는 정치 보스들과 친근하게 지내면서 그들이 반대하고 있는 정책 개혁을 강행한 것이다.

그때 취한 방법을 소개하면 다음과 같다.

그는 중요한 포스트를 보충할 때는 정계의 보스(대표급 인사)들을 초청해 후보자를 추천하도록 했다. 루스벨트는 그것에 관해서 다음과 같이 설명하고 있다.

"보스들이 최초에 들고나오는 인물은 대개 자기 정당에서 뒤를 돌봐주어야 할 그런 대단치도 않은 인물들이다. 나는 그러한 인물은 시민들이 수

긍하지 않으니까 안 될 것이라고 일러준다.

다음에 그들이 추천하는 인물은 기껏해야 자기 정당의 끄나풀로서 아무런 장점도 단점도 없는 그러한 관리의 선임이다. 나는 보스들에게 좀 더 시민들이 납득할 수 있는 적임자를 물색해서 천거해 달라고 부탁한다.

세 번째는 그만하면 합격할 듯하지만 역시 좀 더 딱 들어맞는 인물이 아니다.

나는 보스들에게는 협력에 감사하고 한 번만 더 생각을 해봐달라고 부탁한다. 그러면 네 번째는 비로소 나의 심중에 생각하는 사람과 일치한다. 그때서야 나는 그들에게 감사하고 그 사람을 임명한다.

말하자면 보스들에게 꽃다발을 안겨주는 셈이다. 마지막으로 나는 그들에게 말한다.

'당신들에게 기쁨을 주기 위해서 이 인물을 임명합니다만 다음은 여러분이 나를 기쁘게 해주어야 할 차례가 되었습니다.'

사실 그들은 루스벨트를 기쁘게 해주었다. 그들은 루스벨트가 상정한 법안이라든가, 독점 세법안 따위와 같은 대개혁안을 적극 지지해 준 것이다.

요컨대 루스벨트는 상대방에게 상의할 것을 교섭하면서 가능한 한 상대방의 의견을 받아들이고, 그것이 그들 자신의 뜻인 양, 상대가 생각하도록 만들어 놓고 협력하게 하는 것이다.

롱아일랜드의 어느 자동차 판매업자는 스코틀랜드인 부부에게 이와 같은 방법을 사용해서 중고 자동차를 팔았다.

그는 그 부부에게 차례로 차를 구경시켰으나 그때마다 트집을 잡았다. 어울리지 않는다든가, 쿠션이 나쁘다든가, 값이 너무 비싸다는 등 말이 많았다. 특히 값에 대해서는 어느 차든지 모두 비싸다고 했다.

이 판매업자는 내 강연회의 수강자였는데, 마침내 그가 이 문제를 들고 나와서 우리의 의견을 구했다.

우리는 굳이 팔려고 서두를 필요 없이 상대방이 차를 사고 싶게 하는 것이 중요하다고 그에게 충고했다. 말하자면 사는 사람을 이쪽이 시키는 대로 하려고 하지 말고 반대로 사는 사람의 마음대로 되어서 상대의 의견으로 이쪽이 움직이고 있다고 생각하게 만드는 것이다.

그는 당장에 이 방법을 사용해 보았다.

며칠 후 어떤 고객으로부터 중고차를 팔고 새 차를 사고 싶다고 하는 사람이 있었다.

그는 이 중고차가 스코틀랜드인의 마음에 들 것이 틀림없다고 생각했다. 그리하여 즉각 전화로 스코틀랜드인에게 의견을 물을 일이 있으니 와줄 수 없느냐고 이야기했다.

그는 스코틀랜드인이 찾아오자, 이렇게 부탁했다.

"자동차를 보시는 선생님의 안목이 높은 것은 우리 장사꾼들도 당할 수가 없습니다. 제가 이 차를 얼마로 사들여야 좋을지…… 적당한 가격을 매겨주실 수 있겠습니까?"

스코틀랜드인은 우쭐하여 썩 기분이 좋아 보였다. 드디어 그의 의견을 구할 수 있었다. 그의 능력이 인정받게 된 것이다. 그는 그 차를 몰고 자메이카에서 퀸즈 대로를 달려 포리스트 힐까지 드라이브하고 돌아오더니 다음과 같이 말했다.

"300달러가 알맞은 값입니다."

"그래요? 그럼 이 차주가 300달러에 내놓는다면 선생님은 얼마에 이것을 사시겠습니까?"

300달러, 그것은 그 자신이 매긴 가격이다. 물론 흥정은 그 자리에서 이루어졌다.

어떤 X선 장치 제조업자가 브루클린의 대병원에서 이와 같은 심리를 응용해 자기 회사의 제품을 팔 수 있었다.

이 병원은 미국에서 제일가는 X선과를 창설하려고 하고 있었다. 업자들은 저마다 자기 회사의 제품에 대한 안내서를 내놓고 구매를 부탁하는 바람에 X선과 담당인 L 박사는 그야말로 골머리를 앓고 있었다.

그중에 교묘한 한 업자가 있었다. 그는 다른 업자들과 비교가 안 될 만큼 뛰어난 사람의 심리를 포착했다. 다음과 같은 편지를 L 박사에게 제출한 것이다.

폐사에서는 최근 X선 장치의 최신형을 완성했습니다. 마침 지금 막 그 첫 번째 제품이 사무실에 도착했습니다. 물론 이번 제품은 완전한 것이라고는 결코 생각하고 있지 않습니다. 더한층 개량에 노력하고자 생각하고 있습니다. 말씀드릴 것은 매우 죄송스러운 말씀이오나 한번 박사님의 검사를 받고 개량 방법에 대한 의견을 들려주실 수 있다면 더없는 영광으로 생각하겠습니다. 바쁘시겠지만 승낙해 주신다면, 저희 차를 보내드리겠습니다.

내 강연회에서 L 박사는 그때의 일을 이야기해 주었다.

"그 편지는 뜻밖이었습니다. 의외인 동시에 기쁘기도 했습니다. 나는 그때까지 X선 장치 제조업자로부터 의견을 요구받은 일은 한 번도 없었는데, 그 편지는 내게 사명감을 준 것입니다.

그 주에는 매일 밤 약속이 있었으나 그 장치를 검사하기 위해서 어느 날 밤의 약속 하나를 취소했습니다. 그런데 그 장치는 보면 볼수록 내 마음에 들었습니다.

그것을 살 것을 강요당한 것이 아니라, 병원을 위해서 그 장치를 사기로 한 것은 내 마음이 자발적으로 움직였기 때문입니다. 나는 그 장치의 우수함에 반해서 그 즉시 계약을 맺었던 것입니다."

우드로 윌슨 대통령의 재임 중에 에드워드 하우드 대령은 국내 및 외교 문제에 있어서 막대한 영향력을 가지고 있었다. 윌슨은 중대한 문제에 대해서 하우드 대령을 각료 이상으로 신뢰하고 있었다.

대령은 어떤 방법으로 대통령의 신뢰를 획득할 수 있었을까? 대령 자신이 아더 하우든 스미스에게 그것을 밝힌 적이 있었는데, 다음은 '새터데이 이브닝 포스트'지에 기고한 스미스의 글이다.

하우드 대령은 대통령에 대해서 다음과 같이 말하고 있다.

대통령을 알게 된 후부터 자각하게 된 일이지만, 그를 어떤 문제에 유도하기 위해서는 그것을 슬쩍 아무것도 아닌 것처럼 그의 마음에 새기게 하여 그가 관심을 갖도록 하는 것이 가장 좋은 방법이다.

말하자면 그가 자발적으로 그것을 생각하게 된 것처럼 꾸미는 일이다.

처음에 나는 엉뚱한 일로 이 사실을 알게 되었다. 어느 날, 나는 백악관에 대통령을 방문해 어떤 문제에 대해서 논의를 했다. 그는 반대하는 태도를 보이는 것 같았다. 그런데 며칠 후 만찬회 석상에서 그가 발표한 의견이 앞서 내가 그에게 이야기한 것과 똑같았다. 이렇게 되었을 때 나는 놀라지 않을 수 없었다.

그래서 하우드 대령이 '그것은 대통령의 의견이 아니지 않습니까? 애당초 저의 의견입니다.'라고 반박했겠는가?

대령은 결코 그렇게 말하지 않았다. 대령은 명분보다는 실리를 추구했다. 그 의견은 어디까지나 대통령의 것이라는 것과 그리고 대통령 자신에게도 또한 다른 사람에게도 그렇게 생각하도록 두었다. 대통령에게 꽃을 안겨준 셈이다.

우리의 교섭 상대는 모두 윌슨과 같은 인간이라는 것을 염두에 두고, 하우드 대령의 방법을 크게 이용해야 한다.

수년 전, 뉴브런즈윅에 살던 사람이 이 방법을 사용해 나를 단골손님으로 만들어 버렸다. 그때의 이야기는 이렇다.

나는 낚시와 뱃놀이를 겸해서 뉴브런즈윅에 갈 계획을 세워서 교통공사에 문의 편지를 보냈다.

이쪽의 주소, 성명을 아마 리스트에 적어 넣은 모양이었다. 그랬더니 즉각 수많은 광장 안내소에서 무수한 안내서와 팸플릿이 날아 들어왔다.

도대체 어느 것이 좋은지 도무지 알 수가 없었다.

그런데 그 속에 '산의 집'에서 숙박한 적이 있다는 뉴욕 거주자의 이름과 전화번호가 나란히 적혀 있는 팸플릿이 눈에 띄었다. 아마 그분들에게 전화로 그 '산의 집'의 상황을 문의해 봐달라고 적혀 있는 듯했다.

놀란 것은 그 명부에 바로 내가 알 수 있는 사람의 이름이 나와 있다는 사실이었다.

나는 당장에 그에게 전화를 걸어서 물어보았다. 그리고 그 '산의 집'에 예약을 신청했다. 다른 사람은 내게 강매하려 했으나, 그 '산의 집' 주인은 내게 사고 싶은 마음을 일으키게 했다. 그의 승리였다.

상대방으로부터 강요를 당하고 있다든지, 명령을 받고 있다든지 하는 느낌은 어떤 사람이든 싫은 것이다. 그것보다도 자주적으로 행동하고 있다는 느낌이 오히려 훨씬 바람직하다.

상대방의 입장이 돼봐야 한다

남에게 무슨 일을 부탁하려고 할 때는 우선 눈을 감고 상대방의 입장에서 일을 생각해보자. '어떻게 하면 상대방이 그것을 하고 싶어 할까?' 하고 생각해볼 일이다.

자기가 잘못되어 있다고는 절대 생각지 않는 것이 사람의 습성이다. 그러니까 상대방을 비난한들 소용이 없다. 비난은 어떤 바보라도 할 수 있다. 이해하도록 노력하지 않으면 안 된다. 현명한 사람은 상대방을 이해하려고 노력한다.

상대방의 말과 행동에는 저마다 그럴 만한 이유가 있을 것이다. 그 이유를 찾아내지 않으면 안 된다.

진심으로 상대방의 입장이 되어 보도록 해야 한다.

"만약 내가 상대방이라면 과연 어떻게 느끼고, 어떻게 반응할 것인가?"

늘 이렇게 자문자답해 보아야 한다.

이런 훈련을 하게 되면, 화를 내는 게 얼마나 어리석은 짓인지를 깨닫게 될 것이다.

케네스 구드는 그의 저서에서 다음과 같이 언급하고 있다.

"스스로 반성해보고, 자신에 대한 강렬한 관심과 상대방에 대한 어중간한 관심을 비교하고, 다음에 인간은 모두 비슷비슷하다는 것을 고려하면 모든 직업에 필요한 원칙을 파악할 수 있다. 말하자면 사람을 다루는 비결은 상대의 입장에 공감하고 그것을 잘 이해하는 일이다."

남에게 무슨 일을 부탁하려고 할 때는 우선 눈을 감고 상대방의 입장에서 생각해보자.

'어떻게 하면 상대방이 그것을 하고 싶어 할까?'를 생각해봐야 한다. 좀 귀찮은 방법이긴 하지만, 그러나 그렇게 해서 좋은 결과를 쉽게 얻을 수 있다면 이 얼마나 훌륭한 대인 관계법이겠는가?

하버드 대학의 도남 교수는 다음과 같이 말했다.

"나는 다른 사람을 방문할 때, 미리 이쪽에서 말할 것을 충분히 생각하고 그것에 대해서 상대방이 무엇이라고 대답할 것인가를 뚜렷이 짐작이 설 때까지는 상대의 집 앞을 두 시간이고 세 시간이고 왔다 갔다 하면서도 그 안으로는 들어가지 않는다."

이 책을 읽고 상대편의 입장이 되어서 세상일을 깊이 판단할 줄 아는 요령만 터득하면, 이 책은 당신의 한평생에 있어서 그야말로 획기적인 역할을 하게 된 셈이다.

★★★

동정심을 가져야 한다

인간은 일반적으로 동정심을 원한다. 아이들은 상처를 보이고 싶어 한다. 때로는 동정심을 구하고 싶어서 자기 스스로 상처를 만드는 일도 있다. 자기 연민의 정을 느끼고 싶어 하는 마음은 누구에게나 있는 법이다.

시비나 나쁜 감정을 소멸시키고, 상대방에게 선의의 마음을 갖게 하며 당신이 말하는 것을 조용히 듣도록 하는 마법의 문구가 여기에 있다.

"선생님이 그렇게 생각하시는 것은 당연합니다. 제가 만약 선생님이라도 역시 그렇게 생각할 것입니다."

이렇게 말하고 얘기를 시작하는 것이다.

아무리 심술궂은 인간이라도 이렇게 서두를 꺼내면 조용해지는 것이 보통이다. 더구나 상대방의 입장이 되면 당연히 상대가 같은 생각을 가지게 되는 셈이니 이 문구에는 100%의 성의가 담겨 있을 것이다.

우리가 뱀이 아니라는 유일한 이유는 우리의 부모가 뱀이 아니었기 때문이다. 우리가 소에게 키스하거나 뱀을 신성시하지 않는 이유는 우리가 힌두교도의 집에 태어나지 않았기 때문이다.

마음에 들지 않는 상대일지라도 그가 그렇게 된 데에는 그만한 충분한 이유가 있을 것이다. 그러니까 동정심을 가져 주어야 한다. 상대방을 위로하는 마음이 필요하다.

존 가프는 주정꾼을 보면, '언제나 하나님의 은혜가 없으면 나 역시도 저렇게 되었을 것이다.'라고 말했는데 이러한 심정으로 남을 대할 필요가 있다.

우리가 교제하는 상대의 4분의 3은 모두 동정심에 굶주려 있다. 그것을 베풀어주는 것이다. 그렇게 하면 상대로부터 호감을 사는 것은 정해놓은 이치이다.

나는 라디오에서 '청춘 인생'의 작가 이야기를 방송한 일이 있다.

물론 나는 그녀가 매사추세츠주의 콩코드에서 불멸의 소설을 썼다는 사실을 분명히 알고 있었으면서도, 실수로 뉴햄프셔주의 콩코드라고 잘못 말해버렸다.

그런데 그것도 한 번이 아니고 두 번이나 말해버렸으니 청취자들이 가만히 있을 리가 없었다. 당장에 신랄한 비난의 편지가 계속 날아들었다. 분개하고 있는 사람이 대다수였으나 개중에는 모욕하고 있는 사람도 있었다.

매사추세츠주의 콩코드에서 자라나서 필라델피아에서 살고 있는 보수

주의자의 한 여성은 특히 이만저만 말썽이 아니었다.

설혹 내가 그 작가가 식인종이라고 말했다 하더라도 그처럼 노여워할 수는 없을 것이다.

나는 편지를 읽으면서 '하나님, 정말 감사합니다. 이런 여성과 결혼하지 않은 것이 얼마나 다행인지 모르겠습니다.'라고 마음속으로 말했다. 나는 다만 지리상의 착오였으나 그녀는 예의상의 큰 실수를 범했던 것이다.

서두에 이러한 글을 써서 답장을 보내주고 싶었다. 그러나 그것은 어떤 바보라도 할 수 있는, 즉 바보는 대개 그런 식으로 얘기한다는 것을 깨닫게 되었다. 나는 바보가 되고 싶지 않았다. 그래서 나는 그녀의 적의를 호의로 바꾸어 보려고 결심했다.

말하자면 일종의 유희이다. 나는 자신에게 다음과 같이 말해 보았다.

"내가 만약 그녀였다면, 나는 역시 그녀가 취한 것과 같이 느꼈음에 틀림없다."

그래서 나는 상대방의 입장을 이해하려고 노력했다. 그 후 필라델피아로 갔을 때 나는 그녀에게 전화를 걸어서 다음과 같은 대화를 나누었다.

나 : 지난번 편지는 참으로 고마웠습니다. 전화로 실례인 줄 압니다만 이렇게 감사의 말씀을 드립니다.

그녀: (품위 있는 어조로) 실례입니다만 어디 누구시죠?

나 : 아직 뵌 적은 없습니다만 데일 카네기라는 사람입니다. 전날 제가 올코트 여사에 관한 얘기를 방송했을 때 매사추세츠와 뉴햄프셔를 뒤바꾸어서 터무니없는 실수를 한 것을 알고 계실 테지만 참으로 제가 경솔했던 것 같습니다. 그 사과의 말씀을 드리려고 합니다. 친절하게 일부러 편지까지 보내주셔서 뭐라고 감사의 말씀을 드려야 할지 모르겠습니다.

그녀: 어머, 그러세요. 실례했습니다. 저야말로 너무 심한 편지를 드려

서 죄송합니다. 그땐 제가 좀 어떻게 되었던 모양입니다. 사과는 오히려 제가 드려야죠.

나 : 무슨 말씀을요, 부인이 사과하실 필요는 조금도 없습니다. 초등학교의 학생들도 다 알고 있는 일을 제가 잘못 전달했으니까요. 물론 그 다음 일요일의 방송에서 시정한 후 사과를 드렸습니다만 부인에게는 직접 사과를 드리고자 이렇게 전화했습니다.

그녀 : 저는 매사추세츠의 콩코드에서 태어났습니다. 애당초 저의 집은 매사추세츠에서도 옛날부터 이름 있는 가문으로 저는 제가 태어난 주를 매우 자랑으로 생각하고 있습니다. 그래서 선생님의 방송을 듣고서 너무 성급하게 그런 편지를 쓰게 되었습니다. 참으로 부끄럽습니다.

나 : 무슨 말씀을요, 부끄러운 것은 저입니다. 제가 틀렸다고 해서 결코 매사추세츠의 명예가 손상되는 것은 아닙니다만 저로서는 매우 마음이 괴로웠습니다. 정말 잘 알려주셨습니다. 이후에도 아무쪼록 잘 지도, 편달해 주시기를 바랍니다.

그녀 : 그렇게도 무례한 편지를 드렸는데도 조금도 화를 내지 않으시니 선생님은 참으로 훌륭한 분이라고 생각합니다. 저야말로 부디 잘 부탁하겠습니다.

이렇게 해서 내가 그녀에게 사과하고 그녀의 입장에 공감하게 되니 그녀 쪽에서도 내게 사과를 하고 내 입장에 공감해 주었다. 나는 일시적인 노여움을 참았던 보람이 있었다고 생각하자 마음이 더욱 상쾌해졌다.

곧, 상대방을 힐뜯기보다도 상대에게 호감을 사는 편이 더욱더 유쾌한 일이라는 것을 깨닫게 되었다.

역대 대통령들은 매일 귀찮은 인간관계의 문제에 직면하게 된다. 물론 태프트 대통령 또한 예외가 아니었다.

그러나 그는 경험으로 나쁜 감정을 중화시키는 데는 공감력이 절대적인 힘을 가지고 있다는 것을 알고 있었다. 태프트의 저서인 '봉사의 윤리학'이란 책 속에는 어떻게 해서 남의 반감을 누그러뜨릴 수 있었는지 여러 가지 흥미 있는 실례를 들어 보여주고 있다.

그 한 대목을 소개하면 다음과 같다.

워싱턴에 있는 한 부인이 자기 아들을 어떤 지위에 앉히려고 6주 이상이나 매일같이 내게로 오고 갔다. 그녀의 남편은 정계에서도 다소 이름이 알려진 사람이었다.

그녀는 수많은 상하 양원을 자기 편으로 끌어들여서 맹렬한 운동을 전개했다. 그러나 아들에게 필요한 지위는 전문적인 기술을 필요로 하기에 나는 그 부처 책임자의 추천에 따라서 다른 사람을 임명했다.

그러자 그녀로부터 원한에 사무친 편지가 왔다. 내가 그렇게 해주고 싶은 마음만 있었다면 쉽사리 그녀를 기쁘게 해줄 수가 있었을 텐데, 그것을 하지 않았다는 것은 은혜를 모르는 사람이라고 말했다.

내가 특별히 관심을 가지고 있었던 법안을 통과시키기 위해서 그녀는 지역구 출신의 국회의원 모두를 설득해서 그 법안을 지지하게 했음에도 불구하고 은혜를 원수로 갚았다는 것이었다.

이러한 편지를 눈앞에서 보게 되면 누구나 참고 견딜 수가 없어서 그 무례함을 응징해 주고 싶을 것이다. 그래서 당장에 반박의 편지를 쓴다.

그러나 현명한 사람은 즉각 그것을 부치지 않는다. 책상의 서랍에 넣고 자물쇠를 채운 뒤 2~3일이 지나서 다시 꺼내어 본다.

'그런 편지는 2~3일쯤 늦어도 무방하다.'

냉각기간을 두고 새로 읽어보면 발송할 생각이 나지 않는다.

나는 이 현명한 방법을 취했다. 나는 새삼스럽게 그녀에게 될 수만 있으면 친절한 편지를 쓰고 그녀의 실망은 충분히 이해하겠으나 그 인사 문제는 실제 있어서 내 의도대로만은 할 수 없고 전문적인 기술을 가진 사람이 아니면 안 되었기 때문에 국장의 추천에 따르지 않을 수가 없게 되었으니 양해해 달라고 말했다.

그리고 그녀의 아들은 현재의 직위에 그냥 있어도 그녀의 기대에 얼마든지 보답할 수 있으므로 더한층 노력해 달라는 것을 강조해 두었다.

이 회답으로 그녀는 기분을 전환하고 전에 너무 실례되는 편지를 보내서 미안하다는 것을 사과했다.

그런데 내가 임명하기로 정해놓은 사람의 발령이 다소 시간을 끌었다. 그러고 있는 사이에 이번에는 그녀의 남편으로부터 편지가 왔다. 자세히 보니까 이전의 편지와 그 필적이 같았다. 그 편지에는 그 이후 아내는 너무 실망해 신경쇠약에 걸려 위암의 증상이 나타나서 현재는 빈사 상태에 있다고 적혀 있었다.

아들을 임명해 주면 아내의 병도 나을 것이라고 했다.

그러나 그럴 수는 없었다. 나는 다시 한번 편지를 쓰지 않으면 안 되었다. 이번에는 그녀의 남편 앞으로 보냈다. 부인의 병 진단이 잘못되어 있기를 빈다고 말하고, 또 그녀의 병은 참으로 안타깝지만, 이 인사 문제는 변경할 수가 없다고 말해 주었다.

그때는 이미 임명이 된 뒤였다.

그가 편지를 받은 지 이틀 후, 나는 백악관에서 음악회를 개최했다. 그런데 맨 처음에 우리 부부에게 인사한 사람이 이 부부였다. 그 부인은 이삼 일 전만 해도 사활을 다투는 병석에 있었을 터인데…….

후로크는 미국 음악계에서 일류급 매니저였다. 그는 20년간에 걸쳐서 샬리아핀, 이사도라 던컨, 파블로바 등과 같은 세계적으로 유명한 예술가들과 함께 일했다.

그는 성미가 까다로운 예술가들을 움직이기 위해서는, 그들의 유달리 뛰어난 개성에 대한 공감력이 철두철미하게 필요하며 그것을 그는 무엇보다도 먼저 배웠다고 한다.

그는 샬리아핀의 매니저로서 3년간을 일했으나, 이 대가수의 괴팍한 성격 때문에 항상 골머리를 앓고 있었다.

가령, 샬리아핀이 밤무대에 서게 되어 있었는데 낮에 전화로 "기분이 나쁘다. 목의 컨디션이 좋지 않기 때문에 오늘 밤은 노래할 수 없다."라고 말하는 일이 흔히 있었다.

후로크는 이미 그의 버릇을 알고 있었기 때문에 결코 역정을 내지 않았다. 매니저와 예술가는 시비가 하등의 소용이 없다는 것을 너무나 잘 알고 있었기 때문이다.

그리하여 시급히 샬리아핀의 호텔로 달려가서 열심히 사정해본다.

"이것 참 안 됐습니다. 노래하지 않는 편이 좋을 것입니다. 공연을 취소하도록 하겠어요. 무리하게 노래를 해서 평판이 떨어지는 것보다는 2,000달러의 계약을 취소하는 것이 당신에게는 훨씬 중요한 일입니다."

그러면 샬리아핀은 한숨을 지으며 말한다.

"좀 더 있다가 다시 한번 와주시지 않겠어요. 5시쯤에서 출연할 수 있을지, 어떨지 알게 될 것 같아요."

5시가 되자 그는 다시 호텔로 달려가서 먼저와 같은 식으로 동정심을 보이고 무리를 하지 말도록 권유했다. 그러면 샬리아핀은 '지금처럼 조금 더 있으면 잘될지도 몰라요. 한번 더 다시 와주시지 않겠어요.'라고 말한다.

7시 30분, 개장 직전이 되어서야 샬리아핀은 겨우 출연할 것을 승낙했다. 그러나 미리부터 청중들에게 감기로 음성이 상해 있다는 것에 대한 양해를 구해놓는다는 조건이 붙어 있었다.

후로크는 이러한 사정과 요령을 충분히 직감적으로 터득하고 있었기 때문에, 청중들에게 그대로 전달했다고 샬리아핀을 속여서 무대에 서게 했다. 어쩌면 그 이외에 방법이 없기 때문이다.

게이츠 박사의 유명한 저서 '교육심리학'에는 다음과 같은 말이 적혀 있다.

"인간은 일반적으로 동정심을 원한다. 아이들은 상처를 보이고 싶어 한다. 때로는 동정을 구하고 싶어서 자기 스스로 상처를 만드는 일도 있다. 어른도 마찬가지이다. 상처를 보이고 재난이나 병에 대해서 이야기한다. 특히 수술을 받았을 때의 이야기 같은 것을 보다 더 자세하게 이야기하고 싶어 한다. 불행한 자기에 대해서 자기 연민의 정을 느끼고 싶어 하는 마음은 정도의 차이는 있겠지만 누구에게나 있는 법이다."

인간은 일반적으로 동정심을 원한다. 아이들은 상처를 보이고 싶어 한다. 때로는 동정을 구하고 싶어서 자기 스스로 상처를 만드는 일도 있다. 자기 연민의 정을 느끼고 싶어 하는 마음은 누구에게나 있는 법이다.

6

인간은 누구나 이상주의적인 성향을 가지고 있으며 자기의 행위에 대해서는 아름답게 꾸미고 싶어 한다.

따라서 상대방의 생각을 바꾸게 하기 위해서는 이 아름답게 꾸미고 싶어 하는 심정에 호소하는 것이 유효할 것이다.

이것을 비즈니스에 응용하면 어떨까.

펜실베이니아주에서 아파트 임대사업을 하고 있는 해밀턴 파렐 씨의 경험을 들어보자.

파렐 씨의 아파트에는 계약 기한이 4개월이 남아 있는데도 한사코 이사를 하겠다는 사람이 있었다. 그는 매월 55달러의 월세를 내고 있었다.

다음 얘기는 파렐 씨가 내 강연회에서 공개한 것이다.

"겨울은 일 년 중에서 가장 경비가 많이 드는 시기이다. 가을이 되기까지는 아마 새로운 입주자를 구할 수 없을 것이다. 말하자면 내 입장으로 생각하면 220달러가 공중에 붕 떠버리는 것이다.

나는 화가 났다.

보통 때 같으면 나는 계약서를 들이대고 무리하게 꼭 이사하겠다면 계약 기간의 남은 월세를 지불하고 가라고 다그쳤을 것이다.

그러나 한편 생각해보니 그런 소란을 떨지 않고 해결할 방법은 없을까

하고 궁리한 끝에 다음과 같이 말했다.

'댁의 사정은 잘 알겠습니다만, 제가 볼 때는 아무래도 당신이 이사를 하리라고는 생각되지 않습니다. 아시다시피 여러 해 동안 이 월세에 의존하여 살던 저에게는 사람을 보는 눈이 있습니다. 당신은 약속을 어길 그런 사람이 아니라는 것을 알고 있지요. 이 점만은 내기해도 좋습니다.'

그리고 나는 더욱 자신 있게 말했다.

'어찌 되었든 한 가지 당신에게 부탁할 것이 있습니다. 이 문제는 그냥 내버려 두었다가 2~3일 후에 다시 상의하기로 하지요. 그래도 여전히 당신의 마음이 변하지 않는다면 생각하신 대로 이사를 하셔도 좋습니다. 나 역시 사람을 잘못 보았다고 생각하고 단념하는 수밖에 없습니다. 아무튼 당신은 약속을 지키지 않을 그런 사람은 아니라고 굳게 믿고 있습니다. 그러나 세상일이 뜻대로는 되지 않으니 잘못 생각하거나 빗나가더라도 어쩔 수 없는 일이지요.'

며칠 후 그 세입자는 직접 찾아와 집세를 내고 갔다. 그는 아내와 상의를 해서 이사 가는 것을 포기한 것 같았다. 결론을 말하자면 그 세입자 역시 약속을 지키는 것이 인간으로서 가장 중요한 것임을 인식하게 되었기 때문이라고 했다."

노스클리프 경은 공개하고 싶지 않은 자기의 사진이 어떤 신문에 실려 있는 것을 보고 그 편집장에게 편지를 썼다.

그러나 그는 그 편지에 '내 마음에 들지 않기 때문에 그 사진은 신문에 싣지 말아 달라.'고 쓰지 않았다. 그는 좀 더 아름다운 인간의 감정에 호소했다. 곧 누구나가 품고 있는 어머님의 존경과 애정에 호소했던 것이다.

그 사진을 신문에 게재하지 말기를 바랍니다. 저희 어머님이 매우 싫어하

시는 사진이기 때문입니다.

록펠러 2세도 그의 아이들의 사진이 신문에 게재되는 것을 방지하기 위해서 인간의 아름다운 감정에 호소했다.

그는 "아이들의 사진을 신문에 게재하는 것은 내가 동의할 수 없다."라고 말하지 않았다. 그는 어린 자식들이 공명심에 날뛰거나 천하게 물들지 않게 하기 위해 만인의 공통된 심정에 호소했다.

여러분 가운데도 아이를 가진 분이 있으면 잘 이해하리라고 생각합니다만, 너무 세상에 드러내놓고 떠들어대는 것은 아이의 장래를 위해서 불행한 결과를 초래할 뿐입니다.

사일러스 커티스는 널리 알려진 '새터데이 이브닝 포스트'지와 '레이디스 홈스 저널'지의 창설자로서 메인주의 빈민가에서 태어나 거액의 재산을 이룩한 입지전적인 인물이다.

그는 사업 초창기에 다른 잡지사와 같은 수준의 원고료를 지불할 능력이 없었다. 더구나 유명 작가에게 줄 원고료는 도저히 지불할 수가 없었기에 상대방의 아름다운 감정에 호소하기로 작정했다.

가령 당시의 유명 작가인 올코트 여사에게는 기필코 원고를 써달라고 부탁을 한 후 100달러의 수표를 썼지만, 그 수표를 그녀에게 보낸 것이 아니고 그녀의 이름으로, 그녀가 열심히 지지하고 있는 자선단체에 보냈다.

혹여 독자 중에는 '그런 수법은 록펠러나, 센티멘털한 작가에게는 잘 들어맞을지 모르지만 까다로운 작가에게 과연 통용될 수 있을까.' 하고 의문을 품는 사람이 있을지도 모른다.

물론 도움이 되지 않는 예도 있을 것이며 상대에 따라서는 통용되지 않을지도 모른다.

만약 당신이 이 이상의 방법을 알고 있어서 그 결과에 만족한다면 구태여 이런 방법을 쓸 필요는 없다. 그러나 그렇지 않다면 한번 시험 삼아 해보면 어떨까.

어찌 되었건 다음의 이야기는 제임스 토머스라고 하는 사람이 내 강연회에서 발표한 체험담으로 꽤 흥미 있는 얘기이다.

어느 자동차 회사의 고객 여섯 명이 제각기 한 가지씩의 항목이 잘못되었다며 자동차 수리 대금을 지불할 수 없다고 주장했다. 그러나 회사 측에서는 수리할 때마다 고객의 사인을 받아놓았기 때문에 절대로 잘못이 없다고 믿었고, 따라서 고객들에게 지불할 것을 독촉했다.

문제는 이것이 애당초 잘못된 것이었다. 말하자면 수금 담당사원은 다음과 같은 방법으로 수리 대금을 청구했지만, 과연 그것이 옳았던 것인지 반문하지 않을 수 없었다. 그 방법을 보자.

① 각 고객을 찾아가서 청구서를 보낸 후 여러 달이 지났으니까 이번 달에는 꼭 지불해줘야 한다고 정면으로 맞부딪쳤다.
② 청구서는 절대로 틀리지 않았다. 따라서 잘못된 것은 고객 쪽이라고 분명히 못 박았다.
③ 자동차 문제는 회사 쪽이 손님보다도 훨씬 더 잘 알고 있다. 그러니까 더 이상 논쟁의 여지가 없다고 설명했다.

이상과 같은 징수 방법으로 과연 고객이 선뜻 수리 대금을 지불할 것인지 아닌지를 생각해봐야 한다.

수금 담당사원은 마침내 법적인 수단을 세우려고 했지만, 때마침 지점장이 그 사실을 알게 되었다.

지점장이 조사해본 결과 문제의 고객들은 모두 평소에 수리 대금을 연체한 적이 없는 우수한 고객들이었다. 그럼 어딘가 잘못된 부분이 있을 것이고 아마도 수리대금 청구 방법에 어떤 문제점이 있을 것 같았기에 지점장은 토머스를 불러서 이를 해결하도록 지시했다.

이때 토머스 씨가 취한 징수 방법은 다음과 같았다.

① 미납된 수리 대금에 대해서는 한마디 언급도 하지 않고 다만 지금까지의 회사 서비스 상태를 조사하고 싶어서 방문했다고 말했다.
② 상대방의 얘기를 들어보지 않고서는 어떤 판단도 할 수 없다고 말했다. 그리고 덧붙여서 회사 측에도 실수가 있을지 모른다고 말했다.
③ 그가 알고 싶은 것은 고객의 자동차에 관한 것일 뿐이며, 그 차에 대해서는 차주인 고객이 누구보다도 가장 잘 알고 있으며 그야말로 고객이 최고의 권위자라고 말했다.
④ 고객이 말하도록 하고 고객의 이야기에 공감과 흥미를 느끼고 귀담아들었다.
⑤ 시간이 지나고 고객이 진정되었을 때 그의 공정한 판단에 호소했다. 말하자면 그의 아름다운 감정에 호소한 것이다.

"저희가 부족하여 폐를 끼치게 되어 참으로 죄송합니다. 저희 수금사원의 태도에 아마 매우 기분이 언짢으셨을 것입니다. 회사를 대표해서 깊이 사과의 말씀 드립니다. 말씀을 듣고 보니 저는 사장님의 공정하고 관대하신 인격에 감복했습니다. 그래서 말씀이지만 실은 한 가지 청이 있습니다. 물론 이 일은 사장님이 아니면 할 수 없습니다. 그리고 사장님이 가장 잘 아시고 있는 일입니다. 다름이 아니고 이 청구서 말입니다. 이 청구서를 사장님께서 정정해 주신다면 저도 안심을 할 수 있습니다. 사장님이 우리 회사의 대표라는 입장에서 정정해 주시면 고맙겠습니다. 저희는 사장님께서 정정하신 대로 처리하도록 하겠습니다.”

이 방법은 멋지게 주효했다.

여섯 명의 고객 중에서 다만 한 사람만이 끝까지 회사 측이 잘못되었다고 버티고 일부 대금을 지불하지 않은 사람이 있었지만 다른 다섯 명의 손님은 모두가 기분 좋게 전액을 지불했다.

특히 재미있는 일은 그 후 2년 동안, 제임스 토머스가 이 여섯 명의 고객으로부터 새 차를 주문받았다는 사실이다.

상대방의 신뢰도를 정확히 판단할 수 없을 때는, 일단 그를 훌륭한 신사로 간주하면 된다. 그럼 틀림없이 성공한다. 인간은 누구나 정직하게 살고자 한다. 사람을 속이는 그러한 인간조차 상대방으로부터 진심으로 신뢰를 받고 정직하고 공정한 인물로 인정받게 되면 나쁜 일을 할 수가 없게 된다.

7

상대방의 경쟁심을 자극해야 한다

성공한 사람은 모두 게임을 좋아한다. 게임을 통해 자기표현의 기회가 주어졌기 때문이다. 정정당당하게 싸워 이기는 기회, 이것이 여러 가지 경쟁을 성립시키는 요소이다.

찰스 슈워브가 담당하고 있는 공장 중에서 업적이 오르지 않는 공장이 있었다.

슈워브는 그 공장장을 찾아가 다음과 같이 물었다.

"당신은 퍽 유능한 사람으로 알고 있는데, 의외로 성적이 오르지 않으니 어떻게 된 일이오?"

그러자 책임자인 공장장이 머리를 긁적이며 말했다.

"저도 그 이유를 알 수가 없습니다. 어르고 달래고, 치켜 주고 해서 모든 수단을 강구하고 있지만, 직원들이 일하는 것이 도무지 시원치 않은 것 같습니다."

마침 그때 주간 근무자와 야간 근무자의 교대 시간이 되었다.

슈워브는 분필을 찾아 손에 쥐고, 교대 준비를 하고 있는 주간 근무자에게 물어보았다.

"자네 근무 반에서는 오늘 몇 번이나 주물을 흘려보냈는가?"

"여섯 번입니다."

슈워브는 아무 말도 하지 않고 그 공장의 바닥 위에 '6'이라는 글자를 써놓고 나왔다.

야간 근무조가 들어와서 이 숫자를 보고 그 의미를 주간 근무자에게 물어보았다.

"보스가 이 공장에 왔다 갔어. '오늘 몇 번 주물을 흘렸는가?'라고 묻기에 여섯 번이라고 대답하니 이렇게 '6'자를 써놓고 갔단 말이지."

슈워브는 다음 날 아침에 다시 찾아갔다. 야간 근무조가 '6'을 지우고 커다란 글자로 '7'이라고 써놓았다.

주간반이 출근해서 보니 바닥 위에 '7'이라고 크게 쓰여 있었다. 야근반이 더 성적을 올린 셈이다. 그러자 주간반은 경쟁심을 불태워 노력한 결과 퇴근 시에는 '8'이라고 써놓고 갔다. 이렇게 해서 이 공장의 능률은 자꾸 올라가게 되었다.

성적이 좋지 않던 이 공장은 얼마 되지 않아서 다른 공장을 앞서 생산율이 제1위를 차지하기에 이르렀다.

그에 대해서 슈워브 자신의 말을 소개해 보자.

"일에는 경쟁심이 가장 중요하다. 악착스러운 돈벌이의 경쟁이 아니고 상대방보다도 뛰어나겠다는 경쟁심을 이용해야 한다."

우위를 점유하고 싶다는 욕구와 경쟁의식, 그 불굴의 투지, 굳센 기백에 호소하는 것도 하나의 방법이다.

이 불굴의 투지가 자극되지 않았다면 루스벨트 대통령도 오늘날 회자되지 못했을지도 모른다.

스페인과의 전쟁에서 귀국하자, 그는 즉시 뉴욕 주지사로 선출되었다. 그런데 반대파는 루스벨트에게는 법적으로 주 거주인으로서의 자격이 없다고 항의했다.

그러자 루스벨트도 그 주장에 충격을 받았던지 놀라서 사퇴하겠다고 말했다. 그러자 토머스가 그에게 고함을 질렀다.

"자네가 그러고도 산 후앙 언덕의 전선에서 싸웠다는 용사인가? 이 비겁한 친구야!"

그제야 루스벨트는 사의를 번복하고 싸울 결심을 했다.

그 다음 얘기는 역사가 나타내고 있는 그대로이다.

루스벨트 불굴의 투혼을 자극한 이 한 마디는 그의 생애를 바꾸어 놓았을 뿐만 아니라 미합중국의 역사에도 지대한 영향을 던져 주었다.

찰스 슈워브는 이와 같은 자극이 가지는 위력을 알고 있었다.

알 스미스도 역시 그것을 알고 있었다.

알 스미스가 뉴욕주지사로 근무하고 있을 때 유명한 신신 형무소의 소장감이 없어서 전전긍긍하고 있었다.

형무소 내의 질서가 문란해지고 간수들의 부패가 심해 악평이 자자했다. 그러자 스미스는 신신 형무소를 다스릴 수 있는 강력한 인물이 필요했고 인선을 한 결과, 루이스 로즈가 적임자로 지목되었다.

스미스는 로즈를 불러 쾌활하게 말했다.

"어때요, 당신이 신신의 일을 돌봐주면 좋겠군요. 경험과 지혜가 있는 인물이 아니라면 근무할 수가 없지요."

로즈는 좀 난처했다. 신신 형무소의 소장이 된다는 것은 심각하게 생각해볼 문제이다. 정치 세력의 여하에 따라 앞날이 어떻게 될지 모르는 불투명한 지위인 것이다. 게다가 형무소장은 임기가 불과 3개월인 사람도 있었고, 툭하면 바뀌기 일쑤였다. 로즈는 자칫 잘못했다간 위험하다고 생각했다.

스미스는 그가 주저하는 것을 보고 몸을 젖히고 웃으면서 다음과 같이 말했다.

"아주 대단한 일이기 때문에 선뜻 마음이 내키지 않는 것도 무리가 아니라고 생각해요. 실제로도 큰일이니까요. 웬만한 사람이 아니고서는 근무하지 못할 것이오."

상대방의 오기를 불러일으킨 것이다. 그러자 로즈는 웬만한 인물 같아서는 감당할 수 없는 일을 해보고 싶은 오기가 발동했다.

그리하여 로즈는 형무소장으로 부임하자마자 과감한 혁신을 꾀했고 체재를 정비해 나갔다. 이윽고 명소장으로서 그의 이름을 모르는 사람이 없을 정도가 되었다.

그의 저서 '형무소에서의 만 2년'이라는 책자는 수십만 부가 팔렸다. 매스컴에도 오르내렸고 그의 저서의 내용을 소재로 영화도 몇 편이나 제작되었다. 그리고 그의 '수인囚人 대우 개선론'은 형무소에 기적적인 개혁을 초래했다.

파이어스턴 고무회사의 창설자 하버드 S. 파이어스턴은 다음과 같이 말했다.

"그저 손쉽게 급료만 주면 사람이 모이고 인재가 확보될 거라는 생각은 대단한 착오다. 무엇보다 게임의 정신, 즉 경쟁심을 도입하는 것이 필요하다."

성공한 사람들은 하나같이 모두 게임을 좋아한다. 게임을 통해 자기표현의 기회가 주어졌기 때문이다. 정정당당하게 싸워 상대를 이기는 기회, 이것이 여러 가지 경쟁을 성립시키는 요소이다.

이번 장의 내용들을 바탕으로 아래 질문에 스스로 답해보거나,
동료와 대화를 나누어 봅시다.

① 이번 장에서 마음에 와닿는 내용은 어떤 것들이 있었나요?

② 변화시키고 싶은 사람이 있다면 누구인가요?

③ 그 사람에게 어떤 변화를 기대하고 있나요?

④ 그 변화가 그 사람에게는 어떤 유익함을 가져다줄까요?

⑤ 그 변화가 자신에게는 어떤 의미를 가질까요?

⑥ 그 사람의 어떤 동기나 욕구를 건드리면 도움이 될까요?

⑦ 그 사람이 'yes'라고 답변할 만한 질문이 있다면 어떤 것들일까요?

⑧ 그 사람이 스스로 생각하도록 하려면 어떤 질문을 하면 좋을까요?

제**4**장

행복한
성공

곧 시작하라. 그리고 생각하라. 그래야 행복한 성공을 할 수 있다.

성공하기 위해서는 마음으로부터 보는 눈을 가져야 한다.
보이지 않는 힘으로 당신 자신과 타인에게 동기를 유발해야 한다.
자기 자신을 발견하고 자기 자신이 되어야 한다.
그리고 일에 흥미를 느껴야 한다.

행복한 성공이란 무엇인가

세상 사람 모두가 당신이 성공했다고 해도 당신 스스로 성공했다고 생각하지 않으면 아무 소용이 없으며 무가치한 것이다. 성공이라는 것은 당신 자신이 내적으로 만족감을 느껴야 하며 반드시 세상 사람들의 인정이 필요하지도 않다.

그동안 사회적으로 명성을 떨치고 소위 성공했다고 하는 사람들의 발자취를 더듬어 볼 때, "그들은 모두가 특별난 사람이야." 하고 당신은 부러워할지도 모른다.

물론 그들은 모두 보통 사람들의 일과와는 다르게 매사를 계획하고 실천하며 하루의 일을 반성하는 특별난 사람들이다. 당신 또한 성공하기 위해 그에 따른 노력과 수고를 아끼지 않았다면 당신 역시 특별난 사람이고 뛰어난 사람이다.

일찍이 벤저민 프랭클린은 말했다.

"이 세상에 이름이 알려지지 않은 위대한 사람은 얼마든지 있다."

필자 역시 이 책 속에 밝힌, 이름이 알려지지 않은 위대한 사람들을 많이 알고 있다.

따라서 이 책에서는 이처럼 세상에 알려지지 않은, 비교적 평범한 일에 종사하고 있으며 행복한 성공을 거둔 인물들의 실례를 들고자 한다.

그렇다면 도대체 행복한 성공이란 무엇인가?

"성공이란 것은 원하고 바라는 것을 이루는 것이다. 유명한 대학교수가 되는 것이 꿈인 사람도 있을 것이고, 어지러운 세상 질서를 바로잡고 권력을 휘두르는 정치 지도자가 되기를 바라는 사람도 있을 것이며, 백만장자처럼 많은 돈을 모아서 여생을 안락하게 보내기를 희망하는 사람도 있을 것이다. 또는 세계적으로 이름난 음악가나 예술가, 혹은 운동선수가 된다든가 아무튼 원하고 구하는 것을 얻게 되는 것, 자기 것으로 하는 것, 이것이 바로 행복한 성공이다."라고 단정할 수 있다.

두말할 것도 없이 당신이 소유하고 있는 재물, 곧 그동안 모아 놓은 돈의 액수만 가지고서는 당신의 성공을 저울질할 수는 없다. 백만장자에 비한다면 당신이 벌었다는 돈의 액수는 참으로 보잘것없는 것이지만 당신은 백만장자보다도 훨씬 더 성공한 사람일 수도 있기 때문이다.

만약에 돈을 모은다는 일념 하나로 오로지 돈만을 위한 목적으로 하고, 그 목적을 위하여 어떠한 희생과 수단 방법도 두려워하지 않는다면 당신은 금방 부자가 될 수도 있다.

그러한 목적을 추구하여 인생의 한창 좋은 시절을 소비하고, 친구를 잃고 건강을 잃는 사람들도 세상에는 적지 않다. 돈만을 알고 그 외의 것은 아무것도 돌아보지 않는다는 것은 결국은 매우 불행한 사람이 되기 쉬운 것이지만, 돈을 위한 그 목적은 어쨌든 이루게 된다.

당신이 행복한 성공을 원하거든, 최후의 목표를 선택하는 것이 중요하다.

당신의 목표는 당신의 야심을 재는 척도이며, 또한 당신의 일이 얼마만큼 이 사회와 인류를 위하여 보람 있는 것인가를 결정할 것이다.

만일 훌륭한 일을 한다면 당신은 돈 이상으로 여러 가지 귀한 것도 얻을 수 있을 것이다.

우리는 가치 있는 목적을 선택하고, 결과에 대하여는 마음을 쓰지 말고,

이것을 달성하는 데 필요한 대가를 치르도록 노력하여야 한다.

매섭고 추운 겨울이 지나가고 나면 따뜻하고 안락한 봄이 오듯이, 노력한 결과는 스스로 보답을 받게 될 것이다.

성공에 대해 일찍이 웰스는 말했다.

"부와 명성, 지위와 권세 같은 것은 성공을 저울질할 수 있는 척도가 못된다. 성공을 저울질할 수 있는 오직 하나의 척도는 우리가 이미 해왔던 노력과 목적한 바가 실현되었는가이다."

> 성공이라는 것은 자기만족뿐만이 아니라 자신과 가족, 이웃에 대한 사랑과 베풂, 그리고 남에게 알려지고 소문나기보다는 자신도 만족하며 그 만족감이 이웃과 사회의 표상이 될 때 그야말로 값진 것이라고 할 수 있다.

행복한 성공을 위한 마음의 자세

어떠한 경우라 하더라도 문제가 생겼다는 것은 좋은 일이다. 그 이유는 그런 어려운 문제에 부딪혔을 경우 그것을 이겨내고 또 그 문제 해결을 반복하는 동안에 성공의 길은 더욱 빨라지기 때문이다.

그것은 문제에 봉착하여 해결하기 위한 노력과 문제에서 벗어나기 위해 싸워 이길 때마다 지혜·경험·도덕적판단 능력이 다 같이 성장하기 때문이다. 우리가 문제에 직면하여 긍정적인 사고로 문제를 해결할 때마다 더욱 앞선 성공의 지표를 향해 나가는 인간이 되는 것이다.

돌이켜 생각해 보면 역사상 어떤 인물의 성공이란 그 사람에게 직면했던 문제 덕분이었다고 해도 과언이 아닐 것이다. 이 세상 누구나 문제가 있다는 것은, 살아가는 모든 것은 항상 변화 과정에 있기 때문이다. 변화는 움직일 수 없는 자연법칙이기 때문에 중요한 것은 변화에 대한 성공과 실패의 여부는 우리의 마음가짐에 달려 있다.

우리는 우리의 생각을 지배하고, 감정을 조절하면서 우리의 태도를 결정할 수가 있을 것이다. 언제라도 우리에게 부딪히는 모든 문제들을, 긍정적인 마음가짐으로 대처할 수가 있다면 어떤 어려운 문제가 있더라도 현명하게 해결할 수 있다.

만약에 우리가 긍정적인 마음가짐의 가장 중요한 요소, 즉 행운의 신이 우리와 가까이 있다고 믿으면, 우리는 직면해 있는 여러 문제를 가장 유효하고 적절하게 대처할 수가 있다.

지금까지 우리에게 부닥친 제반 문제는 크게 두 가지로 나눌 수가 있다. 그 하나는 개인적인 문제 즉 경제, 감정, 도덕적·정신적·육체적과 같은 일반적인 것이고, 다른 하나는 사업상·직업상의 문제일 경우이다.

개인적인 문제는 우리 모두가 경험하는 문제이기 때문에, 여기에서는 인간이 경험할 수 있는 가장 힘든 문제에 직면하였던 이야기를 예로 들겠다. 따라서 최후의 승리에 도달할 때까지, 여러 가지 어려운 문제를 해결하는 데 있어서 어떻게 긍정적인 마음가짐을 가졌었는지를 살펴보기로 하자.

찰리 워드의 어린 시절은 집안이 가난하여 매우 불우했다. 가까스로 초등학교에 들어가기는 했으나 그 시절에도 궁색한 집안을 돕기 위해서 사르트 항구 주변을 돌아다니며 신문을 팔기도 하고 구두를 닦으며 일거리를 쫓아 피곤한 생활의 연속이었다.

점차 나이가 든 후에는 알래스카 항로의 화물선 선실에서 일하는 노무자가 되기도 하였지만, 17세 되던 해 고등학교를 졸업하자 그는 과감히 가출했다. 그리고는 철도편을 이용하는 부랑자들에게 휩쓸려서 전국을 돌아다녔다.

그의 동료들은 한마디로 모두가 거친 성격 탓에 품위가 없었고, 도망자나 밀수업자, 도둑 등 이런 부류의 인간들이 그의 주위를 맴돌았다. 또 도박에 손을 댄 후부터 그의 생활은 더욱더 비참해졌다.

찰리 워드가 술회한 것을 보면, '나는 잘못이라는 못된 동료와 손을 잡았습니다. 그로 인해서 내 인생은 말할 수 없는 지경에 이르렀습니다.'라고 말하고 있다.

어느 때는 도박으로 큰돈을 벌기도 했지만 곧 그것을 잃고 말았다. 드디어 그는 마약 밀수 행위로 체포되었다가 유죄 판결을 받았다. 그러나 찰리 워드는 결백하다고 주장했었다.

그가 24세일 때 그는 처음으로 교도소에 수감되었다. 그의 친구들과는 달리 그는 그 나이까지 한 번도 교도소에 드나들지 않았고, 처음 교도소에 들어간 그는 매우 비참한 기분에 휩싸이기 시작했다. 그러나 한편 생각하기에 어떠한 감옥이라도 그를 언제까지나 가두어 둘 만큼 견고하지는 못할 것이라고 믿고 탈옥의 기회만을 노리고 있었다.

그런 그가 자신을 긍정적인 사고방식으로 바꾸는 데 획기적인 일이 일어났다. 그동안 마음속에 품고 있었던 사회에 대한 저주와 불평불만을 없애고 그 교도소 안에서 가장 모범적인 수형자가 되겠다고 마음먹었던 것이다. 그는 그 순간부터 자신이 처한 환경이 가장 좋은 상태라고 생각하기에 이르렀다.

따라서 그 이후부터는 자신에게 오늘날의 이런 비참한 환경을 가져오게 된 이유를 용서하고자 하는 마음을 가지게 되었다. 그리하여 지금까지 자신을 잡아들인 경찰과 현실 등 이 세상을 증오하던 감정을 버리게 되었다.

그는 지금까지의 찰리 워드가 어떤 인품의 소유자였다는 것을 생각하고, 자신의 장래에 대해서 비관적인 생각을 갖지 않도록 노력했으며 어떻게 하면 교도소에서의 생활을 유쾌하고 명랑한 시간으로 만드느냐에 고심했다.

그가 한 일은 제일 먼저 자신에게 질문을 던져 본 일이었다. 그리고 성인이 된 후 처음으로 그 해답을 얻을 수 있었다.

그때부터 그는 감방 안에서 성경을 읽기 시작했다. 그리고 그는 죽을 때까지 매일 영감과 신의 인도로 도움의 길을 발견하기 위해 계속해서 성경을 읽었다.

그가 이렇게 태도를 바꾸자 행동도 바뀌었으며 그의 행동은 간수의 눈에 들고 호감도 사게 되었다. 그런데 어느 날 한 간수가, 전기 공장에서 일하고 있는 모범수가 3개월 이내에 출감한다는 소식을 그에게 알려주었다.

그러나 그때까지만 해도 찰리 워드는 전기에 관해서는 전혀 아는 바가 없었다. 그리하여 교도소 도서관에 있는 전기에 관한 책을 모조리 읽기 시작했다.

그로부터 3개월 후에는 전기에 대하여 준비되어 있었으므로 그 일을 지원하기에까지 이른 것이다. 그의 평상시 행동이나 진지한 어조는 교도소장에게 호감을 주었으므로 그는 드디어 그 일을 맡을 수가 있었다.

그 이후로 그는 긍정적인 마음가짐을 갖고 일에 임함으로써 열다섯 명의 동료와 함께하는 교도소 내 전기 공장의 감독관이 되었다.

그러자 우연히 어떤 기회에 친구이자 동료를 얻을 기회가 생겼다. 미네소타주의 세인트폴에 있는 브라운 앤드 비디로사의 사장 하버드 휴즈 비디로가 탈세 혐의로 찰리가 있는 교도소로 수감되어 왔을 때, 그는 비디로가 처해진 환경에 적응할 수 있도록 여러 가지 도움을 주었다.

비디로는 이런 찰리의 우정과 협조를 고맙게 생각하고 출소하면서 이렇게 전했다.

"지금까지의 당신 호의에 깊이 감사하고 있소. 당신이 출소하거든 꼭 세인트폴로 오시오. 성심성의껏 당신을 맞이하겠소."

이렇게 헤어진 그들은 찰리가 5년의 형기를 마치고 출소했을 때 세인트폴에서 만났다. 그리고 비디로는 약속한 대로 찰리를 주급 25달러의 노무자로 일하게 해주었다.

여기서도 찰리에게 큰 도움을 준 것은 긍정적 사고를 지닌 일이었다. 따라서 긍정적인 마음가짐으로 일하여 일 년 육 개월 후에는 노무반장이 되었고, 다시 일 년 후에는 감독자가 되었다. 그리고 마침내는 부사장 겸 총지배인의 지위에까지 오를 수가 있었다.

비디로가 사망하자 찰리 워드는 브라운 앤드 미디로사의 사장이 되어, 1959년 여름 그가 죽을 때까지 사장직에 머물러 있었다. 그리고 그가 그 직에 있기 전에는 삼백만 달러의 매상도 못 되던 것이 연간 오천만 달러로 상승하였다. 그리하여 비디로사는 같은 업종 가운데서 손꼽히는 회사로 성장했던 것이다.

긍정적인 사고와 어려운 처지에 처해 있는 사람을 돕겠다는 찰리의 마음가짐은 마음의 안식과 더불어 인생에 있어서 그 누구보다 가장 보람된 일을 할 수 있었던 것이다. 그 당시 미국 대통령이었던 루스벨트는 그의 모범적인 생활을 인정하고 그의 시민권을 복권해 주기도 했다.

그러나 그가 행했던 어느 것보다도 칭찬할 만한 일은 교도소에서 출소한 오십 명 이상이나 되는 남녀를 고용하고 자상한 지도와 격려로 사회 복귀를 위해 노력하였던 일이다. 그러면서도 자신이 수형자였다는 것을 절대 잊지 않았다. 그리하여 다른 사람들은 그의 팔뚝에 새겨진 옛날 교도소에서의 수형 번호를 쉽게 볼 수 있었다.

찰리 워드의 인생에 있어서 교도소에서의 생활은 그에게 큰 변화를 주었다. 만일 그가 예전의 그 환경에서 벗어나지 못하였다면 그의 인생은 어떠했을까. 그러나 그는 인간의 가장 비참한 환경을 극복하고 자신을 바꾸는 데 도전했다. 그리고 거기서 긍정적인 마음가짐을 배움으로써 개인적인 어떤 난관도 헤쳐나갈 수 있다고 생각했던 것이다. 그런 까닭으로 그는 제2의 밝고 희망찬 세상을 이룰 수가 있었고, 더 훌륭하고 크나큰 인물이 될 수 있었다.

물론 세상의 모든 사람들이 찰리 워드의 경우와 같지는 않겠지만 부정적인 마음가짐에서 긍정적인 마음가짐으로 바꾼 행위 이외에도 우리가 배울 점이 많다.

우리에게 직면하는 문제가 모두가 어려운 것만은 아니다. 때로는 사고방식의 전환만으로도 해결이 가능한 것도 있다. 성공하기 위해서는 실천을 동반한 오직 하나의 아이디어만으로도 만족할 수가 있다.

따라서 '문제가 생긴 것은 좋은 일이다.'라고 생각하고 역경에 대처해야 한다.

우리는 우리의 생각을 지배하고, 감정을 조절하면서 우리의 태도를 결정할 수가 있다. 언제라도 우리에게 부딪히는 모든 문제들을, 긍정적인 마음가짐으로 대처할 수가 있다면 그 어떤 어려운 문제가 있더라도 현명하게 해결할 수 있다.

일에 재미를 붙여야 한다

눈보라가 치는 12월 어느 날, 내셔널 매거진지의 원고 청탁을 받고 산기슭의 비탈길을 차로 달리고 있었다. 그곳에 은둔자와 같이 생활하고 있다는 렉스 브라샤를 방문하기 위해서였다. 그는 한때 명성을 날렸던 유명한 대조류학자였다.

잡지사의 편집장은 나에게, '어쩌면 별로 기상천외한 흥밋거리는 없을지 몰라도 혹시 특이한 소재가 있다면 잡지에 실어드리겠습니다.'라는 귀띔을 했던 터였다.

나는 이 깊은 산중에 어떠한 조류학자가 살고 있을까 하고, 호기심 반, 의심 반이 뒤섞인 마음으로 세찬 눈보라를 헤치고 자동차의 액셀러레이터를 밟았다.

막상 마주친 그 조류학자는 오십 대 중반으로 훤칠한 키에 햇볕에 얼굴이 검게 그을린 모습으로 점잖은 태도와 예의를 갖춘 사람이었다. 내가 찾아온 뜻을 정중히 밝히자 그는 안채에서 걸어 나와 묵묵히 자신의 연구실로 나를 안내해 주었다.

그곳은 두꺼운 콘크리트 벽으로 둥근 돔처럼 만들어진 건물인데 그동안 그가 정성스럽게 제작한 조류의 그림을 화재에서 방지하기 위해 그와 같이 설비했다는 것이었다.

나는 그날 한나절 동안을 벽난로도 없는 차가운 콘크리트 벽 연구실

안에서, 끝도 없이 내보이는 작은 새들의 수채화 그림을 정신없이 바라보았다.

그림도 제각각이어서 신문지 절반 크기인 것에서부터 대여섯 배나 되는 크기의 도배지에 그린 그림이 무려 천여 장이나 되었으며 거기에는 가지각색의 여러 조류들이 각각의 형태로 그려져 있었다. 즉 큰 것, 작은 것, 수놈과 암놈, 그리고 날개를 펴고 창공을 비상하는 모양에서 알을 품고 있는 모양 등등 가지각색의 생태가 그려져 있었는데, 모두가 새들의 자연 모습 그대로를 묘사한 것으로 작은 깃털 하나에서 눈알의 움직임까지도 생생하게 그려져 있었다.

나는 마치 무엇에 홀린 듯한 심정으로 그 그림들을 보았다. 그 아름다운 날개의 털이며 지금 막 날개를 퍼덕이며 날아가듯, 또는 지저귀는 소리가 생생히 들릴 듯한 그림은 손으로 만져보고 싶은 충동조차 느끼게 했다.

나는 브라샤를 방문하기 전, 조류학자의 저서를 흥미 있게 읽은 바 있으며 조류 보호청 관리인 허버트 조브를 만나서 자세한 이야기를 들었다. 조브는 조류의 생태 사진 촬영에 그 일생을 바치고 있는 사람인데, 브라샤의 그림에 대해서 '세계에서 제일 아름다운, 자연의 새보다 더 아름다운 그림'이라고 칭찬하였었던 것을 새삼 느끼게 되었다.

나는 브라샤에게 어떻게 그러한 그림이 그려지게 되었는지 물어보기로 하였다.

오직 목적을 향하여

브라샤가 일곱 살 되던 해, 월가의 금융계에서 물러 나온 그의 아버지는 취미로 시작한 조류 연구에 심취하게 되었고 노후에는 교외로 나가 새들을 박제하고 있었다. 그는 가끔 어린 브라샤에게 횃대 위에 얹어 놓은 박제된 새들의 이야기를 들려주곤 하였다.

그러면서 아들에게 새에 대한 취미를 가질 수 있도록 하였지만 브라샤는 새보다는 장난치며 노는 것을 좋아할 뿐 새에 대해서는 도통 관심을 두지 않아 아버지를 실망하게 했다. 그러나 아버지가 세상을 떠나기 전부터는 그도 차츰 새에 대하여 흥미를 갖게 되어 아버지를 기쁘게 하였다. 그가 열 살 때 아버지는 세상을 떠났다.

그때 브라샤는 처음으로 돌아가신 아버지가 엘 대학에 기증한 여러 가지의 아름다운 박제된 새들과 같은 새들을 자기 손으로도 한번 모아 보리라 생각하였다.

그로부터 브라샤는 돌아가신 아버지의 서재에 틀어박혀 박제의 기술을 배우고, 새들과 새의 알을 부화시켜 기르기 시작하였다. 그가 성장하면서 이렇게 하여 모은 박제 표본의 수는 무려 150여 종이나 되었고 한 방을 독차지하게 되었다. 그때 그의 나이 17세였다.

그러나 아버지의 유산을 정리한 결과, 예상보다 유산은 얼마 되지 않았고 브라샤와 그의 어머니는 생활비를 걱정하지 않을 수 없었다.

그리하여 그는 어떤 큰 장식품상에서 동판을 조각하는 일꾼으로 취업하였다.

그는 천성으로 그림을 잘 그렸고 틈만 나면 나무나 새, 꽃들을 그리고 휴일이면 어김없이 이젤을 들고 들판에 나가 스케치를 하였다.

그로부터 브라샤는 자신도 모르게 작은 참새들에 대해 알고 싶다는 욕망을 가지게 되었다. 그리하여 현재 살고 있는 동부 해안 지방에서 볼 수 없는 참새의 모양은 사진을 구해 살펴보았고, 오주본이나 그 밖에 당시까지의 모든 조류학자들이 제작한 사진이나 그림의 복제를 모으기 시작했다.

그러던 중 현재 대륙에 존재하는 모든 조류들의 생활과 그 모습들을 생생하게 그려내자는 생각을 하게 되었다. 그러나 이 황당하게 보일 정도의 야심을 어떻게 실현해야 좋을지는 막막하기만 하였다.

'어쩌면 이 일은 내 평생의 일이 될지도 모른다.'

그는 생각했다. 그러나 이는 불가능하다는 결론을 내릴 수밖에 없었다. 게다가 경제적인 문제를 해결하지 않으면 안 되었다. 더구나 한 사람의 힘으로는 이루어지지도 않을 것 같았다.

그래도 그는 한번 결심한 이 생각을 단념할 수가 없었다. 나무나 숲을 볼 때마다 그곳에 지저귀는 참새들이 무능한 자신을 조롱하는 것만 같았다.

'무엇이 불가능한데? 자신의 일생에 못 할 것 같으면 두세 명의 일생을 자기 자신 속에 끌어들이면 되지 않아?'

그는 자신의 생애에서 대목표에 필요한 비용을 계산하여 보았다.

현재 받고 있는 급료를 기준으로 매일 15시간씩 일한다고 치면, 20년가량 걸리며 그 목적에 도달할 수가 있으리라는 생각이 들자, 그는 드디어 실행에 옮기기로 굳게 다짐하였다.

좌절과 낙담, 그리고 인내와 끈기

브라샤는 당시 장식품상에서 동판을 조각하고 있었는데, 수입을 더욱 늘리기 위하여 일을 바꾸어 당분간 사진을 조각하게 되었고, 다시 그 후에는 경마책을 내는 어느 출판사의 표지 제작자가 되어서 전력을 다해 일하고 돈을 모아 그 돈이 수천 달러에 이르렀다. 그러자 그는 미련 없이 곧 그 일을 그만두고 메인주로 가서, 낡은 범선 한 척을 사들이고 그 이름을 할로프라고 지었다. 그런 후 뱃사공 한 사람을 고용하여, 그 사람에게 안내와 주방장 역할을 겸하게 하고 함께 생활하기로 하였다. 나머지 돈으로는 식량과 마실 것을 사서 배에 저장하고, 남쪽을 향해 출범하였다.

그때가 1859년 8월의 일이었다.

동부 해안가를 남하하여 철 따라 몰려드는 새들이 보이는 강어귀에 들어가서, 새들의 모습을 스케치했는데 어느 날은 색다른 새만을 하루에 50

장이나 그린 날도 있었다. 이렇게 자연 그대로의 새 모습을 연구하고 스케치하는 일은 대단히 큰 인내심을 요구하였다.

늪지대에 들어서면 배에서 내려 새들에게 들키지 않도록 소리 없이 보트를 저어 가기도 하고 온몸을 감추어 기다리지 않으면 안 될 때도 있었다. 혹은 산속 깊이 들어가서, 숲속에 몸을 숨기고 스케치를 할 수 있는 거리까지 새가 가까이 오는 것을 기다리며 날이 저물 때까지 기다리지 않으면 안 되었다.

그런데도 아주 세심한 주의가 없으면 스케치하는 연필 소리에도 놀라서 가까이 왔던 새가 날아가 버리는 것이었다.

이러한 끈기와 인내로 시작한 탐구의 항해는 2년이나 계속되었다.

이후 4년간을 블록클린의 집안에 들어앉아서, 스케치한 것을 수채화로 400장의 새 그림을 그려냈다. 그리고 4년이 되던 어느 날, 마지막에 그린 것과 처음 시작할 때 그린 것을 비교하여 보고, 그는 기쁨과 실망을 동시에 맛보았다.

가장 최근에 그린 것들이 처음에 그린 것들보다 훨씬 더 생생하여 진짜 같이 보였던 것이다. 그리하여 그는 지금까지 그린 것 자체가 완성품으로 남길 만한 가치가 없다고 판단하여 이제까지 그린 그림 모두를 불살라 버렸다. 그리고 다시 붓을 가다듬어 이번에는 만족할 때까지 작품이 나오리라는 자신감으로 한 장 한 장 다시 그려나갔다.

살아 움직이는 것을 그대로 옮기듯 정성을 다하여 5년이란 세월이 흘러 1905년에는 일단 그 모두를 재현할 수 있었는데, 또다시 이번에도 지난번과 같은 실망과 기쁨을 맛보지 않으면 안 되었다.

5년 전에 볼 때는 살아서 움직일 것 같이 보이던 그림이, 5년 후에 다시 들여다보니, 결코 아니었던 것이다.

이번에도 그는 또다시 5년 동안의 피땀 어린 작품 중에서 겨우 10장만을 남기고 나머지는 미련 없이 전부 불살라 버렸다.

상황에 따라 목표를 정해야 한다

브라샤는 다시 생각하지 않을 수 없었다. 처음 생각하기에는 한 20년 정도면 해낼 수 있다고 믿었던 것이 준비하는 데만도 많은 세월을 보낸 것이다.

그러나 그는 결코 슬퍼하거나 비관하지 않았다. 비록 16년이라는 세월이 흘러가긴 했지만 거기에 연연하여 미련을 두지 않았다.

그리하여 이번에는 켄트 근방에 있는 보그홀에 아무렇게나 내버려 둔 황폐한 목장이 있다는 소문을 듣고 그곳으로 찾아갔다.

인적이 드문 그곳에는 숲이 무성하고 우거진 나무들이 햇빛을 가리고 있는 임야와 목초지, 그리고 늪지대가 있어서 각종 수많은 새들이 철 따라 번식하고 있었다.

그는 이 황량한 자연 속에 내버려져 있던 움막을 수리하고 그곳에 기거하면서 새들을 그리기로 하였다. 이번에는 완전한 새를 그리겠다는 자신감으로 재출발하기로 했다.

그동안 비축해 두었던 돈은 이미 다 떨어졌다. 따라서 그는 멀리 떨어진 읍내로 나가 청소를 하며 일당을 벌기도 하였고, 때로는 농부들의 일을 거들기도 하며 목공 일은 물론 닥치는 대로 일을 하여 식량과 그림을 그리는 데 필요한 비용을 벌어들였다.

새벽 별을 보며 일터로 나가 밤이 깊어서야 자리에 누웠지만 하루도 거르지 않고 화필을 손에서 떼지 않았다.

그렇게 다시 10년이라는 세월이 흘러갔다.

여름철의 긴긴 낮 동안에는 오랜 시간을 그릴 수 있었지만 추운 겨울철에는 해가 짧아 생각처럼 많이 그리지를 못하였다. 그런데도 기온이 영하로 내려가는 추운 날씨에는 모포를 뒤집어쓰고서라도 그림을 그렸다.

수채화라는 것은 숨 돌릴 참도 없이 재빨리 붓을 움직이지 않으면 안 되었다. 잠시라도 한눈을 팔다가 색깔이 번지면 얼룩이 가는 수가 있었다.

그러므로 땔감이 많다고 불을 피우고 있다가는 거기에 자주 눈이 가야하고, 나무를 지피려면 붓을 든 손을 멈춰야 하니, 차라리 모포를 뒤집어쓰고 그림을 그리는 편이 한결 나았다. 손이 시려서 더는 작업을 할 수 없게 되면 비로소 나무를 지피어 불을 피우고 언 손을 녹였다.

차차 일이 진행됨에 따라서 목표 또한 더욱 뚜렷해졌다.

'북미의 새'라는 최초의 제목에서 '북아메리카의 새와 숲'이라고 정정하였고 각양각색의 관목들이 새들의 그림과 마찬가지로 아름답고 명확하게 묘사되어 갔다.

브라샤가 실제로 이 일에 착수한 지, 34년 9개월 3주일째 되는 10월, 어느 맑게 갠 날 오후에 그 일은 끝내 매듭을 지을 수 있었다.

그러나 이 위대한 브라샤의 화집을 출판해 줄 출판업자를 찾기가 힘들었다.

세상에 자신을 알려야 한다

브라샤는 35년에 걸쳐 완성하였지만, 그 화집을 출판해 줄 출판업자를 구하지 못했다. 그의 작품을 보러오는 사람은 몇몇 있었지만, 이 그림이 후세에 남겨질 역작이라는 것을 충분히 인정하더라도 원색으로 된 원고를 출판하려면 거액을 투자하지 않으면 안 되었기 때문에 이를 선뜻 출판해줄 업자가 없었다.

그리하여 40년 가까운 세월을 소비하고, 있는 정력을 다 바쳐서 완성한 화보였지만 조류 애호가들의 손에까지는 미칠 수 없을 것 같았다.

그때 마침 보스턴에서 열린 미국 조류협회 대회에 어떤 조류학자가 새를 좋아하는 어느 한 사람의 변호사를 동반하여 나오게 되었다. 그리고 그 조류학자와 변호사는 대회장에 전시된 브라샤의 여러 작품을 보게 되었다. 철새를 비롯하여 검은머리 종달새·묏새·뇌조 등······.

그러던 중 겨울철의 뇌조 앞에서 걸음을 멈추었다.

조류학자는 그 뇌조의 그림을 열심히 들여다보고 있다가 변호사를 돌아보며 물었다.

"자네는 이 그림을 믿을 수 있겠나?"

"무슨 속임수가 있는 것 같지 않아? 확대경으로 한번 조사해 봐야겠네."

조류학자는 어디서인지 확대경을 빌려와서 뇌조의 그림을 머리털 꼭대기부터 꼬리 끝까지 면밀하게 들여다보더니 확대경을 놓고서 그만 떨리는 목소리로 말하였다.

"틀림없는 그림일세. 이렇게 사실과 똑같이 그려냈으리라고는 도저히 생각할 수 없었네."

"아니, 무엇을 알아보려고 그랬나?"

"나는 이 브라샤라는 화가가 어떤 방법을 써서 새의 깃털을 종이에 붙였는지 궁금했다네."

그런 일이 있은 지 얼마 후, 변호사는 이 이야기를 '내셔널 매거진'에 기고하였다.

그리하여 그 잡지사의 편집장은 나에게 브라샤를 방문하여 달라고 부탁하였던 것이다.

나의 브라샤 방문기도 다음 해 2월에 '내셔널 매거진'에 발표되었다.

그 후 수개월이 지난 어느 날 가을, 나는 보그홀에 들러보았다.

그러자 도로 표지판에 '치카데이 베레의 길'이라는 이름이 쓰여 있는 것을 보았다.

브라샤에게서 얘기를 들어보니 내 방문기가 잡지에 실리자, 급기야 호기심을 가진 사람들과 새를 좋아하는 사람들, 그리고 조류학자들의 자동차 행렬이 끊이지 않았다고 한다. 그중에는 상원의원이나 주지사의 차도 섞여 있었다고 한다.

그리고 매일같이 방문객이 끊이지 않자 드디어 그곳 지방 관청이 도로를 넓히고 모래와 자갈을 깔아 목장도 손질하여 '치카데이 목장'이라 이름 짓고 이 이름을 따서 도로 표지판을 세우게 되었다는 것이다.

생애를 바친 열정

얼마 후 나는 뉴욕의 어느 출판업자를 만나게 되었다.

그 출판업자는 브라샤의 그림을 보고 난 뒤 그 그림을 올 컬러로 출판하려면 너무 많은 비용이 든다고 말하였다. 그리고 그 출판업자도 지난번 사람들과 마찬가지로 그 불후의 명작을 포기하고 말았다.

그리고 다시 해는 흘렀다.

나는 오랫동안 '치카데이 베레'를 찾아볼 기회가 없었다. 그런데 여행 도중 '켄트펄 공원'에 우연히 들러본즉, 그곳에 큰 석조 건물을 건축하고 있음을 보았다.

그것은 '브라샤의 미술관', 즉 브라샤의 새들과 숲속의 그림을 진열하기 위하여 특별히 만들어지고 있는 전시관이라는 것이었다.

나는 정말 잘되었다고 기뻐하여, 그 길로 곧 '치카데이 베레'로 달려갔다. 산 중턱 있던 예전의 낡아빠진 움막집은 개보수가 되어 아주 멋진 집이 되어 있었고, 내부에는 그림 그리는 재료와 도구들로 가득 차 있었다.

브라샤는 내 얼굴을 보자 곧 밝은 미소를 띠며 얼마 전에 출판업자를 구했다고 말하는 것이었다.

그리고 나를 자신의 방으로 안내하여 12권으로 된 도보圖報를 보여주었다. 각 권이 모두 세로가 13인치, 가로가 18인치, 두께가 2인치 이상이나 되며, 날씬한 가죽으로 양장본을 하여 영구히 보존할 수 있도록 장정을 꾸민 고급 호화판 도록圖錄이었다.

각 권마다 100여 장씩의 그림을 넣어서, 처음 내 눈을 놀라게 한 그 아름다웠던 새의 자태가 선명하게 살아 움직이듯 인쇄되어 있었다.

그 한 책의 표지 안쪽에는 '아메리칸 도서관협회'의 비평문까지 붙여져 있었는데, 그곳에는 이런 말이 쓰여 있었다.

"본서는 오주본의 '아메리카의 조류' 이래로 가장 가치 높은 불멸·불후의 명저이다. 두 사람의 크나큰 공적은 여러 점에서 비슷한 것이 있다. 그 생애를 바친 일의 열정뿐만 아니라, 선의 무궁한 변화와 색채의 조화, 그리고 구상의 세련미 등은 예술적 가치를 넘은 작품으로 보아 비할 바 없는 걸작이다. 현재의 것은 부유한 독지가에 의하여 큰 도서관에나 기증할 수 있지만, 보급판이 출판되어서 일반 도서관에도 비치할 수 있는 날이 올 것을 절실히 기대하는 바이며 또한 그렇게 되리라 믿는다."

그리고 책의 뒷장에는 다음과 같은 글이 또 적혀 있었다.

1930년 코네티컷주 켄트 근교 '치카데이 베레'에서 제작함.

나는 출판업자가 누구냐고 물었다. 그러자 그는 '렉스 브라샤!'라고 하여 나는 다시금 놀랐다. 사정은 이랬다.

나의 방문기가 잡지에 소개되어 커다란 반향을 일으키자, 브라샤는 어떠한 수단을 써서라도 이를 출판하여 세상에 내놓는다면 반드시 베스트셀러가 될 것으로 판단하였다. 그리하여 독자 모집 예약 신청의 방식으로 브라샤 자신의 손으로 직접 출판하기로 한 것이었다.

출판업자가 제작비로 50만 달러 이상이나 든다고 손을 뗀 대사업에 저작자 스스로 출판하기로 결심을 굳혔던 것이다.

처음에는 친구 10명이 1,000달러씩 내주어 합계 10,000달러의 자금으로, 우선 4장의 원색판 견본을 첨부한 '독자 모집 예약 동의서'를 만들고 이것을 조류에 흥미를 느끼고 값비싼 값을 치를 수 있는 능력의 소유자 300명을 골라서 발송하였다.

그 300명 중에 95명의 독자가 책 한 권이 나오는 대로 100달러씩을 송금하겠다고 예약하였다.

브라샤는 거기에 용기백배하여 곧 일에 착수하게 되었다.

100여 년 전 존 제임스 오주본이 당시 아메리카에 있는 489종의 새들을 수채화로 그려서 방대한 도보圖報로 출판하였을 때는 원화를 동판으로 하여 거기에 손으로 일일이 채색하였다.

브라샤의 경우에는 더욱 발달한 인쇄술의 덕택으로 870장의 그림과 201종의 원화를 정교한 흑백 그라비어 인쇄로 하고, 여기에 브라샤 자신이 붓을 들어 채색하였다. 대단한 정력과 시간이 소요되는 작업이었다.

그런데 1929년의 대공황 사태로 인하여 95명의 예약자 중 60여 명이나 약속을 이행하지 못하게 되었다.

이에 브라샤의 마음은 뒤집히는 듯하였다. 그러나 그는 여기에 굴하지 않고 계속하여 일을 진행하는 동안에 뜻하지 않게 역경이 호전되어 서광이 비치게 되었다.

브라샤는 경제 공황을 거치는 동안 출판 비용을 다시 계산해 보았더니, 예약 판매하기로 한 책값 100달러로는 생산 원가에도 못 미치는 가격이었다.

도보圖報의 생산 원가는 자그마치 154달러가 든다는 사실을 새삼 깨달게 되었고 예약 취소가 많은 것이 오히려 다행한 일이었음을 알게 되었다.

그리하여 그는 예약자 모두에게 이러한 불경기의 영향과 기타의 이유로 예약을 취소할 사람은 언제든지 부담 없이 취소해도 좋다는 내용을 보냈다.

그리고 지금까지 한 권에 100달러의 가격을 250달러로 인상하고 12권을 한꺼번에 주문하는 사람에게는 2,500달러로 해주기로 하고 다시 예약자를 모집하였다.

응모자는 적었지만 그래도 조금씩 접수되기 시작하더니 예약금이 무려 60,000달러로 늘어갔다. 그리고 이틀이나 사흘 간격으로 새를 좋아하는 사람들이나 사업가들의 예약 주문이 들어와서 이제 브라샤의 사업은 어음으로도 할 수 있게 되었다.

그런데 그만 계산 착오로 은행의 계정이 부족하여 무슨 일이 있어도 당장 2,500달러를 입금해야 할 급한 사정이 생겼다.

브라샤는 이 고비를 넘길 궁리를 골몰하다가 번뜩 어떤 생각이 머리에 떠올라 예약자 명부를 들추었다. 그의 눈에 띈 것은, 보잉과 케록이라는 두 사람의 이름이었다.

보잉은 비행기회사의 사장이며 케록은 유명한 곡물상이었다.

브라샤는 급히 두 사람에게 전보를 쳤고 곧 두 사람의 회답이 왔다.

브라샤는 위기를 면했고 그러한 일이 있은 지 며칠 후 점잖은 신사 한 사람이 그를 찾아왔다.

약 20리쯤 떨어져 있는 곳에 살고 있는 시인 크링턴이었고, 그는 미소를 띠며 말하였다.

"나는 예약자의 한 사람입니다. 뉴욕에 살고 있는 내 친구인 에반스라는 의사에게 당신 이야기를 하였더니 그도 예약을 하겠다고 하는데, 받아 주시겠습니까? 받아 주신다면 선금으로 여기 1,200달러의 수표를 준비해

왔습니다."

이리하여 브라샤의 두 번째 예약 모집은 성공을 거두었고, 1928년 가을, 제1회 예약 사업에 착수한 지 3년 7개월 만인 1932년에 비로소 그 전부를 완성하였다.

하고 싶은 일을 해보아야 한다

나는 어느 날 밤, 브라샤의 집에서 난로를 사이에 두고 이야기를 하던 중 브라샤에게 물어보았다.

"당신은 인생의 대가를 어떻게 생각하시오?"

그는 파이프에 잎담배를 눌러 담고서 천천히 한 모금 빨고 난 뒤 조용한 어조로 다음과 같이 말하였다.

"당신은 내가 스스로 어려운 일을 골라잡은 것같이 생각할 테지만 그것은 정반대요. 나는 이 일을 택한 것이 아니오. 인생을 살면서 여러 가지 수많은 일이 있거니와 그러한 일들은 누구인가를 붙잡고 그 사람을 밀었다 당겼다 하면서 일이 완성되도록 하는 것이오. 사람이 일을 택하는 것이 아니라 일이 사람을 잡는 것이지요. 나는 지금의 이 일이 나를 붙잡은 것으로 믿고 있어요.

복잡한 현실을 살아가는 사람 누구든지 이러한 경험에 마주치면 그 일과 더불어 인생을 걸고 나가지 않으면 마음의 평화도 만족도 얻지 못한다는 것을 깨닫게 되었지요. 내 체험에서 무엇인가 다른 사람들에게 도움이 될 만한 결론을 끄집어내기를 원한다면 나는 이렇게 말하고 싶소."

"그대가 절실히 하고 싶고 욕망을 느끼는 일, 그 일을 해보아야 한다. 바로 그것을 추구하는 것이 좋다. 그대가 하고 싶은 일이거니와 그 일을 진행함에 곤란과 역경이 닥쳐서, 자기 자신 역량의 부족을 두려워하는 마음으로 그 일을 포기한다면 그대 인생의 황금 시간을 잘라 버리는 것과 마찬가지이다.

인생에 있어서 진실로 실패자라는 것은 자기가 하고 싶었던 일을 하지 않은 사람이다. 자기가 하고 싶은 일을 향하여 전력을 기울일 때 비로소 마음의 평화도, 정신의 만족도 얻어지는 것이다. 그래야만 그대의 머리는 더욱 민첩해지며 가장 큰 행복이 얻어진다.

만약 그대가 추구하고 목표로 삼은 일이라면 그대의 힘에 벅찬 것으로 생각할 수도 있으며, 또한 일의 앞날에 대해서도 신념을 가지지 못하여 불안감도 느낄 것이다. 그러나 그 때문에 주저해서는 안 된다. 무엇보다도 미리 앞서 낙담은 금물이다. 물론 약간의 두려움은 가질 것이지만 단념해 버리면 안 된다. 자신이 먼저 할 수 있는 일부터 시작하여 일을 계속함에 따라서 나머지 곤란한 부분도 해내는 힘을 키우도록 해야 할 것이다.

이렇게 온몸을 내던져 부딪혀 나가는 데에는 당연히 용기와 담력이 있어야 한다. 한동안은 마음이 내키지 않는 불안한 마음도 있을 것이다. 그러나 일이 진전됨에 따라 마음은 가라앉게 마련이다. 일단 그대 불요불굴의 정신이 나타나고 그대의 열성과 노력이 인정되면 그에 따라 그대에게 구원의 손길은 내밀어지는 것이다. 예기치 않았던 곳에서 도우려는 손길이 찾아드는 것이다.

그대의 생각에 사소한 곤란을 당할 때면 사소한 구원의 손길이 여러 곳에서 모여들고, 또한 큰 곤궁에는 큰 구원의 손길도 나타나는 것이다. 이렇게 자신의 마음속에서 위안을 찾고자 한다면 그대의 인생은 이미 두려움이 없는 것이다."

인생에 있어서 진실로 실패자라는 것은 자기가 하고 싶었던 일을 하지 않은 사람이다. 자기가 하고 싶은 일을 향하여 전력을 기울일 때 비로소 마음의 평화도, 정신의 만족도 얻어지는 것이다.

바인더 박사는 뉴욕대학의 생화학자였다. 그의 연구 발표에 의하면, 150파운드의 몸무게가 나가는 사람을 물질로 계산했을 때 그 값은 겨우 1달러도 못 미치는 98센트밖에 안 된다고 했다. 이것은 그 당시의 값으로 따지자면 살이 약간 찐 돼짓값보다도 훨씬 못 미치게 싼 셈이 된다. 이것이 우리 사람이 물질로서 값을 매겨 매매될 수 있는 가격이다.

★★★

인생의 밝은 빛을 찾아야 한다

우리가 인생에서 얻고자 하는 부와 명예 그리고 성공, 친구와 사랑, 건강과 행복 등 여러 가지 귀중한 것을 얻기 위하여 치르는 대가로 육체나 물질적 가치 등의 어떠한 것을 바쳐야만 한다는 말은 아니며 여러 요소를 들 수 있을 것이다.

그러나 그중에서도 가장 으뜸으로 치는 것, 바로 이것 없이는 다른 어떠한 것이라도 아무 소용이 없게 되는 것이 하나 있다. 곧 성공을 바라는 사람이라면 무엇보다도 먼저 알아야 할 것이 있다.

어느 날 우연한 기회로 알게 된 청년이 있었다. 그는 여러 가지 점에서 매우 뛰어난 재주가 많은데도 불구하고, 항상 출세할 좋은 기회가 없다고 한탄만 하고 있었다.

그리하여 나는 그를 직업 알선업체에 있는 친구에게 소개하여 주었더니 그 친구로부터 반년쯤 지나서 다음과 같은 편지가 왔다.

"부탁한 대로 그 청년을 서너 곳에 알선하여 주었더니 모두가 뜻대로 잘 되지 않았다네. 그는 어떤 점에서 보면 사실 매우 우수한 청년이었네. 그러나 공동체에서의 기본 태도가 되어 먹지 않았네. 어려서부터 어떠한 환경에서 자랐는지는 모르겠지만 젊은 것이 벌써 이 세상을 비웃는 버릇에서 벗어나지 못하고 있는 것이 큰 화근덩어리일세. 그 어디에 소개하여 주어도 그는, '내 마음에 맞지 않는 일이야, 희망을 품을 수 없는 직업이야.' 하고 생각하고 있다네. 다음에라도 사람을 소개하려면 회의적이지 않은 긍정적인 사람, 즉 산타클로스를 믿는 사람을 보내 주길 바라네."

현명한 독자 여러분은 무슨 말인지 금세 알아차릴 것이다.

간단한 편지 속에 한 개의 커다란 성공의 열쇠가 보인다.

'산타클로스'를 믿는 사람을 보내 주길 바란다.

이 거룩하고 진실한 믿음에 당신이 굳은 신념을 가지고 있지 않다면, 당신이 가지는 그 외의 모든 것, 즉 학문과 친구, 약, 돈도 별로 신통한 도움이 되지 않을 것이다. 아니 오히려 그런 것조차 얻을 수 있을는지 의심스럽다.

산타클로스, 즉 행복의 신을 믿는다는 것은, 허무맹랑하다거나 김빠진 맥주와 같은 낙천주의가 아니다.

그것은 긍정적인 사고의 원리이며, 또한 움직이고 약동하는 활발한 인생관이다. 그리고 그것은 세상의 활기찬 젊음과 봄을 가져오며 희망을 생장하게 하는 인생관이다.

그러한 희망은 20대의 청년이나 70대의 노인도 모두 한결같이 지녀야 하고 또한 품을 수 있는 인생관이다.

이와 반대되는 것은 회의주의의 인생관이다.

회의주의는 사람을 그늘지게 하고 어두운 성격으로 만든다. 그러한 침울한 태도는 모든 것을 올바르게 보기보다는 일그러진 것으로 보아 매사에 부정적이며 비관적인 무기력감을 낳는다.

그뿐만 아니라 모든 것을 믿지 않게 되고 자신을 스스로 파멸시키는 냉소주의와 허무주의에 사로잡힌다. 황량한 어둠 속에 묻혀서, 출세할 기회를 엿볼 수 있는 눈을 가리게 하는 어두운 점만을 더욱 넓힐 뿐이다.

부정적인 인생관에 사로잡히면 자신의 재능을 충분히 펼칠 수가 없을 뿐더러 체력과 에너지 그리고 누구나 지닐 수 있는 희망과 열정을 지니지 못할 것이다. 아울러 사고는 항상 눅눅하고 그늘진 어둠 속에 파묻혀 헤매게 될 뿐이다.

여러분은 아직도 '산타클로스를 믿는다는 것은 터무니없는 맹랑한 짓'이라고 말하는가?

여러분이 안하무인 격으로 잘난 체하고 아는 체하는 비꼬인 신념이 그렇게 말한다면 이 이상은 더 이 책을 읽을 필요가 없을 것이다.

필자는 그동안 이 나이가 되기까지 허다한 범죄와 타락, 혹은 파멸 등의 실례를 보고 듣고 할 기회를 많이 얻었었다. 이러한 인생의 어두운 면에 빠지고 비참한 파멸의 구렁으로 떨어져 가는 사람들에게 예외 없는 공통점은 그들 모두 인생의 밝은 빛을 믿지 않았다는 사실이었다.

또한 내가 친히 만나 본 일이 있는 여러 성공자의 인생은 무엇인가 영구적인 가치가 있는 일을 하고, 확고한 지위에 오른 사람들은 모두가 단순한 논리, 즉 산타클로스를 믿는 사람들이었다.

그러한 사람들 가운데에 나에게 부정적인 태도라든가 근본적으로 회의주의에 빠진 듯한 인상을 준 사람은 단 한 사람도 없었다.

적어도 성공자라 불리는 사람들은 모두 그 성공을 쌓아 올리는 동안에도 웃음을 잃지 않고 매사에 감사하는 마음으로 살며 낙천적인 인생관을 지니고 있었다는 것을 확신한다.

★★★
위대한 발명

반민주주의적인 터키 군대에서 도망쳐 대서양 항로의 삼등 선객이 된 열다섯 살의 미하엘은 하염없이 흘러가는 배의 갑판 위에 서서 지나온 일을 회고하고 있었다. 아는 사람이라고는 아무도 없는 미지의 세계 미국에서의 앞날을 생각하니 가슴이 조여 오며 두려움을 떨치지 못하고 있을 때 돌연 불어오는 세찬 바닷바람에 쓰고 있던 모자마저 바닷물에 날리고 말았다.

뉴욕의 맨해튼 부두에 내린 미하엘은 브로드웨이 쪽으로 걸어가면서 잃어버린 모자 대신에 땀 냄새와 촌스러운 자기 나라 식 수건을 머리에 동이고 때 묻은 붉은 터키모자를 얹어 썼다.

큰 사거리에 이르자, 그는 자신의 머리 위에 거미줄처럼 무수히 쳐 놓은 전선에 눈이 휘둥그레지며 그저 놀란 입을 다물지 못하고 멍하니 하늘만 쳐다보고 있었다.

'도대체 이 무수한 전선들은 어디서부터 온 것이며 또 어디로 가는 것일까? 그리고 이 많은 사람들은 모두 어디를 바쁘게 왔다 갔다 할까?'

높은 건물들을 쳐다보니 눈이 빙빙 도는 것만 같았다.

그저 말문을 열지 못하고 멍하니 서 있는 미하엘의 모습을 본 길가의 구두 닭는 꼬마가 심술궂게 생긴 때 묻은 얼굴에 흰 이를 드러내어 웃으면서 이 이상한 소년의 위아래를 훑어보고 있었다. 그리고 신문을 파는 소년도 가까이 왔다.

그러자 장난꾸러기 구두닦이는 갑자기 팔을 휘둘러 미하엘이 쓴 모자를 내동댕이쳐 버렸다. 삽시간의 일이었다.

그러자 미하엘은 침착하게 어깨에서 짐을 내려놓았다. 의사소통이 안 되는 그가 당장 할 수 있는 것이라고는 세계 어느 곳에서나 통용할 수 있는 말, 즉 주먹을 쓰는 것이었다.

그는 두 주먹에 힘을 모아 이 무례한 인사에 답하고자 하였다. 당연히 신문 파는 아이들과 구두닦이 아이들이 졸지에 모여들어 좋은 구경거리가 생겼다며 두 소년의 둘레를 에워쌌다.

두 소년의 싸움은 그 가운데서 벌어졌다.

결국 미하엘의 한주먹에 구두닦이가 쓰러지고 미하엘은 그가 완전히 항복하자 비로소 그를 놓아주고 천천히 길 위에 굴러떨어진 모자를 집어 머리 위에 얹었다.

둘러쌌던 구경꾼들도 이 기이한 외국 소년의 태도에 감탄하여 마지않았다.

그때 어떤 신사 한 사람이 그 인파들 속에서 쑥 나서더니 미하엘의 팔목을 붙들었다.

미하엘은 사복을 한 이 나라의 경찰인 줄 알고 깜짝 놀랐다. 그러나 신사는 성내는 것 같지도 않고 쌀쌀하거나 비웃는 태도가 아니었다. 오히려 공감하여 주는 듯한 태도로 자신과 함께 가자고 말하는 것 같았다.

그리하여 미하엘은 그 신사와 같이 부둣가로 되돌아가 통역을 부탁하였다. 배 안에서 미하엘에게 말을 걸었었던 그 사람은 신사의 말을 이렇게 일러 주었다.

"이 신사는 아까 네가 보여 준 행동에 흡족히 여기신다고 하신다. 그래서 너만 좋다면 일거리를 주고 싶단다. 이분은 델라웨이 근처에 큰 농장을 가지고 계시는데 네가 거기 가고 싶은 마음이 있다면 노잣돈을 내주시겠다고 하시는구나."

낯선 땅 미국에서

이렇게 미하엘은 미지의 세계, 미국에서의 첫 번째 일자리를 농장에서 시작하게 되었다.

그곳 농장에는 많은 노동자들이 있어서 함께 식사할 수 있는 큰 식당이 있었다.

미하엘은 이른 봄의 추위를 식당의 난롯가에서 녹이며 한동안은 고향에 대한 그리움에 젖기도 했지만 그것도 오래가지는 않았다. 자신의 나약한 생각을 잊으려고 일에 열중하다 보니 차차 일에 재미가 붙어 모든 것이 새로운 흥미와 즐거움으로 변해 가는 것이었다.

미하엘은 언제나 즐거운 마음으로 빨간 터키모자를 머리에 얹고 고향 노래를 부르며 파릇파릇 싹트는 푸른 들판을 누비며 말과 소 떼를 몰았다. 그리하여 항상 웃음을 잃지 않고 지칠 줄 모르게 뛰어다니는 미하엘은 여러 사람들의 귀여움을 받았다.

농장 감독의 열두 살 난 소녀도 그를 친오빠처럼 따랐다.

어느 날 밤 그가 난롯가에 앉아 있으려니까 소녀가 가까이 다가와 그의 팔을 잡아당겼다. 그 소녀의 어머니는 식당 앞에 서서 웃으며 그들을 마주하였다. 두 모녀가 미하엘에게 영어를 가르쳐 주기 위해 부르러 왔던 것이었다.

이렇게 그는 영어를 배우기 시작하였다.

미하엘은 마음속으로 '감독님께서도 나를 자기 가족처럼 친절히 대해

주시는구나.' 하고 생각하며 감사한 마음을 잃지 않았다.

이제 미하엘에게 있어 고향에 대한 향수는 점차 사라지게 되었고, 그의 영어 실력은 급속도로 늘어서 모녀를 기쁘게 하였다.

두 달이 지나니 그럭저럭 영어로 자기 의사를 표현하게 되었고 상대편도 이를 알아듣게끔 되었다.

그뿐이 아니고 저축한 돈도 40달러가량이나 되었다. 그리하여 그는 농장 감독에게 자기는 이곳 미국에 농장 일을 하러 온 것이 아니라 무엇인가 좀 더 보람된 일을 하기 위해서 온 것이라며 자신의 포부를 밝혔다.

사실은 애초 농장 일보다는 뉴욕이라는 대도시에서 무언가 새로운 일을 찾아보려는 생각이었던 것이다.

감독은 미하엘의 뜻에 동의하고 그를 격려하여 떠나보낼 수밖에 없었다. 뉴욕에 가는 도중 여비가 떨어지자 델라웨이의 한 농장에서 일하기도 하고 뉴저지에서는 어떤 고지식한 침례교도의 농가에서 일을 거들기도 했다.

그런데 그 침례교도의 주인이 주일이 되자 미하엘을 억지로 교회에 끌고 갔다. 그러나 미하엘은 침례교 신자가 될 생각이 조금도 없었다. 따라서 다음 날 이른 아침, 해가 뜨기도 전에 그곳을 빠져나와 들을 지나고 산을 넘어서 오전 9시경에는 프린스턴에 들어섰다.

배고픔과 피로에 지쳐 비틀거리면서도 빵과 샌드위치를 사서 프린스턴 대학교의 뒤뜰 한구석에 기어들어가, 나무 그늘 밑에서 허겁지겁 먹기 시작했다. 그리고 샌드위치를 먹으면서도 눈으로는 드나드는 학생들의 모습을 살펴보았다. 그러는 동안 어느새 그냥 잠에 빠져들어 버렸다.

잠 속에서 그는 자기가 대학생이 된 것처럼 화려하고도 위풍당당한 자신의 모습을 볼 수 있었다.

갑자기 한기가 느껴지며 눈이 떠지자 이제 뉴욕에 가려던 욕망은 더욱더 간절히 용솟음쳤다. 꼭 꿈을 실현하여 보려는 새로운 다짐을 하게 되었다.

전력을 다하다

뉴욕에 도착하자 처음에는 비스킷 공장에서 일하고 다음에는 주물공장의 직공이 되었다가 다시 슈퍼마켓 직원이 되었다.

그는 쉴 사이 없이 무엇인가를 찾기에 온갖 전력을 다하였고 경제적으로도 스스로 해결해야만 했다. 될 수 있는 대로 돈을 절약하여 학교에 다니게 되었으며 손에 넣을 수 있는 서적이라면 이를 탐독했다. 그리고 영어 독해에 힘을 기울였지만 아직도 회화에는 익숙하지 못하였다.

그리하여 그는 무리해서라도 틈을 내어 무도회장으로 가서 이름난 배우들의 대사를 열심히 듣고 익혔다.

미하엘은 많은 책을 읽던 중 과학 문명에 흥미를 느끼기 시작했다. 따라서 신문에 게재되는 과학에 관한 기사는 하나도 빠짐없이 읽었다.

당시는 토머스 에디슨의 이름이 차츰 알려지던 때였다.

미하엘은 에디슨이 연구실에서 하는 일에 관한 보도 기사는 큰 것, 작은 것을 가리지 않고 메모해 두는 습관을 길렀으며, 또한 영국인 물리학자 존 레일리의 강연에 관한 보도도 빠짐없이 메모해 두었다.

일을 끝마친 후에는 건강은 물론 견문을 넓히기 위하여 거리를 활보하는 것을 일과로 삼았다. 뉴욕의 뒷골목은 물론 59번 길을 따라 걸으며 상점을 들여다보고는 그 안에 진열된 책이나 사진들을 바라보면서 현재 미국의 이름난 유명 인사들의 이름과 직업들을 머릿속에 새겨두었다.

이러한 산책도 그에게는 효과적인 일종의 공부가 되었다.

미하엘이 미국에 건너온 지 5년 만인 스물한 살 때는 350달러를 저축할 수 있었고 콜롬비아 대학에 입학할 수 있는 영예를 안을 수 있었다. 그래도 물론 학교 밖에서 생활비를 얻기 위한 노동은 계속하지 않으면 안 되었다.

일 학년 시절은 그의 열악한 경제적 사정으로 인하여 동료들과 어울리는 데 애로사항이 많았고 학생들 사이에서는 공부벌레라며 따돌림당하기에 십상이어서 그다지 인기가 없었다. 그러나 그는 수학과 희랍어의 두 학과에서 수석을 차지하고 일 학년을 마칠 수 있었다.

그해, 해마다 이 대학의 명물의 하나로 열리는 챔피언 결정전이 벌어졌다. 그해 승부는 레슬링으로 일 학년생들과 결승을 다투게 되었다.

일 학년의 대표 선수는 당시 위세를 떨치던 명문가의 자제였으며 우람한 체격을 지닌 청년이었다. 그러자 다른 학생들은 소문만 듣고도 싸우기전에 이미 풀이 죽어 버린 상황이었다. 그자를 당할 만한 사람이 없을 것만 같았다.

일찍이 미하엘은 주물공장 시절 직공들과 레슬링을 배워 본 일이 있었다. 따라서 레슬링에 대한 기본기술의 상식이 있었기에 자진하여 선수로나갈 것을 청했다.

그러자 학우들은 비록 수학과 희랍어를 수석으로 마친 친구라 할지라도 레슬링을 맡기는 것은 말이 되지 않는다고 생각했지만 그렇다고 신통한 별다른 선수감도 없다 보니 결국은 미하엘에게 맡기지 않을 수가 없었다.

드디어 시합이 시작되자 모두 자기 눈을 의심하지 않을 수 없었다. 미하엘 또한 자기 자신의 힘에 놀라지 않을 수 없었다. 상대 선수의 황소 같은 거구가 너무나 쉽게 무너졌기 때문이다.

미하엘은 학우들로부터 단연 인기를 끌게 되었다. 그뿐만 아니라 수입도 훨씬 늘게 되었다. 그것은 레슬링을 가르쳐 달라는 학생들의 청을 받아들인 보수가 수학과 희랍어를 가르치던 아르바이트의 수입보다도 많아졌기 때문이다.

우수한 성적으로 콜롬비아 대학을 졸업한 그는 더욱 학업에 정진하기위하여 영국의 케임브리지 대학과 독일의 베를린 대학으로 유학을 하게 되었다.

학업을 끝마치자 다시 콜롬비아 대학에 돌아와 그때 새로이 개설된 전기공학의 강의를 맡게 되었다.

엑스선X線 응용의 창안

미하엘이 전공한 부문은 물리학이지 전기학은 아니었다. 그러나 그의 박학한 과학 지식의 덕택으로 전기공학의 강의도 그다지 곤란한 것이 아니었다. 동시에 그는 그 자신이 전기에 대한 흥미를 느끼게 되었고 특히 전기 주파수 연구에 특별한 관심을 가지게 되었다.

그 연구 결과 무선 전신의 획기적인 부분을 발명하게 되었다. 그중 한 가지는 오늘날, 라디오에 널리 쓰이고 있는 파장 조절 방법이었다. 그리고 또 한 가지는 무선 전신 수신소에서의 고주파 전류의 조정에 의한 수신 방법이었다. 이 방법은 후에 진공관 증폭기의 출현으로써 널리 보급되었다.

병원의 외과에서 엑스선X線을 응용하는 것을 창안한 것 또한 일개 떠돌이 소년에 지나지 않았던 미하엘 바로 그였다.

어느 날 폭발 사고로 팔에 100여 개 이상이나 되는 파편이 박힌 브레스고트에게 엑스선 사진을 찍은 것도 그였으며, 의사는 그 사진 한 장으로 그의 팔에 박힌 파편 모두 찾아서 빼어내는 데 성공하였던 것이다.

미하엘은 엑스선 다음에 전력 반송에 관한 연구를 하기 시작했고 그 결과 발명된 것이 오늘날 전화선을 땅속으로 매설하기 위하여 널리 사용되고 있는 방법을 개발하게 된 것이다.

이 발명으로 그는 미국 전역에 걸쳐 전신전화회사로부터 막대한 특허료를 받았음도 물론이다.

생동하는 활발한 인생관

이토록 놀라운 성공을 이루게 된 원인을 미하엘 박사는 다음과 같이 설명한다.

"나에 대해서 '긍정적이며 낙천적인 그리고 활발한 인생관'이란 말을 많이 하지만 참으로 그러한 것들이 없었더라면 오늘의 나는 없었을 것이다.

나는 항상 새로운 성공의 길에 도전하며 그를 위해 전심전력하였다. 그리고 나는 그 결과로 얻은 것은 내가 지급했던 노력보다는 훨씬 큰 것이라는 굳은 신념을 가지고 살아왔다.

나는 여러 번 아주 곤란한 처지에 부딪히고는 했지만, 실패가 두려워서 노력을 포기하거나 뒷걸음질을 친 일은 한 번도 없었다.

우리가 욕구를 행동으로 이끄는 것은 이 활동적 인생관의 원리이다.

누구나 자기 자신보다도 위대하고 강력한 그 어떤 것의 존재를 믿지 않으면 안 된다. 자기 개인의 힘으로써는 자기가 바라는 바를 달성하지 못한다. 여러 가지 힘이 어떻게 보면 가히 기적적인 방식이라고도 할 만큼 그때그때의 도움으로 나타나서 우리를 원조하는 것이다.

우연이라는 것 또한 믿지 않으면 안 된다.

내가 미국에 상륙하자마자 어려운 곤경에서 나를 목장으로 이끌어 준 은인이 있듯이, 당신의 팔을 붙들고 당신의 목적을 이루기 위해, 인도하여 줄 사람이 당신 곁에 가까이 있을지도 모를 일이다.

내가 보건대 사람들의 공통된 가장 큰 약점이란 것은 '바라는 것이 적다.'라는 것이다.

우리는 적은 것에도 곧 만족하기 쉽다. 따라서 높고 더 큰 앞날의 열렬한 기대로 굳은 신조를 지니지 않으면 안 된다.

희망을 크게 하고 이상을 높게 들어야 한다.

우리는 언제나 자신이 해야 할 새로운 일거리가 존재한다는 것을 인식하고 자기 자신만이 이것을 해야만 한다는 결의를 다져야 한다.

자신만이 이 일을 해내기 위하여 뽑힌 사람이라는 신념은, 당신의 행동에 더욱 강한 힘이 될 것이다."

이 세상에서 가장 가엾은 사람은, 출발을 할 줄 모르는 사람이다. 이러한 사람은 자기와 자기 자신의 능력에 대한 확신을 갖지 못하고 '하늘은 스스로 돕는 자를 돕는다.'라는 것을 믿지 않는 사람들이다.

곧 시작하라

일을 완성하는 법을 터득하려면 어떻게 해야 할 것인가. 그것은 습관에 의한 것이며, 그 습관을 되풀이함으로써 형성되는 것이다. 위대한 심리학자요, 철학자였던 윌리엄 제임스는 말했다.

"행동의 씨앗을 뿌리면 습관의 열매가 열리고, 습관의 씨앗을 뿌리면 성격의 열매가 열리며, 성격의 씨앗을 뿌리면 운명의 열매가 열린다."

그는 당신이 만들어 내는 모든 것은 당신의 습관이라고 말하고 있지만, 당신은 당신의 습관을 자유로이 선택할 수가 있다.

만약에 당신이 바라는 어떤 습관을 몸에 익히고 싶다면 셀프스타터(self starter : 자발적으로 행동하는 사람)를 쓰면 될 것이다.

그렇다면 일을 완수하는 비결이란 도대체 무엇일까. 그리고 이 위대한 비결의 셀프스타터란 무엇일까.

당신이 살아가는 동안 행하려고 하는 일이 좋은 일이 아니면 '곧 시작하라!'라고는 절대로 말하지 않을 것이다. 그리고 그 행위가 좋은 일이고 '곧 시작하라!'라는 말을 당신이 의식했을 때는 언제든지 곧 행동으로 옮길 수 있을 것이다.

조그마한 일에 대해서도 '곧 시작하라!'라고 하는 것은 셀프스타터에게 답하는 것으로, 언제나 실천해야 한다. 그렇게 함으로써 당신은 반사(反射: 자극에 대한 반응)적인 감응의 습관을 재빨리 몸에 익히고 비상시나 기회가 왔을 때 곧 행동하게 될 것이다.

만약 당신의 집안에 아무도 없고 혼자 있을 때 방안의 전화벨이 울렸다고 하자. 그러나 당신은 귀찮은 생각과 본래부터 우물쭈물하는 경향이 있으므로, 전화를 받지 않을 것이다. 그러나 '곧 시작하라!'라는 셀프스타터가 당신의 잠재의식으로 떠오르게 되면 당신은 곧 전화를 받게 될 것이다.

이렇게 일을 완수하는 비결을 배운 사람으로 웰즈란 사람이 있다. 그는 그것을 실행했기 때문에 많은 작품을 쓸 수 있었으며, 좋은 아이디어가 떠오르면 절대로 놓치는 일이 없었다. 그 아이디어가 그의 의식 속에서 생생하게 떠오르면 즉각 메모해 놓았던 것이다.

이와 같은 일은 한밤중에도 일어날 수가 있다. 그러나 웰즈는 아무리 깊은 한밤중이라도 일어나서 언제나 그의 침대 곁에 놓여 있는 종이와 연필을 꺼내어 그것을 메모하고 나서야 잠을 청했다.

잠시 생각났다 곧 사라지는 아이디어라도 그것이 머리에 떠올랐을 때 곧 적어 두어 인스피레이션靈感의 번득임을 봄으로써 그 기억을 새롭게 하면 되살아나는 것이다. 웰즈의 이러한 습관은 당신이 행복했던 시절을 생각하고 미소 짓는 것처럼 자연스럽고, 무리하지 않게 행해지는 현상이다.

일부의 사람들에게는 우물쭈물하는 습관이 있다. 그 때문에 일에 뒤지거나, 열차를 놓치는 일도 있으며 또는 좀 더 중요한, 그들의 인생을 좋은 것으로 바꿀 수 있는 기회를 놓쳐 버리는 수도 있다. 누구인가 그 시기에 필요한 일을 연기했기 때문에 전쟁에 패한 예를 우리는 역사에서도 종종 볼 수가 있다.

우리는 셀프스타터가 제2차 세계대전 때 한 전쟁 포로에게 어떠한 의미가 있었는가를 실화를 통해서 이야기해 줌으로써 그들을 자극시키기도 한다.

★ ★ ★

'곧 시작하라!'라는 셀프스타터

제2차 세계대전 중 일본군이 마닐라에 상륙했을 때 케네스 하먼은 군속으로서 필리핀의 해군에 근무하던 중 체포되어 2일간 억류당한 뒤 포로수용소로 보내졌다.

그가 수용소로 들어간 첫날, 같은 방에 있는 사람이 베개 밑에 한 권의 책을 갖고 있는 것을 보았으므로 그에게 책을 빌려주기를 바랐다. 그것은 나폴레온 힐의 '생각하라, 그러면 부자가 될 수 있다.'(와일드북 출판)라는 책이었다.

그때까지 그는 절망감에 휩싸여 있었다. 수용소 속에서 일어날 수 있는 고통과 학대, 심지어는 죽음까지를 생각하고 공포에 떨고 있었다. 그러나 그 책을 읽어 내려가는 동안에 그는 희망을 품게 되었다.

그는 그 책을 자기 것으로 만들고 싶다는 강렬한 욕망을 가지고 수용소의 다른 친구들과 그 책의 이야기를 하는 사이에 그 책이 원래의 소유자에게도 중요한 의미가 있음을 깨닫게 되었다.

그리하여 그는 그에게 이렇게 말했다.

"이것을 베낄 수 있게 빌려줄 수 없겠소!"

"좋아요, 시작하시오."

이러한 대답을 듣고 난 케네스 하먼은 일을 완성하는 법을 행동으로 옮겼고 맹렬한 기세로 타이핑하기 시작했다. 언제 이곳에서 다른 수용소로 이동하게 될는지도 모른다는 생각에 불안한 마음으로 그 일에 몰두하게 되었다.

그러나 그렇게 해치운 그 일은 매우 잘한 일이었다. 그가 마지막 페이지를 다 타이핑한 후 채 한 시간도 되지 않아서, 일본군은 그를 악명 높은 세인트 토머스의 포로수용소로 옮겼기 때문이다. 그가 늦지 않게 일을 끝낼 수 있었던 것은 시기를 잘 맞추어 일을 시작했기 때문이었다.

그는 포로 생활을 했던 3년 1개월 동안 그 원고를 소중히 간직하고 있었다. 그리고 몇 번인가 되풀이해서 그 책을 읽었기 때문에 어느새 그것은 그의 사상의 양식이 되어 있었다. 때로는 그를 격려하여 용기를 내게 해주고, 정신적·육체적 건강을 갖게 해주었으며, 장래의 계획을 세우는 데 도움을 주었다.

그가 수용된 세인트 토머스의 포로 대부분이 영양 부족과 공포 때문에 육체적·정신적으로 불치의 병을 앓고 있었지만, 그의 경우는 예외였다.

"나는 처음 그곳에 들어갈 때보다 더욱 인생에 대한 새로운 준비가 되어 있었고 더욱 새롭고 또렷한 정신력을 가지고 세인트 토머스를 나왔다."

지금, 이 순간부터라도 적극적으로 행동할 때이다. 일을 완성하는 법은 사람의 마음가짐을 소극적에서 적극적으로 바꿀 수가 있기 때문이다. 그러므로 당신에게는 우울했던 날이 즐거운 날로 바뀌게 될 것을 확신한다.

★★★

우울함을 즐거움으로 바꿀 때는 바로 이 순간이다

코펜하겐 대학생이었던 조지 줄라르는 어느 해 여름, 관광객을 안내하는 아르바이트를 한 적이 있었다. 그는 급여와는 상관없이 일을 잘했으므로 시카고에서 온 몇몇 관광객이 그가 미국으로 여행할 수 있도록 도와주었다. 여행 일정에는 시카고로 가는 도중에 워싱턴에서 관광하는 것도 짜여 있었다.

워싱턴에 도착한 조지는 예약해 놓은 호텔에 묵게 되었다. 그의 웃옷 주머니에는 시카고행의 비행기표가, 그리고 바지 뒷주머니에는 여권과 돈이 들어 있는 지갑이 들어 있었다. 그런데 그 순간 즐거운 관광여행이 엉망이 될 정도로 큰 사건이 일어났다.

그동안 까마득히 모르고 있다가 그가 막 침대에 들어가려 할 때 지갑이 없어졌다는 사실을 알아차린 것이다. 놀란 그는 아래층 프런트까지 뛰어 내려갔다.

'힘닿는 데까지 성의껏 찾아보겠습니다.'라는 지배인의 말을 듣긴 했지만, 다음 날 아침이 되어서도 지갑은 그에게 돌아오지 않았다. 다만 조지의 주머니에는 겨우 2달러밖에 남아 있지 않았다.

여행길에 나선 사람이, 그것도 낯선 외국에 외톨이로 남으면 어찌하면 좋을까? 시카고에 있는 친구에게 전보를 쳐서 이 위급한 사실을 알리면 어떨까? 또 덴마크 대사관에 가서 여권을 잃어버렸다고 말하고 도움을 청하면 안 될까? 차라리 경찰서에서 무슨 소식이 올 때까지 앉아 있을까?

이런저런 궁리 끝에 갑자기 그는 이렇게 생각하였다.

'아니다. 이제까지의 생각은 내가 취할 성질의 것이 못 된다. 나는 워싱턴을 구경할 것이다. 내 일생에 이런 기회가 두 번 다시 올 것인가. 나는 이 커다란 도시에서 내 인생의 귀중한 하루를 갖는 것이다. 지금 나에게는 오늘 밤 시카고까지 갈 수 있는 표가 있으니 그 다음부터라도 돈과 여권 문제를 해결할 시간은 충분히 있을 것이다. 그러나 지금 내가 워싱턴을 구경하지 않는다면 두 번 다시 관광할 기회는 없을 것이다. 우리나라에서는 몇 마일씩이나 걸어서 여행한 적도 있으니까 여기서도 그 방법을 이용하자.'

이렇게 생각한 그는 더욱 마음을 다져 먹었다.

'나는 지갑을 잃기 전의 어제와 똑같은 마음가짐으로 관광에 나선다. 나는 어제 행복했었다. 지금도 행복해야 한다. 이렇게 워싱턴까지 와서 이 위대한 거리에서 휴일을 즐길 수 있는 특권을 가지고 있으니까. 이후로는 지갑을 잃어버린 불행을 끄집어내는 일로 시간을 낭비하는 그런 어리석

은 짓은 하지 않을 것이다.'

그리고 그는 의기양양하게 호텔 문을 나섰으며, 걸어서 백악관과 의사당을 둘러보았다. 박물관도 보았으며, 워싱턴 기념탑 꼭대기에도 올라갔다. 또 엘링턴 묘지와 그 밖에 그가 보고 싶다고 생각했던 장소에는 비록 다 가보지는 못했지만 구경한 곳은 관심을 가지고 보았다. 그리고 그의 호주머니에 남아 있던 2달러의 돈으로 땅콩과 캔디를 사서 입 속에 넣고 배고픔을 달랬다.

만일 조지가 여권과 지갑을 잃어버린 일을 불행이라 생각하고 멍하니 호텔에서 지냈더라면 그날은 조지 줄라르로서는 영원히 헛되게 보내 버린 하루였을 것이다.

이 이야기를 마무리함에 있어서 덧붙여 말해 둘 것은 조지가 여러 의미 있는 여행을 마치고 돌아오는 동안 잃었던 지갑과 여권도 그의 손에 돌아왔다.

★★★

현재의 수입에서 두 배로 늘린 방법

클레멘트 스토운은 일곱 명의 회사 간부와 함께 국제 판매 간부협회의 대표로서 아시아 태평양 지역을 여행했었다. 그는 오스트레일리아 멜버른의 비즈니스맨 그룹에서 연설했다. 그때가 11월 중순의 어느 화요일이었고 연설의 제목은 '어떻게 동기를 유발하게 하여 행동할 것인가'였다. 그리고 다음 목요일 밤, 그는 전화를 받게 되었는데, 그것은 금속제의 캐비닛을 팔고 있는 어느 지배인으로 에드윈 이스트라는 사람에게서 온 것으로 그는 매우 흥분하고 있었다.

"놀랄 만한 일이 일어났습니다. 그것을 선생님에게 말씀드린다면 아마 선생님도 저처럼 열광하시리라고 생각합니다."

"말씀해 보십시오. 도대체 어떤 일이 일어난 것입니까?"

"굉장한 일입니다. 선생님이 화요일에 연설하실 적에 동기 유발에 관한 말씀을 하셨죠? 그리고 말씀 가운데서 선생님은 사람을 분발시키는 책을 10가지 추천하셨지요. 저는 그중에서 '생각하라, 그러면 부자가 될 수 있다'라는 책을 사서 그날 밤부터 읽기 시작했습니다. 그날 밤늦게까지 그것을 읽었고 다음 날 아침에도 그것을 다시 읽기 시작하고, 그러고 나서 한 장의 종이에다 다음과 같은 것을 적었습니다. '나의 뚜렷한 목표! 올해는 작년 매상고의 두 배를 올리는 일'이라고……. 그러나 놀란 것은 그로부터 48시간 이내에 그것을 해낸 사실입니다."

"어떻게 해서 그 일을 해내셨습니까? 어떻게 해서 수입을 두 배로 올렸습니까?"

이런 물음에 대한 이스트의 대답은 이러했다.

"동기 유발에 관한 말씀 가운데서 선생님은 위스콘신주에 있던 선생님의 부하 세일즈맨 알렌이 어떻게 해서 어느 거리에 나가서 물건을 팔았는가를 말씀하셨죠? 그때 선생님은 알렌이 하루 종일 일해도 얻는 것이 하나도 없었던 것이 마침내 행운을 가져오게 했다고 말씀하셨습니다. 그날 밤에 선생님은 이렇게 말씀했습니다. 알렌은 사람을 분발시키는 불만을 폭발시켰던 것이라고, 그는 다음 날에는 손님들을 다시 한번 찾아다니며 다른 친구들이 하려면 1주일 걸리는 것보다도 더 많은 보험을 팔아 보겠다고 결심한 것이었습니다."

"그 알렌의 경우와 같은 일이 당신에게도 일어났습니까?"

"네, 선생님은 알렌이 어떻게 해서 똑같은 거리를 돌아다녔는가를 말씀하셨죠. 그는 똑같은 사람들을 두 번 방문해서 66구좌나 되는 신규 상해 보험을 팔았다고 했습니다. 또 저는 선생님이 하신 말씀을 기억하고 있습니다. '그것은 도저히 불가능한 일이라고 생각될지도 모르겠습니다. 그러나 알렌은 거침없이 그 일을 해냈습니다.' 저는 그 말씀을 믿었습니다. 그리고 그 일이 저에게도 가능하다는 생각이 들었습니다."

"그래서 그 방법을 당신의 사업에 적용하셨습니까?"

"저는 선생님이 가르쳐 준 셀프스타터의 '곧 시작하라!'라는 말씀을 생각해 내고는 고객 카드가 있는 곳으로 가서 세일즈가 안 되었던 10명의 고객을 분석해 보았습니다. 그리고 그 이전에는 매우 귀찮은 생각이 들어 실행하지 않았던 일들을 했습니다. 그리고 '곧 시작하라!'라는 말씀을 여러 번 되풀이해 보았습니다. 그 다음에 저는 적극적인 마음으로 이 10명의 고객을 찾아가서 그중 8명에게 큰 세일즈를 했습니다. 세일즈맨의 파는 방식에도 적극적인 사고방식을 이용하면 효과가 있다는 것이 매우 놀라웠습니다."

에드윈 이스트가 동기 유발에 관한 이야기를 들었을 때 그의 마음에는 이미 준비가 되어 있었다. 그는 자기에게도 적용할 수 있다는 말에 자신을 갖기 시작했던 것이다.

이 글을 읽고 있는 당신에게도 '곧 시작하라!'라는 셀프스타터를 가르쳐 주었으면 한다. 곧 실행에 옮기는 결심을 함으로써 예상하지 못했던 꿈조차 실현되는 일이 있으니까 말이다.

★★★

사업과 취미 생활의 병행

맨레 스위디라는 사람은 사냥과 낚시를 매우 좋아했다. 그가 바라고 있는 멋진 생활이란 사냥총을 가지고 숲속을 50마일이나 헤치고 들어가서 2~3일 후에는 피로와 긴장감으로 진흙투성이가 되어 돌아오는 일이었다.

그가 자신의 취미 생활을 즐길 수 없는 가장 큰 이유의 하나는 그의 직업이 보험 세일즈맨으로서 그 일에 너무 많은 시간을 빼앗기고 있다는 점이었다.

어느 날의 일이었다. 그가 낚시를 간 호숫가를 떠나 어느 거리로 돌아오려 할 때, 번뜩이는 아이디어가 하나 떠올랐다.

아무리 거친 들판 속에라도 보험이 있어야 하는 사람들이 살고 있다고 생각할 수는 없는 일인가? 만일 그런 경우가 있게 된다면 나는 일하면서 동시에 취미 생활도 살릴 수 있지 않을까?

이런 생각을 한 스위디는 실제로 그런 그룹의 사람들과 만날 수 있었다. 그것은 알래스카 철도에서 일하고 있는 사람들로서 그 사람들은 100마일이나 되는 선로 가에 흩어져서 살고 있었다.

그렇다면 이와 같은 철도원, 거기다가 그 연선沿線에 있는 사냥꾼이나 금광의 광부들에게 보험을 팔 수는 없는 것일까?

이 아이디어가 떠오른 날 스위디는 적극적인 계획에 돌입했다. 그는 여행 가이드와 상의한 뒤 짐을 꾸리기 시작했다.

그는 재빨리 그 일을 진행함으로써 혹시나 실패할지도 모른다는 공포감을 지워 버리는 데 노력했다. 그것을 고심하기 전에 그곳으로 떠났던 것이다.

그가 '맨발의 스위디'라는 별명을 얻어가며 철도를 따라 몇 번이나 돌아다닌 결과 그들을 보험에 가입시켰을 뿐만 아니라 외부세계의 대표자로서 환영받는 위치에까지 이른 것이다.

그는 자신의 능력껏 할 수 있는 조그마한 일로써 그들에게 감사함을 표했다. 머리를 무료로 깎아 주기도 했고 요리 강습도 했다. 독신 남자들의 대부분이 베이컨과 통조림밖에 먹고 있지 않았기 때문에 그의 요리 솜씨는 크게 환영을 받았다.

그리고 그는 개인적으로 하고 싶은 일도 잘해 내고 있었다. 언덕을 넘어 사냥도 하고 낚시질도 했으며 그가 멋지다고 생각한 일들을 실천에 옮기고 있었다.

그때의 생명보험업계에는 연간 100만 달러 이상의 보험을 판 사람에게 수여되는 특별한 명예의 자리가 있었다. 그것은 '100만 달러 그룹'이라고 불리고 있는 것으로써 거의 믿기 어려운 일이 스위디에게 일어났다.

충동적으로 행동하여 알래스카의 광야로 뛰어나가서 누구도 주목하지 않았던 철도를 돌아다닌 그는 100만 달러 이상의 일을 했으며, 그 결과 불과 1년 만에 '100만 달러 그룹'에 들어가게 되었던 것이다.

만약에 그가 허황된 아이디어가 떠올랐을 때, 일을 완수하는 법을 주저하고 있었다면 이러한 결과는 일어나지 않았을 것이다.

'곧 시작하라!'라는 셀프스타터를 기억해야 한다. 그것은 당신의 인생에 어느 면에서라도 영향을 줄 수가 있다. 그리고 주저하게 되는 일에 관해서 자신을 갖도록 도와줄 것이다.

또 그것은 맨레 스위디가 했던 것처럼 당신이 하고자 하는 일을 도와줄 것이다. 그것은 한 번 잃으면 다시 얻기 어려운 순간을 잡는 데도 도움이 된다.

★★★

때로는 자신에게 편지를 쓰자

하나의 아이디어가 떠오르면 곧바로 책상 앞에 앉아서 자신에게 편지를 써서 당신이 언제나 하고자 했던 일들을 마치 그것이 이루어진 것처럼 알리는 것이다. 전기 작가가 뛰어난 사람의 업적을 쓰는 것 같은 태도로 써나가면 된다.

그러나 그것만으로 그쳐서는 안 된다. 일을 완성하는 법을 쓰면서, '곧 시작하라!'라는 셀프스타터에 대답해야 한다.

> 행동의 씨앗을 뿌리면 습관의 열매가 열리고, 습관의 씨앗을 뿌리면 성격의 열매가 열리며, 성격의 씨앗을 뿌리면 운명의 열매가 열린다.

보는 방법을 배워야 한다

6

조지 칸벨은 태어날 때부터 시각 장애자였다. 이를 진단한 의사는 선천적 백내장이라고 말했다. 조지의 부친은 믿을 수 없어 의사를 바라보며 물었다.

"무슨 방법이 있을까요. 수술이라도 해서 고칠 수는 없을까요?"

"그렇습니다. 지금 같아서는 이 병을 고칠 방법은 전혀 없습니다."

그러나 조지 칸벨은 아직 어린 나이였으므로 자신이 무엇이 없는지 알지 못했다.

조지가 9세가 되었을 때, 이해할 수 없는 기이한 일이 일어났다. 어느 날 오후 그는 다른 아이와 함께 놀고 있었고, 같이 놀던 다른 아이는 조지가 눈이 먼 사실을 잊고 그에게 공을 던졌다.

"비켜! 공에 맞는다!"

다행히 공은 조지에게 맞지 않았지만 일생에 다시는 일어나지 않을 것 같은 아주 당황스러운 일이 일어났던 것이다.

그런 일이 있고 난 후 얼마 안 되어 조지는 어머니에게 이렇게 물었다.

"빌은 왜 나에게 공에 맞는다고 소리쳤고, 어떤 일이 일어나려 하고 있는지를 알고 있었을까요?"

어머니는 한숨을 쉬었다 그것은 그녀가 두려워하고 있던 일이 드디어 찾아왔기 때문이었다. 지금이야말로 조지에게 '너는 시각장애인이다.'라고 알리지 않으면 안 될 때 이른 것이다.

"앉아라, 조지"

그녀는 아들의 손을 잡고 다정스럽고 부드럽게 말했다.

"나도 잘 설명할 수 없고 너도 잘 알아듣지 못할지도 모르지만, 이렇게 말하면 알겠지."

그리고 상냥하게 아들의 조그만 오른손을 자기 손에 꼭 쥐고 그 손가락을 헤아리기 시작했다.

"하나, 둘, 셋, 넷, 이 손가락은 오감과 똑같단다."

그녀는 자신의 엄지와 검지 사이에 아들의 손가락을 끼고 설명을 하면서 하나하나 만져갔다.

"이 작은 손가락은 듣기 위해서 있는 것, 이 작은 손가락은 만지기 위해서 있는 것, 이 작은 손가락은 냄새를 맡기 위해서 있는 것, 이것은 맛을 보기 위해서 있는 것이란다."

여기까지 설명하고 난 그녀는 잠깐 주저하다가 말을 이었다.

"그리고 나머지 이 작은 손가락은 보기 위해서 있는 것이란다. 이 다섯 개의 손가락처럼 저마다 오감이 머리에 있는 뇌 신경에 신호를 보내게 되어 있단다."

그리고 그녀는 '보기 위해서라고 부른 새끼손가락'을 접어 조지의 손바닥에 붙도록 구부렸다.

"조지야, 너는 다른 아이들과는 달라."

그녀는 설명했다.

"너는 네 개의 손가락밖에 가지고 있지 않은 것처럼 네 개의 감각밖에 쓸 수가 없단다. 듣는 것, 만지는 것, 냄새 맡는 것, 맛보는 것은 할 수가 있지만 보는 감각은 가지고 있지 않아. 지금 어떤 일을 해서 보여 주마. 잠깐 일어서라."

그녀가 상냥히 말하자 조지는 일어섰다. 어머니가 공을 들었다.

"자, 이걸 붙잡을 수 있도록…… 손을 내밀어 봐라."

조지는 손을 내밀었다. 그리고는 자기 손가락에 딱딱한 공이 닿는 것을 느꼈다.

"잘한다, 잘했어."

어머니는 말했다.

"네가 지금 한 것을 잊지 말아라, 조지야. 너는 다섯 개의 손가락 대신에 네 개의 손가락으로 공을 붙잡을 수가 있는 것처럼 충실하고 행복한 생활을 붙잡을 수가 있어."

조지의 어머니는 이렇게 손가락에 비유해서 이야기했다. 이런 단조로운 이야기의 방법으로 사람 사이의 생각을 전달하는 수단이 될 수가 있다는 것이다.

조지는 다섯 손가락 대신에 네 손가락으로 하는 상징적인 일을 잊은 적이 없었다. 그런 마음가짐은 그에게 희망의 상징을 의미했다. 그리고 그가 자기의 핸디캡 때문에 용기가 꺾였을 때는 언제나 자기에게 용기를 주는 도구로써 이 상징을 생각했다. 그런 모든 것들이 그에게는 일종의 자기 암시가 되었던 것이다.

그는 다섯 손가락 대신, 네 손가락으로 하는 말을 몇 번이고 되풀이했으며 필요하다고 느낄 때는 언제든지 그것이 그의 잠재의식에서 의식의 표면에 떠올라 왔다.

그 후 고등학교에 다니고 있던 도중 조지는 병에 걸렸으므로 입원하지 않으면 안 되었다.

조지가 퇴원할 무렵에 그의 아버지가 어느 의료단체에 문의해 본 결과 선천적 백내장이 치료될 수 있다는 소식을 가지고 왔다.

그러나 실패의 가능성 쪽이 성공할 가능성보다도 훨씬 높았다.

그 후 9개월 동안에 양쪽 눈에 2회씩 모두 4회의 까다로운 외과수술을 받았다.

조지는 수술을 받은 후 며칠 동안을 두 눈에 붕대를 하고 병실에 있었다. 드디어 붕대를 풀어도 좋은 날이 다가왔다.

의사는 천천히 주의 깊고 세심하게 조지의 머리둘레와 두 눈 위에서부터 붕대를 풀어나갔다.

그 순간까지 조지는 아직 시각장애인이었다.

일순간 정적이 흐르고, 의사가 침대 곁을 떠나는 소리를 들었다. 무엇인가가 그의 두 눈 위에 비쳐왔다.

"어때, 보이나?"

의사의 질문이 들렸다.

그는 베개에서 약간 머리를 쳐들고 앞을 보았다. 희미한 빛에 색깔의 사물이 묻어왔다. 그것은 색깔이 있는 사물의 모양이요, 모습이었다.

"조지!"

외치는 소리가 들려 그쪽을 돌아본 조지는 그 목소리의 주인공을 볼 수가 있었다. 그것은 어머니의 모습과 목소리였다.

조지는 18년이란 인생 속에서 처음으로 자기 어머니를 보았다. 그곳에는 피로한 눈, 주름 잡힌 62세의 얼굴, 거친 손이었지만 그녀는 누구 못지 않게 아름다운 모습이었다.

그에게 있어서 그녀는 천사였다. 고생과 인내의 세월, 교육과 계획의 세월, 그의 눈이 되어 지낸 세월, 사랑과 감동, 그것이 조지의 눈으로 본 최초의 것이었다.

지금까지 그는 최초로 본 자기 어머니의 인상을 마음속에 간직하고 있다. 그리고 이 사실로 당신도 알 수 있듯이 그는 그 최초로 보았던 것으로 인하여 시각에 감사하는 것을 배웠다.

"그런 상황이 되지 않고서는 아무도 보는 것의 기적을 이해할 수 없습니다."

그는 술회하고 있다.

창조적인 눈으로 보아야 한다

당신은 주위를 보는 눈과 먼 곳을 보는 눈, 양쪽을 다 몸에 지녀야 한다고 생각할 것이다. 그러므로 자기 바로 앞에 있는 것을 보는 방법을 터득하고 있는 사람의 이익은 대단히 크다.

몬테나의 다비에 살고 있던 사람들은, 오랫동안 크리스틸 산이라 부르고 있던 산을 쳐다보며 지내고 있었다. 그 산은 침식 작용으로 바위 소금처럼 보이는 크리스틸(유리)의 광맥을 노출하고 있었으므로 이렇게 불리고 있었다.

1937년에 그 광상鑛床이 드러난 첫머리 부분까지는 길을 내었지만, 누구인가가 그 반짝이는 물질의 한 조각을 주워서 실제로 그것에 관심을 가지고 관찰한 것은 그로부터 14년이 지난 1951년의 일이었다.

칸네와 토프슨이라는 다비의 주민이 거리에 진열되어 있던 광물의 컬렉션을 본 것은 바로 그해의 일이었다. 그 광물의 진열 속에 녹주석(綠柱石 : 6각주상의 광물)의 견본이 있었는데, 거기에 설명된 카드에 의하면 그것은 원자력 연구에 쓰이는 것이었다.

칸네와 토프슨은 흥분하여, 곧 크리스틸 산의 채광권을 손에 넣었다.

토프슨은 광석의 견본을 광산국에 보내고 그와 동시에 광석의 광상鑛床을 보기 위해 검사관을 파견해 달라고 요청했다.

그해 연말 무렵이 되어 광산국은 불도저를 산 위까지 운반해 올려 그것이 정말로 귀중한 베릴륨의 세계 최대 광산인가를 검사하기 위해서 노두露頭의 속까지를 파내기 시작했다.

결국에는 대형 트럭이 그 산으로 올라가 극도로 무거운 광석을 아래까지 운반해 내리는 한편, 산 밑에서는 US 스틸사와 합중국 정부의 대표자가 그 귀중한 광석을 손에 넣고자 돈을 들고 기다리고 있는 상황에까지 이른 것이다.

이렇게 된 것은 어느 날 두 젊은이가 눈으로 관찰했을 뿐만 아니라 그들 마음으로 보는 수고를 마다하지 않았기 때문이다.

그 결과 그들은 억만장자로의 길을 걸었다.

심리적으로 원시인 사람이라면 칸네와 토프슨이 한 것 같은 일을 하지는 못했을 것이다. 왜냐하면 그는 자기 발밑에 놓여 있는 이익에만 눈이 어둡고 먼 곳에 있는 가치를 볼 수 없기 때문이다.

지금부터라도 당신의 눈앞에 행운이 뒹굴고 있지는 않은지 주위를 잘 살펴볼 일이다.

당신이 집안일을 하며 돌아다니고 있을 때 무엇인가 초조함의 원인이 되는 것과 부딪히는 일이 있을 것이다. 그때 아마도 당신은 그것을 극복하는 방법, 당신의 경우만이 아니라 다른 사람에게도 도움이 되는 그런 방법을 발견해낼 수가 있을 것이다.

이처럼 가정에 필요한 일을 함으로써 재산을 증식한 사람도 많이 있다. 머리핀을 발명한 사람도 그랬고, 종이를 집는 클립을 연구한 사람도 그랬다. 지퍼를 발명한 사람도 역시 그러했다. 그러므로 당신의 주위를 잘 살피는 것을 배울 일이다. 어쩌면 당신은 당신의 집 뒤뜰에서 다이아몬드의 광맥을 발견할지도 모른다.

그러나 정신적인 근시도 정신적인 원시의 경우와 마찬가지로 문제가 있다.

이와 같은 사람은 바로 눈앞에 보이는 것만을 보고 조금 먼 곳에 있을 가능성은 전혀 알아보지 못한다. 그런 사람은 계획의 힘을 이해하지 못하는 사람이다. 생각하는 시간이라는 것의 가치를 이해하지 못하는 것이다. 자신에게 직접 부딪히는 문제에 지나치게 집착하고 있으므로 새로운 기회를 찾아서 보다 큰 것을 붙잡기 위해 노력하는 마음의 여유를 지니고 있지 않은 것이다.

마음으로 보는 눈을 가져야 한다

당신에게 직면한 문제에 대해 당신 자신이나 남에게 질문을 해보는 것은 당신에게 큰 이익을 가져다줄지도 모른다. 그 결과 세계적으로 위대한 과학적 발견의 하나가 이루어졌다.

어떤 영국인이 한 할머니의 농장에 휴가를 즐기러 와서 아주 편히 쉬고 있었다. 그런데 그의 눈앞에서 한 알의 사과가 땅에 떨어지는 것을 보았다.

"왜 사과나무의 사과가 땅에 떨어지는 것일까?"

그는 스스로 물어보았다.

"땅이 사과를 끌어당기는 것일까? 사과가 땅을 끌어당기는 것일까? 아니면 양자 서로가 끌어당기는 것일까? 거기에 있는 보편적인 원리는 무엇일까?"

고등수학을 공부하던 그 학생은 여러 가지로 생각한 끝에 하나를 발견했다. 드디어 그는 구하고 있던 답을 발견했던 것이다.

"땅과 사과는 서로 끌어당기고 있다. 그리고 '물체와 인력의 법칙'은 우주에 적용되는 것이다."

이렇게 하여 뉴턴은 '만유인력의 법칙'을 발견한 것이다. 이것은 그의 관찰력이 날카롭게 관찰한 결과 답을 찾았기 때문이다. 따라서 생각한다는 것은 마음으로 보는 일이다.

보는 능력이란 것은 눈의 망막을 통하여 빛을 붙잡는다는 말이다.

우리는 많은 사람들이 지각知覺을 썼으므로 성공한 예를 보고 있다. 그것은 당신이 보는 것을 해석하고, 그 해석을 당신의 인생과 타인의 생활에 적용하는 기술이다.

보는 것을 터득함으로써 당신이 이제까지 존재한다고는 꿈에도 생각지 않았던 그런 기회를 포착할 수가 있다. 그러나 성공하기 위해서는 정신적인 지각에 대한 것을 알고 있는 이상으로 적극적인 마음가짐을 갖는 것이 중요하다.

또 당신은 당신이 배운 것을 실행하는 것도 배우지 않으면 안 된다. 행동이 중요한 것은 행동함으로써 당신이 계획한 일을 완수할 수가 있기 때문이다. 그러기 위해서는 기다릴 필요 같은 것은 조금도 없다. 다만 자신에게 행해진 일을 완수하는 법을 잘 파악하고 있으면 되는 것이다.

새로운 기회를 찾아서 보다 큰 것을 붙잡기 위해 노력하는 마음의 여유를 지녀야 한다. 따라서 자신에게 직접 부딪히는 문제에 지나치게 집착하지 말아야 한다.

이번 장의 내용들을 바탕으로 아래 질문에 스스로 답해보거나,
동료와 대화를 나누어 봅시다.

① 이번 장에서 마음에 와닿는 내용은 어떤 것들이 있었나요?

② 자신에게 행복한 성공이란 어떤 모습인가요?

③ 그렇게 되면 또 누구에게 유익함이 있을까요?

④ 이미 그런 행복한 성공상태가 되었다면 어떤 기분이 들까요?

⑤ 그렇게 된 자신은 일, 사람, 세상, 그리고 어려움에 대해 어떤 마음자세를 유지할까요?

⑥ 그렇게 된 자신이 후배나 후손에게 성공비결을 알려준다면 뭐라고 할까요?

⑦ 지금의 자신에게 어떤 말을 해줄까요?

⑧ 무엇을 바꾸거나 배우라고 말해줄까요?

제**5**장

성공의
비결

나는 내 일을 사랑한다.
오늘도 100% 힘차게 일에 임할 것이다.

그다음 목표는 무엇인가

닉 알렉산더의 가장 큰 소망은 대학 교육을 받고 싶은 것이었다.

그는 보육원에서 자랐다. 그러나 그 당시의 보육원 실정은 말이 아니었다. 새벽 5시면 눈을 비비며 일어나서 해가 질 때까지 심한 중노동을 해야했고 형편 없는 음식조차 배불리 먹을 수가 없었다.

이런 환경 아래서도 닉은 총명한 소년이었으므로 열네 살 때는 이미 고등학교 졸업 자격증을 딸 수 있었다. 그 후 그는 자립하기 위해 곧 사회에 발을 들여놓았다.

그에게 맨 처음 얻어걸린 직업이란 어느 조그만 양복점 재봉공이었다. 하지만 심하게 혹사만 당할 뿐 보수는 형편없는 일자리였다. 이렇듯 어려운 환경에도 굽히지 않고 닉은 무려 14년 동안이나 일을 계속했다. 그러던 중 그 가게는 다른 가게와 합쳐지게 되었다.

덕분에 닉의 보수는 많아지고 근무 시간도 단축되었다. 운도 겹쳐 좋은 신붓감을 아내로 맞아들이게 되었다.

닉의 아내는 대학 교육을 받고 싶어 하는 남편의 꿈을 실현하는 데 내조를 아끼지 않았다. 그러나 그들 부부의 형편으로 그렇게 쉬운 문제는 아니었다.

두 사람이 결혼한 지 얼마 안 되었을 때의 일이다. 이제까지의 일에서 일단 손을 떼게 된 알렉산더 부부는 그때부터 다른 길을 모색하려는 계획을 세웠다.

알렉산더 부부는 재산이라는 재산은 모조리 긁어모아서 '알렉산더 부동산'을 창립했다. 아내인 테레사는 자금을 충당하기 위해 자신의 손가락에 끼고 있던 결혼반지까지 팔아야 할 정도였다.

다행히도 그들의 사업은 순조롭게 잘되어 나갔고, 그로부터 2년 후에 아내는 남편에게 대학 교육을 받기 위해 다시 학교에 다닐 것을 제안했다.

이리하여 닉은 36세에 이르러 겨우 대학학위를 받을 수 있었다. 이로써 그의 첫 번째 목표는 일단 달성된 것이다.

학교를 졸업한 닉은 다시 사업에 전념해 부동산업에 더욱 심혈을 기울였다. 아내도 사업상의 반려자로서 열심히 닉을 도운 것은 두말할 나위도 없다.

그들 부부는 이번에는 바닷가에 두 사람만의 보금자리를 마련하자는 계획을 세웠고, 일단 계획을 세운 닉 부부는 꾸준히 준비했다. 이윽고 그 목표는 달성되었다. 그럼 그들은 그 정도에서 만족한 것일까? 천만의 말씀이다. 그들에게는 딸을 교육해야 한다는 과제가 있었다.

그리하여 알렉산더 부부는 작은 건물을 인수해서 살림집으로 개조하였고 거기에서 나오는 고정적인 수입으로 딸의 교육비에 충당할 계획을 세웠다.

두 사람은 이번의 목표도 달성했다.

알렉산더 부인이 말한 바에 의하면, 그들은 지금 노후 생계에 대비해 연금보험을 열심히 붓고 있다고 한다. 최근에는 닉 혼자서 사업하고 테레사는 주로 가사를 돌본다고 한다.

알렉산더 부부는 이렇듯 하나하나의 목표를 설정해 그것을 실행하려고 끈질기게 노력한 결과 인생을 성공으로 이끈 것이다.

그들 부부야말로 버나드 쇼의 다음과 같은 말의 진실성을 몸소 실증해 보인 것이다.

"나는 성공을 두려워한다. 부귀공명을 이룩했다는 것은 이 땅 위에서는 할 일이 없어졌다는 뜻이 된다. 그것은 마치 교미가 끝난 후 암거미에게 물려서 죽고 마는 수거미와 같은 것이다. 나는 목표를 이루고 난 후보다는 항상 목표를 앞에다 두는 미완의 상태를 좋아한다."

너무 많은 사람이 뚜렷한 목표를 갖지 못한 탓으로 엉거주춤한 자세로 방황하고 있는 것이 오늘의 실정이다.

인생에서 최대의 기회를 잡는 사람은 기민하고 활동적이며 어떠한 상황에도 대비하고 있다. 이런 사람들은 뚜렷한 목표를 가지고 있는 사람들이다.

그리고 무슨 일이든 한 가지 목적을 이루었으면 곧 새로운 목표를 설정해 꾸준히 매진해야 한다. 이것이 바로 우리 인생을 성공의 길로 이끄는 지름길이다.

★★★

스스로를 격려해야 한다

뉴욕 중앙 철도회사의 사장이던 프레더릭 윌리엄슨은 어느 방송 인터뷰에서, '사업에 성공하는 비결이 무엇이냐'라는 질문을 받고 다음과 같이 대답한 적이 있었다.

"사람들이 잘 깨닫지 못한 성공의 비결이 있습니다. 인생의 경험을 쌓으면서 사업에 대해 열정을 다 바친다는 태도가 그것입니다. 나는 그렇게 확신하고 있습니다. 성공한 사람과 실패한 사람을 살펴보면 개인적인 재능이나 지식의 차이는 별로 나지 않습니다.

그러나 두 사람이 거의 비슷한 실력을 갖추고 있다면 열심히 일하는 쪽이 성공할 확률이 높은 것은 두말할 나위도 없습니다. 또한 열심히 하기만 하면 자신보다 능력은 뛰어났지만, 열심의 정도가 부족한 사람을 능가할 가능성도 큽니다.

땅을 파는 일이든 큰 회사를 경영하는 일이든, 일에 열중한다는 것은 자기의 천직을 믿고 그것을 사랑함과 같습니다. 그것이 아무리 어려운 일이더라도 일에 열중하는 사람은 함부로 덤비거나 초조해하지 않고 언제나 침착한 태도로 일할 수 있기 마련입니다. 누구나가 그런 태도를 가질 수만 있다면 그런 사람은 틀림없이 성공할 수 있을 것입니다.

'아무리 위대한 일이라도 최선을 다하지 않고 성공한 예는 일찍이 없었다.'

이 말을 새삼스럽게 되새겨 볼 필요가 있습니다. 아닌 게 아니라 이것은 단순한 언어의 수식만은 아닙니다. 최선을 다하는 것이야말로 성공의 이정표라고 할 수 있습니다."

걸작을 창조하는 예술가이든, 도서 외판원이든, 행복한 가정을 영위하려는 사람이든 간에 일에 열중한다는 것이야말로 사업에 성공한 모든 사람들이 공통적으로 지니는 특성이다.

'열중'이라는 말은 '하나의 영감을 받았다'라는 뜻이다.

바로 이 열중이라는 태도로 일하는 사람은 그 누구도 억제할 수 없는 막강한 힘을 갖게 된다.

예일 대학에서 가장 크게 인기가 있던 윌리엄 라이언 펠프스 교수는 '교육의 감격'이라는 저서를 낸 바 있다. 그는 이 책에서 다음과 같이 서술했다.

"나에게 있어서 학생을 가르친다는 것은 기술이나 직업 이상의 의미를 갖습니다. 그것은 이를테면 열정과 같은 것이지요."

펠프스 교수의 지론을 깊이 새겨 둘 가치가 있다.

"화가가 그림 그리는 일을 사랑하듯이, 가수가 노래 부르기를 사랑하듯이, 또 시인이 시를 짓는 데에 기쁨을 느끼듯이, 나는 가르치는 일을 사랑하고 있습니다. 나는 아침에 일어나기 전, 우선 지극한 기쁨으로 나의 학생들을 생각합니다. 인생에 성공하기 위한 가장 중요한 것은 자기의 나날의 일에 언제까지라도 열중할 수 있는 능력을 갖추고 있다는 그 점입니다."

자동차왕인 클라이슬러는 다음과 같이 말한다.

"나는 활기에 찬 사람을 좋아합니다. 그들이 활기에 넘쳐 있으면 손님도 그 열정에 끌려들어서 흥정도 쉽게 성립되기 마련이지요."

또 10센트 연쇄점의 창립자인 월워즈는 이렇게 말했다.

"일에 열중하지 않는 한 무슨 일에든 성공할 수도 없는 법입니다."

찰스 슈워브는 그 말을 뒤집어서 이렇게 말했다.

"자신이 맡은 일에 최선을 다하지 않는 한 어떤 일을 해도 성공할 수 없습니다."

고도의 기술을 요구하는 직업에 있어서조차 일에 열중한다는 사실은 지극히 중요한 일이라고 할 수 있다.

인생에서 최대의 기회를 잡는 사람은 기민하고 활동적이며 어떠한 상황에도 대비하고 있다. 이런 사람들은 뚜렷한 목표를 가지고 있는 사람들이다.

일에 열중할 수 있는 6가지 방법

2

나는 다음의 6가지 규칙이 성공을 하기 위해 대단히 효과적이라고 확신한다. 이 6가지 규칙을 적용해서 성공한 실례를 여러 번 보아서 잘 알고 있기 때문이다.

당신도 한번 시도해 보라고 권하고 싶다. 그럼 하나하나 그 규칙을 설명해 보기로 하자.

① 자신이 담당한 일과 그 일이 회사 전체에 관한 모든 것이 되도록 많이 배워야 한다

대개의 사람들은 자기는 거대하고 차가운 기계의 한낱 톱니바퀴에 지나지 않는다고 생각하고 있다. 이는 자신이 담당하고 있는 일의 중요성을 모르기 때문이다.

옛날에 두 사람이 함께 일을 하고 있었다.

"자네들은 무엇을 하고 있나?"

이런 질문을 받았을 때 두 사람은 각각 다른 대답을 했다.

한 사람이 대답했다.

"저는 벽돌을 쌓고 있습니다."

다른 한 사람은 다르게 대답했다.

"저는 대전당大殿堂을 짓고 있습니다."

일이나 제품에 대해 잘 안다는 사실은 그 일에 열중하도록 하는 기본적

인 조건이 된다. 저널리스트로서 유명했던 타벨은 일찍이 고작 5백 마디의 글을 쓰기 위한 자료를 모으기 위해서 무려 3~4주일을 소비했다고 한다.

더구나 그가 실제로 활용한 것은 그 방대한 자료 가운데서 극히 사소한 일부분에 지나지 않았다고 한다. 그의 설명에 의하면, 그때 바로 사용하지 않았던 지식은 그에게 여력을 저장케 하였고 당장 쓰는 데 필요한 지식을 가지고 있다는 의식은 그에게 학식과 권위로써 안심하고 집필케 하는 데 아주 효과적이었다고 한다.

벤저민 프랭클린도 어린 시절에 어느 조그마한 비누공장의 직원으로 있을 때 이러한 방법을 썼다.

그는 공정 전체를 낱낱이 외워 버림으로써 최후의 성과에 대한 자기의 미미한 공헌에 관해서도 큰 자부심을 지닐 수 있었다고 했다.

공장주는 자기 공장의 제품에 관한 제조 공정을 세일즈맨들에게 상세히 가르쳐 줌으로써 그들을 훈련시킨다. 이 지식은 세일즈맨이 단골 거래처에, 그 제품을 판매할 때도 아주 효과적으로 활용되는 것이다.

② 목표를 정하고 그것을 추구해야 한다

성공하기를 희망하거든 우선 목표를 설정한 다음 정확하게 겨냥해야 한다.

우선, '무엇을 목표로 해서 무슨 일을 할 것인가.' 하는 점을 일단 정리한 다음 사나운 개가 고양이를 쫓듯이 그 목표를 추구하는 것이다.

자기가 뜻하는 바를 자각한 사람은 좌절이나 실패 때문에 낙심하는 법이 없다.

앞에서 말한 벤저민 프랭클린은 다음과 같이 서술한 바가 있다.

"성공을 원하거든 자기 직업을 명확하게 정하고 이룰 때까지 최선을 다해야 한다."

③ 날마다 자기 자신에게 격려의 말을 해보자

'이런 어린아이 같은 소리가 어디 있느냐.'라고 고개를 갸웃거릴 독자가 있을지 모르지만 성공한 사람들은 이 방법이 일에 열중하기 위해 아주 좋은 효과를 거둔다는 점을 인정하고 있다.

뉴스 해설자인 칼텐본의 예를 들어 보자.

그가 아직 젊었을 때, 그때만 해도 그는 이름도 알려지지 않은 몸으로 프랑스에서 세일즈맨을 하고 있었다. 그는 날마다 영업을 나서기 전, 반드시 자기 자신에게 되뇌이며 다짐했다고 한다.

또 위대한 마술사였던 하워드 서스턴은 '나는 구경꾼을 좋아한다.' 하고 혼자 중얼거리면서 분장실을 거닐기 일쑤였다. 몸의 피가 더워질 때까지 몇백 번이고 이렇게 되풀이해 외치며 무대에 나선 그는 언제나 훌륭한 공연을 했다고 한다.

대부분 사람들은 인생을 가면 상태로 지내고 있다. 이 가수면 상태에서 깨어나기 위해 매일 아침 자기 자신에게 다음과 같이 외쳐보자.

"나는 내 일을 사랑한다. 나는 내가 지닌 모든 것에 대해 일에 집중한다. 나는 내 삶에 대해 무한히 감사한다. 오늘도 100% 힘차게 일에 임한다."

④ 남을 돌보려는 생각을 길들이도록 해야 한다

일찍이 알리스 트테레스는 '이기주의의 진화'라는 것을 제창한 바 있는데 이것은 성공을 바라는 사람들을 위해서 좋은 충고가 될 것이다.

한쪽 눈은 괘종시계의 바늘에, 또 한쪽 눈은 자기 월급봉투에만 돌리고 있는 소극적이며 게으름뱅이고, 무엇을 해도 성공하지 못하는 샐러리맨이 있다면 자기 본위의 생각은 일시적으로는 잘되어 가는 것 같지만 긴 안목으로 보면 스스로 패하고 마는 결과가 될 것이다.

내 쪽에서 걸려 넘어지도록 발을 앞으로 내밀고 있는 사람이 주위에 많

은 것보다는 우리에게 구원의 손길을 뻗치고 있는 사람들을 갖고 있다는
것은 그 얼마나 행복한 일이겠는가?

⑤ 일에 열중하는 사람과 사귀되 일에 열중하지 않는 사람은 되도록 피하자

"나에게 가장 필요한 것은 내가 할 수 있는 일을 하도록 용기를 불어넣
어 주는 것이다."

이것은 에머슨의 말이다. 다른 말로 하면 이것은 영감이라고 할 수 있
다. 우리는 일하고 있는 환경을 갑자기 바꿀 수는 없다. 그러나 현재보다
도 더 창조적인 생각으로 활기찬 삶을 누리도록 격려해 주는 벗을 구할 수
는 있을 것이다.

당신이 일에 열중하기를 원하거든 인생 또는 생활이 우리에게 주는 의
미에 대해서 상대가 항상 배려하도록 해야 한다. 또한 무슨 일에나 어리
둥절해 있지 않고 언제나 활기에 차 있는 사람들의 영향을 받을 수 있도록
항상 세심하게 마음을 써야 한다.

다음에 제시하는 것은 퍼시 파이팅의 저서 '판매의 5대 원칙'에 기술된
충고이다.

"무뚝뚝한 사람, 열심히 일하지 않는 사람, 평상시의 일을 대충하고 일
관성 없이 하는 사람을 경계해야 한다."

⑥ 처음에는 억지로라도 열심히 하려고 애쓰면 결국은 정말로 열중하게 되는 법이다

이것은 즉흥적인 생각이 아니다. 내가 아직 태어나기도 전부터 윌리엄
제임스 교수가 하버드 대학에서 강의한 바 있는 철학적 논리이다. 제임스
교수는 다음과 같이 말했다.

"당신이 어떤 감정을 갖고 싶을 때는 당신이 이미 그런 감정을 지닌 척

하십시오. 그렇게 함으로써 그러한 감정을 실제로 자아내게 하는 것입니다. 행복해지고 싶으면 행복한 척하는 것입니다. 불행해지고 싶거든 불행한 척하라는 것입니다. 일에 열중하고 싶다면 우선 일에 열중한 척하라는 것입니다."

'나는 어떻게 판매 세일즈에 성공했나'의 저자는 누구든지 이 원칙 하나만이라도 적용함으로써 자기의 생활 전체를 개혁할 수 있다고 말했다.

① 자신이 담당한 일과 그 일이 회사 전체에 관한 모든 것이 되도록 많이 배워야 한다.
② 목표를 정하고 그것을 추구해야 한다.
③ 날마다 자기 자신에게 격려의 말을 해보자.
④ 남을 돌보려는 생각을 길들이도록 해야 한다
⑤ 일에 열중하는 사람과 사귀되 일에 열중하지 않는 사람은 되도록 피하자.
⑥ 처음에는 억지로라도 열심히 하려고 애쓰면 결국은 정말로 열중하게 되는 법이다.

자신에게 동기를 유발하게 하는 방법

동기 유발이란 도대체 무엇인가? 동기 유발이란 행동시키는 것, 또는 선택해 결정짓게 하는 것을 말한다. 즉 동기란 생각이라든가, 감정이라든가, 욕망이라든가, 충동이라든가 하는, 그 사람이 행동하도록 자극하는, 사람의 내부에만 있는 내부의 자극이다. 그것은 특정한 결과를 낳은 시도를 향해 행동을 일으키게 하는 희망과 같은 그 밖의 힘이다.

자신과 타인을 행동시키는 법

'어떻게 사람을 움직여 행동시킬 수 있는가' 하는 원칙을 깨닫는다면 자신을 움직여 행동시킬 수 있는 원칙도 알게 된다.

그러므로 당신 자신을 움직여 스스로 행동할 수 있는 방법을 설명하는 것이 이번 장의 목적이다. 여러 사람의 성공이나 실패의 여러 가지 경험을 설명하는 우리의 목적은 바람직한 행동을 하도록 자신을 움직여 행동시키는 데 있다.

따라서 적극적인 사고방식으로 자신을 행동시키면 당신의 생각과 감정을 컨트롤해 자신의 운명을 결정 짓게 할 수 있다.

자신과 타인에게 동기를 유발하게 해야 한다

보이지 않는 힘이란 어떤 것일까. 어떤 사람이 그것을 발견했다. 다음에 설명하는 것은 그의 얘기이다.

몇 해 전의 일이다.

화장품 제조업자로 성공한 이 사람은 65세의 나이로 은퇴했다.

그 뒤 해마다 그의 친구들은 생일 축하 파티를 열어 주고 있었는데, 언제나 그들은 그에게 그의 성공 비결을 공개해 달라고 졸랐다. 그때마다 그는 가볍게 거절하였는데, 그가 75세의 생일을 맞았을 때 친구들은 반농담으로 또 한 번 그 비결을 밝혀 달라고 부탁했다.

"지금까지 여러분에게 신세를 졌으니까 얘기하지요."

그는 말했다.

"아실지 모르겠습니다만, 나는 하나의 마법의 성분을 덧붙였습니다."

"그 마법의 성분이란 무엇입니까?"

모두 물었다.

"나는 우리 회사의 화장품이 그녀들을 아름답게 하리라고는 부인들에게 절대로 말하지 않습니다. 그래야 그녀들에게 언제나 희망을 주는 겁니다."

바로 희망이 마법의 성분인 것이다! 희망은 욕심나는 것이 얻어진다는 기대와 그것이 손에 들어온 것이라는 신념을 수반하고 있는 욕망이다. 인간이란 대부분이 욕심나는 것, 믿는 것, 도달할 수 있는 것에 의식적으로 반응하게 되는 법이다.

인간의 행동을 유발하는 10가지 기본적 동기

당신이 느끼는 모든 생각, 당신이 자발적으로 행하는 모든 행동은 어떤 특정한 동기 또는 여러 가지 동기의 결함에서 생기는 것이다. 모든 사고, 모든 자발적인 행동을 일으키는 10가지의 기본적인 동기가 있다.

이 가운데 하나의 동기도 없이 무슨 일을 행하는 사람은 한 사람도 없다. 어떤 일정한 목적을 위해 자기 자신을 행동시키는 방법, 또는 타인을 행동시키는 방법을 배우기 위해서는 당신은 이들 10가지 기본적 동기를 이해하지 않으면 안 된다. 그것을 열거하면 다음과 같은 것이다.

첫째, 인정받고 싶다는 것과 자기표현의 욕망

둘째, 물질적인 이득에 대한 욕망

셋째, 죽은 뒤의 인생에 대한 욕망

넷째, 몸과 마음의 자유에 대한 욕망

다섯째, 노여움의 감정

여섯째, 미움의 감정

일곱째, 섹스의 감정

여덟째, 사랑의 감정

아홉째, 공포의 감정

열째, 자기 보존의 욕망

감정을 조절하는 법은 무엇인가

인간은 외부의 힘의 영향에 의해 강제强制되기 전에, 의식하는 마음의 활동으로 자신의 내부로부터 그 감정을 자발적으로 조절할 수 있는 유일한 존재이다.

따라서 인간만이 감정 반응의 습관을 임시로 바꿀 수가 있다. 당신이 보다 문명에 개화될수록 그만큼 보다 쉽게 당신은 감정을 컨트롤할 수가 있다.

감정은 이성과 행동의 묶음으로써 컨트롤된다.

공포가 아무 이유 없는 것이요 해로운 것이면 지워버리지 않으면 안 된다. 그러면 어떻게 해서 그렇게 한다는 것일까?

항상 당신의 감정은 이성의 직감적인 대상은 아니지만, 그것은 행동의 대상이다. 왜냐하면 당신은 소극적인 감정이 필요 없다는 것을 이성을 가지고 이해할 수가 있으며, 그렇게 함으로써 자기 자신을 행동하도록 동기를 유발할 수가 있다.

　또한 당신은 공포 대신에 적극적인 감정을 가지고 일에 임할 수가 있다. 어떻게 해서 그와 같은 일을 한다는 것일까?

　하나의 효과적인 방법은 당신이 원하고 있는 것을 나타내는 그런 한마디 말의 신조를 지니고 자기암시를 하는 것이다. 말하자면 자기에게 명령을 내리는 것이다. 가령, 당신이 무엇인가를 두려워하고 있어서 용기를 가졌으면 하고 생각한다면, '용기를 가져라.' 하는 말을 빠르게 몇 번 되풀이해 보는 것이다. 그리고 행동으로 그것을 보충한다. 용기 있는 사람이 되고 싶다고 생각한 순간부터 용감히 행동하는 것이다.

　어떻게 하는 것이 좋은가?

　'곧 시작하라!'라는 셀프스타터를 사용하는 것이다. 그리고 곧 행동으로 옮기는 것이다.

　따라서 지금 중요한 것은, '당신이 하고 싶다고 생각하는 것에 정신을 집중하고, 당신이 하고 싶다고 생각하지 않는 것은 곧 잊어버리는 일이다.'

　적극적인 사고방식으로 자신을 행동시키면 당신의 생각과 감정을 컨트롤해 자신의 운명을 결정할 수가 있다.

항상 얼굴에 미소를 지어야 한다

마음이 느긋해지는 미소, 마음속에서 우러나오는 미소, 천금의 가치를 가진 미소야말로 누구나 환영하고 환영받는다.

나는 많은 경영자들에게 눈을 뜨고 있을 때는, 매시간 한 번씩 누군가를 향해서 미소 지어 보일 것을 제안하고 일주일 내내 계속하되 그 결과를 나의 다음 강연회에서 발표하도록 한 일이 있었다.

그것이 어떤 효험을 나타냈는지 한 가지 예를 들어 보자. 뉴욕 주식시장의 중개인 윌리엄 스타인 하트의 수기로 지금도 내가 보관하고 있다.

저는 결혼해서 18년이 넘었지만 아침에 일어나서 출근할 때까지 아내에게 미소를 보인 적이 없고, 또 스무 마디 이상 다정스럽게 말을 건넨 적도 없는, 세상에 보기 드문 무뚝뚝한 성미의 소유자입니다. 그런데 카네기 선생님께서 시킨 대로 일주일간 미소 짓는 생활을 하리라 마음먹었습니다. 그래서 다음 날 아침, 머리카락을 손질하면서 저는 거울에 비친 제 퉁명스러운 얼굴에게 타일렀습니다.

"여보게, 오늘은 그 퉁명한 표정을 짓지 말고 미소를 지어보게. 자, 빨리 해야지."

아침 식탁에 앉을 때, 저는 아내에게 '밤새 안녕.' 하고 말하면서 빙긋이 웃어 보였습니다.

카네기 선생님은 상대가 깜짝 놀랄지도 모른다고 말씀하셨습니다만 아내의 반응은 예상외로 커다란 충격을 받은 모양이었습니다. 저는 아내에게 오늘부터는 매일 이렇게 미소 지을 테니 그렇게 알라고 말해주었습니다.

　아내는 믿지 못하겠다는 표정이었지만 저는 사실 2개월 동안 계속하여 그대로 행동했습니다. 그리고 제가 태도를 바꾼 그 2개월간은 일찍 경험한 일이 없는 커다란 행복이 저희에게 찾아왔습니다.

　지금은 매일 아침 출근할 때마다 저희 아파트 경비원에게도 따뜻한 미소로 인사하게 되었습니다. 거래처에서도 모든 사람에게 미소를 짓게 되었습니다. 그러자 어느새 저를 대하는 모든 사람이 다 저에게 미소로 답하게 되었습니다.

　저는 투정이나 불만 따위를 늘어놓는 사람들에게도 밝은 태도로 대했습니다. 상대의 주장에도 귀를 기울이면서 미소를 잃지 않도록 하면 문제의 해결도 훨씬 쉬워집니다. 그 미소 덕분으로 제 일은 한층 늘어났습니다.

　저는 또 한 사람의 중매인과 공동으로 사무실을 사용하고 있습니다.

　미소의 효력에 확신을 가진 저는 그에게 인간관계에 관한 저의 새로운 철학을 얘기했습니다. 그러자 그는 저를 처음 보았을 때는 몹시 퉁명한 사람으로 보았으나 최근에는 아주 달리 생각하고 있다고 솔직하게 얘기해 주었습니다.

　저의 미소에는 인정미가 넘치고 있다고들 합니다.

　그리고 저는 이제 남의 험담을 하지 않기로 했습니다. 험담하는 대신에 칭찬하기로 했습니다. 더불어 제가 원하는 것에 대해서는 아무 말도 하지 않고 오로지 상대방의 입장에서 생각하기로 노력하게 되었습니다. 그렇게 되자, 제 생활에 글자 그대로 혁명적인 변화가 일어났습니다.

　저는 이전과는 전혀 다른 사람이 되어, 수입도 늘었거니와 하루하루가 즐거움과 기쁨이 가득 찬 아주 행복한 사람이 되었습니다.

저는 이 이상의 행복은 이제는 바랄 수 없을 것으로 생각합니다.

이 수기를 쓴 인물이 뉴욕의 증권시장 중개인이라는 것에 유의해 주기를 바란다. 뉴욕의 증권시장 중개인이라고 말하면 대단히 어려운 직업으로 백 명 중 아흔아홉 명은 실패하기 마련이다. 그 위험한 거래에서 안정적 성공을 거둔 유능한 인물이 이 편지를 썼다는 것은 의미가 매우 깊다.

아무리 미소를 지어 보이려고 해도 도저히 안 될 때는 어떻게 하면 될까. 방법은 두 가지가 있다.

우선 첫째는 무리하게라도 웃어 보이는 것이고, 둘째는 혼자 있을 때라면 휘파람을 불거나 콧노래를 부름으로써 행복해서 못 견디겠다는 듯이 행세한다. 그러면 정말로 행복한 기분이 생겨나기 마련이다.

예로부터 중국인들은 현명하기도 했지만, 처세에 아주 능숙했다. 그들의 격언에 다음과 같은 것이 있다.

"미소를 지을 줄 모르는 사람은 사업가가 될 자격이 없다."

마음에도 없는 미소는 아무도 속지 않는다. 마음이 느긋해지는 미소, 마음속에서 우러나오는 미소, 천금의 가치를 가진 미소야말로 누구나 환영하고 환영받는다.

배우자와 상의해야 한다

시카고의 어느 5층 빌딩의 옥상에서 빌 조운즈가 투신자살을 기도했다. 그가 자살을 기도하게 된 동기는 신경쇠약과 공포증 때문이었다고 한다.

한때는 그의 사업도 크게 번성하였다. 그러나 그는 너무 무리하게 사업을 확장하다가 부도수표를 남발한 탓으로 결국 옴짝달싹 못 하게 되어 채권자들에게 쫓겨 다니는 신세가 되고 말았다.

그러나 그보다 더 불행한 일은, 이와 같은 어려움을 타개하기 위하여 아내에게 모든 사실을 털어놓고 근심 걱정을 나누려 하지 않았다는 점이다.

그의 아내는 남편의 성공을 아주 자랑스럽게 여기고 있었다.

따라서 그는 자기 사업이 난관에 부닥쳐 있다는 사실을 절대로 아내에게 알리지 않으려고 했다. 만일 모든 것을 아내에게 털어놓는다면 아내는 행복의 절정에서 하루아침에 절망과 낙담의 낭떠러지로 떨어져 버릴 것만 같은 걱정이 앞섰기 때문이다.

막다른 골목에 이르러 도저히 어떻게 수습해 볼 수조차 없게 된 조운즈는 채권자들의 빚 독촉에 더는 견딜 수가 없었다. 그는 채권자들에게 자기 소유의 건물 옥상까지 쫓기게 되자 순간적으로 투신자살할 생각을 하기에 이르렀던 것이다.

5층에서 뛰어내린 조운즈는 맨 아래층의 창밖으로 튀어나온 난간을 부수고 길바닥으로 떨어졌다. 상식적으로 생각할 때 5층 높이에서 떨어져서 무사할 사람은 없다. 그러나 그는 기적적으로 엄지손가락 하나만을 다쳤을 뿐 상처 하나 입지 않았다. 공교롭게도 그가 꿰뚫은 난간만은 그의 소유물 가운데서 빚을 지지 않고 구입한 유일한 재산이었다고 한다.

빌 조운즈는 잠시 후 의식을 회복하였고 자신이 살아 있다는 사실을 깨달았다. 그리고 그는 순간적으로 이처럼 대단한 기적이 일어났으니 지금까지 겪은 고난쯤은 아무것도 아니라고 생각하게 되었다. 또한 자신이 죽지 않고 살아 있다는 사실 자체만으로도 가슴 벅찬 희열을 느낄 수 있었다.

그는 부랴부랴 집으로 돌아가서 아내에게 모든 사실을 털어놓았다.

그 순간 아내의 충격이 너무나도 컸음은 두말할 여지가 없었다. 그러나 아내가 충격을 받은 것은 남편이 자살을 기도했다는 사실보다도 그동안 남편이 혼자서 얼마나 애를 태웠을까 하는 데서 오는 것이었다.

그녀는 자세를 고쳐 앉더니 남편을 위로하면서 앞으로 어떻게 이 난관을 극복할 것인지 신중히 상의하였다.

이렇게 되자 빌 조운즈는 비로소 시야를 넓혀 해결책을 모색할 수 있었다. 따라서 그는 지금까지의 소극적이고 폐쇄적인 사고방식에서 탈피하여 적극적으로 재기할 방법을 연구하게 되었다.

그와 같은 결과가 오늘날 빌 조운즈를 건실한 사업가로 만들어 놓았다.

현재 빌 조운즈는 남의 빚 따위는 한 푼도 없는 건실한 사업가로서 두각을 나타내고 있다. 무엇보다도 중요한 점은 그가 사업에 있어서 성공했느냐, 실패했느냐 하는 점보다 모든 일을 배우자와(혹은 가까운 동료) 상의했다는 점이다.

그는 자살을 기도한 이후로는 모든 일을 아내와 의논해서 했고 즐거움과 기쁨 또한 같이 나누기로 했던 것이다. 애당초 조운즈는 자신의 사업에 관한 골칫거리를 아내에게 털어놓는다는 것이 남자의 체면을 깎아내리는 것이라는 잘못된 생각에 사로잡혀 있었다.

그런 사람들은 맛 좋은 음식이나 예쁜 옷 따위를 사 들고 귀가하는 것만이 행복인 줄로 착각하고 있다. 그리고 매사 일이 잘 풀리지 않을 때는 배우자가 근심하거나 걱정을 할까 봐 그런 기색을 감추려고 애를 쓴다. 또한 그들은 자신이 약점을 지니고 있음을 인정하는 것에 아주 수치스럽게 여기고 있다. 그러나 결과적으로 그런 행동은 오히려 배우자를 모욕하는 것이라는 사실을 그들은 모르고 있다.

어느 심리학자는 다음과 같은 말을 했다.

"배우자가 할 수 있는 가장 큰 내조의 하나는 배우자가 회사에서는 이야기하지 않았던 근심거리에 귀를 기울여 들어줌으로써, 배우자가 마음의 무거운 짐을 내려놓을 수 있게 하는 것입니다."

그 심리학자는 그러한 배우자를 일컬어 '안전장치', '슬픔의 벽', '연료보급창고'라고 얘기했다.

다음은 배우자의 말을 경청하기 위한 세 가지 원칙이다.

첫째, 표정이나 몸짓으로 자신이 주의 깊게 귀 기울이고 있다는 사실을 표현할 것.

둘째, 적당한 질문을 하도록 익힐 것.

셋째, 결코 상대방의 신뢰를 저버리지 말 것.

★ ★ ★

배우자를 신뢰해야 한다

19세기 말엽의 일이다. 미시간주의 전기회사에서 어느 젊은 기사를 11달러의 주급으로 고용했다.

그 기사는 날마다 10시간씩 근무하고, 집에 돌아가서는 집 뒤뜰에 있는 낡은 창고에 틀어박혀 새로운 엔진의 제작을 위해서 밤이 깊도록 일에 몰두하는 것이 예사였다.

그러나 한낱 농부에 불과했던 그의 아버지는 아들이 쓸데없는 짓으로 시간을 낭비하고 있는 줄 알았다. 이웃 사람들도 이 젊은 기사에게, '쓸모없는 놈'이라는 별명을 붙이고는 놀림감으로 삼고 지냈다.

따라서 그의 연구가 언젠가는 열매 맺으리라고는 어느 누구도 감히 생각하지 못했다. 단 한 사람, 예외로 그의 부인이 있을 뿐이었다.

그녀는 하루의 일을 끝내고 나면 반드시 그 창고로 가서 남편을 돕고는 했다. 겨울이 되어 해가 짧아졌을 때는 일하는 데 편리하도록 석유램프를 가지고 가서 서 있기도 했다.

추위로 인하여 이는 덜덜 떨리고, 손은 차갑게 얼어 동상이 걸릴 지경이었지만, 그녀는 남편이 자신을 놀려대느라고 '나의 신자信者'라고 부를 만큼 헌신적이었고 남편의 작업이 반드시 성공하리라고 굳게 믿고 있었다.

그리고 그 낡은 오두막에 노력을 계속한 결과 3년 후, 그의 광기에 가까운 연구는 마침내 결실을 보았다. 그것은 공교롭게도 그 젊은 기사가 30세의 생일을 맞이한 날이었다.

이웃집 사람들은 일찍이 듣지 못하던 기계음에 모두 놀라 창가로 뛰어가서 바라보니 그 쓸모없는 놈으로 알려진 사내가 부인과 함께 말도 없는 수레를 타고 거리를 달리고 있지 않은가.

그 수레는 여러 사람들이 보는 가운데 저쪽 거리의 귀퉁이까지 갔다가 다시 돌아오는 것이었다.

이 사나이의 이름이 바로 헨리 포드다. 이렇게 우리 인류에게 중대한 영향을 끼친 운명의 새로운 자동차 산업이 그날 태어난 것이다.

헨리 포드를 '자동차 산업의 아버지'라고 일컫는다면 포드 부인이야말로 '자동차 산업의 어머니'라고 일컫는다고 해도 과하지 않을 것이다.

그로부터 50년 후, 포드는 다음에 다시 태어난다면 무엇으로 태어나고 싶으냐는 질문에 대해서 다음과 같이 대답했다.

"내 아내와 같이 있을 수만 있게 된다면 무엇으로 태어나든 전혀 개의치 않겠소."

그는 이승을 등질 때까지 그녀를 '나의 신자信者'라고 불렀고 저승에서도 그녀와 같이 살고 싶다고 희망했던 것이었다.

어떤 사람이든 자신을 믿어 주는 사람, 비록 주위의 여러 사람들이 자신을 반대하고 비난할 때라도, 내 편을 들어 주는 사람을 필요로 하는 법이다.

온갖 일이 뜻대로 잘되지 않을 때, 남의 공격을 받았을 때나 사업에 실패하였을 때조차 남편 혹은 부인에게, "어떤 일이 있더라도 당신에 대한 내 신뢰에는 변함이 없어요." 하고 말하며 용기와 자신감을 주는 배우자가 필요한 것이다. 배우자조차 자신을 믿어 주지 않는다면, 대체 세상에서 어느 누가 자기를 믿어 줄 것인가?

믿는다는 것은 적극적인 능력이다. 또한 그것은 잃어버린 자신을 부단히 되찾으려고 애쓰는 것이다.

★ ★ ★

더욱 큰 애정으로 감싸야 한다

"자녀들이 자신은 그 누구에게서도 사랑받지 못한다고 생각하는 것이 소년 범죄의 주요 원인이다."

이것은 뉴욕 시립 소년원의 서기이며, 사회사업가인 에젤 와이즈 씨가 매사추세츠주의 사회사업가 대회에서 강연할 때 한 말이다. 애정에 굶주렸다는 것이 이들 불행한 소년들의 공통된 문제점인 것이다.

다음은 어느 소년의 얘기이다.

그 소년은 아무리 편지를 해도 어머니가 답장하지 않기에 한번은 '저는 지금 이러이러한 강습을 받고 있는데, 그 결과 저도 이제는 착한 애가 되었어요.'라고 써 보냈다는 것이다. 그러자 비로소 어머니의 답장이 왔는데, 그 편지에는 '아무리 그래 봐야 넌 글러 먹었다. 네겐 소년원이 알맞은 곳이야.'라고 쓰여 있더라는 것이었다.

열아홉 살이 되는 토미라는 소년은 14년 이상이나 보육원과 교도소를 전전하며 살아온 아이였는데, 그의 말은 다음과 같다.

"우리에게 필요한 것은 우리를 귀여워해 주는 사람입니다. 지금까지 우리를 귀여워해 준 사람은 하나도 없었어요. 저는 열여섯 살이 되기까지 한 번도 크리스마스 선물을 받아본 일이 없었거든요."

배가 몹시 고픈 아이가 음식이 없을 때는 남이 먹다 만 밥찌꺼기에도 덤벼들 듯이, 애정에 굶주린 아이들이 그 공백을 메우느라 범죄로 빠져드는 것은 결코 이해할 수 없는 일이 아니다.

애정이란 우리의 정신이 그것에서 영양을 섭취하여 성장해 가는 참된 음식이다. 애정이 없으면 우리의 정신은 어지러워지고 혼미해지고 만다.

심리학자 고든 올프트는 이렇게 말했다.

"보통 일반 사람들의 심정을 솔직하게 말한다면, 누구나 아무리 사랑하거나 사랑받거나 하더라도 그것이 결코 충분하다고는 생각지 않는다."

정말 그렇다. 사랑은 원자력 못지않은 강대한 힘을 가지고 있으며, 사랑은 날마다 기적을 이룩하는 것이다. 당신이 배우자에게 기울이는 애정은 배우자가 일에 성공하기 위해서 가장 긴요하고 절박한 요소이다.

만약 당신이 진심으로 배우자를 사랑하고 있다면 당신은 배우자를 행복하게 하기 위해 당신이 할 수 있는 온갖 일을 다 할 것이다. 더구나 배우자에게 기울이는 애정은 자식의 행복에도 영향을 미친다.

가정문제 연구소장인 파울포프네 박사는 어느 석상에서 다음과 같이 말했다.

"만약에 전국의 어린이들을 한 해에 한 번씩 한자리에 모이게 하는 계획을 집어치우고 그 대신에 남편과 아내가 더욱더 깊이 서로 사랑하려면 어떻게 할 것인가 하는 문제를 토의하기로 한다면, 그것이 자녀의 행복을 위해서는 훨씬 도움이 될 것입니다."

그렇다면 우리는 어떻게 하면 서로가 더 크나큰 애정을 가질 수가 있을까? 그 방법을 기술해 보기로 하자.

1) 날마다 애정을 겉으로 나타내도록 할 것

흔히 부부지간에는 불평불만이 많다. 상대방이 자신에게는 전혀 무관심하다거나, 칭찬에 아주 인색하다거나, 어떤 옷을 입어도 조금도 관심 두지 않는다거나, 눈에 띄게 애정의 표현을 해주지 않는다고 말이다.

그러한 사람들은 역시 본인도 자신의 배우자에 대해서는 냉담한 태도를 보이면서도 한편으로 멋지다거나, 가정적이라거나, 믿음직하다거나 등 칭찬의 말을 건네주는 이성의 뒤를 쫓아다니는 것을 이해하지 못한다.

따라서 애정을 구하는 것은 절대로 여성만의 전매 특허권은 아니며 남성도 그 애정을 애타게 구하고 있음을 인지해야 한다.

때로는 남성의 이와 같은 약점을 이용해서 자기가 갖고 싶어 하는 것을 손에 넣을 때까지 애정의 표현을 하는 여성도 있으므로 현명한 독자 여러분은 잘 판단하기를 바란다.

2) 유머를 알 것―만사를 낙관적으로 속 편히 생각할 것

야심적인 배우자가 가끔은 '완전병'에 걸리는 수가 있다. 그러한 배우자는 언제나 자신의 자녀들은 총명해야 하고, 집안은 어디 하나 흠잡을 데 없도록 정리되어 있지 않고서는 마음이 편할 줄 모른다.

이와 같은 완전병은 자질구레한 일에 너무나 신경을 쓰는 탓으로, 도리어 커다란 것을 찾지 못하고 놓쳐 버리는 결과를 초래한다.

무엇이든지 속 편하게 낙관적으로 받아들이고 자잘한 일로 마음을 흐트러뜨리지 않도록 하는 것이 부부 사이에 애정을 부드럽게 하는 것이다.

3) 관대한 마음을 가질 것

진심으로 사랑하는 사람들 사이에는 이기적인 결혼이란 있을 수 없다. 즉 애정이란 아낌없이 주는 것이다.

4) 조그만 일에도 감사의 뜻을 표할 것

혹시 당신은 배우자가 해주는 일은 무엇이든지 그저 당연한 일이거니 하고 생각하고 있을는지도 모른다. 만일 그렇게 생각한다면 아무리 좋은 음식을 만들어준다거나 기쁘게 해주려고 노력해 보아야 무슨 소용이 있겠는가. 부부 사이는 당연한 것이 아니라 서로 배려해야 한다는 사실을 잊어서는 안 된다.

당신이 배우자에게 기울이는 애정은 배우자가 일에 성공하기 위해서 가장 긴요하고 절박한 요소이다. 만약 당신이 진심으로 배우자를 사랑하고 있다면 당신은 배우자를 행복하게 하기 위해 당신이 할 수 있는 온갖 일을 다 할 것이다. 더구나 배우자에게 기울이는 애정은 자식의 행복에도 영향을 미친다.

사람을 움직이는 법

6

사람을 행동시키는 효과적인 방법을 아는 것은 중요한 일이다.

당신은 살아 있는 한 당신이 사람들을 움직이고, 그들이 또 당신을 움직이는 이중 역할을 계속해서 연출하는 것이다.

선생과 학생, 어버이와 자식, 세일즈맨과 손님, 고용인과 피고용인 등등 당신은 이러한 경우에 있어서 저마다의 역할을 담당하는 것이다.

다음의 이야기로 우리는 어린아이가 어른인 아버지를 움직이는 방법을 깨닫게 될 것이다.

어느 크리스마스 날 세 살 된 어린아이가 맛있는 음식을 잔뜩 먹고 난 뒤에 아버지와 함께 거리를 거닐고 있었다.

그들이 100여 미터쯤 걸어갔을 때 어린아이는 발길을 멈추고 미소 지은 얼굴로 아버지를 올려다보았다.

"아빠……."

아이가 머뭇거렸다.

"뭐?"

아버지가 묻자 어린아이는 잠시 주저하다 이렇게 말을 계속했다.

"아빠, 아빠가 만일 내 다리라면……."

이와 같은 붙임성을 누가 마다할 수 있겠는가?

철없는 어린아이라도 아버지가 행동하도록 동기를 유발할 수 있다. 물론 아버지가 어린아이의 마음을 움직일 수도 있다. 어린아이를 신뢰하는 것은 그에게 자기에 대한 자신을 심어 놓는 것이 된다.

어린아이가 자기는 잘할 수 있고, 확고한 신뢰에 싸여 있다고 생각할 때는 사실 생각하고 있는 그 이상으로 잘하는 법이다.

그러니까 당신도 다른 사람들에게 신뢰를 쌓음으로써 그 사람들을 움직일 수가 있을 것이다.

신뢰는 정확히 말한다면 적극적이며 소극적인 것이 아니다. 따라서 당신이 상대방에게 신뢰를 전하려고 애쓰지 않으면 안 된다.

'나는 당신이 이 일에 성공한다는 것을 알고 있습니다. 그래서 나는 이렇게 말할 수 있는 것입니다. 나는 여기서 당신을 지켜보고 있습니다.'라고 말하지 않으면 안 된다.

신뢰는 편지로도 표현할 수도 있다. 사실 편지는 사람의 생각을 서술하여 타인의 마음을 움직이게 하는 데 뛰어난 도구이다.

편지를 쓰는 사람은 누구나 암시 때문에 그것을 받는 사람의 잠재의식에 작용을 미치게 할 수가 있다. 물론 이 암시의 힘은 몇몇 요소에 의해 좌우되고 있기는 하다.

만약 당신의 아들이나 딸이 먼 곳에 유학 중이라고 한다면, 당신은 다른 방법으로는 가능할 수 없는 일도 편지나 전화로 이룰 수가 있을 것이다. 당신은 이 방법을 이용하여 당신 자녀의 성격을 조성해 주고 대화로서는 할 수 없었던 그런 일에 대해 서로 상의하고, 당신의 지금 생각하고 있는 마음속 생각을 고백할 수가 있다.

대부분 청소년은 말로 할 때는 충고나 조언을 잘 받아들이려고 하지 않는다. 이는 그때의 환경이나 감정이 원인이 되기도 하지만, 그러나 그 같은 경우라도 진지하고 솔직하게 쓴 편지에 담은 충고는 소중히 간직할 것이다.

다른 한편으로 세일즈 매니저도 부하인 세일즈맨에게 적절한 편지를 씀으로써 이제까지의 모든 판매 기록을 깨도록 마음을 움직일 수가 있다.

그러나 정말 능숙한 세일즈 매니저라면 세일즈맨의 마음을 움직이는 가장 효과적인 방법의 하나가 그 사람과 함께 일하면서 실례를 보여 주는 일이라는 것을 잘 알고 있다.

클레멘트 스토운은 아이오와주에 사는 세일즈맨을 어떻게 해서 훈련했는가 하는 이야기를 해서 많은 사람들의 주목을 받아 온 사람이다.

그의 이야기를 기술해 봄으로써 우리는 남의 마음을 움직이는 방법을 터득한 예를 알 수가 있다.

나는 쇼크스에 있는 우리 보험회사 세일즈맨의 한 사람의 얘기를 들어 보았다. 그는 쇼크스의 시내에서 이틀간 꼬박 열심히 쫓아다녔지만, 단 하나의 보험도 가입시킬 수 없었다고 했다.

"쇼크스에서 보험을 들라고 하는 것은 절대로라고는 말할 수 없지만 잘 되지 않는 일입니다. 그곳에 사는 사람들은 거의 네덜란드계 이민자들로서 대단히 배타적입니다. 자신들 계통의 사람 외에는 그 무엇도 사려고 하지 않습니다. 게다가 그 지역에 5년간이나 계속 흉년이 들어서 그 지역에서 보험을 들라고 하는 것은 거의 불가능한 일입니다."

"그럼 내일 자네가 이틀 동안 하나도 팔지 못했던 그곳에서 다시 한번 시도해 보지 않겠는가?"

그리고 다음 날 아침, 나는 그와 함께 자동차를 타고 쇼크스로 갔다.

나는 그곳에서 적극적인 사고를 몸에 익히고, 우리 회사의 방식을 신뢰하고 그것을 활용하는 세일즈맨이라면 설사 어떤 장해가 있을지라도 충분히 성공할 수 있다고 실증해 보이려 생각했다.

그 세일즈맨이 차를 운전하고 있는 동안, 나는 눈을 감고 생각하며 정신을 가다듬었다. 왜 그들이 보험을 들지 않을까 하는 사실보다, 어떻게 하면 보험을 들 수 있도록 해야 하는가를 계속 생각하고 있었다.

나는 다음과 같이 생각했다.

'이 세일즈맨은 그곳의 주민이 네덜란드계의 이주민으로 배타적이기 때문에 불가능하다고 말했다. 그러나 돌이켜 생각하면 얼마나 좋은 일인가. 만일 그 동료들의 한 사람, 특히 그 리더에게 보험을 들게 할 수가 있다면 그 사람들 모두에게도 가능하다는 것과 마찬가지이다. 그러니까 비록 시간이 걸리더라도 나는 반드시 성공해야만 할 것이다.

그리고 세일즈맨은 쇼크스 지역이 5년간이나 계속 흉작이라고 말했다. 그러나 이보다 더 멋진 상황이 어디 있을까? 그리고 네덜란드계 이주민들은 돈을 모으는 것을 좋아할 뿐만 아니라 책임감이 있어 자신들의 가정과 재산을 지키는 데 최선을 다할 것이다.

아마 다른 보험 세일즈맨은 아직 거기까지는 생각이 미치지 않았을 테니까 그 사람들은 그 어떤 보험에도 들지 않았을 것이다. 다른 세일즈맨 역시 지금 차를 운전하고 있는 이 사람과 마찬가지로 소극적인 마음가짐을 가지고 그 사람들을 대했을 것이다. 게다가 우리 회사의 보험 방식은 적은 보험료로 충분한 보장을 받게 되어 있다. 그러니까 여타 경쟁 회사가 없다고 해도 과언이 아닐 것이다.'

그리고 나서 나는, 스스로 정신을 집중하는 일에 전념했다. 나는 경건하고 진지한 마음가짐으로 기도하기 시작했다.

'신이시여, 저를 도와주십시오! 신이여, 저를 도와주십시오!' 하고 되풀이하였다. 몇 번이나 그 말을 되풀이하고 난 뒤에야 다음 계획을 위해 잠시 눈을 붙일 수가 있었다.

우리가 쇼크스의 중심가에 도착했을 때 첫 번째로 은행을 찾아갔다.

그곳에는 부지점장과 출납계, 예금계 직원이 있었다.

내가 차분히 20분 동안 설명한 결과 부지점장은 우리 회사에서 가장 권하고 싶다고 생각했던 보험에 들어 주었다. 그러자 출납계도 부지점장과 같은 보험에 들었다. 하지만 예금계 직원은 아무리 설득해도 보험에 가입하지 않았다.

이 일을 계기로 우리는 가게, 사무실, 은행 등 그 어디라도 누비며 보험 판매를 시작했다. 그러자 놀라운 일이 일어났다. 우리가 방문했던 사람들 중 많은 사람들이 연락을 해와 보험에 가입했던 것이다.

그럼 나는 다른 사람이 실패한 그 고장에서 어떻게 가능했을까? 사실 나는 다른 사람이 실패를 한 바로 똑같은 이유를 가지고 성공을 경험한 것이다.

그 세일즈맨은, 그들이 네덜란드계 이주민으로 배타적임으로 팔 수 없다고 말했다. 그러나 그것은 소극적인 마음가짐이다.

나는, 그들이 네덜란드계 이주민으로 배타적이기에 보험을 들 것이라고 확신하고 있었다. 이것이 바로 적극적인 마음가짐이다.

그리고 그 세일즈맨은, 그들이 5년간이나 계속 흉작임으로 보험을 가입시킬 수 없었다고 말했다. 그것도 소극적인 마음가짐이다.

나는 신의 인도와 도움을 구했을 뿐만 아니라, 내가 그 도움을 받는 중이라는 것을 굳게 믿고 있었다.

그리하여 그 세일즈맨도 적극적인 마음가짐을 가지게 되었고 매일 판매 기록을 경신해 나갔던 것이다.

이제까지의 이야기는 실례에 의해 남의 마음을 움직인 예이다. 그 세일즈맨이 그가 이전에 실패했던 장소에서 성공한 예이거니와 이는 바로 그가 적극적인 마음가짐으로 일하는 것의 가치를 깨달았기 때문이다.

> 다른 사람들에게 신뢰를 쌓음으로써 그 사람들을 움직일 수가 있다. 신뢰는 정확히 말한다면 적극적이며 소극적인 것이 아니다. 따라서 상대방에게 신뢰를 전하려고 애쓰지 않으면 안 된다.

이번 장의 내용들을 바탕으로 아래 질문에 스스로 답해보거나,
동료와 대화를 나누어 봅시다.

① 이번 장에서 마음에 와닿는 내용은 어떤 것들이 있었나요?

② 앞(제4장 코치의 질문)에서 그려본 자신의 행복한 성공을 위해 앞으로 1년간의 목표를 세워본다
면 어떤 것이 될까요?

③ 그 목표를 달성했다는 것을 다른 사람이 어떻게 확인할 수 있나요?

④ 자신을 움직이는 동기에는 어떤 것들이 있나요?

⑤ 연간목표를 위해 자신의 어떤 동기를 어떻게 활용할 수 있을까요?

⑥ 그 연간목표를 위한 3개월 목표를 어떻게 정하면 적절할까요?

⑦ 그 3개월 목표를 위한 1개월 목표는 무엇인가요?

⑧ 누구의 도움을 받으면 더 잘 할 수 있을까요?

⑨ 그 1개월 목표의 진척 상황을 어떻게 파악하고 기록하면 좋을까요?

⑩ 그 1개월 목표를 위한 주간 목표는 무엇인가요?

⑪ 오늘 잠자기 전까지 실행할 1일 목표는 무엇인가요?

⑫ 지금 당장 시작할 수 있는 작은 행동은 무엇인가요?

제6장

부자가 되는 법

나는 건강하다. 행복하다. 상쾌하다.
행복하고 만족해하고 있는 사람들은
자기 마음을 컨트롤할 줄 안다.
그들은 처해 있는 상황에 대해 적극적인 태도를 보인다.
자기의 재능을 살려 남에게 즐거움을 주는 것에 만족하라.

부자가 되는 지름길

'부Wealth의 지름길'이란 과연 가능한 것일까? 지름길이란 보통의 순서에 의해서보다도 더욱 신속하고 정확하게 어떤 일을 해내는 방법을 말한다. 따라서 보통의 방법보다도 더욱 '직접적인 길'을 의미한다.

그러므로 지름길을 취하는 사람은 그 목적지를 알고 있으므로, 그가 부딪치는 장애나 난관은 당연한 것으로 여긴다.

클레멘트 스토운이란 세일즈맨은 여러 해에 걸쳐서 성공의 원칙에 대하여 강의해 왔다. 그 코스의 명칭은 '적극적인 사고'라고 부르고 있다. 그 성공의 17원칙을 열거해 보면 다음과 같다.

1) 적극적인 마음가짐

2) 목적을 명확히 할 것

3) 덤bonus을 붙일 것

4) 정확한 사고

5) 자기 규율을 세울 것

6) 지도력

7) 올바른 신앙심

8) 타인이 좋아하는 성격

9) 자발성

10) 성심성의껏 열심히

11) 조절된 주의력

12) 협동심

13) 실패에서 배울 것

14) 창조적인 비전

15) 시간과 돈의 예산을 세울 것

16) 건강의 유지

17) 우주 습성의 힘의 이용

우리가 여기에서 17가지의 성공의 원칙을 알아보는 것은 당신에게 부의 지름길을 제시하려는 생각이기 때문이다. 우리는 당신에게 가장 직접적인 방법을 써서 성공에의 지름길을 가는 것을 원하고 있기 때문이다.

그런데 여기서 알아 두어야 할 것은 직접적인 방법을 취하기 위해서 적극적 사고방식을 가질 필요가 있다. 그리고 적극적 사고방식은 앞에서 열거한 열일곱 가지의 성공 원칙을 적용하는 데서 생기는 것이다.

생각한다는 말은 하나의 상징이다. 당신에게 있어서의 그 의미는 당신이 누구인가에 따라서 달라질 수도 있다.

그렇다면 당신은 누구인가? 당신은 당신의 육체, 유전, 의식과 잠재의식, 경험, 시간, 공간에서의 특정한 위치와 방향, 그리고 기지와 어떤 기지의 힘을 포함한 그 밖의 무엇인가의 소산이다.

만일 당신이 적극적 사고방식으로 생각할 때는 당신이 열일곱 가지 원칙에 영향을 주어서 활용하고 조절하면서 조화시킬 수 있다.

당신만이 당신을 위해 생각할 수 있다. 당신에게 있어서 부의 지름길은 다음의 말로 상징되고 있다.

"적극적 사고방식으로 부를 만들어야 한다."

부를 대하는 마음가짐

당신이 누구이든 당신의 나이, 교육수준, 직업에 전혀 상관 없이 당신은 부를 끌어당길 수가 있다. 당신은 또 그것을 배척할 수도 있다. 우리는 다음과 같이 말할 수가 있다.

"부를 배척하지 말고 끌어당겨라!"

이 장에서는 당신에게 돈을 만드는 방법을 가르치고자 한다.

당신은 부자가 되기를 원하고 있지 않은가? 진지하게 대답해 주기 바란다. 물론 당신은 원하고 있을 것이다. 그렇지 않다면 부자가 되는 것이 두려운가?

우리는 성공한 사람들의 이야기를 들을 때마다, 그들의 성공의 실마리가 그들이 자기 개념을 위해서 책을 손에 넣은 날로 거슬러 올라가야 한다는 것을 발견했다.

책의 효용을 과소평가해서는 안 되며 어쩌면 책은 당신을 대담한 새 계획으로 몰아넣을 수가 있다. 그리고 책은 계획에 따르기 마련인 어두운 날을 밝게 비출 수 있는 영감을 공급해 주는 도구이다.

조지 스테페크는 하이네 베레탕 병원에 입원하고 있었는데, 그는 우연히 생각하는 시간의 가치를 발견하게 되었다.

조지는 아무것도 가진 것이 없었다. 입원하고 있는 동안 시간은 한가할 만큼 많이 있었지만, 읽거나 생각하거나 하는 것을 제외하면 그 외에 아무 일도 할 것이 없었다. 그런데 그는 나폴레온 힐의 '생각하라, 그러면 부자가 될 수 있다'라는 책을 읽고 성공을 위한 마음의 준비를 하게 되었다.

그의 머리에 어떤 아이디어가 떠올랐다. 많은 세탁소에서 새로 다려진 와이셔츠를 모양이 흐트러지거나 주름이 잡히지 않도록 두꺼운 종이로 싸고 있다는 것을 알고 있었다. 2~3개 세탁소에 편지를 주고받아 알아본 결과, 세탁소에서 이 종이봉투를 1,000장에 4달러씩 주고 사서 쓰고 있다는 것을 알았다.

그의 아이디어란 이 종이봉투를 1,000장에 1달러로 판다는 것이었다. 그 대신 어느 봉투에나 광고를 게재하는 것이다. 물론 광고주는 광고료를 지불하고 조지는 그것으로 이익을 얻게 되므로 남보다 적은 돈을 받더라도 유지할 수 있다고 생각했다.

조지는 이와 같은 아이디어를 생각해 내고 그 실현을 서둘렀다. 병원에서 퇴원하자 그는 곧 실천에 옮겼다. 그것은 새로운 광고 분야로써 그것대로 여러 가지 문제가 있기는 했지만, 입원 중에 몸에 뱄던 습관을 여전히 지켜나갔다. 그의 사업이 급속히 번창하고 있을 때도 그는 서비스 효과를 더욱 증가시킴으로써 매상을 높이려 노력했다.

와이셔츠의 포장지는 그 속에서 와이셔츠를 일단 꺼내면 손님은 그것을 내버리는 것이 보통이었다. 그래서 그는 다음과 같은 질문을 해보았다.

"어떻게 하면 광고가 붙은 이 종이봉투를 가정에서 언제까지나 보존시켜 둘 수가 있을까?"

과연 그는 어떻게 했을까?

우선 종이봉투 한쪽 면에는 이제까지와 같이 흑백으로, 또는 색도를 넣어 광고를 인쇄했다. 그리고 다른 한쪽 면에 새로운 고안을 했다. 가령 어린이들을 위한 재미있는 게임이라든가, 주부들을 위해서는 맛있는 요리

법이라든가, 온 가족을 위해서의 주말여행 안내, 또는 가족들이 함께 즐기는 게임 등을 인쇄했다.

조지의 술회에 따르면 어떤 남자가 클리닝값이 갑자기 까닭도 없이 많이 지출된 것을 이상하게 여기고 알아보았다. 그랬더니 그 부인은 조지가 인쇄해 넣은 요리법을 좀 더 많이 손에 넣기 위해 아직 맡기지 않아도 좋은 와이셔츠를 자꾸 내놓고 있었다는 것이다.

그러나 조지는 여기서 그치지 않았다. 야심적인 그는 그 사실을 더욱 펼치려고 생각했다. 그래서 그는 이번에도 자신에게 물어보았다.

"어떻게 하면 그걸 할 수 있겠는가?"

그리고 이번에도 대답을 찾아낼 수 있었다.

조지 스테페크는 세탁소에서 받은 1,000장에 대한 1달러의 돈을 모두 아메리카 클리닝업 협회에 기부했다. 그러자 협회에서는 그대로 조지의 와이셔츠용 종이봉투를 독점적으로 사용하여 그의 일을 도와주라고 협회원들에게 권유하게 되었다.

이렇게 해서 조지는 좋은 마음으로 나눌수록 자신도 더 많은 것을 손에 넣을 수가 있다고 하는, 또 하나의 중요한 사실을 발견했던 것이다.

생각하고 그것을 메모하는 습관을 길러야 한다

조지 스테페그에게는 주의 깊게 계획된 생각을 할 수 있는 병상의 시간이 막대한 부를 가져다주었다. 그 뛰어난 아이디어가 떠오른 것은 조용한 환경에 있을 때였다. 시끄러움 속에서야말로 뛰어난 자아가 발견된다고 하는 그릇된 생각을 가져서는 안 된다. 또 생각하는 시간을 갖는 것은 시간을 낭비하고 있는 것이라는 생각은 금물이다. 사색은 그 위에 다른 모든 것들이 어우러지는 토대이기도 한 것이다.

그러나 뛰어난 행동을 충동시키는 책을 읽거나 그것을 읽고 나서 생각하거나 하는 습관을 붙이기 위해서 당신은 병원에 입원하거나 할 필요는 없다. 또 생각하거나 공부하거나 계획하거나 하는 시간도 대단히 긴 시간이 필요하지 않다. 공부하거나 생각하거나 계획하거나 하는 시간의 고작 1%만 사용해도 당신의 목표에 도달하는 스피드에 놀라운 성과가 나타날 것이다.

당신의 하루를 정확히 계산하면 1,440분이다. 이 시간의 '1%를 연구하고 생각하고 계획하는 시간으로 써라.' 그러면 당신은 이 시간이 당신을 위해 어떤 일을 해주는가에 반드시 놀랄 것이다. 왜냐하면 당신이 일단 이 습관을 몸에 붙이면 언제 어느 곳에 있거나 식사를 하고 있을 때이든, 버스를 타고 있을 때이든, 목욕하고 있을 때이든 항상 건설적인 아이디어가 생기는 데 깜짝 놀랄 것이기 때문이다.

토머스 에디슨과 같은 천재는 인류가 이제까지 발명한 것 중에 가장 위대한 발명을, 가장 간단한 두 가지 도구인 연필과 종이를 잊지 않고 활용함으로써 이룩하였다. 에디슨이 한 것처럼 이 방법을 이용하여 아침이나 낮이나 머리에 떠오른 아이디어를 기록하는 것이다.

부를 끌어당기는 또 하나의 필요조건은 자기 목표를 세우는 방법을 배우는 일이다. 이것을 이해하는 것은 당신에게 매우 중요한 일이다. 비록 그 사람이 이 일의 중요성을 인식하고 있었을 경우라도, 목표를 설정하는 방법을 정말로 이해하고 실행하고 있는 사람은 극히 드물기 때문이다.

목표를 설정해야 한다

당신의 마음에 간직해 두어야 할 중요한 일이 네 가지 있으므로 그것을 열거해 본다.

첫째, 당신의 목표를 적어 보아라. 그렇게 함으로써 당신의 생각이 구체화된다. 쓰면서 생각하는 것은 당신의 기억에서 사라지지 않는 인상을 남기는 것이 된다.

둘째, 당신의 목적을 달성할 때의 기한을 분명히 하라. 이것은 당신이 목표를 향해 출발하여 계속 걷도록 당신을 움직이게 하는 점에서 중요한 일이다.

셋째, 기준을 높은 곳에 둘 것이다. 일반적으로 말해서 당신의 주된 목표를 높은 곳에 두면 둘수록 그것을 달성하기 위해서 전력을 다하게 된다.

넷째, 높은 것을 지향해야 한다. 이제부터 당신은 용기를 내어 현재 당신이 가치 있다고 생각하는 것보다도 더 많은 가치를 인생으로부터 구해야 할 것이다.

첫걸음이 중요하다

목표를 결정한 다음에 중요한 것은 행동으로 나타내는 일이다. 63세의 찰스 필리피아 부인은 뉴욕에서 플로리다의 마이애미까지 걸어갈 계획을 세우고 드디어 그것을 실현했다.

그리고 그녀는 신문기자와 인터뷰했다.

기자들은 그와 같은 긴 도보 여행을 한다고 생각한 것만으로도 '어떻게 대단한 용기를 가질 수가 있을까?' 하고 물었다.

"첫걸음을 내딛는 데에 용기는 필요 없어요."

필리피아 부인은 대답했다.

"그리고 내가 한 것은 그뿐입니다. 나는 한 걸음을 내디뎠습니다. 그리고 다음에 또 한 걸음을 내디뎠습니다. 그리고 또 한 걸음, 또 한 걸음 이렇게 해서 드디어 여기까지 도착하게 된 것입니다."

그렇다. 어느 계획에 돌입하더라도 당신은 그 첫걸음을 내딛지 않으면 안 된다. 당신이 얼마만큼 생각하거나 공부하거나 하는 시간을 많이 잡을까 하는 것은 문제가 아니다. 실천이 그와 함께 수반되지 않으면 그와 같은 일은 아무리 계획이 원대할지언정 아무런 소용이 없을 것이다.

소극적인 마음은 부를 배척한다

적극적 사고방식은 부를 끌어당기지만, 소극적인 사고방식은 그 반대의 결과가 나올 것이다.

적극적 사고방식을 가지고 있으면 당신은 찾고 있는 부를 손에 넣을 때까지 계속 노력할 것이다. 지금 당신은 적극적 사고방식으로 출발하여 첫 걸음을 내디디려 하고 있다. 그러나 소극적인 영향을 받아, 목적지에 도달하기 바로 한 걸음 앞에서 그만 멈추어 버릴 수도 있다.

그 좋은 실례가 다음의 이야기이다.

가령 그 사람을 오스카라 부르기로 하자. 무덥던 여름이 지난 어느 날, 그는 오클라호마시의 정거장에서 내렸다. 거기서 그는 몇 시간 후에 있을 동부행 기차를 기다려야 했다. 그는 찌는 듯한 더위가 이어지는 서부의 사막 속에서 수개월이나 지내 왔다. 그는 어떤 동부의 회사를 위해 석유를 찾고 있었다.

오스카는 매사추세츠 공과대학 출신으로, 유전을 발견하기 위해서 광맥 탐지기를 개량하여 새로운 장치를 지니고 있었다.

그런데 지금 오스카는 그가 근무하고 있는 회사가 파산했다는 기별을 받았다. 파산의 원인은 대표가 거액의 현금을 주식시장에서 투기로 유용했다는 데 있었다. 주식시장은 대공황(1929년)으로 인하여 전부 무너지고 말았다.

그리하여 오스카는 집으로 돌아오는 도중이었다. 그는 직업을 잃었으므로 앞날이 아무런 희망도 없는 것같이 보였다.

그는 몇 시간 동안을 역에서 기다리지 않으면 안 되었으므로 가지고 있던 그의 장치를 역 안에서 꾸며 보리라 마음먹었다. 그런데 그것이 좀처럼 생각대로 잘되지 않았다. 화가 치민 오스타는 그 장치를 발로 차서 드디어 그것을 망가뜨리고 말았다.

"석유 따위는 꺼져버려라!"

그는 화가 치미는 듯 되풀이해 이렇게 소리쳤다.

그는 욕구 불만이어서 소극적인 마음가짐의 영향 아래 있었다. 이제까지 그런 생각 때문에 그에게 찾아온 기회는 바로 그의 발밑에 있었다. 그것을 붙잡으려면 오직 한 걸음만 더 내디디면 되는 일이었다. 그러나 소극적인 영향 탓으로 그는 그것을 인정하기를 거부했던 것이다.

이런 이유로 그는 석유 탐지에 관한 자기의 발명품에 자신을 잃고 있었다. 만일 그가 적극적 사고방식이었다면 그것을 부정하지 않고 인정하려고 노력했을 것이다. 당신도 기억하겠지만, 큰 불경기는 많은 사람의 마음속에 공포 관념을 심어 놓는다. 오스카도 그중의 한 사람이었다.

이제까지 그 가치를 실증해온 기계도 한낱 쇠 부스러기와 마찬가지로 되었고 오스카는 그만 소극적인 마음가짐으로 욕구 불만이 되어 있었던 것이다.

그날 오스카는 오클라호마시의 정거장에서 열차에 올라탔을 때 망가진 그 석유 탐지기도 버리고 말았다. 그리고 최대의 석유 매장지와는 영구히 작별했던 것이다.

그 후 얼마 안 되어 오클라호마시는 문자 그대로 석유 위에 떠 있는 땅이 되었다. 오스카는 다음과 같은 두 가지 원칙 적용의 산 실례가 된 것이다.

적극적 사고방식은 부를 끌어당기지만, 소극적인 사고방식은 부를 배척한다.'

저축에 힘써야 한다

이런 말을 듣는다면 당신은 이렇게 반문할지도 모른다.

"적극적인 마음가짐이나 소극적인 마음가짐에 대해 말하고 있는 이러한 일의 모두는 100만 달러를 만드는 능력이 있는 사람에게는 대단히 좋은 일이겠지요. 그러나 그런 환경에 있지 않은 나에게 100만 달러를 만드느니 하는 것은 어림없는 일입니다. 물론 나도 경제적 안정은 바랍니다. 좋은 생활도 하고 싶고, 퇴직하고 나서 필요한 것을 마련하고 싶습니다. 하지만 내가 일개의 샐러리맨이라면 어떻게 합니까? 그리 대단치도 않은 급료를 받고 있다면 그건 불가능한 일이 아닐까요."

이에 대한 우리의 대답은 다음과 같은 것이다.

어떤 사람이라도 재산을 손에 넣을 수가 있다. 경제적 안정을 보유하기에 그치는 재산뿐만 아니라 부자가 되는 데 충분한 재산도 모을 수가 있다. 그러기 위해서는 당신의 마스코트인 적극적인 영향이 당신에게 작용하도록 하기만 하면 된다.

이것이 가능하다는 것을 증명해 보이겠다. 그리고 만일 당신이 아직 충분히 이해되지 않았다면 '바벨론 최대의 부호'라는 책을 읽으라고 권유하겠다. 그리고 충분히 이해한 다음에 첫걸음을 내디더 주기 바란다.

당신이 원하는 재산이라든가, 경제적 안정을 손에 넣을 때까지는 어떤 경우라도 발을 멈추어서는 안 된다. 오즈번이 취했던 것도 바로 그것이었다.

오즈번의 직업은 샐러리맨이었는데도 많은 재산을 손에 넣었다. 그런 결과를 위해 오즈번이 썼던 원칙은 아주 뚜렷한 것이었다. 그것은 누구의 눈에도 보이지 않았고 오즈번의 마음속에서 일어났다. 그가 사용했던 그 원칙, 그리고 당신도 쓸 수 있는 원칙은 불과 몇 마디 말로 나타낼 수 있다.

'바벨론 최대의 부호'를 읽고 있는 사이에 오즈번은, 재산이란 다음과 같은 일을 함으로써 손에 넣을 수가 있다는 것을 발견했다.

1) 당신이 손에 넣은 수입 중에 10%를 저축할 것.

2) 6개월마다 당신의 저축이나 이익금 중에서 그에 따른 배당금을 투자할 것.

3) 안전한 투자를 위해서 전문가의 조언을 구하고, 도박 같은 것을 해서 원금을 잃는 그런 어리석은 일은 하지 말 것.

오즈번이 한 것은 바로 이것이었다. 잘 생각하라. 오즈번의 경우처럼 당신은 당신이 손에 넣은 수입 중에서 10센트를 저축하고 그것을 안전하게 투자함으로써 경제적 안정이나 재산을 손에 넣을 수가 있다.

언제 시작하면 좋을까? 지금 곧 시작하는 것이다.

그럼 오즈번의 경험과 사람을 분발시키는 책을 읽고 있던 어떤 사람의 경험을 비교해 보자.

그가 나폴레온 힐을 만났을 때 그의 나이는 50세였다.

지금부터라도 늦지는 않다

"저는 당신의 '생각하라, 그러면 부자가 될 수 있다'라는 책을 몇 해 전에 읽은 일이 있습니다. 그러나 저는 아직도 부자는 아닙니다."

그 말을 들은 나폴레온 힐은 진지한 얼굴로 이렇게 대답했다.

"그러나 당신은 부자가 될 수 있을 것입니다. 당신의 미래는 지금부터입니다. 당신은 부자가 되기 위해 준비하지 않으면 안 됩니다. 그리고 당신이 그 기회를 위한 준비를 하기 위해서는 먼저 적극적 사고방식을 가지고 있지 않으면 안 됩니다."

오즈번은 저자의 이 충고를 머리에 담아 두었다는 것이다. 그것은 지금으로부터 5년 전의 일이었다. 그는 아직 부자가 되어 있지는 않았지만, 지금은 적극적 사고방식을 몸에 지니고 부자가 되어 가는 길에 서 있다고 했다.

그러한 증거로 그에게는 많은 부채가 있었는데, 지금에 와서는 그것을 깨끗이 청산하고 저축한 돈으로 투자를 하려고 하고 있다.

지금에서야 그는 적극적 사고방식을 가진 사람이 되었다.

이제까지 당신은 자기 도구에 대해 불평을 말한 일이 있는가?

만일 당신이 아주 좋은 카메라를 가지고 있어 적당한 필름을 쓰고 카메라의 조절도 잘못하지 않았는데, 다른 사람은 그 카메라로 완벽한 사진을 찍어 내고 있고 당신은 실패했다고 하면 그것은 대개 어디에 결함이 있었을까? 카메라에 결함이 있는 것일까? 설명서를 읽었지만, 그것을 잘 이해하지 못했을까? 또는 이해했지만 설명서대로 하지 않았을까?

이런 경우와 마찬가지로 당신의 인생, 전 코스를 바꿀 수가 있는 그런 책을 이미 읽고는 있었지만, 그것을 이해하고 학습하여 그 원칙을 배워서 적용하는 수고를 하지 않았을 수도 있다.

지금이라도 배우는 데 너무 늦지 않았다. 이제까지 배우지 않았다면 이제부터라도 배울 수 있다. 당신은 그 원칙을 알고 이해하지 않으면 성공할 수 없을 것이며, 그것을 적용하지 않으면 성공하는 일은 불가능할 것이다.

그러니까 당신이 이 책에서 지금 읽고 있는 것을 이해하고 적용하기 위해서는 아무래도 시간이 걸려야 할 것이다. 그러면 적극적 사고방식이 당신을 도와줄 것이다.

나는 적극적 사고방식으로 재산을 끌어당기라고 말한다. 그렇지만 당신은 돈이 필요하기는 하지만, 나에게는 한 푼의 돈도 없다고 말할지도 모른다. 이것이 소극적인 마음가짐이다. 만일 당신이 돈을 가지고 있지 않다면 다른 사람의 돈을 쓰면 된다.

"저는 당신의 '생각하라, 그러면 부자가 될 수 있다'라는 책을 읽었지만, 아직도 부자는 아닙니다."

그 말을 들은 나폴레온 힐은 진지한 얼굴로 이렇게 대답했다.

"그러나 당신은 부자가 될 수 있을 것입니다. 당신의 미래는 지금부터입니다. 당신은 부자가 되기 위해 준비하지 않으면 안 됩니다. 그리고 당신이 그 기회를 위한 준비를 하기 위해서는 먼저 적극적인 사고방식을 가지고 있지 않으면 안 됩니다."

3

과연 우리에게 만족할 수 있는 직업이란 어떤 것일까? 당신의 직업이 경영자이든, 종업원이든, 공장장이든, 공장 노무자이든, 의사이든, 간호사이든, 교사이든, 학생이든, 그 무엇이든 상관없이 당신 직업의 만족을 발견하는 것은 당신이 그 직업에 종사하고 있는 한 당신 자신에게 달려 있다.

그렇다면 당신도 할 수 있는 일이다. 만족은 마음가짐이다. 당신 자신의 마음가짐은 당신이 소유하여 완전히 지배할 수 있다. 당신은 자기 직업에서 만족을 찾을 결심을 하고 그러기 위한 방법을 찾아낼 수가 있다.

소망하던 직업, 즉 원하던 직업은 자연스러운 태도를 취할 수 있고 애착도 느낀다. 이런 경우에서는 만족을 찾기 쉽다.

원하지도 않았는데 어쩔 수 없이 택한 직업의 경우는 정신적·감정적 갈등이나 욕구 불만 등이 따르게 된다.

그러나 적극적 사고방식을 살려 자기의 직업에 만족하고 숙달하기 위해서 경험을 쌓는 기분을 불러일으키며 그러한 갈등이나 욕구 불만을 해소하는 가운데 충분히 극복할 수가 있다.

즐거운 마음으로 일해야 한다

젤리 아삼은 적극적 사고방식을 지니고 있었으며 자기 일을 사랑하고 있다. 곧 자기 직업에서 만족을 얻고 있다. 젤리는 하와이 왕가의 자손이다.

그가 마음으로부터 사랑하고 있는 직업이란 것은 국제적인 큰 회사 하와이 사무소의 세일즈맨이었다.

젤리가 자기 일을 사랑하고 있는 것은 자기 일을 잘 알고 있었으며 이미 숙달되어 있기 때문이다. 따라서 그가 하는 일에는 무리가 없다. 그러나 이러한 젤리에게도 무엇인가 바람직하지 않은 날이 있었다. 그래서 젤리는 일하고 싶은 기분을 내주고, 기운을 불러일으키는 책을 읽었다.

젤리는 책에 쓰여 있는 교훈을 믿고 실천했다. 그리고 그것을 스스로 실험해 보았다. 그리하여 그는 회사의 판매 매뉴얼을 연구하고 실제 판매 활동에서 배운 것을 실천으로 옮겼다. 그는 이상적인 목표를 설정하고 마침내 그것을 달성했다. 그리고 아침마다 자기 자신에게 이렇게 타이르는 것이다.

"나는 건강하다. 행복하다. 기분이 상쾌하다."

실제로 그날의 그는 건강하고 행복하고 기분이 상쾌했다. 따라서 그의 판매 성적도 상쾌함, 그 자체였다.

세일즈에 자신을 가지게 되자, 젤리는 세일즈맨들을 모아 그가 공부한 대로 교육하게 되었다. 그는 그들을 하나씩 데리고 나와서 올바른 계획을 세워 적극적 사고방식으로 고객들에게 접근하면 세일즈가 쉽게 달성하도록 가르쳤다. 그리고 다음과 같이 큰 소리로 외치도록 했다.

"나는 건강하다. 나는 행복하다. 나는 기분이 상쾌하다."

그러고 나서 다 같이 웃고 어깨를 두들겨 주며 서로 격려하고 저마다 그날의 판매 할당을 달성하기 위해 나간다. 그들이 내거는 목표는 국내 제일의 노련한 세일즈맨이나 세일즈 매니저가 깜짝 놀랄 만큼 높이 평가받는 것들이다.

이런 하루하루가 주말이 되자 세일즈맨들은 젤리의 회사 사장이나 세일즈 매니저를 기쁘게 하는 판매 보고서를 내고 있었다. 과연 젤리와 그 직원들은 자기들의 직업에 행복을 느끼고 만족을 맛보고 있는 것일까? 정말 그들은 만족하고 있었다. 다음에 그 이유를 몇 가지 들어 보자.

1. 그들은 자기들의 일을 충분히 연구하고 있으며 법칙이나 기술, 응용 방법을 잘 알고 이해하고 있으므로 자기가 하는 일에 자연스럽고 만족할 만한 느낌이 있다.
2. 목표를 확고하게 정하고 그것을 달성할 수 있다고 믿고 있다.
3. 자기의 마음을 움직여 적극적 사고방식을 가지고 활동하고 있다.
4. 성과가 좋으니까 일에 만족을 느낀다.

일에 대한 적극적인 마음가짐

젤리 아삼과 그의 부하인 세일즈맨들에게 그들의 직업에 대한 만족을 찾아내게 한 것도 모두가 적극적인 마음가짐 그것뿐이었다.

문득 당신의 주변을 살펴보자. 그리고 자기 일에 만족하고 있는 사람과 만족하고 있지 않은 사람을 비교해 보라. 그들의 장단점은 무엇일까?

행복하고 만족해하고 있는 사람들은 자기 마음을 컨트롤할 줄 안다. 그들은 처해 있는 상황에 대해 적극적인 태도를 취한다. 그리고 좋은 것을 찾고 좋지 않은 것이 있으면 우선 자기 스스로가 어떠한 경우인지를 확인한다. 그들은 자기 일에 대해 열심히 연구하므로 그만큼 일에 숙달하고 자기 자신은 물론 경영자에게도 보다 만족감을 느끼게 하는 일을 할 수 있게 된다.

그러나 불행한 사람은 소극적인 마음가짐이 그들의 마음을 지배하고 있다. 마치 자기 스스로 불행해지고 싶다고 바라고 있는 느낌이다. 무엇이든 불가능하다고 믿고 있으며 가능하지 않은 것을 찾고 있다.

근무시간이 너무 길다든가 점심시간이 너무 짧다든가, 상사의 마음이 나쁘다든가 회사가 충분한 휴가나 보너스를 주지 않는다든가, 어느 것이든 불평불만의 재료가 된다. 또는 누구는 매일 똑같은 드레스를 입고 왔다든가, 누구는 읽기 힘든 글씨로 쓴다든가, 자기와는 아무 관계가 없는 것까지 투덜거린다. 이렇게 무슨 일이든 불만의 씨앗뿐이다. 따라서 그들은 자기도 모르는 사이에 불행한 삶을 누리는 인간이 되어 버린다.

어느 땐가는 그들도 멋진 성공을 거둘 수도 있다. 그러나 직업 혹은 그 밖의 점에서도 불행한 인간임에는 변함이 없다. 소극적인 마음가짐에 휘말려 있기 때문이다. 이것은 직업과 관계없이 마찬가지이다.

당신이 행복감과 만족감을 찾고 싶다고 생각한다면 그렇게 될 수가 있다. 마음가짐을 컨트롤해서 마스코트를 소극적인 사고방식에서 적극적 사고방식으로 뒤집어 행복을 낳게 하는 방법을 스스로 찾아야 한다.

행복과 열의를 가지고 일할 수 있다면, 당신은 다른 사람들이 할 수 없는 일을 해낼 수 있을 것이다. 그러면 일이 즐거운 것이 되고 직업에 대한 만족감은 높아질 것이다.

명확한 목표를 세워야 한다

우리가 적극적 사고방식에 대한 강의 시간에 자기 일에 열의를 찾게 하는 법칙에 대해 서로 이야기하고 있을 때, 교실 뒷자리에 있던 젊은 여성이 손을 들었다. 그녀는 일어서서 이렇게 말했다.

"저는 제 남편을 따라 여기에 왔습니다. 여러분이 말씀하는 것이 직장에서 일하는 사람에게는 맞을지 모르겠습니다만 가정주부에게는 맞지 않습니다. 여러분은 매일 새로운 도전이나 흥미를 끄는 도전에 부딪치고 있겠지만 가사에는 그러한 일은 없습니다. 가사에 따르는 문제라고 하면 늘 같은 생활이라서 하루하루가 너무나 바보같이 어리석게 느껴집니다."

이것이야말로 우리에게는 진짜 도전과 같이 생각되었다. 하루가 너무나 바보같이 어리석게 느껴지는 것은 직장에 나가 있는 사람에게도 많이 나타나기 때문이다.

이런 경우의 젊은 여성을 구제하는 방법이 발견되면 자신이 하는 일이 똑같다고 생각하고 있는 사람들도 구제할 수 있을지도 모른다.

그리하여 무엇이 가사를 그와 같이 똑같은 하루로 만들어 버리는가를 물어보았다. 그러한 물음에 대한 답은 옷가지를 세탁하고 설거지를 하며 마루를 훔치는 그러한 일의 되풀이뿐이라는 대답이었다. 그녀는 진지한 얼굴로 이렇게 말했다.

"여러분에게 이런 일을 시켜도 할 턱이 없습니다."

"잘 안 될 겁니다."

강사도 그녀의 의견에 동의했다.

"그래도 가사를 즐겁게 돌보고 있는 여성이 있을까요?"

"물론 있다고 생각합니다."

"무엇 때문에 가사가 재미있다고 생각하고 열의를 잃지 않는 것일까요?"

그 젊은 여성은 잠깐 생각한 뒤에 이렇게 대답했다.

"아마도 그것은 일에 대한 태도 때문이라고 생각합니다. 그러한 여성은 자기 일을 하찮게 생각하지 않고 일상적인 것을 초월한 무엇인가를 보고 있는 것 같습니다."

이것이 그 강의의 핵심이 되었다. 직장에 만족을 느끼는 비결의 하나는 일상적인 것을 초월해 보는 것이다. 그것은 자기 일이 자신을 어디인가로 인도해주는 것을 아는 일이다. 이것은 당신이 가정주부이든, 총무과 경리든, 엔지니어이든, 큰 기업체의 경영자이든 어떤 경우에라도 마찬가지다.

일상의 자질구레한 일을 주춧돌이라고 본다면 거기에 만족을 발견할 수 있다. 자질구레한 일의 하나하나가 각각 한 개의 주춧돌이요, 그것이 선택한 방향으로 인도해주는 것이다.

일상생활에서 만족을 찾아야 한다

그 젊은 여성에 대해서는 정말로 달성하고 싶은 목표가 무엇인지 찾아내고, 매일 하고 있는 정해진 가사가 그 목표를 달성하는 일이라는 답이 나왔다. 그녀는 언젠가는 가족을 데리고 세계 일주 여행을 하고 싶다고 생각하고 있었던 것을 고백했다.

"좋습니다."

강사는 말했다.

"그러면 그걸 목표로 하지요. 자기 스스로 기한을 결정해 주십시오. 언제쯤 떠나고 싶다고 생각하십니까?"

"우리 아이가 12세가 되었을 때입니다."

그녀는 말했다.

"즉, 지금부터 9년 후입니다."

"그렇기는 하지만 큰일이군요. 우선 돈이 듭니다. 또 남편분께서는 휴가를 받지 않으면 안 됩니다. 여행 계획도 세워야 합니다. 방문하는 나라들에 대해서도 조사해 보지 않으면 안 되겠지요. 그런데 옷가지를 세탁하고 설거지를 하며 마루를 청소하는 것으로 목표를 달성하는 주춧돌로 여기는 방법을 발견해 낼 수가 있다고 생각되지 않으십니까?"

그 일이 있고 나서 몇 개월 후에 이 이야기의 여성이 우리 교실에 나타났다. 그녀가 교실에 들어선 순간, 성공했다는 것을 만족스럽게 생각하고 있다는 것을 알았다.

"인생에 주춧돌이 되지 않는 자질구레한 일은 하나도 없게 되고 말았습니다. 나는 청소 시간을, 생각하거나 계획을 세우거나 하는 시간으로 사용하고 있습니다. 쇼핑 시간은 시야를 넓히기에 알맞은 시간입니다. 나는 여행 중에 먹게 될 여러 식품을 수입품으로 사도록 하고 있기 때문입니다. 식사 시간은 교육 시간으로 하고 있습니다. 달걀이 든 중국 우동을 먹으려 할 때는 중국인에 관한 책을 읽어서 식사 때 그것을 가족에게 들려줍니다."

그러고 나서 다시 계속했다.

"앞으로 재미없는 일은 없을 것입니다. 다시 그전처럼 따분하게 돌아가는 일은 없겠지요."

만일 당신의 직업이 아무리 단조롭고 따분하더라도 지향하는 어떤 목표가 있으면 그 직업은 당신에게 만족을 줄 수가 있다. 이것은 어느 직업이든 많은 사람에 대해서도 말할 수 있다.

어떤 젊은이가 의사가 되고 싶다고 생각하면 그렇게 되기 위한 학교 교육을 받지 않으면 안 된다. 그가 선택한 직업은 시간·개업 장소·보수의 정도 등 많은 요인에 의해 좌우된다. 우선은 적성 같은 것은 문제가 되지 않는다.

이렇듯 소요되는 많은 요인 때문에 아무리 머리가 좋고 야심적인 젊은이라도 평생 세차를 하거나 도랑을 파거나 하며 끝날지도 모른다.

직업은 맞서거나 자극을 주거나 해주지는 않는다. 다만 목적을 달성하기 위한 수단에 지나지 않는 것이다. 그것도 자기 희망대로 나가고 있는 것은 확실하니까 직업으로 인한 어떤 고생이 따르더라도 최종 결과는 그 사람이 만족할 만한 것이다.

때로는 주어진 직업에 지급되는 희생이 지향하는 목표에 비해 너무 비쌀 수가 있다. 공교롭게도 그러한 직업을 갖게 되었을 때는 그 직업을 바꾸어야 한다. 비참한 생각으로 일하고 있으면 그 불만의 독소가 생활의 모든 면에 오염되어 버리므로 수습할 수 없는 지경에 이르는 것이다.

그러나 그 나름대로 희생을 치러도 여전히 자기 직업이 싫어서 견딜 수 없을 때는 번득이는 자극을 주는 불만을 길러야 한다. 불만이란 것도 조건 여하에 따라서 플러스가 되기도 하고 마이너스가 되기도 한다. 좋아질 수도 있고, 나빠질 수도 있다. 언제나 적극적 사고방식은 주어진 상황에 맞는 마음가짐이라는 것을 생각해야 한다.

불만의 의미를 깨달아야 한다

프랭클린 생명보험회사의 찰스 베이커 사장은 말한다.

"나는 타인에게 불만을 품으라고 권유하고 있다. 불만이라 해도 불평불만의 의미에서의 불만이 아니라, 세계의 온 역사를 통해 모든 참된 진보와 변혁을 낳게 하는 성스러운 의미에서의 불만이다. 그러므로 만족하는 것은 금물이다. 끊임없이 자기 자신만이 아니라 자기를 둘러싼 세계를 개혁하여 완전한 것으로 만들고 싶다는 충동에 휘감기도록 하는 편이 좋다고 생각한다."

이런 종류의 불만은 죄 많은 인간을 성자로, 실패를 성공으로, 빈곤을 부유로, 패배를 승리로, 불행을 행복으로 바꾸는 동기를 사람에게 줄 수가 있다.

나폴레온 힐은 말하고 있다.

"어떠한 불운에도 그와 대등한 이익을 낳는 씨앗이 있다."

과거에 있어 심한 고생이나 불행한 경험으로 생각했던 것이 뜻하지 않게도 성공이나 행복을 지향하여 용기를 준다는 것은 믿을 만한 사실이 아닐까?

아인슈타인은 '뉴턴의 법칙'이 모든 문제에 해답을 주지 않는 것에 불만을 품고 있었다. 그래서 그는 자연이나 고도한 수학에의 탐구를 계속해 드디어 '상대성 원리'를 발견했던 것이다. 그리고 이 이론을 기초로 해서 '세계의 원자를 파괴하는 방법'을 개발하며 '에너지를 물질로, 물질을 에너지로' 바꾸는 비밀을 알아내어 우주에 도전하고 정복하는 데 성공한 것이다.

이렇듯 경이적인 것은 어떤 것이든, 만약에 아인슈타인이 '번득임을 주는 불만'을 기르지 않았더라면 '상대성 원리'는 태어나지 않았을 것이다.

그러나 불만에서만이 세계를 바꾼다고는 할 수가 없다. 또 자기 세계를 바꾸어 자기가 가고 싶은 방향으로 나아가게 할 수도 있다. 클라렌스 란체가 자기 직업에 불만을 가졌을 때 그에게 어떤 일이 일어났는가를 얘기해 보자.

클라렌스 란체는 오랫동안 오하이오주 캔턴에서 시내 전차의 차장 노릇을 하고 있었다.

어느 날 아침, 그는 눈을 뜨자 자기가 하는 현재의 직업이 싫다고 생각했다. 그는 직업상의 일은 똑같은 일의 되풀이였으므로 싫증이 나 있었다.

그렇다고 생각하면 생각할수록 불만이 점점 더해질 뿐이었다. 생각하는 것을 그만두려고 생각해도 머릿속에서 사라지지 않았다. 불만이 쌓여 강박 관념에 사로잡힐 것 같았다. 이때의 클라렌스가 가슴에 품고 있던 불만은 대단히 강한 것이었다.

어떤 경우의 사람이든지 자기처럼 긴 세월을 시내 전차의 회사에 근무하고 있다면 누구나 불행하다고 생각할 것이라고까지 느껴지자 자신이 불행하다는 생각이 좀처럼 그의 머리에서 떠나지 않는 것이었다.

그런데 클라렌스는 적극적 사고방식의 강좌를 받고 있고, 가능하다면 어떤 직업에도 만족할 수 있다는 것을 배우고 있었다. 지금 그가 해야 할 일은 올바른 태도를 보이는 것이었다.

클라렌스는 일의 상황을 뚜렷이 파악하고 거기서 무엇을 할 수 있는가를 생각하기로 했다.

'어떻게 하면 일이 즐거워질 것인가?'

그는 자기 자신에게 물어보았다. 그리고 아주 그럴싸한 대답을 생각해 냈다. 그 대답은 타인을 행복하게 해주면 자기도 행복해진다는 것이었다.

그의 주위에는 행복하게 해줄 수 있는 사람이 너무나 많이 있었다. 왜냐하면 매일 전차 속에서 많은 사람을 만나고 있었기 때문이다. 그는 언제나 아무하고도 쉽게 친구가 될 수 있는 성격의 소유자였기 때문에 이렇게 생각했다.

'이런 나의 특기를 살려서 전차를 타는 사람들의 나날을 조금이라도 명랑한 것으로 만들어 주면 어떨까?'

클라렌스의 생각은 훌륭한 것이었다. 그의 꾸밈새 없는 명랑한 인사는 그들을 대단히 즐겁게 해주었기 때문이다. 따라서 그들이 즐거워하면 당연히 클라렌스도 즐거워졌다. 그러자 그의 상사는 그와 반대의 태도를 보였다. 상사는 클라렌스를 불러서 필요 이상으로 서비스하는 것을 그만두라고 경고했다.

그때도 클라렌스는 귀를 기울이지 않았다. 그 후에는 더욱 성의를 가지고 힘을 썼다. 그렇게 함으로써 그는 승객들과의 인간관계에 있어서 큰 성공을 거두고 있었다. 그러나 클라렌스는 그런 것을 경고하던 상사에게 결국 해고를 당하고 말았다.

클라렌스는 커다란 문제였지만 그것도 나쁘지 않은 일이었다. 적어도 적극적 사고방식에서 배운 바로는 그런 현상은 좋은 일을 이룰 수 있는 변화의 조짐이었기 때문이다.

이렇게 된 이상 클라렌스는 나폴레온 힐을 찾아가 이 문제를 어떻게 하면 좋을지 물어보기로 했다. 그래서 그는 캔턴에 사는 힐에게 전화를 걸어서 이튿날 오후에 만나기로 약속했다.

"선생님, 저는 '생각하라, 그러면 부자가 될 수 있다'라는 책을 읽고, 적극적 사고방식을 공부했습니다만 어디에선가 길을 잘못 든 것 같습니다."

그러고 나서 그는 나폴레온 힐에게 자초지종을 얘기했다. 그리고 마지막을 이렇게 마무리 지었다.

"저는 지금 무엇을 하는 것일까요?"

그의 물음에 나폴레온 힐은 미소 지으며 말했다.

"당신의 문제를 잘 생각해 봅시다. 당신은 하고 있던 일이 불만족스러웠습니다. 그래서 당신은 친밀한 성격인 당신의 재능을 살려 일에서 만족감을 얻음과 동시에 남에게도 만족을 주려고 한 셈이지요. 문제는 당신의 상사가 당신이 하고 있던 일을 바르게 보는 눈을 가지고 있지 않았다는 데서 생겼습니다. 그렇지만 그것은 훌륭한 일이었습니다. 왜냐하면 지금의 당신은 전보다 더 큰 목표를 위해 그 훌륭한 개성을 살릴 수 있기 때문입니다."

그러고 나서 나폴레온 힐은 전차의 차장보다 세일즈맨이 되는 편이 그의 훌륭한 능력이나 사람이 따르는 그의 개성을 살릴 수 있다는 것을 조언해주었다. 그리하여 그는 뉴욕 생명보험회사의 세일즈맨으로서 직업을 얻었다.

직업을 바꾼 클라렌스가 최초로 방문하기로 작정한 첫 번째 손님은 그가 근무하고 있던 시내 전차회사의 사장이었다.

클라렌스는 그 신사에게 자기의 개성을 있는 그대로 드러내 보였다. 이윽고 그가 사무소에서 나왔을 때 10만 달러의 생명보험에 든 신규 가입서를 손에 쥐고 있었다. 마지막으로 나폴레온 힐이 란체와 만났을 때, 그는 이미 뉴욕에서도 최고의 보험 세일즈맨이 되어 있었다.

환경에 맞추어야 한다

어떤 환경 속에서 당신을 행복하게 하거나 성공시키는 개성이나 재능, 능력은 서로 반대 작용을 미치게 하는 것이 있다.

감정이 나중에까지 남는 일을 마지못해서 하거나 어딘지 모르게 마음에 들지 않는 일을 하고 있으면 당신은 '동그란 구멍에 네모진 나무못'이란 말을 듣게 된다. 이러한 불행한 처지에 놓여 있을 때는 직업을 바꿈으로써 즐거운 환경으로 옮길 수가 있다.

그러나 직장을 바꿀 수가 없는 경우도 있다. 그때는 당신의 개성·재능·능력에 맞도록 직장을 조정할 수가 있으니까 역시 즐겁게 일하게 될 것이다. 이 해결법은 소극적인 태도에서 적극적인 태도로 바꾸는 데 도움이 될 것이다.

하고 싶은 소망을 끌어내어 계속 품고 있으면 당신의 습관을 없애거나 바꾸거나 하여 새로운 습관을 몸에 지닐 수 있게 되는 것이다

진심으로 그럴 생각이라면 정신적·도덕적 갈등에 견디는 각오를 해야 한다. 그만큼의 대가를 치를 의지가 있으면 갈등은 극복될 수 있다. 그러나 전부 지불하고 나면 새로이 몸에 지닌 특성이 눈에 띄게 될 것이다.

그렇게 되면 당신은 행복해질 수가 있다. 개운치 않은 감정이 나중까지 남게 되는 일 없이 원하는 일을 하게 되기 때문이다.

적극적 사고방식으로 계획하고 있는 일에 성공하려면 내면에서의 싸움이 계속되는 동안 육체적·정신적·도덕적 건강을 유지하도록 노력할 필요가 있다.

> 때로는 주어진 직업에 지급되는 희생이 지향하는 목표에 비해 너무 비쌀 수가 있다. 공교롭게도 그러한 직업을 갖게 되었을 때는 그 직업을 바꾸어야 한다. 비참한 생각으로 일하고 있으면 그 불만의 독소가 생활의 모든 면에 오염되어 버리므로 수습할 수 없는 지경에 이르는 것이다.

제1
윤리와 도덕적인 삶

◆ 나는 무엇을 위해 태어났으며 어떤 종교적 신념을 지니고 있는가.

◆ 나는 내 삶의 뚜렷한 목적을 가지고 있는가, 즉 앞날에 닥칠 2~3년 내지 10년 안에 달성시킬 목표를 명확히 말할 수 있는가.

◆ 친구나 동료, 윗사람에게 얼마나 성실하고 숨김이 없는가.

◆ 나는 도덕적으로 솔직하고 결백한가.

◆ 나의 목적을 이루기 위해서 나는 얼마만큼의 노력을 하고 있으며 최선을 다하고 있는가.

◆ 나는 앞으로 닥칠 어떠한 일에도 적극적으로 대처하기 위하여 학구적 노력과 연구를 게을리하고 있지 않은가.

제2
신체적 조건

◆ 내 목표를 달성하기 위한 육체적인 결점은 없는가.

◆ 신체 발육 상태 중 내 키에 비례해서 체중은 정상을 유지하는가.

◆ 음식 섭취는 적당하며 과음 및 과식은 하고 있지 않은가.

◆ 매일 밤, 잠은 잘 자는가.

◆ 운동은 적당한가, 과도한 운동이라든가 운동을 하는 데 게으른 점은 없는가.

◆ 몸과 마음에 영향을 끼치는 좋지 못한 습성은 없는가, 그리고 주변 환경은 내 바른 생활에
도움이 되는가.

제3
품성

◆ 나는 쉽게 실망하거나 낙담하지 않는 성격의 소유자인가.

◆ 생활의 여건에 따라 낙관한다거나 극단적으로 비관하지는 않는가.

◆ 실망이나 낙담했을 때도 평상시와 같이 일을 계속할 수 있는가.

◆ 맡은 일에 최선의 노력을 기울이고 있는가.

◆ 어제의 그르친 일 때문에 오늘의 일에 방해가 되거나 의기소침해하는 일은 없는가.

◆ 신속하고 명확하게 결단을 내릴 수 있는가.

◆ 확신할 수 있는 해답을 구할 때까지 문제에 생각을 집중할 수 있는가.

◆ 동료나 윗사람에 대하여 얼마나 솔직하고 떳떳한가.

◆ 자신이 생각해서 본인은 여러 가지로 생각이 깊고 신중하며, 위기를 기회로 역전시킬 수 있는 지략이 있고, 편애하는 마음보다는 공동체적 질서를 지키고 주변 사람들 누구에게나 똑같은 친절을 베푸는가.

◆ 다른 의견이 있을 수 있는 경우에 편파적으로 다른 사람의 의견만을 좇는 일은 없는가.

◆ 자신은 일에 대하여 빈틈이 없고, 또한 일하는 태도가 훌륭하다고 평가하거나 평가받고 있는가.

◆ 나는 장래를 위해 수입의 몇 %나 저축하고 있는가.

◆ 자신의 교양과 품위 유지 차원에서 수입의 몇 %를 정해서 쓰고 있는가.

◆ 기술과 집중력·결단성·인내력·깊은 생각·믿음성 등에서 현재의 내 위치에 가장 필요한 것은 무엇인가. 그리고 나는 이러한 성능을 얼마나 지니고 있는가.

◆ 현재 진행 중인 일은 일생의 사업으로서 과연 희망이 있는가.

◆ 만일 희망이 없다고 하면, 일생을 걸고 할 사업으로 따로 나에게 적합한 일이 있는가.

◆ 나는 앞의 각 물음에 대하여 왜 그러한 답변을 했을까. 그리고 답변에 불성실하지는 않았는가.

◆ 나는 과연 내 인생의 궁극적 목적을 달성할 수 있는 인물인가.

인생의 지표

프랭크는 활동적인 삶에 대한 이상적인 본보기가 된다고 할 만한 인물이다.

그는 어떠한 곤란한 상황에 직면해서도 의연하게 자신의 나갈 길을 개척하였다.

수년 전 그는 어떤 광산용 전기회사의 판매원이었다. 그때 그의 월급은 250달러였는데 어느 날 사장이 그를 불러서 말하였다.

"프랭크, 대단히 안 됐지만 이번에 전 사원의 봉급을 15% 정도 내리지 않으면 안 되게 되었네. 자네가 이해하게."

"아, 그러세요. 저도 대단히 미안한 말씀을 드려야 되겠습니다. 어쩌면 말씀대로 못 하게 될 것 같습니다."

"프랭크, 사원 모두란 말일세. 물론 내 급료도 15% 삭감하기로 했지. 그러지 말고 회사의 딱한 사정을 이해해 주게. 자네에겐 아마 아내와 어린 자식이 셋 있다고 들었는데 회사를 그만두고 어떻게 하려고 그러는가?"

"저도 좋아서 회사를 그만두겠다는 것이 아닙니다."

"물론 잘 알지. 그러니 그러지 말고 한 2~3일 잘 생각해 보게."

프랭크는 이틀 동안 곰곰이 생각해 보았지만 지금 받는 월급을 삭감하는 데는 동의할 수가 없었다.

그는 항상 아내와 의논하여 가계 예산을 세우고 있었기 때문에 월급이

깎이면 어떤 결과가 되리라는 것이 뻔했기 때문이었다.

프랭크 월급의 15%란 가족의 한 달 의류비에 해당한다. 이것을 깎는다면 앞으로 벌거숭이가 될 것을 각오해야 할 것인가? 또 월급의 10%는 교회와 그 밖의 여러 자선던체나 기부금으로 지출하게 되어 있는데 그것을 줄이기 또한 쉽지 않았다.

결국 프랭크는 회사를 그만둘 도리밖에 없다고 생각하며 이를 악물었다. 그만둘 바에야 하루빨리 그만두고 다른 일자리를 찾아야 한다.

그는 회사에서 자신의 책상을 정리하면서, 이제부터 앞일을 생각하니 못내 섭섭하고 불안한 마음에 착잡하기 그지없었다. 너무나 급작스러운 일이었기 때문에 다시 어디로 가서 일해야 좋을지 전혀 생각이 떠오르지 않았고 다만 정신이 어지러울 정도로 아득하기만 했다.

특히 자기 하나만을 믿고 있을 처자식들을 생각하니 마음이 무겁기만 했다. 지금이라도 굽실거리며 사장에게 가서 사직서를 취하해 볼까 하는 마음도 들었다. 그러나 그는 그렇게 하지 않았다. 자존심이 허락하지 않을 뿐만 아니라 그동안 자신과 가족들의 평화로웠던 생활이 엉망으로 될지도 모를 일이었다.

퇴근 시간이 되어 그가 사무실을 나오려고 할 때 뒤에서 그를 부르는 사람이 있었다.

"잠깐만요, 프랭크 씨, 그랜드 씨한테서 온 전화입니다."

그랜드는 프랭크의 옛 친구이자 경쟁회사의 판매 부서장이었다.

전화 내용은 그랜드가 이번에 새로 물건을 팔기로 계약한 회사에 기계를 설치하여 주는 일로, 9개월 기한으로 매달 250달러(이것은 프랭크가 받고 있었던 지금까지의 금액과 같은 액수이다.)로 일을 좀 봐주지 않겠는가 하는 것이었다.

"자네가 말하는 조건이라면 더 말할 나위 있겠나. 그렇게 하지."

이리하여 프랭크는 우선 9개월간의 일거리를 확보하게 되었다.

그러자 때마침 전화를 끊고 난 직후 프랭크는 사장의 부름을 받았다.

"프랭크, 자네의 주장은 사실 옳았네. 내가 다시 생각한 결과 500달러가 넘는 직원들에게만 월급을 감봉키로 했으니 자네는 안심해도 되겠네. 그리고 프랭크! 자네의 수완에 비하면, 지금까지의 월급이 너무 적은 것 같았으니 이제부터 300달러로 하겠네, 어떤가?"

프랭크는 사장님의 호의는 고맙지만 조금 전 다른 곳과 이미 약속해 버렸으니 어쩔 수 없다며 설명했다.

"그것참, 정말 아깝게 되었네. 그러나 먼저 한 약속은 지켜야 하니 내가 단념하기로 하지, 대신 다음 기회 있을 때는 반드시 내 부탁을 들어주기를 바라네."

그가 막상 다른 곳으로 떠난다고 하니, 사장은 당황한 빛을 감추지 못하고 아쉬워했다.

지켜야 할 약속

9개월이라는 한시적인 일거리가 거의 끝날 무렵, 먼저 있던 회사로부터 프랭크 앞으로, '얼마를 주면 다시 근무할 수 있는가?' 하는 전보가 날아들었다.

그리고 프랭크는 약속한 기간을 무사히 마치고 월급이 100달러 인상된 조건으로 먼저 근무하던 회사로 돌아왔다.

일 년 후, 회사의 판매 실적이 또다시 악화하기 시작했다. 그러자 사장은 프랭크를 불러들여 이번에는 다음과 같은 제의를 해왔다.

"프랭크, 자네가 판매부서 전체를 맡아 볼 생각이 있는가?"

"네, 할 수 있으리라 믿습니다."

사장은 지금까지 판매부장의 의견을 무시한 채 자신이 직접 판매에 간

섭하는 습성이 있었다. 그리하여 프랭크는 사장과 회사의 판매 실적에 대하여 여러 가지 의견을 주고받고 자신이 잘 알고 있는 회사의 그릇된 여러 사례를 들어 자세히 설명하였다.

묵묵히 듣고만 있던 사장이 말하였다.

"자네의 그 개선 방법을 실행하는 데 회사로서는 자네에게 어떻게 대우를 해주면 되겠나?"

"연봉으로 1만 달러를 주십시오."

프랭크는 태연히 대답하였다. 사장은 책상을 '탁' 치고 나서 껄껄 웃으며 말했다.

"자네의 그 자신감에는 정말 놀랄 수밖에 없군. 좋아, 그리고 다른 조건이라든가 더 바라는 것은 없는가?"

프랭크는 이에 매우 진지하고 냉정한 어조로, 연봉은 1만 달러에서 단한 푼도 에누리해서는 안 된다는 것과 판매부서에 전적인 책임을 맡겨 주어야 한다는 것, 그리고 각 판매원은 직접 부서장의 지휘와 명령을 받게할 것 등을 말하였다.

"알았네. 좋아, 자네에게 연봉 1만 달러를 줄 테니 모든 책임을 맡아서 앞으로 일 년 동안 일하여 보게. 자네의 의견을 들어 보니 정말 자네는 이 일을 잘해 나갈 것으로 믿어지네. 그러나 내게도 요구할 조건이 없지는 않으니 우리 이렇게 하면 어떻겠나. 만일 자네가 지금부터 일 년 후에 하루 평균 매상을 현재의 2천 달러에서 4천 달러를 올리면 더는 말할 것도 없거니와 그렇지 못할 때는 자네는 벌거숭이가 된다는 것을 명심하게."

그렇게 하여 판매부가 프랭크의 직접 지휘하에 옮겨진 후 일 년 동안 판매 실적은 사장이 지시한 액수를 훨씬 넘는 하루 평균 7천 달러를 돌파하고 그 후 더욱 눈부신 발전이 계속되었다. 동시에 그의 보수 또한 만족스럽게 늘어났음도 엄연한 사실이다.

성공자의 특유한 인생관

프랭크는 자신이 원하던 판매 부서장이 되자, 창의성은 물론 주도면밀하고 효과적인 방법을 총동원해서 판매에 전심전력을 다하였다.

그는 우선 보너스 정책을 생각해 냈고 판매원은 판매 성적에 따라 특별 보너스를 받을 수 있도록 하였다.

그가 이 안을 제시하자, 사장은 바로 소리쳤다.

"판매원에게 보너스를 주다니, 터무니없는 소릴세. 그런 돈은 한 푼도 지불할 수가 없네!"

프랭크는 사장의 완고하고 몰이해한 태도에 회의가 들었지만 그렇다고 바로 금방 물러설 사람은 아니었다. 그리하여 그는 머리를 짜내어 다른 방법을 생각해냈다.

이번에는 보너스안을 경쟁안으로 수정하여 판매액을 올린 자에게는 보너스가 아니라 상금을 주고 표창하는 형식을 취했다.

그로부터 열흘쯤 후 프랭크가 이 안을 사장에게 보이자 사장은 자세히 검토한 후 말했다.

"이 안은 지난번 보너스안과 결국은 마찬가지 아닌가. 그러나 이편이 조금 더 나은 편이 되겠군. 자네가 군이 해야만 된다고 생각하면 한번 시험 삼아 해보기로 하지. 상당한 출혈이 예상되지만 지난번 안보다는 부담도 적어질 것 같네. 다만 이것이 실패하여 결손을 내게 되면 자네는 각오를 해야 할 걸세."

상금과 표창제를 실시하자 회사의 분위기가 되살아나고 일 년에 1만 7천 달러의 순이익이 발생했으며 2년 만에 10만 달러의 이익을 얻었다. 노련한 판매원들의 월수입 또한 7에서 10%가 늘어났다.

말할 것도 없이 경쟁 제도는 회사 임원들 간에서도 환영을 받게 되어 지금에 와서는 영구적인 제도로써 인정받기에 이르렀다.

평범하고 안이한 사람이었다면 커다란 실망과 좌절에 빠지게 될 터임에도 불구하고 프랭크의 결연한 태도는 어디에서 오는 것일까? 그리고 지난날의 낡은 관습을 타파하고 살아 있는 경쟁력으로 침체된 현실을 뚫고 나아갈 수가 있었던 저력은 무엇이었을까?

바로 긍정적이며 건설적인 명랑한 인생관, 곧 성공자의 특유한 인생이었던 것이다.

프랭크는 여러 진로의 인생 문제를 펴 놓고 스스로 해답을 얻었다.

프랭크는 자신이 바라는 지위를 얻기 위하여 치르지 않으면 안 될 대가를 생각하고, 그를 위해서는 한때의 고통스러운 노력은 당연한 것으로 생각했으며, 모든 두려움을 떨치고 이겨 나가기로 결심했다.

즉 프랭크는 철저한 예산과 수입 및 지출계획서를 세우고 그에 따른 최소한의 금액은 얼마인지를 뚜렷이 알고 그에 따라 행동했다. 뿐만 아니라 한 번 약속한 일이라면 그 약속의 경중을 가리지 않고 자신은 물론 타인에게도 정확하게 지킨다는 신념을 가지고 있었다. 그렇기 때문에 어떤 어려움이 닥치더라도 본인이 마음먹은 대로 헤쳐나갈 수 있었던 것이다.

> 자신이 바라는 지위를 얻기 위해서는 한때의 고통스러운 노력은 당연한 것으로 생각하며 모든 두려움을 떨치고 이겨 나가야 한다.

현명한 직업 선택

제너럴 전기회사에서 전기의 마술사라고 불리며 수많은 기술자를 고용하고 있는 찰스 스타인메츠에게 기자들이 물었다.

"성공할 수 있는 사람과 그렇지 못한 사람을 당신은 어떻게 구분하십니까?"

그러자 그는 다음과 같이 대답하였다.

"눈앞에 닥친 것들, 즉 월급이 오른다든가 보너스를 많이 받는다든가 하는 일반적인 목적을 달성하기 위해 직업에 종사하는 사람을 나는 그다지 흥미로워하지 않습니다. 나는 오로지 일을 위해 태어나고 일을 위하여 일하는 사람을 좋아합니다. 일을 즐기고 더욱더 그 일을 잘하려고 생각하는 사람은 점점 성장하기 마련입니다. 일이라는 것은 그곳에 종사하는 사람을 태운 발동기와 같은 것으로, 그 발동기를 더욱더 힘차게 가동하려고 노력하는 사람은 그 발동기가 작동함에 따라 점차 더 전진할 것이고, 발동기를 소홀히 여기는 사람은 발동기와 같이 한 자리에서 정지할 수밖에 없을 것입니다."

이처럼 스타인메츠의 말을 바꾸어 보면, '인생의 건축자가 되려면 그 일에 온갖 정열을 쏟아붓지 않으면 안 된다.'라는 뜻이 포함되어 있다.

누구든지 흥미가 없는 일에는 열심히 할 수가 없다. 그렇기 때문에 사람은 자기의 적성과 취미에 알맞은 직업을 구하여야만 된다. 자기 자신의 적성과 취미에 알맞은 일이라면 누구나 흥미를 느낄 수 있기 때문이다.

숨은 재능을 찾아내야 한다

바트 에베렛은 졸업을 눈앞에 두고 있었으며 취업 상담원이 배포한 조사표에 자신의 희망하는 직업을 써냈다.

그는 졸업하면 판매원이 되겠다고 썼으며 자신의 성격이 그러한 직업에 적합한지 어떤지는 전혀 알지 못했다. 그렇다고 판매원이 아주 흥미가 있어서 그런 것도 아니었다. 단지 그의 아버지가 목재를 파는 세일즈맨으로서 성공하였으며 형 또한 보험회사 설계사로서 안정적인 삶을 누리고 있기 때문이었다.

그러자 그의 담임선생은 이 조사표를 보고 고개를 갸우뚱했다. 왜냐하면 에베렛의 성품 됨됨이를 잘 알고 있었기 때문이다.

에베렛은 천성이 음악가라 할 만큼 그의 유쾌한 음악은 학교 전체의 분위기를 자유자재로 바꾸었고, 언제나 좌중을 압도하며 선도하였다. 그리고 그는 '밴드부'를 조직하여 지휘하고 있었다.

그가 콧노래를 하거나 휘파람을 불면 많은 학생들이 모여들어 합창하고 장단을 맞추어 춤을 추었다. 따라서 그는 훌륭한 오케스트라나 밴드의 지휘자가 될 소질을 지니고 있었다.

담임선생에게서 이 말을 전해 들은 취업 상담원은 에베렛에게 조용히 타일렀다.

"왜 그 훌륭한 음악적 재능을 버리고 판매원이란 취업을 택하는가. 이는 보물이 그냥 땅속에 묻히는 것과 같은 거지. 다른 학교에서는 밴드 지휘자를 구하여 달라는 신청도 많거니와 우리도 그런 인재가 없어 고심하고 있는 형편이야. 다시 잘 생각해 봐."

이러한 조언으로 에베렛은 다시 한번 자신을 뒤돌아보게 되었고 자신의 적성과 취미를 되살려 그에 알맞은 직업을 골라 매진하였다. 그리고 학업을 마친 그는 얼마 후 한 대학의 이름난 밴드 지휘자가 되었다.

취미와 적성을 찾아야 한다

위크스라는 중년의 의사가 있었다.

그는 부모님이 바라는 대로 아무 생각 없이 의과대학에 들어갔고 의사가 되었다. 다른 사람에게는 말하지 않았지만 내심 자신의 적성과는 상반된 직업임을 느끼고 있었다. 그리하여 해가 갈수록 그는 더욱더 의사라는 직업에 흥미를 잃어 갔다.

위크스의 집은 대대로 많은 재산이 있었기 때문에 의사라는 직업에 그다지 열중하지 않아도 먹고 사는 데는 아무런 지장이 없었다. 그래서 대부분 시간을 골프나 그 밖의 운동으로 보내고 환자를 본다는 것은 그저 형식적으로 하는 정도였다.

어느 날 식당에서 점심을 먹으며 친구에게 자기의 고민을 털어놓으며 의사 생활의 무의미함을 호소하였다.

"친구, 뭘 그렇게 골몰하나. 그러면 의사를 그만두면 되지?"

"아니야, 아니라고. 다시 무엇을 하기에는 이미 나이가 너무 많은 것이 한이란 말일세."

"아따, 이 사람 좀 보게. 집에 재산이 넉넉하지 않은가. 급히 덤빌 것 없이 천천히 새 일을 찾아 고를 수가 있지 않겠는가."

"무엇을 해야 할지 나도 모르겠단 말이야. 그러나 이대로 의사 노릇을 하는 것이 인생의 낭비라는 것만은 확실하네."

"무엇이고 자네에게 적합한 것을 찾아보게. 마침 내가 잘 아는 취업 전문가가 있는데, 거기 찾아가서 한번 상의해 보게."

위크스는 그 친구의 소개를 받아 테일러 박사를 찾아갔다.

테일러 박사는 그의 성격·생활 습관·취미·기호 등을 자세히 물어보고 충분히 검토한 결과, 위크스는 사업가로서의 감성이 뛰어나며 만능 스포츠맨이라는 것을 알았다.

그리하여 그를 토대로 적당하다고 생각되는 여러 가지 직업을 제시하던 중 '스포츠 기구 제조'라는 사업이 있었는데 이것이 위크스 마음을 크게 움직였다.

그는 곧 의사라는 직업을 과감히 떨쳐 버리고, 우선 경험을 얻기 위하여 스포츠 기구를 파는 어떤 매장의 판매원으로 한동안 일하였다. 그리고 몇 년 후 자신의 적성과 취미에 맞는, 미국에서 제일가는 운동기구 제조회사의 임원으로 오늘도 즐거운 마음으로 일하고 있다.

기회를 포착해야 한다

셀든 벤다는 농업 전문학교를 졸업하였지만 농사에는 전혀 관심이 없어서 마지못해 어떤 은행의 계산원으로 취직하였다. 그러나 1~2년 후에 그는 자신이 택한 일이 잘못되었다는 것을 깨달았다. 그리하여 취업 상담가를 찾아가 자신은 판매원을 원하지만 여기저기 뛰어다녀야 하는 일은 질색이라고 솔직히 말했다.

그러자 상담가는 벤다가 판매원이란 직업에 대하여 인식하지 못함은 물론 자신의 적성을 제대로 파악하지 못한다고 생각하여 두 가지 질문을 했다.

"당신은 곧잘 낙담하거나 실망하지 않나요?"

그에 대한 대답은 '예스.'였다.

"실망도 낙담도 곧잘 하기는 하지만 이번은 틀림없겠지 하는 희망을 품고 다음번에는 용기를 내어 나아갈 자신은 있나요?"

그에 대한 답변도 '예스.'였다.

벤다는 이 두 가지 질문과 그에 대한 자신의 답변을 깊이 생각해 보고 난 뒤 결국 자신은 판매원이 될 소질이 있다는 것을 알게 되었고 곧 은행을 사직한 뒤 어떤 상품회사의 판매원이 되었다.

그리고 일 년 반 후에는 그 회사의 한 지점장이 되었다. 그런데 어느 날 그는 또다시 취업 상담가를 찾아가서 이번에 한 가지 문제가 생겼다고 상의하였다.

"즉 이런 것입니다. 어떤 농기구 제조회사의 농기구 팸플릿을 들여다보고 있자니 내가 이 물건을 팔면 잘 팔리지 않겠는가 하는 마음이 들기 시작했습니다. 어떻게 하면 좋겠습니까?"

이렇게 그는 과감히 지점장을 그만두고 농기구 판매원으로 옮겼다. 그리고 그 농기구는 그가 직접 팔고 싶은 물건이었기에 그 농기구 회사에 입사한 지 3년 동안에 판매부장으로 승진하였고 놀랄만한 수완을 발휘하여 그 분야에서 이름을 날리게 되었다.

기회는 자신의 손안에 있다

랄프 휴라는 대학을 졸업하자마자 어머니와 누이동생을 돌보기 위해 백화점에서 장갑을 파는 일에 종사하였다.

그러나 처음에는 흥미가 있었지만 한 2년쯤 계속하다 보니 점차 싫증이 났다. 줄곧 한 자리에만 있으려니 더는 장갑에 대하여 알 것도 없을 뿐만 아니라 마냥 지루하게만 느껴졌다.

그리하여 자신의 적성에 맞는 마땅한 곳을 찾던 중 제철 회사로 옮겨 볼까 생각하고 이 생각을 모교의 취업 상담사에게 이야기하였더니, 그 상담사는 휴라에 대하여 자세히 검토한 결과 휴라는 결코 철강업에 알맞은 어떤 자질이나 적성이 있는 인물이 아니라는 것을 알았다.

분명히 그는 단지 현재의 일에 싫증이 났을 뿐이었다.

그리하여 그 상담사는 휴라에게 몇 가지 질문을 해보았다.

장갑은 몇 종류의 가죽이 사용되는가, 그러한 가죽의 생산지는 어디인가, 장갑 제조업자들은 어떻게 하여 굵은 손가락이나 가느다란 손가락에도 꼭 들어맞게 만들어 내는가 하는 질문이었다.

당연히 휴라는 대답을 하지 못했고 따라서 그는 직업을 바꾸기 전에 좀 더 장갑에 관해 연구해 보겠다고 하며 돌아갔다.

그런 뒤 그는 편지를 써서 장갑 제조업자에게 물어보기도 하고, 직접 장갑공장에 견학도 자주 가게 되었다. 그리고 장갑의 재료가 되는 가죽은 물론 그 동물의 생태 연구도 시작하였다.

어느 날, 그는 모교의 취업 상담사에게 재미있는 편지를 써 보냈다. 그 내용은 다음과 같다.

"어느 귀부인에게 북쪽에서 잡은 암사슴의 가죽으로 만든 고급 장갑을 팔았습니다. 그런데 그 부인은 제가 장갑을 권하자 지금 당장 필요한 것이 아니어서 필요 없다고 했는데, 암사슴에 대하여 여러 가지 이야기를 들려드렸더니, 호기심이 발동하여 끝내는 그 고급 장갑을 사 가셨습니다."

이런 일이 있고 나서 휴라는 자신이 선택한 직업에 무한한 장래성이 있음을 깨닫게 되었고 그 일에 대한 자부심과 더불어 최선을 다하게 되었다.

현재 그는 미국에서 가장 손꼽히는 가죽 제품의 권위자가 되었다.

이는 현재 자신이 하는 일에도 무한한 장래성이 숨겨져 있지만, 이를 찾아내기는커녕 아무런 노력도 해보지도 않고, 곧 싫증을 일으키는 사람들에게 좋은 본보기가 될 것이다.

우리 주위에는 분명히 기회가 자기 손안에 있음에도 불구하고 안타깝게도 이를 알지 못해 놓쳐 버리는 일이 비일비재하다.

듣거나 얻은 지식은 활용해야 한다. 그리고 실행함으로써 더욱더 많이 알아야 할 것을 발견할 수 있을 것이다.

결심한 것에 대하여 자신의 능력을 의심해서는 안 된다. 주어진 일에 최선을 다할 때 행운은 찾아오기 마련이다.

누구나 기회는 자신의 손안에 있다.

일이라는 것은 그곳에 종사하는 사람을 태운 발동기와 같은 것으로, 그 발동기를 더욱더 힘차게 가동하려고 노력하는 사람은 그 발동기가 작동함에 따라 점차 더 전진할 것이고, 발동기를 소홀히 여기는 사람은 발동기와 같이 한 자리에서 정지할 수밖에 없다.

이번 장의 내용들을 바탕으로 아래 질문에 스스로 답해보거나,
동료와 대화를 나누어 봅시다.

① 이번 장에서 마음에 와닿는 내용은 어떤 것들이 있었나요?

② 현재 자신의 삶은 어느 정도 풍요롭다고 생각되나요? 100점 만점으로 표현한다면?

③ 만약 이미 100점 상태가 되었다면 어떤 모습일까요?

④ 그렇게 된 자신은 어떤 지식과 기술을 가지고 있을까요?

⑤ 그렇게 된 자신은 일, 사람, 돈, 난관에 대해 어떤 태도와 생각을 가지고 있을까요?

⑥ 자신의 풍요수준을 우선 1~2점 정도 더 올리기 위해 어떤 생각과 행동을 하면 도움이 될까요?

⑦ 그만두어야 할 생각이나 행동이 있다면 어떤 것인가요?

⑧ 어떤 것을 배우면 도움이 될까요?

⑨ 어떤 사람이나 책이 도움이 될까요?

⑩ 오늘 당장 무엇부터 하면 좋을까요?

제7장

행복을 위한
마음가짐

우리가 행복한 생각을 하면 행복할 것이요,
비참한 생각을 하면 비참할 것이다.
무서운 생각을 하면 무섭고, 약한 생각을 하면 병들 것이다.
실패한 생각을 하면 영락없이 실패할 것이요,
슬픈 생각만 하고 있다면
모든 사람은 우리를 꺼리게 될 것이다.

1

★ ★ ★

천당과 지옥은 마음속에 있다

얼마 전 나는 라디오 프로그램에서, '당신에게 있어 무엇이 가장 좋은 교훈이었던가?'라는 질문에 대한 답을 요구받았었다. 그 대답은 쉬웠다.

내가 배운 교훈 중에서 무엇보다도 가장 훌륭한 교훈은 '우리가 생각하는 그 생각이 중요하다.'라는 것이다. 내가 만일 '당신이 무엇을 생각하고 있는가?'를 알 수 있다면, 나는 또한 '당신이 어떠한 사람인가.'를 알 수 있을 것이다.

우리가 생각하는 바가 바로 우리를 만들고 있는 것이다. 따라서 우리의 마음가짐은 우리의 운명을 결정하는 요소이다.

에머슨은 '한 사람이 온종일 생각하고 있는 그것이 곧 그 사람이다.'라고 하였다. 어떻게 그가 다른 사람이 될 수 있을 것인가?

우리의 생활은 우리의 생각이 만드는 것이다.

그렇다. 우리가 행복한 생각을 하면 행복할 것이요, 비참한 생각을 하면 비참할 것이다. 무서운 생각을 하면 무섭고, 약한 생각을 하면 병들 것이다. 실패한 생각을 하면 영락없이 우리는 실패할 것이오, 슬픈 생각만하고 있다면 모든 사람은 우리를 꺼리게 될 것이다.

그러면 우리의 모든 문제에 있어서 습관적으로 '낙관하는 태도'를 취하라는 것일까? 아니다. 불행히도 인생은 그처럼 단순한 것이 아니다. 따라서 내가 주장하고 싶은 것은 우리가 소극적인 태도를 취하지 말고 적극적인 태도를 취해야 한다는 것이다.

다시 말하면 우리가 우리의 문제에 관심을 가질 필요는 있지만 걱정할 필요는 없다는 것이다.

관심과 걱정과의 차이는 어떤 것일까? 나는 이렇게 설명하고 싶다.

가령 내가 교통이 번잡한 뉴욕의 거리를 건너갈 때 나는 행동에 관심을 가지지만 걱정은 하지 않는다. 관심이라는 것은 문제의 성질을 알아서 냉정한 태도로 대책을 취하는 것이요, 걱정이라는 것은 정신 나간 사람과 같이 쓸데없이 헤매는 것을 말하는 것이다.

우리의 마음가짐은 거의 믿을 수 없을 정도로 우리의 체력에도 영향을 끼친다. 영국의 정신의학자 해드월드는 '심리와 체력'이라는 책에서 놀라운 실례를 들고 있다. 그는 '내가 세 사람을 선택하여 심리적 암시暗示가 그들의 체력에 어떠한 영향을 끼치는가를 실험하는 데 있어서, 그들이 역량계力量計를 쥐게 하여 그것을 측정하도록 하였다.'라고 기록했다.

그는 그들에게 있는 힘을 다하여 역량계를 쥐어보라고 말하고 다른 세 가지 조건으로 실험을 해보았다.

그들의 평균 쥐는 힘은 101파운드였고, 그들에게 최면을 걸어 그들 힘이 아주 약하다고 말했을 때는 보통 체력의 3분의 1도 못 되는 29파운드밖에 쥐지 못하였다. 세 사람 중의 한 사람은 권투선수였는데 그에게 최면을 걸고 아주 힘이 약하다고 말을 하자, 자기 팔이 마치 아이들의 팔과 같이 가늘게 생각되었다고 고백하였다.

다음으로 해드월드는 그 세 사람에게 최면을 걸어 그들의 힘이 대단히 세다고 말했더니, 쥐는 힘이 평균 142파운드에 이르렀다. 결국 그들의 마음이 자기 자신의 힘에 대한 적극성으로 가득 찼을 때는 실제 체력도 거의

500파운드나 증가하였다.

우리의 심적 태도가 이처럼 놀라운 힘을 가지고 있다는 것이다.

나는 확실히 믿고 있다. 마음의 평화와 생활에서 얻는 즐거움은 우리가 어느 곳에 있다든가, 무엇을 가지고 있다든가 등이 아니고, 오직 우리가 어떤 심적 태도를 지니고 있는가에 달려 있다는 것이다. 외부적 조건은 별로 영향을 끼치지 못한다.

이에 대한 실례로써 존 브라운의 사건을 들어보기로 하자.

브라운은 하퍼스 선두船頭에 있는 병기고를 점령하고 노예를 선동하여 폭동을 일으키려고 했다는 죄명으로 교수형을 당한 사람이다. 그가 관棺 위에 앉아 교수대로 끌려갈 때 그 옆에 앉아 있던 교도관은 신경질적으로 애를 태우고 있었지만 늙은 브라운은 침착하고 냉정한 태도로 버지니아 주의 브루리지산맥을 바라보면서, '오! 아름다운 산천이여! 나는 일찍이 이곳을 지나 볼 기회가 없었노라.'라며 감탄해 마지않았다.

처음으로 남극에 도착한 영국인 로버트 스콧과 그 일행도 마찬가지다. 그들이 돌아오는 길은 아마 인간이 경험한 여행 중에서 가장 참혹했던 것으로써 식량과 연료는 바닥이 났고 지구 한끝을 내려 휩쓰는 무서운 눈보라는 열하루 동안이나 밤낮으로 계속되었다. 바람은 매섭게 불어와 극지의 언 발을 끊을 것 같았고, 그들은 한 발자국도 떼어 놓을 수가 없었다.

그리하여 스콧과 그 일행은 모두 죽기를 각오하였고, 이러한 비상시를 생각하여 약간의 아편을 준비하고 있었다. 아편의 큰 덩어리 한 개만 있으면 그들은 모두 곱게 잠들어 영원히 깨지 않을 수가 있었다. 그러나 그들은 그 아편 대신에 유쾌한 노래를 소리쳐 부르면서 죽어갔다. 그러한 사실은 그들이 죽어서 8개월이 지난 후 수색대가 그들의 시체 속에서 발견한 편지에 의하여 알게 되었다.

그러나 우리가 만일 용기와 침착한 창의성을 기른다면 우리는 관을 타고 교수대로 가는 길에 산천경개를 감상할 수도 있고 굶주림과 추위에 죽어가면서도 유쾌한 노래로 세상을 뒤흔들 수 있는 것이다.

'실낙원'을 쓴 작가 밀턴은 300년 전에 눈이 먼 상태로 이와 똑같은 진리를 발견했다.

　　마음은 언제나 제자리에 있건마는
　　그 마음 그 속에서 우리는
　　지옥을 천당으로 만들 수도 있고
　　천당을 지옥으로 만들 수도 있다.

나폴레옹과 헬렌 켈러는 밀턴의 이 말을 완전히 실증해 주었다. 나폴레옹은 인간이 보통 열망하는 모든 영예와 권력과 재산을 가지고 있었건만 세인트헬레나에서 '나는 일생을 통하여 행복한 날이 엿새도 없었노라.'라고 말했고, 헬렌 켈러는 눈멀고 귀먹고 말을 하지 못하는 신세였건만 '내 인생은 참으로 아름다웠다.'라는 감탄의 말을 했던 것이다.

스토아학파의 위대한 철학자 에픽테토스는 '우리는 몸에서 종기와 부스럼을 없애는 것보다 마음속의 잘못된 생각을 없애는 데 더욱 힘써야 한다.'라고 경고했다.

에픽테토스는 19세기 전에 이 말을 했다. 현대의 의학계에서도 이를 지지하고 있다.

로빈슨 박사는 존스 홉킨스 병원에 입원한 환자 가운데 5명 중의 4명은 일부 정신적 긴장과 과로에서 생긴 병으로 고생하고 있다고 말하였다.

이러한 현상은 우리 몸의 고장에서도 가끔 볼 수 있다. 로빈슨 박사는 '결국 그러한 고장의 원인은 자신의 생활과 생활에 따르는 여러 문제를 서로 조화시키지 못하는 데서 생기는 것이다.'라고 말했다.

프랑스의 위대한 철학자 몽테뉴는 다음의 말을 그의 생활 표어로 삼았다.

"사람은 일어난 사건 그것보다도 그 사건에 대한 자기의 의견으로 더욱 해를 받는다."

일어난 사건에 대한 우리의 의견이란 전적으로 우리 자신이 가지고 있는 것이다.

응용 심리학의 제일인자 윌리엄 제임스 씨는 일찍이 다음과 같은 의견을 발표하였다.

"행동이 감정을 따르는 것같이 보이지만 실제는 행동과 감정은 병행하는 것이다. 그러므로 직접 의지의 지배를 받는 행동을 조절함으로써 그렇지 않은 감정을 간접적으로 조절할 수 있다."

다시 말하면 하고자 하는 마음만으로는 즉시 우리의 감정을 고칠 수 없지만 행동은 고칠 수 있으며, 따라서 우리의 행동이 고쳐질 때는 우리의 감정은 자동으로 고쳐진다는 것을 말한 것이다.

제임스 씨는 다시 설명하여 '그러므로 그대에게 유쾌한 감정이 없어졌을 때 자발적으로 그러한 감정을 일으키는 최고의 방법은 즐거운 태도로 일어나 앉아 마치 유쾌한 일이 벌써 자기에게 닥쳐온 것처럼 행동하고 말하는 데 있다.'라고 하였다.

과연 이러한 간단한 방법이 효과가 있는 것인가? 당신 자신이 한번 시험해보기를 바란다. 너그러운 미소를 지으며 가슴을 쭉 펴서 등을 기대고 한번 숨을 길게 쉰 다음 노래를 한 곡조 불러보자. 그러면 당신은 윌리엄 제임스 씨가 무슨 말을 했는가를 깨달을 것이다. 당신은 한편으로 행복에 취한 것 같은 가벼운 행동을 취하면서 또 한편으로는 우울하고 불유쾌한 무거운 감정에 잠겨 있기는 심리적으로 불가능할 것이다.

생각하는 대로 이루어진다

몇 해 전에 나는 책 한 권을 읽고 내 생활에 크고 깊은 감화를 받은 일이 있었다. 그것은 제임스 알렌의 '사람은 생각하는 대로 이루어진다'라는 책이다. 거기에는 다음과 같은 말이 있었다.

> "사람은 여러 가지 사물과 다른 사람들에 대한 자기의 생각을 고치는 데 따라 사물과 다른 사람들이 자기에게 대하는 태도도 달라진다는 것을 깨달았다. 사람은 자기가 원하는 것을 끌어들이는 것이 아니고 자기가 가지고 있는 그것을 끌어들이는 것이다. 우리의 목적을 이루어 주는 신은 우리 자신 속에 있다. 신은 바로 우리 자신이다. 그리고 모든 성공은 자기 자신이 생각한 직접 결과이다. 출세와 승리와 성공은 오직 자기의 사상을 고상하게 하는 데 있는 것이며, 사상을 높이지 않으면 그는 한갓 약하고 비겁한, 가엾은 인간이 되어 버리고 말 것이다."

조물주는 인간에게 이 넓은 지구 전체를 지배할 권리를 주었다고 쓰여 있다. 참으로 위대한 선물이다. 그러나 나는 나 자신에 대한 지배권, 내 사상에 대한 지배권, 내 공포에 대한 지배권, 내 마음과 내 정신에 대한 지배권을 원하고 있다. 그리고 내가 아는 위대한 사실의 하나는 단순히 나의 행동을 지배하고 그 행동이 모두 나의 반향을 지배함으로써 위에 말한 바와 같이 모든 지배권을 놀라울 정도로 어느 때나 마음대로 얻을 수 있다는 사실이다.

당신이 만일 당신에게 평화와 행복을 가져오는 심적 태도를 기르고 싶다면 그에 대한 제1의 법칙은 다음과 같다.

'유쾌하게 생각하고 유쾌하게 행동하면 된다. 그러면 당신은 유쾌한 감정을 느끼게 될 것이다.'

우리의 목적을 이루어 주는 신은 우리 자신 속에 있다. 신은 바로 우리 자신이다. 그리고 모든 성공은 자기 자신이 생각한 직접 결과이다. 출세와 승리와 성공은 오직 자기의 사상을 고상하게 하는 데 있는 것이며, 사상을 높이지 않으면 그는 한갓 약하고 비겁한, 가엾은 인간이 되어 버리고 만다.

천당과 지옥은 마음에 달렸다

몇 해 전 내가 옐로스톤 공원을 갔던 일이 있었다. 어느 날 밤 나는 다른 몇 사람과 더불어 소나무와 전나무가 우거진 숲속 야외 관람석에 앉아 있었다. 그런데 얼마 되지 않아 숲의 공포라고 일컬어지는 회색빛 곰 한 마리가 전등 불빛 아래로 어슬렁어슬렁 걸어 나와 공원 호텔 식당에서 내다 버린 음식 찌꺼기를 허겁지겁 먹기 시작하였다. 그리고 곧 스컹크 한 마리가 다가오더니 회색곰 옆에서 음식 찌꺼기를 먹기 시작한 것이다.

그때 산림감독원은 말을 타고 앉아서 흥분된 여행객들에게 곰에 관한 얘기를 하고 있었다. 그는 우리에게 그 회색빛 곰은 서방세계에 있어서 들소나 다른 짐승을 때려눕힐 수 있다고 했다.

그러나 그날 저녁 내가 본 것은, 단 한 마리의 스컹크가 곰의 허락을 맡은 듯이 숲속에서 나와 전등불 밑에서 곰과 함께 음식 찌꺼기를 먹고 있을 뿐이었다. 회색빛 곰은 스컹크 한 마리쯤이야 그의 힘센 앞다리로 단번에 없앨 수가 있다고 생각했을 것이다. 그런데 왜 곰은 그렇게 하지 않았을까? 그 곰은 경험으로 그렇게 하는 것이 수지가 맞지 않는다는 것을 알기 때문이다.

나도 이와 같은 이치를 알고 있다. 내가 농촌에서 커갈 때 미주리 지방 덤불 속에서 스컹크를 잡은 일이 있었고, 그 후 어른이 되어서는 뉴욕 거리에서 스컹크를 가끔 만난 일이 있었으나 내 쓰라린 경험으로 볼 때 스컹크를 건드리는 것은 모두에게 수지가 맞지 않는다는 것을 깨달았다.

만일 어떤 다른 사람이 당신을 부당하게 이용하려고 하거든 그의 이름을 당신의 주소록에서 없애버리고 복수를 하려고 애쓰지 말아야 한다. 복수하려 하면 당신은 상대자보다도 자신을 더 해치게 될 것이다.

복수하려 할 때 우리는 어떠한 해를 입는가? 여러 가지의 해가 있지만 '라이프'지에 의하면 우리의 건강까지도 해를 입는다는 것이다.

고혈압을 앓는 사람의 특징은 울분인데, 그 울분이 만성이 될 때는 만성적 고혈압과 심장병이 따르게 된다고 기술하고 있다.

우리는 남을 미워하는 생각 때문에 얼굴에 주름살이 잡히며 무신경하게 되고 분개한 감정 때문에 모양이 흉하게 된 여성을 알고 있다. 이 세상에 어떠한 미용술도 용서와 친절한 사랑으로 마음이 가득 찬 사람의 얼굴에 비하여 그 절반도 아름답게 꾸미지는 못할 것이다.

증오는 음식을 맛보는 능력까지도 감소시킨다. 이것을 성경에서는 '사랑이 있는 곳에서 나물을 먹는 것이, 서로 미워하며 살찐 소를 먹는 것보다 낫다.'라는 말로 표현되어 있다.

만일 우리가 적을 미워함으로써 우리의 힘을 소모하고 피로와 신경질로 우리의 용모를 상하게 하며 심장병을 일으켜 결국 우리의 수명을 짧게 하는 데까지 이르렀다는 것을 안다면 그들이 얼마나 좋아서 손뼉을 칠 것인가.

설령 우리가 적을 사랑하지는 못한다 할지라도 적어도 우리는 자신만큼은 사랑해야 할 것이다. 적이 우리의 행복과 건강과 용모를 해치지 못하도록 우리 자신을 스스로 사랑하라고 셰익스피어는 말했다.

"너의 원수 때문에 불을 뜨겁게 지피지 말라. 오히려 그 불이 그대 자신을 태우는 것이 되리라."

우리는 우리의 적을 사랑할 만큼 어질지 못할망정 적어도 우리 자신의 건강과 행복을 위하여 적을 용서하고 원수를 잊어야 할 것이다. 그렇게 하는 것이 현명한 일이다.

아마 미국 역사에 있어서 링컨처럼 비난과 미움을 많이 받은 사람도 없을 것이다. 그러나 링컨은 하든의 유명한 '전기傳記'에 다음과 같이 기술하고 있다.

"그는 절대로 자기가 좋아하고 안 하는 것으로써 사람을 판단하지 않는다. 어떠한 일을 해야 할 경우, 그는 비록 적이라 할지라도 능히 그 일을 할 수 있다고 생각했다. 따라서 그는 어떠한 사람이 혹 자기에게 악의를 품고 있거나 또는 개인적으로 자기에게 잘못한 일이 있다 하더라도 그 사람이 그 자리에 가장 적당하다고 생각될 때는 자기의 친구보다도 그 사람에게 그 자리를 맡겼다……. 나는 링컨이 자기의 적이라고 해서, 또는 자기가 싫어한다고 해서 어떤 사람을 해고한 예를 보지 못했다."

링컨은 자신이 직접 임명했던 사람들로부터 비난과 모욕을 당했었다. 그러나 그의 법률 상담역이었던 하든의 말에 의하면 링컨은, '어떠한 사람을 막론하고 그가 무엇을 했다고 해서 그를 칭찬할 것도 아니요, 또 무엇을 하고 무엇을 안 했다는 이유로 그를 비난할 것도 아니다. 왜냐하면 우리는 서로 다른 여러 가지 상황과 환경과 교육, 습관과 유전으로부터 생겨난 것으로써, 그러한 모든 것이 현재에도 우리를 만들고 있거니와 장래에도 우리를 만들게 될 것이기 때문이다.'라는 신념을 가지고 있었다는 것이다.

과연 링컨의 생각이 옳았다. 만일 우리의 정적이 물려받은 것과 같은 육체적, 정신적, 감정적 특징을 물려받고, 또 적이 경험한 것과 같은 생활을 해왔다고 하면 우리는 적이 행동한 것과 똑같이 행동했을 뿐, 그와 다른 현명한 행동은 못 했을 것이다.

그러므로 적을 미워하지 말고 그를 가엾게 생각하며 생활이 그렇게 만들지 않은 것을 하나님께 감사하자. 적에 대한 비난과 원한을 쌓아두지 말고 이해와 동정을 그들에게 베풀기로 하자.

우리는 남을 미워하는 생각 때문에 얼굴에 주름살이 잡히며 무신경하게 되고 분개한 감정 때문에 모양이 흉하게 된다. 세상에 어떠한 미용술도 용서와 친절한 사랑으로 마음이 가득 찬 사람의 얼굴에 비하여 그 절반도 아름답게 꾸미지는 못할 것이다.

배은망덕함을 분개할 필요는 없다

나는 텍사스에서 어떤 사업가 한 사람이 대단히 화가 나서 씩씩거리고 있는 것을 보았다. 그는 나를 만나자마자 숨 돌릴 틈도 없이 말하기 시작했고 그 사건은 벌써 11개월 전에 일어난 사건임에도 불구하고 여전히 분개하고 있었다.

그는 34명의 직원들에게 크리스마스 상여금으로 만 달러를 풀어 한 사람당 약 삼백 달러씩 분배하여 주었으나 고맙다는 말을 한 사람이 한 명도 없었다는 것이다. '그자들에게 한 푼이라도 보태준 것이 도리어 후회가 됩니다.'라는 말이 골자였다. 곧 배은망덕도 유분수라는 이야기였다.

공자는 '성난 사람의 마음은 언제나 독으로 가득 차 있다.'라고 말했다. 그 사업가의 마음도 독으로 가득 차 있는 것을 보고 오히려 그가 안쓰럽게 보였다. 그의 나이는 60세 정도였는데 지적 수준은 이제 막 초등학교를 졸업한 것으로 보였다. 이 사업가는 이미 11개월이나 지나간 일을 못 잊어 후회하고 분개함으로써 많지 않은 그의 여생을 부질없이 소모하고 있는 듯싶었다.

분개하고 후회하는 대신에 차라리 어찌하여 감사 인사를 받지 못하는지를 자신에게 스스로 물어보아야 한다. 혹시 직원들을 값싼 급여로 지나치게 부려 먹지나 않는가, 또는 직원들이 그 크리스마스 상여금을 자신들이 벌어놓은 보수로 알았는가, 혹은 그 사업가가 너무 엄격하고 친절함이 없기에 사원들이 감히 그 앞에 나아가서 고맙다는 말을 하지 못했는지, 그렇지 않다면 또 회사의 이익이 결국 세금으로 빼앗길 것을 알고 생색이나 내기 위하여 그것을 직원에게 상여금으로 주었는지 등등을 생각해보았어야 했다.

또 한편으로 생각해 볼 때, 그 직원들이 제각기 개인주의이며 인색하고 예의를 모르는 사람들인지도 모를 일이다. 하여간 나는 그 내용은 자세히 알지 못하지만 다만 내가 알고 있는 것은 새뮤얼 존슨이 말한, '감사의 마음은 높은 교양에서 우러나오는 것으로 저속한 인간에게서는 이것을 찾아볼 수 없다.'라는 말이다.

가령 당신이 한 사람의 생명을 구조해 주었다면 당신은 그 사람으로부터 당신에게 감사할 것을 기대하는가?

새뮤얼은 판사가 되기 전에 유명한 사건 변호사로 있었는데, 그의 변호사 시절에 78명의 사형수를 죽음으로부터 구해 주었다. 그중에서 새뮤얼에게 감사의 말은 고사하고 크리스마스카드 한 장이라도 보낸 사람이 몇 명이나 되는 줄로 생각하는가? 미안하지만 한 장도 없었다.

이것이 이 세상의 인심이다. 인간성은 언제나 이런 것이며, 우리가 사는 동안에 그것이 변하지는 않을 것이다. 그러므로 이를 받아들일 수밖에 없다. 우리는 이러한 진리에 대하여 저 로마 제국의 가장 현명한 통치자였던 마르쿠스 아우렐리우스처럼 현실적인 태도를 취하지 못하는지 돌이켜보아야 할 것이다. 아우렐리우스는 그의 일기에 다음과 같은 말을 기록했다.

"나는 오늘 또 말 많고 이기주의적이며 배은망덕한 사람들을 만나게 될 것이다. 그러나 나는 절대로 놀라지도 않고 마음 상하지도 않을 것이다. 왜냐하면 나는 도무지 이러한 삶이 없는 세상을 상상할 수 없기 때문이다."

과연 옳은 말이다. 우리가 만일 배은망덕에 대한 불평을 말한다면 그것은 누구의 허물일까? 인간성의 잘못일까? 또는 인간성이 어떻다는 것을 우리가 모르는 까닭일까?

우리는 남이 감사하기를 기대하지 말아야 한다. 그리하여 혹 감사하다는 사람이 있으면 의외의 기쁨으로써 그것을 맞이하고 설혹 감사하지 않더라도 그것 때문에 자신의 마음을 상하게 해서는 안 된다.

아리스토텔레스는 이렇게 말했다.

"이상적인 사람은 남에게 은혜 베풀기를 좋아하고 남에게서 은혜받기를 부끄러워한다. 왜냐하면 남에게 친절을 베푸는 것은 자기의 우월성을 나타내는 것이오, 남에게서 친절을 받는 것은 자기의 저열성低劣性을 표시하기 때문이다."

다음 한 토막의 글귀를 상기하기 바란다.

"우리가 행복하게 되기를 원한다면 남의 감사나 배은망덕을 모두 잊어버리고 오직 우리가 남에게 무언가를 베풀어주는 것으로써 마음속에 즐거움을 느껴야 한다."

부모가 된 사람들은 지난 수만 년 동안 자신의 자녀들에게 받은 배은망덕으로 인하여 가슴이 아플 때가 많았을 것이다. 셰익스피어의 리어왕도 '배은망덕한 자식은 뱀 이빨같이 독하도다!'라고 탄식했다.

그러나 우리가 자식을 바르게 교육하지 않고서 어떻게 그들에게서 감사를 기대할 수 있을 것인가! 배은망덕은 자연스러운 것으로써 마치 들풀과 같으나 감사는 장미꽃과 같이 물을 주어 기르고 사랑하며 가꿔야만 하는 것이다. 만일 우리의 자녀가 배은망덕한 짓을 한다면 그것은 바로 우리자신의 잘못일 것이다.

우리가 자녀에게 남에 대한 감사를 가르쳐주지 않고 어떻게 그들이 우리에게 감사할 것을 기대할 수 있을 것인가?

우리는 남이 감사하기를 기대하지 말아야 한다. 그리하여 혹 감사하다는 사람이 있으면 의외의 기쁨으로써 그것을 맞이하고 설혹 감사하지 않더라도 그것 때문에 우리의 마음을 상하게 해서는 안 된다.

가진 것에 감사해야 한다

4

나는 여러 해 전부터 헤럴드 애버트 군을 알고 있다. 그는 오랫동안 내 강연 매니저 역할을 했었다. 어느 날 그와 만나서 그의 자동차를 함께 타고 미주리주에 있는 내 농장을 찾아갈 때 그에게 어떠한 방법으로 걱정 근심을 잊고 지내느냐고 물어보았더니 그는 잊지 못할 감격스러운 이야기를 나에게 들려주었다.

"지난날 저는 많은 걱정 근심이 있었습니다. 그러나 어느 날 제가 웨브 시티의 거리를 걸어갈 때 어떤 광경 하나를 보고 모든 걱정 근심이 단번에 사라져버리고 말았습니다. 그것은 단 10초 사이에 일어난 사건이었으나 제가 이 10초간 배운 것은 인생을 살아가는 데 있어서 제가 과거 12년 동안 배운 그것보다도 훨씬 많았습니다.

저는 20년 동안 웨브 시티에서 식료품과 잡화를 파는 가게를 경영했습니다. 그러나 저는 그 장사에서 실패해 7년 동안 갚아야 할 부채까지 짊어지게 되었습니다. 그리하여 저는 어느 토요일, 가게 문을 닫고 다음 주일을 기다려 캔자스에 가서 직업이라도 한 자리 구해볼까 하고 돈을 빌리러 은행을 찾아가던 길이었습니다.

저는 얼빠진 사람처럼 길을 걸어갔습니다. 그때 별안간 다리 없는 사람이 제 쪽을 향하여 다가오는 것을 보았습니다. 그는 롤러스케이트의 바퀴를 단 조그만 널조각 위에 앉아 양쪽 손에 쥔 나뭇가지로 땅을 저으면서 다가오고 있었습니다. 제가 그를 만난 것은 바로 그가 큰길을 건너서 보도 위로 올라서려고 약간 몸을 들었을 때였습니다. 그가 막 널조각을 보도 턱에 댔을 때 그의 눈과 제 눈이 서로 마주쳤습니다.

그는 유쾌하게 웃으며 저를 보고 먼저 인사를 하더군요.

'안녕하십니까? 날씨가 매우 좋습니다!'

그가 기운차게 말했습니다. 저는 우두커니 서서 그를 바라보았습니다. 저는 두 다리가 있고 걸어 다닐 수가 있지 않습니까? 저는 오늘날까지 제 자신을 가엾게 생각하여 온 것을 부끄럽게 생각했습니다. 그리하여 저는 제 자신에게 이렇게 말해 보았습니다.

'다리 없는 사람이 저처럼 행복하고 유쾌하며 자신을 가지고 있을진대 하물며 두 다리 멀쩡한 내가 그렇지 못할 이유가 어디 있겠는가.'

저는 어느덧 그 자리에서 가슴이 떡 벌어지는 기분을 느꼈습니다. 그리하여 저는 당초 은행에서 꼭 100달러만 빌리려고 했으나 이제 200달러까지 빌릴 용기가 생겼습니다. 그리고 또 저는 캔자스에 가서 '직업을 찾을까 생각한다.'라고 자신 있게 말할 수가 있게 되었습니다.

저는 돈도 빌리고 직업도 얻었습니다."

나는 언젠가 에디 리켄베이커에게 그가 태평양에서 조난당하여 그의 일행과 함께 구명보트를 타고 22일간이나 바다를 표류했을 때 어떠한 교훈을 배웠느냐고 물었다. 그러자 그는 '그 경험에서 제가 배운 가장 큰 교훈은, 마시고 싶은 깨끗한 물과 먹고 싶은 음식만 있다면 이 세상에 아무것도 불평할 필요가 없다는 교훈을 배웠습니다.'라고 말했다.

신발이 없음을 한탄하며 밖에 나오니 거리에는 다리 없는 사람도 있더라.

왜 우리는 당장 이 자리에서 우리 자신에게 '대체 나는 지금 무슨 걱정 근심을 하는 것일까?' 하고 반성하지 못하는가? 필경 우리는 걱정 근심이 그다지 중요한 것이 아니라는 것을 발견할 수 있을 것이다.

우리 인생에 있어서 좋은 일은 90%요 좋지 않은 일은 10%다. 그러므로 우리가 행복하기를 원한다면 90%의 옳은 일에다 마음을 집중시키고 10%의 잘못을 무시하면 된다. 그와 반대로 우리가 걱정 근심과 비관으로 위암에 걸리고 싶다면, 우리는 우리의 정신을 10%의 잘못에 집중하여 보람 있는 90%의 것을 무시하면 되는 것이다.

"생각하고 감사하라."

이 말은 영국의 여러 교회에 새겨져 있다. 우리의 가슴에도 생각하고 감사하자는 말이 새겨져 있어야 할 것이다.

우리가 감사해야 할 모든 것을 생각하고 우리에게 준 모든 복과 은혜를 하나님께 감사드려야 할 것이다.

'걸리버 여행기'를 쓴 조나단 스위프트는 영국 문학계에 있어서 가장 대표적인 염세주의자였었다. 그는 자기가 이 세상에 태어난 것이 너무도 원통하다 하여 자기 생일날에는 검은 옷을 입고 단식까지 했다. 그럼에도 불구하고 영국 문학에서 제일 염세주의자인 이 스위프트가 그와 같은 절망 속에서도 유쾌하고 행복을 느끼는, 거룩한 인간의 힘을 찬미했다.

"세상에서 가장 훌륭한 의사는 식사의食事醫, 정숙의靜肅醫, 명랑의明朗醫이다."

우리는 날마다 어느 시간을 막론하고 우리가 가진 보배, 즉 '알리바바의 신화'에 나오는 그것보다도 훨씬 훌륭한 보배에 우리의 주의를 기울임으로써 '명랑의사'의 봉사를 무료로 받을 수가 있다.

우리는 수십억 달러를 준다고 해서 양쪽 눈을 팔아버릴 수 있을 것인가?

쇼펜하우어는 말했다. '우리는 자신이 가진 것을 좀처럼 생각하지 않고 언제나 없는 것만을 생각하고 있다.'라고. 과연 그렇다. '가진 것을 생각하지 않고 언제나 없는 것만 생각하는' 이 경향이야말로 이 지구상에서 무엇보다도 제일 큰 비극을 만들고 있는 것이다. 바로 이것이 아마 인류 역사상에서 전쟁과 질병보다 더 큰 불행을 빚어내고 있을 것이다.

로건 피어선 스미스는 여러 가지 진리를 한데 뭉쳐서 다음과 같이 표현했다.

"인생의 목적에는 두 가지가 있으니, 첫째는 우리가 원하는 것을 얻는 것이요. 둘째는 그것을 즐기는 것이다. 그러나 둘째의 목적은 오직 지혜있는 사람만이 이룰 수 있다."

부엌에서 접시를 닦는 일일지라도 놀라운 경험이 된다는 것을 아는가? 만일 그것을 알고 싶으면 불굴의 용기와 감격이 담겨 있는 '나는 보고 싶었다'라는 책을 읽어보자.

그 책은 반세기 동안이나 앞을 보지 못하고 살아온 한 부인이 집필한 책이다.

"나는 한 개의 눈만 가지고 있었다. 그것도 눈자위가 두꺼운 막으로 넓게 덮여져 있기에 나는 그 눈 왼쪽에 있는 조그마한 구멍 하나를 통하여 겨우 밖을 내다볼 수가 있었다. 내가 책을 읽을 때는 책을 얼굴에 바싹 들이대고 눈동자를 왼쪽으로 힘껏 몰아서 글자를 보곤 했다."

그러나 그녀는 슬퍼하지 않고 자신이 남과 다르다고도 생각하지도 않았다. 어렸을 때 그는 다른 아이들과 비석 치기 장난을 하고 싶었으나 표식이 보이지 않아 걱정이었다. 그리하여 그는 다른 아이들이 모두 집으로 돌아간 후 홀로 남아서 운동장 위에 그려진 표식에 눈을 가까이 대고 엎드려 기어가며 다른 아이들이 놀던 터전의 생김새를 낱낱이 기억했다.

집에 돌아오면 큰 글자로 박힌 책을 들고 눈썹이 책장에 스칠 만큼 눈을 책에 가까이 대고 글을 읽곤 했다. 그리하여 그는 미네소타 대학과 콜롬비아 대학에서 각각 문학사 학위를 받았다. 처음에는 그가 미네소타주 트윈벨레의 조그마한 촌락에서 교편을 잡았으나 나중에는 오거스태너 대학에서 신문학과 문학 교수가 되었다.

이곳에서 그녀는 23년간 강의를 하며 부인회에 나가 경연도 하고 '도서와 저서'라는 제목으로 방송도 했다. 그는 이렇게 썼다.

"혹시 눈이 전부 멀지나 않을까 하는 공포심이 언제나 내 머리를 떠나지 않았다. 그리하여 나는 그 공포심을 정복할 목적으로 인생에 대한 태도를 어디까지나 유쾌하게 가지기로 했다."

그런데 그가 52세 되던 해, 한 기적적인 일이 일어났다. 그것은 메이요 진료소에서 실시한 수술이었다. 그는 지금보다 40배나 되는 시력을 가지고 세상을 볼 수 있게 되었다.

새롭고 신기한 사랑의 세계가 그의 눈앞에 펼쳐졌다. 그는 이제 부엌 설거지통에서 접시를 닦는 일에도 기막힌 감격을 느끼고 있었다.

"나는 설거지통에 있는 희고 고운 비눗물로 물장난을 해보았다. 거품 속에 깊이 손을 담갔다가 조그마한 비누 거품 한 덩어리를 들어 햇빛에 비춰보았다. 비누 거품의 방울마다 아름다운 빛을 띤 차디찬 무지개가 가득 들어 있었다."

그녀가 설거지통 너머로 우연히 밖을 내다보았을 때 거기에는 잿빛 참새들이 날개를 치며 함박 꽃송이처럼 탐스럽게 내리는 눈 사이로 이리저리 날고 있었다.

그녀는 비누 거품과 참새 떼를 보고 감격에 겨워 자신의 저서에 이렇게 썼다.

"나는 이렇게 혼잣말로 속삭였다. 사랑하는 하나님, 하늘에 계신 우리

아버지! 감사합니다."

당신도 접시를 닦으면서, 비누 거품 속에 비치는 무지개와 눈 속을 나는 참새를 보고 하나님께 감사할 수 있을까 생각하여 보자!

당신이나 나나 다 같이 자기 자신을 부끄러워해야 할 것이다. 가는 해 오는 날에 우리는 언제나 요지경 속 같은 아름다운 세계에서 살고 있지만 너무도 눈이 어두워 그것을 보지 못하고, 배가 불러 인생의 참맛을 모르고 있는 것이다.

★★★

자기 자신이 되어야 한다

나는 에디서 앨럿 부인에게서 편지 한 통을 받았다. 그 사연은 이러하다.

저는 어렸을 때 지나치게 감정이 예민하고 수줍기 짝이 없었습니다. 제 몸이 너무 뚱뚱한 데다가 양쪽 볼이 축 처져서 실제보다 몸이 더 비대한 것처럼 보였습니다. 제 어머니는 옛날식이어서 고운 의상이 필요 없다고 생각했으며 언제나, '크고 넉넉한 옷은 입을 수 있어도 작은 옷은 찢어진 다.'라는 말을 하며 제 옷도 그런 식으로 만들어주셨습니다.

저는 절대로 어떤 파티에도 참석하지 않았고 운동경기 같은 데도 참가하지 않았습니다. 제 부끄러움은 거의 병적이었으며 저는 다른 모든 사람보다 '모자라는 사람'이라고 자처하는 동시에 전혀 소용없는 인간으로까지 생각했습니다.

성인이 되어 저는 저보다 나이가 많은 어떤 남자와 결혼했습니다. 그러나 저에게는 아무런 변화가 오지 않았습니다.

시집 식구들은 퍽 점잖고 자신감이 있는 사람들이었습니다. 모든 점에 있어서 아무것도 모자랄 데 없는 사람들이었습니다만 저는 도무지 거기에 끼지를 못했습니다. 그들이 저를 자신들과 함께 하려 하면 할수록 저는 점점 그들과 멀어지게 되었습니다.

시간이 흐른 후 마침내 저는 신경질이 나고 역정이 나기 시작했습니다. 그리하여 저는 모든 친구들을 피했습니다. 이제 문밖에 초인종이 울리는 것도 무서울 지경이었습니다.

저는 완전히 낙오자가 되었습니다. 저 자신도 그것을 알았으며 제 남편이 그것을 알까 봐 두려웠습니다. 그리하여 혹 공석에 나가는 때는 일부러 번드레한 차림을 하고 재롱스러운 행동을 해보았습니다. 그러나 그러한 행동을 의식적으로 취한 후에는 마음이 도리어 전보다 더 불쾌해졌습니다. 그러다가 나중에는 세상에 사는 의미조차 잃어버리게 되어 자살까지 생각해보았습니다.

그렇다면 무엇이 이 불행한 여성의 생활에 변화를 주었을까. 우연한 기회에 그가 들은 한마디의 말이었다. 우연한 기회에 들은 한마디의 말은 무엇이었을까? 앨럿 부인의 편지는 그대로 계속된다.

어느 날 시어머니는 어떻게 당신이 자녀를 길러냈는지 얘기를 하셨습니다. 그녀는 어떤 일이 있든 간에 언제나 자식들에게 '자기 자신이 되기를 권했다.'라고 말씀하셨습니다. '자기 자신이 되자!' 바로 이 말이었습니다. 바로 그 자리에서 제 머리에 문득 떠오르는 것은 제 모든 불행이 저에게 맞지 않는 틀에 자신을 억지로 맞추려고 하는 데 있다는 것을 깨달았습니다.

저는 하룻밤 사이에 마음을 고쳐먹고 제가 저 자신이 되기로 했습니다. 그리하여 저는 자신의 개성을 연구하려고 했습니다. '제 생긴 그대로'를 찾아보려고 했습니다. 저는 제 장점을 발견하는 동시에 의상의 빛깔과 모양까지도 될 수 있는 한 잘 연구하여 제 몸에 맞게 만들었습니다. 나아가 저는 친구도 사귀고 사회단체에도 가입했습니다. 처음에는 조그마한 모임에 참가했지만 나중에는 그들이 저를 연사로 선택하게까지 되었습니다.

저는 처음에는 두려움에 떨었으나 한 번 두 번 해나가는 동안에 용기를 얻었습니다. 물론 오랜 세월 동안 이루어진 일이었지만 지금 와 생각하니 전에는 꿈에도 생각하지 못할 만큼 행복해졌습니다.

저는 지금 제 자녀를 기르는 데도 제가 그와 같은 쓰라린 경험에서 얻은 교훈을 항상 그들에게 가르치고 있습니다.

즉 '어떠한 일이 있더라도 언제나 자기 자신이 되어라!'라는 것입니다.

오직 최선을 다하자

이처럼 자기 자신이어야 한다는 문제는 "역사와 같이 오래되었고 인간생활과 같이 보편적인 것"이라고 제임스 길키 박사는 말하고 있다.

자기 자신이 되기를 싫어한다는 문제는 모든 신경증과 정신이상, 강박관념의 원인이 되고 있다.

안젤로 페트리는 아동교육문제에 관하여 13종류의 책을 쓰고 수천 개의 신문사설을 쓴 사람이었는데, 그는 '누구보다도 제일 비참한 인간은 자기의 몸과 마음속에 있는 자기 자신이 되려고 하지 않고 그와 다른 사람이나 그와 다른 그 무엇이 되기를 원하는 사람이다.'라고 말했다.

나는 한 석유회사의 인사부장에게 취업을 희망하는 사람들이 범하는 가장 큰 실수가 무엇인지 물어본 일이 있었다. 그는 이러한 것을 알 만한 사람이었다. 왜냐하면 그는 이미 6만 명 이상의 취업희망자와 면담했으며 '취업하는 6가지 방법'이라는 책을 쓴 사람이다.

"취업을 희망하는 사람들이 범하는 가장 큰 실수는 자기 자신이 되려고 하지 않는 데 있습니다. 그들은 가슴을 열고 솔직한 말을 하려 하지 않고 흔히 우리가 원하는 답을 하려고 합니다. 그러나 그것은 아무 소용이 없는 일입니다. 왜냐하면 아무도 가짜를 원하지 않습니다. 위조지폐를 가지려고 하는 사람은 한 사람도 없는 법이지요."

그러면 여기서 그 좋은 실례를 하나 들어보기로 하자.

어떤 기관사의 딸이 상당히 노력한 끝에 그러한 교훈을 깨달았다. 그 아가씨는 가수가 되려 했으나 외모가 흠이었다. 그녀의 입은 크고 이는 뻐드러져 밖으로 내보였다. 그녀가 뉴저지 나이트클럽에 모여 있는 대중 앞에서 처음으로 노래할 때 윗입술로 이를 가리려고 하였다. 그녀는 최선을 다해 매력적인 공연을 하려 했으나 결과는 도리어 웃음거리가 되고 그녀의 희망은 물거품이 되었다.

그러나 그 나이트클럽에서 이 아가씨의 노래를 듣고 훌륭한 소질이 있다고 생각한, 한 남자가 있었다. 그는 체면을 생각하지 않고 직접 그 여자에게 물었다.

"저는 당신의 공연을 보고 당신이 무엇을 감추려 하는지를 알았소. 당신은 당신의 치아를 부끄럽게 생각하지요?"

여자는 무안했다. 그러나 남자는 그대로 말을 이었다.

"그것이 무슨 관계가 있단 말이오. 뻐드렁니를 가진 것이 무슨 죄가 될 것이 있소. 절대로 그것을 감추려고 하지 말고 입을 크게 벌리시오. 그러면 청중은 부끄러워하지 않는 당신의 모습을 더욱 사랑스럽게 여길 것이오. 당신이 감추려고 하는 그 치아가 당신의 운명을 고쳐줄는지도 모르오."

캐스 달리는 이 남자의 충고에 따라 자신의 치아에 대한 생각을 잊어버리게 되었다. 이때부터 그녀는 청중만을 생각했다. 그녀는 되도록 입을 크게 벌려 명랑하고 유쾌한 태도로 노래를 부르기 시작하여 마침내 영화와 라디오에도 출연하게 되었다. 다른 희극 배우들은 오히려 이 캐스 달리의 흉내를 내려고 하고 있었다.

유명한 윌리엄 제임스가 보통 사람은 자기의 숨은 정신적 능력을 10%밖에 발휘하지 못한다고 말한 것은 바로 자기 자신을 발견하지 못하는 사람들을 두고 한 말이다. 그는 이러한 말을 썼다.

"우리는 자신의 타고난 그릇을 겨우 절반밖에 채우지 못하고 있다. 우리는 우리의 육체적, 정신적 능력의 극히 작은 부분만을 이용하고 있다. 대체로 보면 인간은 자기 자신의 한계보다 훨씬 못 미치게 살고 있는 것이다. 사람은 무한대의 힘을 가지고 있건만 관습적으로 그것을 이용하지 못하고 있다."

우리 모두 자신만의 능력을 지니고 있다. 그러므로 우리가 남과 같지 않다고 해서 조금이라도 걱정할 필요는 없다.

당신은 이 세상에서 새로운 그 무엇이다. 세상이 처음 생길 때부터 오늘에 이르기까지 당신과 똑같은 사람은 한 명도 없었으며, 앞으로 수억 년을 가더라도 당신과 똑같은 사람은 역시 한 명도 나오지 않을 것이다.

실험 유전학의 새로운 과학에 의하면, 당신이 가지고 있는 당신의 몸은 주로 당신의 아버지에게서 받은 24개의 염색체와 당신의 어머니에게서 받은 24개의 염색체로 이루어진 것으로 이 48개의 염색체가 당신의 유전을 결정한 모든 요소인 것이다.

앨런은 이렇게 말했다.

"각 염색체 속에는 어느 부분을 막론하고 수십 개로부터 수백 개에 이르는 유전자가 있는데 때에 따라서는 그 한 개의 유전자가 한 인간의 전 생명을 변경시킬 수 있다."

과연 우리의 몸은 이렇듯 '놀라울 정도로 위대하게' 만들어져 있는 것이다.

당신의 어머니와 아버지가 같이 만나 함께 생활한다고 하더라도 당신과 같이 지정된 인간이 태어나는 확률은 300조 중 단 한 번의 기회가 있을 뿐이다.

다시 말하면 당신이 300조의 형제자매를 가졌다 하더라도 당신을 빼놓고서는 모두가 그대와 다를 것이다. 이것은 결코 내 주먹구구에서 나온 이야기가 아니고 과학적 사실에 의하여 증명된 것이다.

그러므로 당신은 우선 당신 자신이 되어야 한다.

당신은 이 세상에서 새로운 그 무엇이다. 당신은 그것을 기뻐하고 조물주가 당신에게 부여한 그것을 가장 적절하고 유효하게 받아들여 활용해야 한다. 결국에 있어서 모든 예술은 '자서전'으로 이루어진 것이다.

당신은 오직 그대로를 노래하고 그대로를 그릴 수 있을 뿐이다.

당신은 당신의 경험과, 당신의 환경과, 당신의 유전이 만들어 놓은 당신이 되지 않으면 안 된다.

좋거나 나쁘거나 당신은 당신 자신의 조그마한 정원을 가꿔야 할 것이며, 좋든 싫든 당신은 인생이라는 오케스트라에서 당신 자신의 작은 악기를 연주해야 할 것이다.

에머슨은 '자립'이라는 그의 평론에서 이렇게 말하고 있다.

"모든 사람의 교육에 있어서 반드시 다음과 같은 신념에 도달하는 때가 있다. 즉 질투는 무지한 까닭이며, 모방은 자살 행위이다. 그러므로 좋든 싫든 자기 자리에 자기 자신을 앉혀야 한다는 것과 아무리 넓은 우주 사이에 좋은 것이 가득 차 있더라도 자기에게 경작하라고 내어 준 땅 위에 자기의 노력을 제공하지 않고서는 기름진 곡식 한 톨도 자기에게 돌아오지 않는다는 신념이다. 자신에게 부여된 힘은 자연에 있어서 완전히 새로운 것이다. 따라서 자기가 할 수 있는 것을 아는 사람은 자기 자신 이외에 아무도 없는 것이다. 또한 자기가 실제로 해보기 전에는 그것이 무엇인가를 알 수 없는 것이다."

이것이 에머슨의 말이다. 시인 더글러스는 이렇게 표현했다.

언덕 위에 소나무가 되지 못하거든
산골짜기의 차디찬 나무가 되어라, 그러나
시냇가의 키 작은 아름다운 나무가 되어라.
나무가 되지 못하거든, 넝쿨이 되어라.

그대 만일 넝쿨이 될 수 없거들랑
한 주먹 작은 풀이 되어 큰길을 아름답게 할지어다.
송어가 못 되거든 농어가 되어라
호수에서 펄펄 뛰는 농어가 되어라

모두가 선장이 못 되거든
선원이 되어라
그대들은 이곳에서 제각기 할 일이 있나니
어떤 것은 큰일이요, 어떤 것은 작은 일이로되
그대들이 해야 할 과업은 가까운 곳에 있느니라.

큰 길이 되지 못하거든 작은 길이 되어라
태양이 못 되거든 별이 되어라
그대의 성공과 실패는 크고 작은 데 있는 것이 아니니
그대의 생긴 대로 최선을 다하라!

남을 모방하지 말아야 한다. 자기 자신을 발견하고 자기 자신이 되어야 한다.

우리 인생에 있어서 좋은 일은 90%요 좋지 않은 일은 10%다. 그러므로 우리가 행복하기를 원한다면 90%의 옳은 일에다 마음을 집중시키고 10%의 잘못을 무시하면 된다.

코치의 질문

이번 장의 내용들을 바탕으로 아래 질문에 스스로 답해보거나,
동료와 대화를 나누어 봅시다.

① 이번 장에서 마음에 와닿는 내용은 어떤 것들이 있었나요?

② 최근 1달간 자신의 행복 수준을 100점 만점으로 표현하면 몇 점 정도 될까요?

③ 100점이 못 되게 발목 잡는 방해요인들이 있다면 어떤 것들인가요?

④ 그중 어떤 것을 먼저 해결하고 싶나요?

⑤ 그 상황이 오히려 다행이라고 생각될 수 있는 점은 무엇일까요?

⑥ 그 방해요인이 오히려 감사한 면이 있다면 어떤 것일까요?

⑦ 그 방해요인을 걸림돌이 아니라 디딤돌로, 위기가 아니라 기회로 활용할 수 있다면 어떤 방법이 있을까요?

⑧ 행복 수준을 1~2점이라도 더 올리기 위해 오늘 할 수 있는 것 5가지가 있다면 어떤 것들인가요?

⑨ 오늘 당장 무엇부터 하면 좋을까요?

제8장

나를 다스리는 방법

당신이 현재 행복하다면, 이 훌륭한 행복을 유지하며
그것을 더욱 풍부히 하고 싶다고 생각할 것이다.
만약 당신이 현재 행복하지 않다면
어떻게 하면 행복해질 수 있는지
배우고 싶다고 생각할 것이다.

기분을 조절하는 방법

당신의 오늘 기분은 어떠했는가?

아침에 일어나서 출근하리라고 마음먹은 뒤에 즐겁게 아침 식사를 했는가. 그리고 출근해서 의욕적인 마음가짐으로 일을 시작했는지 돌아보기를 바란다.

어쩌면 당신은 의욕적인 기분이 아니었을지도 모른다. 그렇다면 당신은 아마 당분간 당신이 원하고 있던 어떤 활력을 가질 수 없을지도 모른다. 당신은 일을 시작하기 전부터 피로해 있었으며 우울한 기분에 휩싸여서 의욕도 없이 일을 시작했으니 말이다.

어느 실례를 들어 보기로 하자.

버넌 울프라는 사람은 애리조나 피닉스의 한 고등학교에서 트랙 경기의 코치 생활을 하고 있었는데, 실제로 그는 그 방면의 전문가로 미국에서도 이름난 코치였다. 그가 코치한 학생으로 미국대학 기록을 경신한 사람도 몇 명 있었다.

그는 이들 선수에게 어떠한 훈련을 시키고 있었던 것일까. 그는 복합적인 효과를 발휘하는 처방전을 알고 있었다. 즉, 정신과 육체의 양면을 거의 동시에 조절함으로써 그 효과를 노리는 것이다. 버넌 울프는 이렇게 말하고 있다.

"자신이 할 수 있다고 믿으면 거의 해낼 수 있습니다. 바로 그것은 마음 가짐입니다."

에너지에는 두 종류가 있다. 하나는 육체적인 것이고 또 하나는 정신적인 것이다.

우리가 두 가지를 비교한다면 정신적인 면이 훨씬 중요하다. 그 이유는 잠재의식으로부터 소요 시간에 대비한 힘과 강인성을 끄집어낼 수가 있기 때문이다.

예를 들어 극도로 기분이 긴장되어 있을 때 사람이 나타낼 수 있는 괴력이나 인내력에 대해서 생각해 보자.

만일 자동차 사고가 나서 동행하던 남편이 뒤집힌 차 밑에 깔렸을 때, 몸이 작고 힘없는 아내가 취할 행동은 어떠한 것일까. 그 순간은 어찌할 바를 몰라 허둥대겠지만 곧 마음을 가다듬고 남편이 그 밑에서 나오도록 어떤 힘을 빌려서든지 그것을 끌어 올리게 될 것이다. 이것이 번득이는 잠재의식의 표현이라면 평상시에는 생각조차 못 했던 그런 힘으로 부수거나 던져 버리기까지 할 것이다.

로자 바니스타는 육상 경기의 오랜 꿈을 달성하기 위해서 정신과 육체 양면의 트레이닝을 실시하여 1954년 1마일 달리기에서 처음으로 4분의 벽을 깨뜨렸을 때를 기술했다.

그때 그는 몇 개월간에 걸쳐 그때까지 자신이 도달하지 못했던 기록을 달성할 수 있다는 신념을 갖고 있었다. 일반적인 견해로 1마일에 4분이란 기록을 벽이라 생각하고 있었지만 바니스터는 가능할 것으로 생각했다. 후에 물론 그가 생각했던 대로 이루어진 것은 말할 것도 없다. 로자 바니스터가 그 길을 열었던 것이다.

그리고 처음으로 그가 1마일 달리기에서 4분의 벽을 깨뜨리고 난 후, 4

년 동안에 여러 곳에서는 그를 포함해서 그 위업이 46회나 달성되었다. 아울러 1958년 아일랜드의 더블린에서 있었던 어느 경기 대회에서는 5명의 선수가 1마일 달리기에서 4분의 벽을 깨뜨렸다.

이 로자 바니스터에게 그 비결을 전수한 사람은 일리노이 대학 체력 연구소장인 토머스 큐어트 박사이다.

토머스 큐어트 박사는 신체 에너지에 대해서는 일반 사람과는 다른 견해를 갖고 있었다. 신체 에너지는 운동선수에게만 적용되는 것이 아니라 일반적인 모든 사람에게도 적용된다고 말했다. 그것을 살릴 수 있다면 달리기 선수는 보다 빨리 달릴 수 있고 오래 살기를 원하는 사람은 더 장수할 수 있다고 한다.

큐어트 박사는 이렇게 말했다.

"가령 신체의 단련 방법을 알고 있다면 50세의 나이로 20세의 건강을 유지할 수 있다는 것은 말할 것도 없습니다."

큐어트 박사의 이 방법은 첫째 정신적으로 단련하고, 둘째로는 내구력의 한계까지 단련하여 연습할 때마다 그 한계를 넓혀 나간다는 두 가지를 기본 원리로 하고 있다.

"기록을 깨뜨리는 기술은……."

그는 말한다.

"자기의 몸에 지닌 그 이상의 것을 끄집어내는 능력입니다. 이길 수 있을 때까지 연습하고 나서 쉬는 것입니다."

큐어트 박사가 로자 바니스터와 알게 된 것은 유럽의 유명한 육상 선수인 러닝의 체력을 테스트했을 때의 일이었다. 그는 바니스터의 신체가 아주 잘 발달되어 있다는 것을 발견할 수 있었다.

그래서 큐어트 박사는 바니스터에게 정신의 발달에 더 집중하도록 코칭했다. 그 말을 들은 바니스터는 등산을 함으로써 정신을 단련하는 법을 배웠다. 그리고 등산은 그에게 장애를 뛰어넘는 것을 가르쳐 주었다. 또한 중요한 것은 그가 세운 큰 목표를 작은 목표로 나누는 것을 배운 것이다.

그의 설명에 의하면, 1마일을 목표로 달리는 것보다 1마일을 4분의 일로 나누어 달리는 편이 훨씬 더 빨리 달릴 수 있다고 생각한 것이다. 그래서 그는 1마일을 4분의 1로 나누어 그것만을 실행하려 노력했다.

그것은 곧 이런 식이었다. 먼저 4분의 1을 힘껏 달리고 다음에 약간 억제한 스피드로 트랙을 한 바퀴 돌고 숨을 돌리고 나서 다시 4분의 1을 힘껏 달린다.

그래서 그는 4분의 1마일을 항상 58초 이하로 달리는 것을 목표로 삼고 있었다. 따라서 1마일은 58초의 4배인 232초, 즉 3분 52초로 달리는 셈이 되었다. 이것이 그가 힘껏 달린 속도였다.

그가 실제로 힘껏 달리다가 스피드를 떨어뜨리고 숨을 돌리고 있자니, 큰 레이스에서 뛰었을 때는 3분 59초나 걸리는 일이 있었다.

큐어트 박사가 바니스터에게 '체력은 단련하면 할수록 가속도가 붙는 법'이라고 가르쳐 주었을 때, 그는 지나친 연습에 의한 과로 이야기는 허황된 이야기라고 생각했다.

큐어트 박사는 휴식도 운동과 마찬가지로 중요하다는 것을 강조했다. 운동 연습으로 소모한 신체를 전보다 좋게 하기 위해서는 충분한 휴식이 필요하다고 강조했다. 그 결과 내구력이나 정력, 에너지가 증강된다는 것이다.

실제로 육체와 정신 모두 휴식하며 숨을 들이켜는 동안에 다시 충전되는 것이다. 만일 휴식조차 없이 무리하다 보면 육체적으로 심한 타격을 받게 되어 심할 때는 죽어 버릴 수도 있다.

어린아이들은 피곤해도 피곤하다는 것을 느끼지 못한다. 그러나 그들의 행동하는 모습을 보고 있노라면 피곤한지 아닌지를 금세 알 수 있다.

청소년들도 자신이 과로에 빠져 있다는 것을 느끼면서도 그것을 인정하려고 하지 않는다.

그런 마음가짐으로는 학업성적이나 가정 문제 또는 교육 문제가 해결되지 않는다. 그리고 그러한 문제들은 청소년들을 일시적이든 영속적이던 파멸적인 행동으로 이끌게 하여 자신이나 타인을 해치게 될 가능성을 다분히 지니고 있다.

당신 역시 몸속의 에너지가 적을 때는 건강은 물론 마음도 그와 비례하여 좋지 않게 된다. 그리고 배터리와 마찬가지로 에너지가 아예 없을 경우는 결국 죽어 버리고 마는 것이다.

그럼 어떻게 해야 바람직할까? 배터리가 완전히 소멸되기 전에 다시 충전하면 가능할 것이다. 그러기 위해서는 어떻게 하면 좋겠는가?

바로 당신이 가장 즐기는 휴식을 취해야만 한다.

다음에 소개하는 것은 현재 에너지양의 결정에 필요한 체크리스트이다. 만일 에너지양이 내려간다고 생각되거든 언제든지 이것을 이용할 수가 있다.

또한 당신이 올바른 정신을 갖기 원한다면, 다음에 열거된 것과 같을 때는 당신의 에너지 배터리를 다시 충전할 필요가 있다.

- 재치나 애교가 없으며 의심이 많다.
- 흥분하기 쉽고 화를 잘 낸다.
- 신경질이 많고 히스테리적인 행동을 한다.
- 질투심이 강하다.
- 성질이 급하고 이기적이다.
- 자주 우울함과 좌절감을 느낀다.

피로해 있을 때는 당신이 모든 것에 대해 가졌던 바람직한 감정·정서·사상·행동이 일시적으로 변하여 소극적인 마음가짐이 되기 쉽다. 그러나 충분히 휴식하여 건강을 회복하면 전과 같이 적극적인 마음가짐으로 변하게 된다.

한마디로 피로라는 것은 신체에 매우 나쁜 영향을 끼친다. 따라서 당신의 에너지 배터리를 충전하고 에너지양과 적극적 사고방식의 양이 상승하도록 하는 것이 바람직하다.

당신이 자기감정과 행동에서 소극적인 마음가짐에 눌려 있다고 판단되거든 그때가 자신의 배터리에 충전할 때임을 알아야 한다.

물론 육체와 정신의 에너지를 보유하려면 신체와 정신을 단련할 필요가 있다. 그러나 여기에도 고려할 점이 있다. 바로 육체나 정신에도 적당한 양의 영양분을 주지 않으면 안 된다.

신체라는 것은 건강에 좋은 영양가 있는 음식물을 상당히 섭취함으로써 유지할 수가 있다. 정신적인 활력은 그를 지탱해주고 견인해주는 책이나 그 밖의 정신적 비타민을 흡수함으로써 유지할 수가 있다.

인디애나주에 있는 미국 농업연구협회의 이사로 있는 조지 스카세스는 아프리카의 해안가에 있는 마을을 가리켜 이런 말을 했다.

"그 마을 사람들은 내륙에 사는 같은 종족들보다 진보하고 있다. 그 이유를 든다면 그곳의 주민들이 내륙의 주민들보다 육체적으로 강하고 정신적으로도 앞서 있다."

즉 해안가에서 사는 사람들과 내륙지방에서 생활하고 있는 사람들 사이의 생활 차이는 음식물의 차이에서 온다는 것이다. 내륙지방에 사는 사람들은 단백질을 잘 섭취하지 못하지만, 해안가 사는 사람들은 생선과 그 밖에 새우나 조개 등을 먹음으로써 단백질을 섭취한다는 것이다.

'풍토가 인간을 만든다'란 저서를 쓴 클라렌스 밀즈는, 파나마 지역의 주민 가운데는 정신적 활동과 육체적 활동이 이상하게 둔한 사람이 많다는 것을 적고 있다. 그리하여 과학적으로 조사한 바에 의하면 그들이 주식으로 삼고 있는 동물이나 식물에는 비타민 B가 전혀 없다는 것이 밝혀졌다. 따라서 그들의 음식에 비타민 B를 첨가하면 그들은 기운을 회복하여서 혈기 왕성해지고 활동적으로 된다고 한다.

당신은 자신이 섭취하고 있는 음식물에 비타민이나 다른 영양분이 부족해 에너지의 양이 낮은 것 같다고 생각되면 그 어떤 방법을 취해야 할 것이다.

잠재의식도 신체와 마찬가지로 정신적인 비타민을 섭취하고 흡수하지만 신체와 다른 점은 얼마든지 그것을 소화하고 유지한다는 점이다. 그러니까 잠재의식은 위처럼 소화불량이 없고 먹은 만큼의 것, 때로는 그 이상을 섭취하고도 흡수할 수가 있다는 것이다.

요컨대 잠재의식이란 배터리와 같은 것이므로 이 배터리에서 가끔 육체적인 활력을 변화시키는 많은 양의 정신적 에너지를 얻을 수도 있다.

그러나 이 에너지의 충전도 소극적인 감정에 의해서 충격을 받거나 하면 아무 소용이 없게 되며, 만약에 건설적으로 쓰이는 에너지라면 그 에너지는 발전소의 발전기가 막대한 양의 전력을 생산해내듯이 스스로 몇 배로 증가하기도 한다.

피로해 있을 때는 당신이 모든 것에 대해 가졌던 바람직한 감정·정서·사상·행동이 일시적으로 변하여 소극적인 마음가짐이 되기 쉽다. 그러나 충분히 휴식하여 건강을 회복하면 전과 같이 적극적인 마음가짐으로 변하게 된다.

건강을 지켜야 한다

2

적극적 사고방식은 건강 또는 일상생활에서 일에 필요한 매일의 에너지와 열의를 낳는 데 중요한 역할을 하고 있다.

그러므로 적극적 사고방식은 정신과 육체의 건강을 유지하고 오래 사는 데 도움이 될 것이다. 그러나 소극적인 사고방식은 정신과 육체의 건강을 차차로 좀 먹고 생명을 단축시킬 것이다.

소극적인 사고의 영향

합리적인 적극적 사고방식은 많은 사람의 생명을 구제하고 있다.

다음 사건이 그 일을 증명하고 있다.

태어난 지 이틀밖에 안 되는 어린아이가 의사로부터, '이 아이는 살 수가 없습니다.'라는 말을 들었다. 그러자 '아니오, 이 아이는 살 수 있습니다.'라고 그 아이의 아빠가 응수했다. 그때 그 아이의 아빠는 적극적 사고방식을 가지고 있고, 기도의 기적을 믿고 있었다.

그리하여 그는 기도했으며 강하게 믿고 있었다. 그리고 그는 행동으로 옮겨갔다.

적극적 사고방식을 가진 소아과 의사의 치료를 받게 하자 그 의사는 자신의 경험으로써 어떤 육체적 결함에도 자연은 보상(다른 것으로 대신 물어주거나 갚아 줌) 작용을 일으킨다는 것을 알고 있었다. 그 결과 그 어린아이는 살 수 있었다.

믿음을 가져야 한다

라파엘 코레아는 이제 겨우 20세가 되었을 뿐이었다.

그의 부친은 부자는 아니었지만 많은 사람들로부터 존경을 받고 있었다. 그리하여 그가 큰 병을 얻게 되었을 때 여섯 명이나 되는 의사와 한 젊은 인턴이 라파엘의 생명을 구하려고 푸에르토리코에 있는 병원의 작은 수술실에서 밤을 새우며 악전고투하고 있었다.

그들은 한숨도 자지 못하고 12시간이나 계속 간호하고 있었으므로 극도의 피로로 인해 겨우 졸음을 참고 있었다. 그러나 그들의 노력도 아무 보람 없이 급기야 라파엘의 심장 고동은 멈추고 말았다. 맥박도 느끼지 못하게 되었다.

주치의는 메스를 들어 라파엘의 손목 혈관을 잘랐다. 그러자 그곳에서 누런 액체가 뿜어져 나왔다. 그런데도 주치의는 마취제를 쓰지 않았다. 이미 그 젊은이의 몸이 고통을 느끼지 못할 정도로 쇠약해져 있었기 때문이었다.

다른 의사들도 자신들이 하는 말이 라파엘에게 들리지 않으리라 생각하고 마치 그가 사망하기라도 한 듯한 어조로 말했다.

"기적이라도 일어나지 않는 한, 이제는 틀렸어."

주치의는 수술복을 벗고 수술실을 나갈 준비를 했다. 그때 젊은 인턴이 이렇게 말했다.

"제가 여기 있을까요?"

"그렇게 해주게."

잠시 후 의사들은 수술실을 나갔다.

그곳에 남아 있던 젊은 인턴은 혼자서 중얼거렸다. 어떤 책에 쓰여 있던 내용이었다.

"우리에게 실망은 없다. 보이는 것은 보지 않고 보이지 않는 것을 보기 때문이다. 보이는 것은 일시적인 것이요, 보이지 않는 것은 영원한 것이다."

그리고 죽은 듯 누워 있는 환자는 그 소리를 듣고 있었다. 그리고 그의 마음에는 그 무엇인가가 생동하기 시작했다.

삶과 죽음의 경지를 헤매는 동안은 몸을 움직일 수가 없다. 그런데도 책을 통해 잠재의식에 심어놓았던 적극적 사고방식에 의해 그의 마음은 신과 교류하는 것처럼 느껴졌다. 바로 신과 함께 있는 것 같은 느낌이 들었던 것이다.

그리하여 그는 잠재의식에 의한 마음속으로 신에게 빌었다.

'당신은 저를 알고 계십니다. 당신은 저의 마음속에 계십니다. 당신은 저의 생명입니다. 이 우주에는 오직 하나의 마음, 하나의 원리, 하나의 실체밖에 없습니다.'

그는 계속했다.

'저는 죽어도 아무것도 잃지 않습니다. 다만 형체가 변할 뿐입니다. 그러나 저는 아직 20세입니다. 신이여, 저는 죽음을 두려워하지 않습니다. 그러나 살고 싶습니다. 어느 날이든 다시 저에게 생명을 부여해 주신다면 당신의 뜻에 의해 보다 올바른 생활을 하며 남을 위하여 헌신할 생각입니다.'

인턴이 라파엘의 얼굴을 들여다보니, 그의 눈꺼풀이 깜박 움직이는가 싶더니 왼쪽 눈언저리에서 눈물이 떨어지려 하고 있었다.

"선생님, 선생님! 빨리 와 주십시오! 살아 있는 것 같습니다!"

그는 흥분해 소리쳤다.

그리고 원래의 체력을 회복하기까지는 1년 이상이나 걸렸지만 그래도 마침내 라파엘 코레아는 살아날 수가 있었다.

우리가 생 쥬앙으로 갔을 때 라파엘은 그를 밤새도록 간호해준, 지금은 외과 의사가 된 인턴이었던 사람을 소개해 주었다. 그리고 우리는 그 당시 책의 내용에 대해 대화를 나누었고, 라파엘은 다음과 같이 말했다.

"저는 여러 가지 책을 읽었습니다만, 그날 밤 제 마음을 지배하고 있던 것은 메리 베이커 에디가 지은 '성서를 중심으로 한 과학과 건강'이었다고 생각합니다."

라파엘의 예에 의해서도 알 수 있듯이 감명 깊은 서적은 한 사람의 인생을 바꾸는 데 아주 큰 공헌을 한다. 그것은 그 책을 읽는 사람에게 적극적인 행동을 취하게 하기 때문이다.

건강 유지의 필수조건

존 록펠러가 그동안의 모든 사업에서 손을 떼자, 건강한 몸과 정신으로 행복하게 살 것이라는 목표를 세우고 이를 실행에 옮겼다. 그렇다고 그가 그 모든 것을 돈으로 산 것은 아니었다. 록펠러는 어떻게 해서 자신의 목표를 달성했는지 소개해 보겠다.

첫째, 매주 일요일 교회에 나가고 자신이 해야 할 일을 메모해 왔다.
둘째, 매일 밤 8시간씩 자고 짧은 낮잠을 자도록 했다.
셋째, 매일 샤워를 하도록 노력했다.
넷째, 건강과 장수에 좋은 기후인 플로리다주로 이사해서 살았다.
다섯째, 균형 잡힌 생활을 하도록 했다.
여섯째, 안정된 마음으로 식사를 하고, 그 어떤 음식이든 꼭꼭 씹어서 소화시키며 먹었다.
일곱째, 비간 박사를 주치의로 삼았다. 박사는 록펠러의 건강과 행복을 유지하기 위해 고용되었다.

여덟째, 가족들에게까지 화가 미치도록 동료의 원한을 사는 일 같은 것은 하지 않았다.

★★★
적극적 사고방식의 기적적인 활동

당신은 위생학에 대해서 얼마나 알고 있는가?

위생학을 정의하면, '건강 증진을 목적으로 만들어진 원리와 법칙의 체계'라고 말할 수 있다. 사회 위생학의 경우는 특히 육체적 접촉에 의한 전염병이 대상이 된다. 아무튼 육체와 정신의 위생학이나 사회 위생학을 알지 못하면 질병에 걸리거나 죽을 수밖에 없다.

그러나 알코올 중독의 치료는 위생학을 가르치는 것처럼 순조롭지는 않다. 미국에서는 알코올 중독이 보건 문제 중에서 네 번째로 큰 문제가 되어 있다.

알코올 중독은 정신적인 병 다음으로 증가하고 있으며 정신적인 병을 낳은 가장 큰 원인의 하나로 되어 있다. 그리고 산업계에서는 알코올 중독에 의해 연간 10억 달러가 넘는 돈이 새 나가고 있다. 그러나 금전적인 손실 같은 것은 알코올 중독에 의한 육체적 건강이나 정신적 건강, 혹은 생명을 잃거나 하는 것에 비하면 아무것도 아니다.

알코올 중독자의 경우 술의 매력에 저항하려고 했다가 실패하게 되면 이제 자신의 알코올 중독은 도저히 고칠 수 없다고 체념하게 된다.

뇌파 기록 장치 등을 써서 과학적으로 조사해 본 결과 알코올이 뇌파를 바꾼다는 사실이 알려져 있다. 알코올은 신경 세포의 신진대사에 강하게 작용하여 생체 리듬이 늦어지거나 때로는 강한 것조차 억제해 의식까지 바꾸거나 한다.

알코올이 뇌세포에 작용하게 되면 의식의 억제력이 저하된다.

사실 알코올 중독은 아주 무서운 병이다. 생활이 알코올의 지배를 받게 되면 육체적, 정신적, 도덕적으로 잘못을 범하게 되어 공포나 분노에 휩쓸리게 된다. 어찌 되었든 알코올에 지배당하면 그 지배력에서 빠져 나오기란 쉬운 일이 아니다.

그런데도 알코올 중독의 치료법은 있다. 어떤 치료법이 있을까?

바로 유치원생도 알 만한 방법으로 술 마시는 것을 중지하면 된다. 그러나 금주는 말하기는 쉬워도 막상 행동하기란 너무 힘든 일이다. 중요한 것은 하면 된다는 신념이다. 믿음을 갖고 노력하면 반드시 된다.

적극적인 마음을 가지게 되면 금주를 단념하지 않는다. 전에 실패를 경험했거나 타인이 실패했을 때의 일을 알고 있기 때문이다.

적극적인 마음을 가지게 되면 성공한 경험을 생각해내고 희망을 품을 수가 있다.

걸음마를 배우고 있는 어린아이가 세 걸음 걷고 넘어졌다고 해서 그 일을 포기하거나 하지는 않는다. 젖먹이는 무의식적인 노력에 따라 진보하는 것이다.

알코올 중독자를 구제해 주는 곳은 많지만, 무엇보다도 중요한 것은 자기 자신을 이겨 내야 한다. 그래도 일반적으로 스스로 억제할 수 있을 때까지는 여러 가지로 조언하고 붙들어 주는 사람이 필요할 것이다. 그리고 다시 소극적인 마음가짐으로 역행하지 않도록 스스로 다그쳐야 한다.

강한 적극적 사고방식은 알코올 중독자에까지라도 기적을 행할 수가 있다.

당신에게도 마찬가지로 건강이나 장수를 가져오는 점에서 적극적 사고방식은 기적적인 활동을 할 것이다.

그러나 건강에 대한 불안감은 자신도 모르는 사이에 적극적 사고방식을 깨뜨릴 가능성이 있다. 조금이라도 아프거나 괴롭다고 생각하면 저절로 소극적인 사고방식이 될 수가 있기 때문이다. 그런 불안한 상태가 오래가면 오래갈수록 병에 대한 태도는 점점 적극적인 태도에서 소극적인 태도로 변해 간다.

그리고 걱정하고 있던 증세가 실제로 주의를 요구하는 경우, 마냥 불안감을 느끼면서도 아무것도 하지 않으면 그 상태가 더욱더 악화할 뿐이라는 것을 잊어서는 안 된다.

> 건강에 대한 불안감은 자신도 모르는 사이에 적극적 사고방식을 깨뜨릴 가능성이 있다. 조금이라도 아프거나 괴롭다고 생각하면 저절로 소극적인 마음가짐으로 될 수가 있기 때문이다.

일찍이 에이브러햄 링컨은 말했다.

"내가 보기에 행복의 정도는 대개 마음가짐 하나로 결정되는 것 같다."

개인 차이는 미미하지만 그 근소한 차이가 큰 차이를 낳는다. 그 근소한 차이는 태도에 달려 있으며 큰 차이는 적극적 사고방식인지 아니면 소극적인 사고방식인지의 차이이다.

자신의 마음속에서 행복을 찾아야 한다

"나는 행복해지고 싶어요. 하지만 당신을 행복하게 해드리기까지는 나 또한 행복해질 수 없어요."라고 시작되는 유행가가 있다.

자신의 행복을 찾아내기 위한 가장 확실한 방법은 다른 누구인가를 행복하게 해주기 위해 에너지를 소비하는 일이다.

그런데도 행복은 붙잡을 수가 없으며 잡으려 해도 그저 막연할 수밖에 없다.

그러나 다른 누구인가를 행복하게 해주려 노력한다면 그 행복은 바로 당신에게 찾아올 것이다.

오클라호마시 대학 종교학부의 교수 부인이요, 작가인 클레어존스는 막 결혼했을 무렵의 행복에 대해 이렇게 말하고 있다.

"우리는 결혼하고 나서 2년쯤 어느 조그마한 마을에 살았습니다. 이웃 사람은 노부부로, 부인은 시각장애인에 가까워 휠체어에 의지하고 있었으며 남편은 그리 건강해 보이지는 않았지만, 부인의 시중을 들고 있었습니다. 크리스마스를 앞두고 남편과 나는 크리스마스트리를 장식하고 있었습니다. 그때 문득 이웃의 노부부에게도 크리스마스트리를 장식해 드리면 어떻겠느냐는 의견이 나왔고, 우리는 작은 크리스마스트리를 사 가서 크리스마스이브에 노부부에게 전달해드렸습니다."

여기까지 얘기하고 나서 그녀는 잠시 회상하며 얘기를 이어 갔다.

"부인은 반짝반짝 빛나는 꼬마전구를 잘 보이지 않는 눈으로 빤히 바라보면서 울었습니다. 그 남편은 '크리스마스트리를 장식한 것이 몇 해만인지 모릅니다.' 하고 되풀이해 말하는 것이었습니다. 새해에도 우리가 찾아가니 또 두 사람은, 우리가 드린 크리스마스트리 이야기를 했습니다. 우리가 두 사람을 위해 해드린 것은 극히 작은 일이었습니다만, 그 작은 일이나마 해드릴 수 있어 행복했습니다."

그들이 친절을 베푼 결과 경험한 행복은 길이 추억에 남을 만큼 깊고 따뜻한 감정이었다. 그것은 친절한 일을 하는 사람들에게 찾아오는 지극히 당연한 종류의 행복이다.

당신은 자신의 선택으로 행복해지기도 하고, 불행해질 수도 있다. 그 선택은 오롯이 당신 자신에게 달려 있다. 그리고 그 결정적 요인은 당신이 적극적 사고방식의 영향 밑에 있는가, 소극적인 사고방식의 영향 밑에 있는가 하는 것이다. 아울러 이는 당신 노력에 따라 결정되는 것이다.

핸디캡을 극복해야 한다

헬렌 켈러는 태어날 때부터 언어 장애, 청각 장애 그리고 시각 장애가 있어서 다른 사람들처럼 주위 사람들과의 통상적인 의사소통으로 지식을 얻을 수 없었다. 오직 촉각만을 의지해 타인과 마음을 통하고, 사랑하고, 사랑받는 행복을 맛보았다.

헬렌 켈러의 노력도 눈물겹지만 그녀에게 사랑의 손을 내밀어준 앤 설리번 선생의 헌신적 사랑 또한 들지 않을 수 없다. 그녀는 말도 못 하고, 듣지 못하고 보지 못하는 소녀를, 재치 넘치는 밝고 행복한 여성으로 변화시켰던 것이다.

헬렌 켈러는 일찍이 이렇게 쓰고 있다.

"행복을 찾는 사람은 잠시 발을 멈추어 생각하면, 이제까지 경험했던 기쁨이 발밑의 풀이나 이른 아침 꽃잎에 맺힌 반짝반짝 빛나는 이슬과 같이 수없이 많다는 것을 아실 겁니다."

헬렌 켈러는 주어진 신의 은혜를 생각하고 마음으로부터 감사했다. 그리고 신의 은혜의 기적을 남에게 나누어 주어 기쁨을 맛보게 했다.

그녀는 좋은 것, 아름다운 것을 나누어 주기 때문에 보다 많은 것, 아름다운 것들이 그녀 자신에게로 끌어당겨져 왔다고 생각했다. 다시 말해서 주는 것이 많으면 많을수록 얻는 것이 많아지기 때문에 행복함을 느낀 것이다.

당신도 타인에게 행복을 나누어 주면 행복은 그만큼 당신의 내부에서 풍부하게 부풀어 오를 것이다.

그러나 비참함이나 불행을 나누어 주면 비참함이나 불행을 당신 자신에게로 끌어들이는 것이 될 것이다.

또 언제나 번뇌가 문제가 아니라 그 번뇌를 하나의 구실로 호소하고 있는 사람이 주위에 많다. 이러한 사람들의 번뇌는 진짜 번뇌가 아니다. 그것은 항상 타인에게 번뇌를 나누어 주고 있기 때문이다.

애정이나 우정을 강하게 원하면서도 스스로 고독을 자처하는 사람들이 이 세상에는 많이 있다. 그러한 사람 중에는 소극적인 마음가짐을 지닌 사람들로서 행복을 거부하는 사람들이다. 그리고 그런 사람의 대부분은 뭔가 좋은 일이 찾아오기를 원하면서도 자신이 가지고 있는 좋은 것을 타인에게 나누어주려고 하지 않는다.

자신의 기분을 전환하기 위해 무엇인가를 할 용기를 가지고 있는 사람이라면 좋은 것이나 아름다운 것을 타인에게 나누어 주는 것 속에서 그 답을 찾아낸다.

아주 고독하고 불행한 소년이 있었다.

그는 태어날 때부터 보기 흉하게 등이 구부러지고 왼쪽 다리가 활 모양으로 휘어 있었다. 그러나 이 소년을 진찰한 의사는 소년의 아버지에게 이렇게 말했다.

"걱정할 필요 없습니다. 이 아이는 자기 일을 혼자서 무난히 해나갈 것입니다."

소년의 집은 가난하였으며 어머니는 그가 채 한 살도 채 되기 전에 죽어 버렸다.

소년이 성장해 감에 따라 다른 아이들은 그의 몸이 흉하다든가, 여러 가지 일들을 함께할 수 없다는 이유로 그를 회피하게끔 되었다.

찰스 스타인메츠가 바로 이 소년의 이름이었고 그는 한마디로 고독하고 불행한 소년이었다.

그러나 신은 이 소년을 버리지 않았다.

불우한 환경의 찰스에게는 못난 신체를 보충하기 위해 뛰어난 기억력이 주어져 있었다. 그는 주어진 그 최대의 자원을 활용함으로써 아무 일도 못 하리라 생각하고 있던 육체적 결함을 잊고 공부하여 놀라운 능력을 발휘하기 시작했다.

그는 5세에 라틴어의 동사 변화를 암기했다.

7세 때는 그리스어를 배우고, 히브리어도 조금 배웠다.

8세 때는 이미 수학에 있어서 대수와 기하를 충분히 이해할 수 있게 되었다.

그는 이윽고 대학에 들어가 모든 학과에서 최고의 성적을 따냈고 우수한 성적으로 졸업하게 되었다. 그리고 그는 푼돈이나마 알뜰히 모아 졸업식에 입고 갈 예복을 빌릴 수가 있었다.

그런데 대학 당국에 소극적인 사고방식을 지닌, 지극히 동정심 없는 사람이 있어 찰스의 졸업식을 불허한다는 내용이 게시판에 나붙었다. 독일 정부가 금지한 학생 사회주의 클럽에 참가했다는 이유에서였다.

이런 상황에서 찰스는 많은 고심을 한 끝에 새로운 길을 모색하기 위해서 미국으로 건너갔다. 그리고 미국에 도착한 찰스 스타인메츠는 바로 직장을 찾기 시작했다.

물론 그의 모습이 흉하다는 것을 이유로 몇 번인가 박절히 거절당했지만, 동분서주한 끝에 주급 12달러로 제너럴 일렉트릭 회사에 취직할 수가 있었다.

그는 자신에게 주어진 일 외에 많은 시간을 할애하여 전기기계에 관해 공부하였고 자신이 아는 지식을 동료들에게 나누어줌으로써 인간관계를 돈독히 하려고 하였다.

그리고 얼마 되지 않아서 제너럴 일렉트릭 회사의 사장이 그의 보기 드문 재능을 알아보았다.

"이곳에 있는 설비는 모두 우리 회사의 것이다. 이를 이용해 얼마든지 하고 싶은 일을 해도 좋다. 연구하고 싶으면 종일 연구를 해도 상관이 없다. 그리고 그 연구비용은 별도로 지급해 주겠다."

이후 찰스는 경영주의 보호 아래 전기공학의 실용화를 위해서 몰두하게 되었다. 공장에 작은 연구실을 세웠으며 그곳에서, 많은 과학적인 연구를 할 수 있었다.

그리하여 전기와 관련된 발명으로 200여 가지 이상의 특허를 받았으며 전기이론이나 전기 기술 문제에 관한 책이며 논문을 발표하기에 이르렀다.

그는 일이 잘되었을 때의 기쁨을 알고 있었으며, 이 세상을 좀 더 살기 좋은 곳으로 만드는 데 공헌하는 기쁨 또한 알고 있었던 것이다.

그는 자신이 재산을 축적함은 물론 잘 아는 신혼부부에게 멋진 집을 사서 선물해주기도 했다.

★ ★ ★

행복은 가까운 곳에서 발견해야 한다

모든 사람은 생활 대부분을 가정에서 가족과 함께 지내며 살고 있다.

그러나 행복을 추구하고 안전의 항구여야 할 그 가정이 불행히도 행복과 조화를 이루지 못하고 오히려 다툼의 자리가 되는 예도 있다.

가정 문제는 개인마다 다르고 여러 가지 이유를 들 수 있을 것이다.

적극적 사고방식 성공 강좌 시간에 두뇌가 명석하지만 다소 공격적인 24세쯤 되는 청년에게 물었다.

"무슨 문제가 있습니까?"

그러자 그 청년은 대뜸 이렇게 대답했다.

"있습니다. 문제는 저의 어머니입니다. 이번 토요일에 저는 집을 나오기로 작정했습니다."

그리하여 강사는 그 청년과 그 문제에 관한 얘기를 하는 동안에 그와 그의 어머니 사이가 조화를 이루지 못하고 있다는 것을 분명히 깨달을 수 있었다. 그리고 강사는 그 어머니의 성격 또한 그 청년과 비슷해 다분히 공격적이라는 것을 알 수 있었다.

그래서 강사는 사람의 성격이 자석과 비유할 수 있다는 것을 가르쳐 주었다.

"당신과 어머니는 비슷한 점이 많으니까, 어머니에 대한 당신의 태도에 따라 당신에 대한 어머니의 태도도 정해지게 됩니다. 어머니의 기분은 당신 자신의 기분을 분석해 보면 잘 알게 될 것입니다. 그렇다면 당신의 문제는 쉽게 해결할 수 있습니다. 서로 강한 두 사람이 대립하고 있어 함께 조화로운 생활을 하려면 적어도 한 사람은 적극적 사고방식의 힘을 빌리지 않으면 안 됩니다."

여기까지 얘기하고 나자 강사는 다시 그 청년을 바라보며 이렇게 말했다.

"그럼 당신에게 이번 주 숙제를 내드리지요. 만약 어머니로부터 어떤 일을 부탁받거든 기꺼이 하도록 하세요. 그 어떤 군소리도 해서는 안 됩니다. 그리고 어머니의 결점이 눈에 띌 때는 어머니의 장점을 찾아내도록 하세요. 그렇게 하면 당신 스스로 기분전환이 될 것입니다. 또한 그렇게 한다면 당신의 어머니 역시 당신이 말하는 것을 듣게 되겠지요."

"그렇게 잘 안 됩니다. 어머니는 도저히 제 말을 들을 사람이 아닙니다."

그 청년이 대답했다.

"그러나 당신이 적극적 사고방식으로 잘되도록 마음먹으면 불가능하지는 않을 것입니다."

강사는 말했다.

1주일 후에 그 젊은이는 강사로부터 숙제를 해왔느냐는 질문을 받았다. 그리고 그의 대답은 다음과 같은 것이었다.

"염려해 주신 덕택에 1주일 동안은 어머니와 불쾌한 말이 오고 가지 않았습니다. 저도 그냥 집에 있기로 했으니까 안심하셔도 됩니다."

행복해지려면 남을 먼저 이해해야 한다

만일 당신이 행복해지고 싶거든 남을 먼저 이해하도록 노력해야 한다. 그러나 타인의 에너지양이나 능력은 당신과 똑같지 않다는 것을 인식해야 한다.

타인의 생각이 당신과 똑같을 수는 없다. 남이 좋아하는 것과 당신이 좋아하는 것 또한 다르다는 것을 이해해야 한다.

이것을 인식하게 되면 당신 자신 속에 적극적 사고방식을 길러, 타인의 마음속에 바람직한 반응을 생겨나게 하기도 그리 어려운 일이 아닐 것이다.

자석은 반대되는 극끼리 서로 끌어당긴다. 그리고 이해가 공통될 때는 두 사람의 성격이 정반대일지라도 서로 잘해 나갈 수가 있다.

어떤 경우에 한 사람은 야심적이요 고집이 세고, 대담하고도 낙천적이며 정력적인 에너지와 끈기가 있다. 또 한 사람은 겁이 많고 마음씨가 순하며, 언제나 빈틈이 없고, 상대방에게 기운을 북돋아 주며 격려해 준다.

그러면 서로의 성격이 혼합되어 결과는 중화되는 것이다. 따라서 한 사람의 성격만이 강하게 나감에 따라 또 한쪽의 사람이 욕구 불만에 빠지는 그런 일은 피할 수가 있다.

만일 당신과 성격이 비슷한 사람과 결혼했다고 하면 당신은 행복해진다고 말할 수 있는가 정직하게 대답해 보자. 아마도 대답은 노NO일 것이다.

가정불화 원인의 대다수는 자녀들이 부모를 고맙게 생각하고 이해하지 않는 데 있다. 그러면 그것은 누구의 책임일까?

얼마 전의 일이다.

우리는 훌륭한 일을 하는 어떤 큰 단체의 회장과 만나기로 되어 있다. 그가 공적으로 행했던 훌륭한 일에 대해 각 신문은 모두 그를 호의적으로 소개하고 있었다. 그런데 막상 우리가 만났을 때의 그는 몹시 불행해 보였다.

"나를 좋다고 하는 사람은 한 사람도 없을 겁니다. 우리 아이들마저도 싫어하니까요. 무슨 이유일까요?"

그가 물었다.

사실 그 사람은 선의를 베푸는 사람이다. 돈으로 살 수 있는 것은 무엇이든지 자신의 아이들에게 사주었다. 또한 자신이 싫어하는 일은 어린아이들에게 하지 않도록 했다.

그리고 자신이 어려서 경험하지 않으면 안 되었던 그런 고생을 자식들이 겪지 않도록 배려했다. 따라서 자식들이 자신에게 고맙게 여기거나 감사해주기를 기대한 일은 한 번도 없다고 생각했고, 실제로 아이들에게 표현해본 적도 없었다. 다만 그는 자신이 그렇듯 자식들도 자신을 이해할 것으로 생각했다.

그는 남을 행복하게 해줌으로써 자기도 행복해진다는 것을 자식들에게 가르쳐 주지 않았다. 그 때문에 자식들의 행동은 그를 불행하게 했다.

자식들이 어렸을 때 좀 더 마음을 털어놓고 이야기하고, 아이들을 위해 아버지가 여러 가지로 고생한 일을 이야기해 주었더라면, 그 아이들은 아마 그 아버지에 대해 좀 더 이해할 수 있지 않았나 하는 생각이 든다.

그러나 이 사람들의 경우가 아니라 같은 처지에 있는 사람이라 할지라도 언제까지나 불행하다고 느낄 필요는 없다. 그때는 자신의 마음가짐을 적극적 사고방식 쪽으로 뒤집어 가까운 사람들에게 자신의 좋은 면을 알 수 있도록 노력해보기 바란다.

또한 어린아이들에게 물질적인 것만을 주는 대신에 사랑을 듬뿍 나누어 줌으로써 부모로서 자녀의 애정을 얻을 기회를 얻을 수도 있다. 돈을 주었을 때처럼 선뜻 있는 그대로의 자기 자신을 나누어 주면 자녀들로부터 이해라는 형태의 보답을 받게 될 것이다.

만족을 느끼는 법

'생각하라 그러면 부자가 되리라'의 저자 나폴레온 힐은 '만족'이란 제목으로 칼럼을 쓴 적이 있다. 그 칼럼이 당신에게 도움이 될지도 모르겠다. 그것은 다음과 같은 것이다.

세상에서 제일 부유한 사람이 행복의 골짜기에 살고 있었다. 그는 아주 귀중한 것, 즉 그에게 만족과 건강, 마음의 안식과 조화, 평화를 주는 적극적 사고방식을 풍부하게 지니고 있다.

그의 재산은 다음과 같이 해서 손에 넣은 것이다.

- 나는 남의 행복을 찾아 줌으로써 스스로 행복을 찾아냈다.
- 나는 절도 있는 생활을 하고, 건강한 신체를 유지하는 데 꼭 필요한 만큼만 먹도록 하여 하여 건강을 얻었다.
- 나는 남을 미워하거나 원망하지 않고 모든 사람을 사랑하고 존경한다.
- 나는 즐기면서 일한다. 그리하여 피로함을 느끼지 못한다.
- 내가 매일 기도하는 것은 재산이 좀 더 늘어났으면 하는 것이 아니라 좀 더 사려 깊게, 현재 지닌 많은 재산을 느끼고 받아들여 맛보는 것이다.
- 나는 항상 타인에게 경의를 표하고 있으며, 어떤 이유가 있든 남을 해치는 일은 하지 않는다.
- 나의 동정을 바라는 사람들 모두에게 그것을 주는 특권 이외에 나는 그 무엇도 바라지 않는다.
- 나는 양심에 충실하며 무엇을 해도 양심에 거스리는 일이 없다.
- 나는 필요 이상으로 물질적인 재산을 가지고 있지 않다. 물질에 대한 집착이 없기 때문이다. 살아 있는 동안 꼭 쓸 만큼의 재산이 있다면 좋은 것이다. 나의 재산, 내 행

복 골짜기의 부동산에는 세금이 붙지 않는다. 그것은 주로 내 마음이 닿을 수 없는 곳에 있고, 내가 사는 방식에 공감해주는 사람들을 제외하고는 과세하거나 평가할 수 없기 때문이다. 나는 자연의 법칙에 따르고, 이에 순응하는 습관을 몸에 붙이도록 계속 노력할 것이다.

행복의 골짜기에 사는 이 사람의 성공 신조에는 판권이 없으며 누구라도 이것을 자기 것으로 만들면 마음의 양식과 평안함, 그리고 만족을 얻을 수 있다.

우리의 생각이 올바르면 우리가 사는 세상도 올바르게 된다는 것을 잊어서는 안 된다.

행복도 재산이나 불행이나 빈곤과 마찬가지로 얼마든지 끌어당길 수가 있다.

당신은 자신의 선택으로 행복해지기도 하고, 불행해질 수도 있다. 그 선택은 오롯이 당신 자신에게 달려 있다. 그리고 그 결정적 요인은 당신이 적극적 사고방식의 영향 밑에 있는가, 소극적인 마음가짐의 영향 밑에 있는가 하는 것이다.

신비의 힘인 정신을 탐구해야 한다

우리 자신을 정신精神이라고 정의한다면 누구나 자신이 이미 알고 있는 힘과, 아직 모르고 있는 힘을 가지고 있다. 따라서 우리의 마음속에 잠재하는 이 신비한 힘을 적극적으로 탐구해야 한다.

만약 그 힘을 발견할 수 있다면 심신의 건강은 물론 부와 성공, 행복을 자신의 마음가짐에 따라 얼마든지 가질 수 있게 된다. 적극적 사고방식으로 미지의 정신력을 탐구하고 이 힘을 이용하는 방법을 배운다면 응용 또한 그리 어려운 일이 아니다.

우리 인간은 일찍이 신이 창조한 만물 중에서 가장 정교한 기계로 비유할 수 있다. 따라서 우리는 우리가 바라는 것을 생산해내기 위해서 기계를 바르게 작동하는 방법을 배워야 한다.

그 특수한 기계는 비록 신이 만든 걸작이지만 그 기계는 바로 우리가 가지고 있고 당연히 수많은 부품으로 이루어져 있다. 그리고 어느 부품 하나하나도 그 자체로써 하나의 기계라고 할 수 있다.

그중의 하나는 우리 인간이 상상하기조차 어려울 정도로 놀랍고 신비한 성능을 가진 부품이지만, 그 무게는 겨우 약 1.4kg에 지나지 않는다. 그것은 100억 개 이상의 세포로 만들어져 있어 발전과 수신, 기록은 물론 에너지의 전달과 같은 일을 하고 있다.

누구나 가지고 있는 이 놀랍고 신비한 기계란 바로 우리의 두뇌다.

설혹 우리가 팔을 하나 잃는다든지, 한쪽 눈을 잃든지, 그 밖에 그 어떤 곳에 결함이 생기더라도 역시 우리의 두뇌는 변함없이 작동한다. 이 두뇌가 있으므로 우리의 마음을 일으켜 활동하도록 하는 것이다.

게다가 우리의 마음에도 역시 부품이 있다. 그 하나는 의식이요, 다른 하나는 잠재의식이다. 이들은 동시에 활동하며 공동으로 작업을 영위한다.

과학자나 심리학자들은 마음속에 의식되어 있는 것들에 대해서 아주 많은 것을 알고 있다. 그러나 그들이 잠재의식이라는 거대한 미지의 영역 탐구에 착수한 것은 불과 100년도 못 된다.

그런데도 고대인들은 인류의 역사가 시작된 무렵부터 잠재의식의 신비적인 힘을 교묘하게 이용해 왔다. 현대에도 오스트레일리아의 원주민이나 다른 원시 부족 사이에서는 변함없이 행하여지고 있다.

자, 그럼 이제 '신비한 정신의 힘'에 대해 살펴보자.

먼저 시드니의 빌 마코르의 체험담을 통해 실패와 성공의 여행에 관한 이야기를 살펴보기로 한다.

빌이 독립하여 피혁업을 시작한 것은 그가 19세 때였지만, 그 사업은 실패로 끝났다.

21세 때는 의원 선거에 입후보했지만 실패했고 그 밖에도 하는 일마다 실패했지만, 그는 절대 굴하지 않고 다시 일어서기로 했다.

빌은 먼저 어떻게 해서든 부자가 되어야 한다고 생각했다. 그리하여 재산을 모으는 데 필요한 법칙이 담겨 있는 책을 읽으면 그 속에 답이 있을 것이라 생각하여 도서관으로 갔다.

빌은 도서관에서 나폴레온 힐의 '생각하라, 그러면 부자가 되리라'라는 책의 제목에 끌렸고 곧 그 책을 빌려 왔지만, 한 번 읽고 두 번 읽고 세 번을 읽어도 세계의 대부호들이 성공한 원리를 깨달을 수 없었고 자신에게 어떻게 적용하면 좋을지 알 수가 없었다.

그러나 그는 최근 만난 사람들에게 다음과 같이 얘기해 주었다.

"내가 이 책을 네 번 읽고 있을 때의 일이었습니다. 시드니의 상점가를 어슬렁거리며 거닐고 있노라니까 문득 어떤 생각이 뇌리에 번득였습니다."

그는 미소 지으며 이야기를 계속했다.

"나도 모르게 큰 소리로 '이거다. 나도 알았다!' 하고 소리쳤습니다. 너무 심한 흥분에 휩싸여 나 자신도 놀랄 정도였습니다. 나는 이 발견을 가슴속에서 되풀이하여 새기며 집으로 돌아왔습니다. 나는 이미 어린 시절에 우리 아버지가 '의식적 자기암시'라는 에밀 쿠에의 책자를 큰 소리로 들려준 일을 지금도 기억하고 있습니다."

그는 진지한 어조로 계속했다.

"만일 에밀 쿠에가 의식적 자기암시에 의해 사람들이 병을 고쳐 건강을 되찾도록 하는 데 성공했다면 재산이라든가, 그 밖의 무슨 일이든 소망을 성취하기 위해서도 자기암시를 활용할 수 있을 것으로 생각했습니다. '자기암시를 활용해 부자가 되어라!' 이것은 나의 커다란 발견이요, 나에게는 새롭고 획기적인 사고방식이었습니다."

빌은 다음에 그 원리를 말했다. 마치 그 책 속에 있던 내용을 암기하는 것 같았다.

"의식적 자기암시는 마음에 강한 영향을 주는 효력이 있습니다. 그리고 잠재의식에 창조성 있는 사고방식을 심어 줄 수도 있습니다. 그러나 방심하면 아름답고 풍성한 꽃밭과 같은 잠재의식에 파괴와 좌절의 소극적인 마음을 허락하기도 합니다. 매일 2회씩 온 감정을 집중하여 돈을 벌고 싶다는 당신의 소망을 큰 소리로 외치다 보면, 이미 그 돈을 소유하고 있는 자신의 모습을 보거나, 그 돈을 만져 본 것 같은 느낌이 들게 됩니다. 이것은 당신이 자신의 잠재의식에 당신이 소망하는 것과 직접 교류하고 있는 것입니다. 이를 되풀이하다 보면 돈을 벌 수 있는, 더욱 효과적인 방법을 터득하게 되고, 더욱 적극적인 습관을 몸에 붙일 수 있습니다."

이렇게 말한 다음 그는 사람들을 둘러보며 다시 말했다.

"자기암시의 원리를 활용하는 능력은, 당신의 희망이 활활 타오르는 열망에 다다르기까지 그 일에 정신을 집중할 수 있느냐 없느냐에 크게 좌우됩니다. 나는 '의식적 자기암시에 의한 자기 지배'라는 말을 되뇌고는 너무 흥분해 숨을 헐떡거리며 집으로 돌아오자마자 곧 테이블 앞에 앉아, '나는 어떻게든 백만장자가 될 것을 결심한다.'라고 썼습니다."

빌은 사람들에게 고개를 돌린 채 이야기를 계속했다.

"돈을 벌고 싶다고 생각하는 사람은 자신이 목표로 한 명확한 금액과 기일을 결정해 놓아야 합니다. 나는 그대로 실행했습니다."

지금 말한 사람은 오스트레일리아 의회에서 가장 나이 어린 의원이 된 윌리엄 마코르 씨요, 시드니의 코카콜라 회사의 임원 이외에 22개의 방계 회사의 임원을 겸하고 있는 사람이다. 또 그의 재산은 그가 읽었던 책에 나와 있던 부호들 못지않을 정도로 어마어마하다.

그는 그 책에서 자기암시를 써서 잠재의식의 힘을 발휘하는 것을 배웠다. 그리하여 그는 예정보다 빨리 소기의 목적을 달성했다.

잠재의식은 독서나 사고의 내용 등에 영향을 받으며, 이 눈에 보이지 않는 힘에는 이미 아는 물리적인 원인에 의한 것도 있지만, 또 미지의 원인에서 유래하는 것도 있다.

일류 잡지에 소개된 잠재의식 광고라는 제목의 리포트에 의하면, 1957년 뉴저지주의 어느 영화관에서 관객이 의식할 사이도 없을 정도로 눈 깜짝할 사이에 광고 메시지를 스크린에 투영하는 실험을 했다.

그 실험은 어느 영화관에서 6주간에 걸쳐 실시되었다. 즉 4만 명 이상의 관객을 실험 대상으로 하여, 그들에게 아무 암시도 주지 않고 육안으로는 보이지 않는 특수한 방법으로 영화관의 휴게실에서 팔고 있는 팝콘과 콜라 광고 메시지를 한순간 스크린에 영사했다.

그리고 6주가 지났을 때, 그 두 가지 상품 중 팝콘은 50% 이상이나 매상이 올랐고, 콜라는 약 20% 늘었다.

스크린의 광고는 눈에 보이지 않았지만 그런데도 그 관객들 중 다수의 사람들에게 효과가 있었던 것이다. 그 이유는 의식에는 남지 않을 정도로 희미한 인상이라도 잠재의식은 그것을 흡수할 능력이 있기 때문이라고 고안자는 설명했다.

의식적 자기암시는 마음에 강한 영향을 주는 효력이 있다. 그리고 적극적인 마음의 잠재의식에 창조성 있는 사고방식을 심어 줄 수도 있다. 매일 2회씩 온 감정을 집중하여 돈을 벌고 싶다는 당신의 소망을 큰 소리로 외치다 보면, 이미 그 돈을 소유하고 있는 자신의 모습을 보거나, 그 돈을 만져 본 것 같은 느낌이 들게 된다. 이를 되풀이하다 보면 돈을 벌 수 있는, 더욱 효과적인 방법을 터득하게 되고, 더욱 적극적인 습관을 몸에 붙일 수 있다.

제1법칙 – 필요한 서류를 제외하고는 모두 책상에서 치우자

시카고의 북서방 철도회사 사장인 윌리엄은 이렇게 말하고 있다.

"책상 위에 여러 가지 서류를 산같이 쌓아 두고 있는 사람이 있지만, 지금 곧 필요로 하지 않는 물건을 전부 치워 버리면, 좀 더 쉽고 정확하게 일들이 처리된다는 것을 알게 되리라. 이것이야말로 능률을 올리는 제일보이다."

워싱턴의 국회 도서관에는 다음과 같은 말이 있다.

"질서는 하늘의 제1의 법칙이다."

질서는 만사의 제1의 법칙인 것이다. 그러나 대개의 비즈니스맨의 책상에 몇 주간이나 보지 않았으리라 생각되는 서류로 가득 차 있다.

사실 뉴올리언스의 어느 신문사의 발행인이 나에게 얘기한 것인데 비서가 그의 책상 하나를 치웠더니, 2년 전에 분실한 타이프라이터가 나왔다고 했다.

회신하지 않은 편지나 보고서, 메모로 널려져 있는 책상은 보기만 해도 혼란하고, 긴장하고, 번민이 생길 것이 분명하다. 그 이상으로 또 좋지 않은 일이 있다. 그것은 하지 않으면 안 되지만 할 시간이 없어서 미루어둔 미해결 과제가 계속 늘어간다는 사실이다.

이것은 사람을 긴장과 피로에 쫓기게 할 뿐만 아니라, 고혈압과 심장병,

위암을 발생케 하는 원인이다.

유명한 정신의학자인 윌리엄 바트라 박사는 이 간단한 공부를 통해서 신경쇠약을 방지한 환자의 얘기를 들려주었다.

그 남자는 시카고의 어느 대기업 임원이었는데 바트라 박사의 사무실에 찾아왔을 때는 번민에 싸여 항상 긴장하고 있었고, 마치 정신병에 걸리기 직전으로 보였다.

그래서 의사의 도움을 구하기 위해 찾아온 것이었다.

바트라 박사는 이렇게 말하고 있다.

"그 남자와 면담하고 있을 때, 전화벨이 울렸다. 그것은 병원에서 온 것이다. 나는 평상시대로 그 용건을 즉석에서 처리했다. 그것이 내 방침이었다. 용건이 끝나자 곧이어 또 전화가 걸려왔다. 긴급한 문제였기 때문에 잠깐 통화를 했다. 세 번째의 방해자는 내 동료의 방문이었다. 중환자를 조치하는 데 내 의견을 듣고자 찾아온 것이다. 그 용건이 끝나자 나는 손님 쪽을 향하고 오랫동안 기다리게 한 것을 사과했다. 그런데 그는 아주 밝은 얼굴을 하고 있었다."

"아닙니다. 별말씀을 다 하십니다, 선생님."

이 남자는 바트라에게 말했다.

"이 10분간에, 저는 저 자신의 잘못을 알 것 같습니다. 저는 사무실로 돌아가서, 모든 습관을 고쳐야겠습니다. 그전에 선생님, 실례지만 선생님의 책상을 보여 주시면 감사하겠습니다."

바트라 박사는 책상을 보여 주었다. 책상은 깨끗했다. 책상 위에도 서랍에도 서류라든가 메모 같은 것은 있지 않았다.

"아직 처리하지 못한 일은 어디에 두십니까?"

손님은 물었다.

"모두 처리했습니다."

바트라 박사는 대답했다.

"회신하지 않은 편지 같은 것은?"

"한 통도 없습니다. 저는 편지를 받는 즉시 답장을 해주고 있습니다."

6주 후에 그 손님은 바트라 박사를 자신의 사무실로 초대했다. 그는 완전히 변화되어 있었다. 그리고 그의 책상도 변화되어 있었다. 그는 책상 서랍을 열어서 보여 주었다. 그 안에는 아직 처리하지 않은 일거리는 아무것도 없었다. 그리고 그는 말했다.

"6주일 전만 해도, 저는 2개의 사무실에 3개의 책상을 가지고 있었습니다. 책상은 미해결된 일들로 묻혀 있었습니다. 일들을 모두 마치는 때는 없었습니다. 그런데 선생님과 얘기를 나눈 후에, 이곳에 와서 보고서와 오래된 서류를 모두 정리해 버렸습니다. 지금 저는 하나의 책상에서 일하고 일이 닥치면 즉시 처리하며, 미해결된 일 때문에 당황하거나 긴장하거나 번민하는 따위는 전혀 하지 않습니다. 가장 경이적인 것은 제가 완전하게 회복되었다는 것입니다. 이제 거의 어느 곳에도 두려움은 없습니다."

미국 최고 재판소장이었던 찰스 에버스 휴스는 말했다.

"인간은 과로가 원인이 되어서 죽지는 않는다. 낭비와 번민이 원인이 되어서 죽는 것이다."

제2법칙 – 중요한 정도에 따라서 일을 처리해 나가자

시지스 서비스 회사의 창립자인 헨리 토하치는, 샐러리맨들의 보이지 않지만 중요한 능력이 두 가지 있다고 말했다.

하나는 '생각하는 능력'이고 또 하나는 '중요한 정도에 따라 일을 처리해 가는 능력'이다.

최하 말단에서 시작해 20년 만에 베프스탠드 회사의 사장으로 출세한 찰스 로크만은 헨리 토하치가 말한, 보이지 않는 두 가지 능력을 개발하여 성공했다고 단언했다.

찰스 로크만은 말했다.

"나는 오래전부터 아침 5시에 일어나고 있다. 왜냐하면 이른 아침에는 모든 것이 잘 생각나기 때문이다. 하루의 계획을 세우고 모든 일들을 그 중요한 정도에 따라서 처리할 수 있게 계획을 세우는 데는 이른 아침이 가장 좋다."

미국에서 가장 성공한 보험회사 외판원의 한 사람인 프랭클린 베트거는 하루의 계획을 세우는데 아침 5시까지 기다릴 수가 없어서, 전날 저녁에 그것을 계획했다. 다음 날 가입시킬 보험액을 결정한다. 만일 가입액이 남으면 그 금액을 다음 날의 목표액에 첨가하는 것이다.

나는 오랜 경험에서, 인간은 항상 모든 일을 그 중요한 정도에 따라서 처리하지 않는다는 것을 알고 있다.

그리고 제일 중요한 일을 제일 먼저 하려는 계획이 실천될 듯 말 듯 하는 것보다는 차라리 계획을 세우지 않는 것이 낫다고 생각하는 것도 알고 있다.

만일 조지 버나드가 제일 중요한 일을 먼저 할 것을 지키지 않았다면 아마도 그는 작가로서는 실패하고 말았을 것이며 일생을 은행의 출납계원으로 끝마쳤을지도 모른다.

그의 계획은 반드시 매일 5쪽 분량의 글을 쓰는 것이었다. 그리고 그 실천은 9년 동안 이어졌다.

제3법칙 – 문제가 생기면 그 즉시 해결해야 한다

"만일 결단이 필요하다면 연기해서는 안 된다."

나와 동급생이었던 하우엘은 나에게 말했다.

그가 스즈르사의 임원이었을 때에, 임원 회의는 언제나 장시간이 걸리고, 많은 안건이 심의되었으나 결정은 대부분 연기되어 미뤄지고 있었다.

그 결과, 임원들은 많은 보고서를 집에까지 가지고 가서 연구하지 않으면 안 되었다. 이에 하우엘은 한 번에 한 안건만을 상정해서 심의하고 결정할 것을 제안하자고 전원을 설득했다. 연기한다든가, 집으로 가지고 돌아간다든가 하는 일이 없도록 하고, 새로운 보고를 하든, 어떤 일을 실행하든, 그것을 결정하지 않고서는 다음의 안건을 상정하지 않게 한 것이다.

그 결과는 실로 놀라웠다. 모든 서류는 정리되고, 일정표는 깨끗이 처리되고, 보고서를 집에까지 가지고 갈 필요가 없게 되었다. 더는 미해결의 문제에 머리를 어지럽히지 않아도 된다는 점이었다.

이것은 스즈르사의 임원 회의에서뿐만 아니라, 우리에게도 좋은 법칙이다.

제4법칙 –조직화, 위임, 지휘를 배우자

많은 경영인들은 타인에게 책임을 위임하는 것을 모르고 있다. 자기 혼자서 하려고 하므로, 아직 그 정도의 나이가 아닌데도 죽어간다. 자질구레한 일에도 압도되어 번민과 불안, 긴장과 초조함에 쫓기고 쓰러진 결과이다.

책임을 위임하는 것을 배운다는 것이 쉽지는 않다.

나는 경험상, 믿을 수 없는 사람에게 권한을 위임한 데서 일어난 재난을 알고 있다. 책임을 위임한다는 것은 어려운 것이지만, 리더들이 번민·긴장·피로를 피하고 싶다면 그것을 실행하지 않으면 안 될 것이다.

큰 사업을 이룩한 사람으로 조직화·위임·지휘하는 것을 배우지 못한 사람은, 50세에서 60세 초기에 심장병으로 안타깝게 세상을 하직하는 수가 많다.

피로와 번민을 없애는 방법

제1법칙-필요한 서류 말고는 모두 책상에서 치우자

제2법칙-중요한 정도에 따라서 일을 처리해 나가자

제3법칙-문제가 생기면 그 즉석에서 해결해야 한다

제4법칙-조직화, 위임, 지휘를 배우자

놀랄만하고 의미심장한 사실이 하나 있다. 그것은 다름이 아니라 정신적인 작업만으로는, 우리 인간은 피곤하지 않다는 것이다. 어쩌면 바보 같은 소리를 한다고 할지 모르겠지만 사실은 과학자들이 인간의 두뇌가 피곤해지려면 얼마나 긴 시간이 필요한가를 발견하려고 실험한 적이 있었다. 그들이 발견한 것은 활동 중에는 전혀 피곤한 기색을 보이지 않았다는 것이다.

그날그날 힘든 일을 하는 노동자들의 몸에서 뽑은 혈액에서는 피곤을 유발하는 독소가 가득 차 있었으나 알베르트 아인슈타인의 뇌에서 뽑은 혈액에서는 하루가 끝나는 시간에서도 피곤을 유발하는 독소는 보이지 않았다는 것이다.

하루 8시간이나 12시간을 활동하고 난 후에도 처음 활동을 시작할 때와 마찬가지로 뇌는 조금도 피곤할 줄 모르는 것이다. 그러면 무엇 때문에 인간은 피곤해지는가? 그리고 피곤함을 느끼는 원인은 무엇인가?

정신의학자들이 말하는 것을 인용한다면 우리가 피곤함을 느끼는 대부분은 다름이 아니라 우리의 정신적이며 감정적인 태도에 원인이 있다고 단언하고 있다.

영국의 유명한 정신의학자는 그의 저서 '힘의 심리'에서 말했다.

"우리의 괴로움인 피곤함은 거의 정신적인 원인에서 온다. 순수한 육체적인 원인에서 오는 피곤은 아주 적은 것에 불과하다.”

미국의 저명한 정신의학자의 한 사람인 피릴 박사는 이보다 한층 발전적인 학술로, “건강한 직장인의 피로는 100% 심리적 요소로, 다시 말하면 감정적 요소가 원인이다.”라고 단언했다.

그렇다면 어떤 종류의 감정적 요소가 샐러리맨들을 피곤하게 하는 것일까 알아보자. 불쾌하다든가 굴욕과 원한, 정당하게 평가받지 못하고 있다는 기분, 그리고 계속 일을 하고 있다는 기분·초조·불안·번뇌 등 이러한 감정적인 요소가 샐러리맨들을 피곤하게 하고 감기에 걸리며, 일의 능률이 낮아져서 신경질이 나고, 따라서 두통을 앓는 채 집으로 돌아간다는 것이다. 자기의 감정이 신체 내에서 신경 세포를 긴장시킴으로써 피곤해지는 것이다.

이러한 사실을 책은 다음과 같이 기술하고 있다.

“격심한 일에서 오는 피곤은 대부분 종합해 보면 충분한 수면과 휴식에서 회복된다. 번뇌와 긴장과 감정의 혼란이 피곤의 3대 원인이다. 육체적으로나 정신적으로 부담을 자주 느끼고 있는 그 자체가 커다란 원인이다. 긴장해 있는 근육은, 즉 활동하고 있는 근육이라는 것을 잊어서는 안 된다. 그러므로 우리는 휴식을 통해 많은 일을 하기 위한 에너지를 간직해야 한다.”

지금 즉시 일을 멈추고 자기 자신들을 돌아보자.

이 책을 읽고 있는 동안에 당신은 책을 뚫어지게 바라보고 있지 않은가? 혹은 긴장한 자세로 의자에 앉아 있지 않은가? 아니면 얼굴에 굳은 표정을 짓고 있지는 않은가?

만일 전신이 헝겊을 만든 인형처럼 부자연스럽다면 이 순간에도 정신적인 긴장으로 근육이 긴장하고 있는 것이다.

그렇다면 왜 우리는 정신적인 노동을 하는 데 있어서, 긴장감을 느끼게 되는가?

조스린은 말한다.

"어려운 일일수록 노력해야 하는 정신이 필요하다. 그 노력이 없어서는 쉽게 이루어지지 않는다고 생각하는 그 자체가 커다란 장애인 것이다."

우리가 정신을 모아서 책을 읽을 때 표정을 굳게 하고 어깨를 추켜세우는 것은 노력하겠다는 동작이므로 근육에 힘을 주게 된다. 그러나 그것은 어디까지나 뇌의 조력이 없어서는 이루어지지 않는다. 즉 뇌의 활동이 동시에 일어난 것이다.

여기에 놀랍고도 가슴 아픈 진리가 있다. 그것은 술에 취해 비틀대면서 자신이 돈을 낭비하고 있다는 사실을 생각하지 못하는 사람들처럼 그들 또한 에너지를 낭비하고 있다는 것이다.

그렇다면 이 신경의 피곤함에 대해 어떠한 대책이 있을까?

그것은 바로 휴식이다.

"일하려거든 휴식하는 재주를 배워라!"

쉬운 일이라고? 천만에! 아마 당신은 자신의 습관을 고치지 않고서는 되지 않을 것이다. 그러므로 이것은 노력할 가치가 있다. 당신의 생애에 일대 혁명이 올지도 모르는 일이다.

윌리엄 제임스는 그의 '휴양의 복음'이라는 에세이 중에서 다음과 같이 서술하고 있다.

"미국인은 지나치게 긴장하고, 작은 일에도 기를 쓰고 쉽게 탄식하고 강박하고 안타까운 표정이다 …… 이것은 실로 몹시 나쁜 습관으로 반드시 고쳐야 한다."

긴장은 습관이다. 휴식도 습관이다. 나쁜 습관은 타파해야 하는 것과 마찬가지로 좋은 습관은 잘 키워야 한다.

그렇다면 나쁜 습관을 어떻게 고쳐야 하는가? 마음부터 고쳐 나가야 할까? 항상 근육을 쉬게 하는 것부터 시작해야 한다.

그럼 어떻게 해야 하는지 한 가지 실험해 보기로 하자.

눈부터 시작하자. 이 구절을 다 읽고 나면 눈을 감자. 그리고 조용하게 눈을 향해 말해야 한다.

"쉬어라, 쉬어라. 긴장을 풀고 푹 쉬어라!"

1분간 몇 번이라도 이렇게 조용히 말을 계속한다.

2~3초 계속하면 당신은, 눈의 근육이 그것으로 끝인지 시작인지 감지할 수 없었지만, 또는 누구의 손이 와서 긴장을 가져갔는지 느낄 수 없었지만, 아마 이런 것들을 믿지 않을지도 모르지만, 하여튼 당신은 1분 만에 휴식하는 비결을 얻을 것이다.

턱과 얼굴의 근육, 목, 머리, 어깨 등에 있어서도 똑같은 방법을 이용하면 된다. 제일 중요한 곳은 눈이다.

시카고 대학의 에드먼드 야콥슨 박사는 모든 인간이 눈의 근육을 완전히 느슨하게 할 수만 있다면 모든 번뇌를 잊을 수 있다고 말했다.

그렇다면 어째서 눈의 신경적 피곤을 없애는 것이 그렇게 어려울까? 눈은 우리 몸에서 소비하고 있는 전체 신경 에너지의 4분의 1을 소비하고 있다. 시력이 온전한 대부분 사람이 눈의 피로에 대해 고민하는 이유도 여기에 있다. 그들은 눈을 긴장시키고 있다.

다음은 유명한 소설가 유기 홈이 어린 시절에 한 노인으로부터 아주 중요한 교훈을 받았다는 얘기이다.

그녀는 잘못해 넘어져서 손목에 상처를 입었었다. 그때 그 노인은 서커스단 소품의 일을 맡은 사람이었는데 그녀를 도와 일으켜 주고 몸을 털어 주면서 이렇게 말했다.

"네가 넘어져 다친 것은 편히 하는 방법을 모르기 때문이다. 말하자면 고무줄처럼 늘어나는 나일론 양말처럼 부드럽게 하지 않은 탓이다. 그럼 내가 그 방법을 보여 줄 테니 잘 보도록 해라."

그 노인은 그녀와 다른 아이들에게 넘어지는 방법과 뛰어넘는 요령, 그리고 재빨리 일어나는 동작을 보여 주었다. 그리고 "자기를 늘어나는 고무줄로 생각하는 것이다. 그리고 언제나 어깨를 편안히 해야 한다."라는 말을 들려주었다.

당신은 언제 어디서라도 어디를 가든지 여유 있게 행동해야 한다. 그러나 여유 있게 하려고 노력해서는 안 된다. 여유 있게 하되 모두 긴장과 노력이 없게 하는 것이다. 어떠한 잡념도 없는 상태에 이르는 것이다.

먼저 눈과 얼굴의 근육을 쉬게 하면서 몇 번이고, "쉬어라 …… 쉬어라 …… 아주 여유 있게 쉬어라."라는 말을 되풀이하는 것이다.

그렇게 하면 에너지는 얼굴의 근육으로부터 시작해 몸 전체에까지 천천히 흘러 들어가는 것을 알게 된다.

대단히 유명한 소프라노 가수인 구르스도 그렇게 했다.

헤론 제퍼슨이 내게 말하기를, 언제나 그녀는 무대가 열리기 전에는 의자에 깊숙이 앉아 있었는데 몸의 모든 곳을 잠을 자듯이 축 늘어뜨리고 있었다고 했다.

다음으로, 여유 있게 하는 방법을 알기 전에 우선 효과있는 몇 가지를 서술하자.

첫째, 언제든지 여유 있어야 한다.

몸을 고무줄처럼 탄력 있는 자세를 취해야 한다. 나는 언제나 헌 나일론 양말 한 짝을 책상 위에 올려놓고 있다. 언제든지 편안하게 있는 것을 잊어버리지 않게 하려는 것이다. 양말이 없을 때는 고양이라도 좋다. 따뜻한 날 잠을 자는 어린 고양이를 본 일이 있을 것이다. 그럴 때 고양이의 두 발은 아래로 축 늘어져 있을 것이다.

나는 오늘날까지 신경쇠약증에 걸린 고양이나 불면증에 처한 고양이를 본 일이 없다. 당신이 고양이처럼 여유 있는 방법을 알았다면, 분명히 이와 같은 불행을 초래하지 않을 것이다.

둘째, 될 수 있는 한 편안한 자세에서 활동해야 한다.

신체의 긴장은 어깨에 남아서 신경피로를 불러일으킨다는 것을 기억하자.

셋째, 하루에 4~5회씩 자기를 검토해보아야 한다.

'나는 이 일을 실제 이상으로 피곤하게 만들고 있지는 않은가? 나는 이 일과 관계없이 근육을 사용하고 있지는 않은가?' 하고 자기 자신에게 물어보자. 이것은 여유 있는 습관을 만드는 방법의 하나이다.

넷째, 하루가 끝날 때 자신에게 물어보아야 한다.

'무엇이 나를 피곤하게 하는 것인가. 만일 피곤해 있다면 그것은 내가 한 정신적 노동이라기보다는 방법이 잘못 되었을 수도 있다.'

다니엘 조스린은 말하고 있다.

"나는 하루가 끝날 때 일의 결과로 얼마만큼 피곤해 있는가를 따지지 않고 얼마만큼 피곤해 있지 않은가를 따진다. 하루가 끝날 때, 이상하게 피곤을 느끼는 날이면, 그날은 일한 양과 질이 모두 이상이 있었음을 깨닫게 된다."

이와 같은 교훈을 배운다면, 지나친 긴장으로 인한 사망률이 상당히 줄어들 것이다. 그리고 피곤과 번민으로 낙오된 사람들로 요양소나 정신병원이 꽉차는 일은 없을 것이다.

일에 흥미를 느껴야 한다

피로의 주 원인 중 하나는 권태이다. 그것을 설명하기 위해 오리스라는 속기사를 등장시켜야 하겠다.

어느 날 저녁 오리스는 피로한 채 집으로 돌아왔다. 그녀는 정말 피로해 있었다. 두통이 나고 등과 허리도 아팠다. 그녀는 저녁밥도 먹지 않고 곧바로 자리에 들고 싶었으나 어머니의 성화에 하는 수 없이 식탁 앞에 앉았다.

그때 전화벨이 울렸다. 남자 친구로부터 온 것이다. 댄스파티에 초대한다는 것이었다. 그녀의 눈은 빛났다. 갑자기 기운이 났다. 그녀는 이 층으로 뛰어 올라가 옷을 갈아입고 집을 나섰다.

그리고 날이 밝을 무렵 새벽 3시까지 춤을 추었다. 그녀는 너무나도 기운이 솟구쳐서 잠을 자고 싶지 않았다.

이렇듯 오리스는 8시간 전에는 정말 피로해 있었다. 그녀는 자기의 일에 싫증을 느끼고 있었다. 이렇듯 오리스와 같은 사람이 아주 많을 것이다. 당신도 그중의 한 사람인지도 모른다. 인간의 감정적 태도가 육체적 노력보다 한층 피로를 가져온다는 것은 주지의 사실이다.

수년 전에 조셉 바맥스는 권태가 피로의 원인이 된다는 것을 입증하는 보고를 발표했다.

그는 많은 학생에게 그들의 흥미가 없는 일을 하도록 하고 테스트를 했다. 그 결과 학생들은 피로해 하고 졸음이 오고 두통과 눈의 피로를 호소해 와서 대단히 초조한 기분이 되었다. 그중에는 위장 장애를 일으킨 학생도 있었다.

이것은 상상이 아니다. 그들 학생을 상대로 신진대사 테스트를 진행한 결과 사람은 권태를 느끼면 인체의 혈압과 산소 소비량이 감소하고, 일에 흥미와 즐거움을 느끼면 그 즉시 신진대사의 속도가 증가한다는 것을 알았다.

인간은 무엇인가에 흥미를 느끼고 있을 때는 전혀 피로하지 않다.

예를 들어 나는 최근 루이스 호반의 로키산맥에서 휴가를 보냈다. 나는 며칠간 연안에서 몸보다 굵고 긴 나무를 자르고 운반하는 등 8시간을 계속해서 일한 후에도 지칠 줄 몰랐다.

왜 그럴까? 내가 흥분되고 마음이 춤을 추고 있었기 때문이다. 나는 해발 7천 피트의 고지에서 벅찬 일에도 피로한 줄 몰랐다.

등산과 같은 벅찬 활동에서도, 소비적인 일 이상에서도 사람은 피로해지지 않는다. 예를 들어 보면, 미니애폴리스의 은행가인 H 씨는 나에게 이 사실을 입증하는 얘기를 해주었다.

어떤 기관에서 캐나다 정부와 산악회에, '특별유격대원'의 등산 훈련에 필요한 가이드를 선출해 달라고 요청했다. H 씨는 이 가이드의 한 사람으로 선발되었다. 대부분 40세에서 49세가량의 가이드들은 젊은 군인들을 인솔해 빙하를 건너고 설원을 지나 40피트나 되는 암벽을 올랐다. 이렇게 15시간에 걸친 등산 후는 어찌 되었는가?

원기 백배하던 젊은이들도 파김치처럼 피로에 지쳐 버렸다.

그들의 피로는 이제까지 훈련되어 있지 않은 근육을 사용했기 때문에 생긴 것이다. 벅찬 유격대의 훈련을 겪은 젊은이들은 '이 정도쯤은' 하고 처음에는 조소했음이 틀림없다. 그러나 그들은 등산에 굴복당하고 피로해진 것이다. 그들은 피로가 극에 달해 식사도 하지 않고 잠자리에 든 사람도 적지 않았다.

그러면 병사들보다 두 배 내지 세 배나 나이가 많은 가이드들은 어찌 되었을까?

그들도 피로하기는 했지만, 완전히 지쳐서 쓰러질 정도는 아니었다. 가이드들은 저녁 식사를 하고 몇 시간을 앉아서 그날의 경험을 즐겁게 얘기했다. 그들이 지쳐 쓰러지지 않는 것은, 등산에 흥미를 느끼고 있었기 때문이다.

콜롬비아 대학의 에드워드 손다이크 박사는 피로에 관해 실험에 나섰을 때, 어떤 청년에게 절대적인 흥미를 느끼게 해서 일주일간을 잠을 자지 않게 했다. 여기서 박사는 "일의 감퇴는 권태가 유일의 원인이다."라고 보고했다.

만일 당신이 정신적 노동자라면 일의 양으로 피로해진다고는 할 수 없다. 자기가 하고 싶지 않은 일의 양으로 피로해진다고는 할 수 없다.

"우리의 인생은 우리의 생각으로 인해 만들어진다."

이 말은 마르쿠스 아우렐리우스가 '명상록'에 기록한 것이다. 그것은 지금도 진리이다.

나는 하루 중에 시간을 내어 자신에게 용기와 행복에 대해서, 힘과 평화에 대해서 말하고 생각한다. 감사하는 마음을 가지면 원기가 나고 쾌활한 생각에 가슴이 벅차 온다.

바른 일을 생각하는 데 있어서, 당신은 싫어하는 일을 조금도 싫어하지 않게 된다. 당신의 고용주는 당신이 일에 흥미를 느낄 것을 희망하고 있다. 그리하며 한층 더 생산성과 이익을 얻을 수 있기 때문이다.

그러나 그것은 일단 잊어버리고 당신이 일에 흥미를 갖는 것이 당신에게 어떤 이익이 있는가를 생각해 보자. 당신은 인생에서 얻는 행복을 두 배로 얻게 될지도 모른다. 왜냐하면 당신은 낮 시간의 반을 일하는 데 쓰고 있기 때문이다.

일에 흥미를 느끼면 번민에서도 해방되게 마련이니, 결국은 승진도, 또 급료도 오르게 되는 것이다. 그보다는 피곤을 최소한으로 줄이게 되고 그 여가에 즐거움을 느끼게 되는 것이다.

격심한 일에서 오는 피곤은 대부분 충분한 수면과 휴식에서 회복된다. 번뇌와 긴장과 감정의 혼란이 피곤의 3대 원인이다. 육체적으로나 정신적으로 부담을 자주 느끼고 있는 그 자체가 커다란 원인이다. 긴장해 있는 근육은, 즉 활동하고 있는 근육이라는 것을 기억하자. 그러므로 우리는 휴식을 통해 많은 일을 하기 위한 에너지를 간직해야 한다.

7

저속한 인간은 타인의 결점에 흥미를 느낀다

전국적으로 교육계를 뒤흔든 사건 하나가 생겨서 이를 구경하기 위해 많은 학자가 미국 각처로부터 시카고로 모여든 일이 있었다. 로버트 허친스라는 이름을 가진 한 청년이 심부름꾼·가정교사·빨랫줄 장사 같은 직업에 종사하면서 예일 대학을 마친 것은 그보다 몇 해 전 일이었다.

그로부터 겨우 8년이 지난 후, 이 청년이 미국에서 부유한 대학 제4위로 손꼽히는 시카고 대학의 학장으로 취임하게 된 것이었다. 그의 나이는 겨우 30세! 참으로 믿을 수 없는 일이었다. 나이 많은 교육가들은 머리를 내둘렀고 비판의 소리 또한 높았다.

그 청년은 과거에 이러저러한 사람이며 나이가 너무 젊고 경험이 없을 뿐만 아니라 그의 교육 사상에는 아무런 주관이 없다는 것이었다. 신문 사설까지도 그를 공격해 마지않았다.

마침내 그가 학장으로 취임하는 날 어떤 친구 하나가 로버트 허친스에게 말하자 허친스의 늙은 아버지는 대답했다.

"글쎄요, 좀 심한 비난이군요. 그러나 죽은 개를 걷어차는 사람은 없다는 말을 생각해봐야지요."

그렇다. 개가 중요하면 중요할수록 사람들은 그 개를 걷어차는 데 더욱 만족을 느끼는 것이다. 나중에 에드워드 8세가 된 프린스 오브 웰스도 역시 엉덩이를 발길로 걷어 채인 일이 있었다. 그는 당시 아나폴리스에 있는 해군사관학교와 비슷한 해군 고등학교에 다니고 있었는데 그의 나이는 겨우 열네 살쯤 되었었다.

어느 날 해군 장교 한 사람이 왕자가 울고 있는 것을 보고 무엇이 잘못되었는가를 물어보았다. 왕자는 처음에는 아무 대답도 안 하다가 급기야 사실을 말하게 되었는데 다른 해군 학생들에게 발길로 걷어채였다는 것이었다. 학교 교관은 학생들을 한자리에 불러 모아놓고 무슨 까닭으로 왕자에게 그러한 험한 장난을 하였는가를 알고 싶다고 말했다.

학생들은 한참 동안 주저하고 머뭇거리다가 마침내 고백하기를, 자기들이 후일 해군 장교가 되었을 때 자기가 왕을 걷어챘다는 것을 자랑하고 싶었다고 말했다.

그러므로 당신이 혹 남에게 걷어채거나 비판을 받을 때는, 그것은 종종 당신이 어떠한 성공을 하였기 때문에 당신을 문제 삼을 가치가 있다는 것을 의미하는 것이다. 자기보다 학문이 높고 큰 성공을 거둔 사람을 비난함으로써 야비한 만족감을 느끼는 사람이 의외로 많다.

쇼펜하우어는 여러 해 전에 이렇게 말했다.

"저속한 인간은 훌륭한 사람의 결점과 실수에 큰 흥미를 느낀다."

누구나 예일 대학의 학장 같은 사람을 저속한 인간으로 생각하는 사람은 없을 것이다.

그러나 전 예일 대학장 드와이트는 분명코 미국 대통령으로 출마했던 후보 한 사람을 비난함으로써 큰 만족을 느낀 일이 있었다. 학장은 그를 비난하되 만일 그 인간이 대통령에 당선된다면, "우리는 우리의 아내와 딸이 법적으로 매춘부가 되어 멀쩡하게 창피를 당하고 허울 좋게 몸을 더럽히는 꼴을 볼 것이다. 그는 도덕과 예의를 모르고 하나님과 인간을 미워하는 자이다."라고 경고하였다.

마치 히틀러를 비난하는 말과 같이 들린다. 그러나 이 비난은 히틀러를 비난한 것이 아니고 미국의 전 대통령인 토머스 제퍼슨을 말한 것이다.

당신은 위선자, 사기꾼 또는 '살인범보다 조금 나은 인간'이라는 비난을 받은 사람이 누구라고 생각하는가? 한 신문의 만화는 그를 단두대 위에 올려세우고 큰 칼로 그 목을 자르는 흉내를 그렸으며, 군중은 그가 말을 타고 거리를 지날 때 그를 조소하며 혀를 찼다. 그러면 그 사람이 누구였을까?

바로 그 유명한 조지 워싱턴이었다.

그러면 잠깐 우리는 피어리 제독의 실례도 들어 보기로 하자.

피어리 제독은 갖은 곤란과 기아를 무릅쓰고 기어이 도달하려던 목적지인 북극 땅에 1909년 4월 6일 개가 끄는 썰매를 타고 도착해 전 세계를 경탄과 흥분 속에 휩쓸어 넣었던 탐험가다. 그는 추위와 굶주림으로 거의 죽게 되었고 발가락은 얼어 터져 여덟 개나 잘라버리게 되었으며, 참을 수 없는 고통으로 정신에 이상이 생길 정도였다.

그러나 워싱턴에 있는 그의 해군 선배들은 피어리 제독에 대한 인기와 갈채를 시기해 그를 비난하면서, 피어리 제독이 과학적 탐험을 핑계 삼아 돈을 모아서 '거짓말을 퍼뜨리며 북극 땅에서 노닐고 있다.'라고 말했다. 그들은 아마 마음속으로 피어리 제독의 성공을 믿었을 것이다. 왜냐하면 사람은 자기가 믿고자 하는 것을 믿지 않고서는 못 배기기 때문이다. 그러나 피어리 제독을 모욕하고 방해하려는 그들의 결의가 몹시 강하긴 했지만, 매킨리 대통령의 직접 명령으로 겨우 피어리 제독은 북극에서의 활동을 계속할 수가 있었던 것이다.

피어리 제독이 만일 워싱턴 해군성에서 펜대만 잡고 있었다면 그러한 비난을 받았을 것인가? 아니다. 그는 남의 질투를 살 만큼 중요하지도 않았을 것이다.

당신이 혹시 남에게 비판을 받을 때는, 그것은 종종 당신이 어떠한 성공을 하였기 때문에 당신을 문제 삼을 가치가 있다는 것을 의미하는 것이다. 자기보다 학문이 높고 큰 성공을 거둔 사람을 비난함으로써 야비한 만족감을 느끼는 사람이 의외로 많다.

나는 일찍 늙은 '송곳구멍', 또는 늙은 '지옥귀신' 버틀러라는 별명을 가진 스메들레이 버틀러 소장을 만난 일이 있었다. 그가 누구인지를 당신은 아는가? 그는 일찍이 미국 해병대를 지휘하던, 쾌활하고 호언장담을 잘하던 장군이었다.

그는 나에게 자기가 어렸을 때 인기를 끌려고 무척 애썼으며 누구에게나 좋은 인상을 주려고 노력했다고 말했다. 따라서 그는 당시 대수롭지 않은 비판에도 노여움으로 마음을 태웠다. 그러나 삼십여 년간 해병대에 있는 동안 얼굴 가죽이 꽤 두꺼워졌노라고 고백하며 이렇게 말했다.

"나는 그동안 여러 가지 꾸지람을 들었고 모욕도 당하였으며, 노랑개·독사뱀·스컹크라는 욕설까지도 들었소. 나는 전문가들의 나쁜 비평도 받았을 뿐만 아니라 차마 글로 적지 못할 만큼 흉악한 욕설도 들어왔소. 그러면 내가 그것 때문에 무슨 걱정 근심을 하였느냐고? 천만에! 나는 지금 누가 나를 욕할 때는 어떤 사람이 무슨 말을 하고 있든지 고개도 돌리지 않는다오."

물론 늙은 '송곳구멍'인 버틀러 장군은 남의 비판에 너무 무관심했을지도 모른다. 그러나 한 가지만은 확실하다. 즉 많은 사람들이 자신에 대한 조그마한 조소와 악담을 너무 심각히 생각한다는 그것이다.

나는 몇 해 전에 '뉴욕 선'지의 기자 한 명이 내 성인 교육반에 나왔다가 나와 내 사업을 조롱한 사설을 쓴 것을 보았다. 나는 분개해 그것을 나에 대한 인신공격으로 생각하고 집행위원장인 길 후지스 씨에게 항의 전화를 걸고, 신문 사설을 쓰는 데 남을 조롱하지 말고 사실을 기록해야 한다고 요구하였다. 그리고 나는 거기에 상당한 복수를 하려고 결심했다.

그러나 오늘날 생각해 보면 그때 그 신문을 산 사람들의 절반은 그 기사를 읽지도 않았고 그것을 읽은 절반의 사람들도 그 기사를 한낱 허물없는 장난으로 알았을 뿐이었으며, 또 혹시 그중에 흥미를 느끼고 읽은 사람들도 있었으나 그 사람들 역시 며칠이 안 돼서 그 기사를 잊어버리고 만다는 사실을 뒤늦게 알았다.

나는 사람들이, 결코 당신이나 나나 또는 우리에 대한 남의 말에 그리 관심이 없다는 것을 이제야 알게 되었다. 그들은 모두 아침 식사 전후와 또 그때서부터 잠자리에 들 때까지 자기 자신에 관한 것을 생각하고 있다. 그들은 당신과 내가 죽었다는 소식보다도 자기들의 감기가 몇천 배나 중요하게 생각되는 것이다.

누가 우리에 대해 어떤 거짓말을 하든지, 우리를 조소하고 배반하며 음해하든지, 우리는 절대로 자기 자신을 가엾게 여겨서는 안 된다.

그렇다고 모든 비판을 무시하라고 말하는 것이 아니다. 절대로 그런 것이 아니라, 오직 부당한 비판만을 무시해야 한다는 것이다.

나는 예전에 엘리너 루스벨트 부인에게 부당한 비판을 처리하는 방법을 물은 일이 있었다. 루스벨트 부인이 허다한 비판을 받은 것은 누구나 다 아는 사실이다. 이 부인이야말로 아마 백악관에서 생활한 다른 어떤 부인보다도 열렬한 친구와 맹렬한 적을 한꺼번에 많이 가졌던 장본인이다.

그녀는 나에게 자기가 어렸을 때 거의 병적으로 수줍었다고 말했다. 그녀는 남의 비판을 너무 무서워하였기 때문에 데어도오 루스벨트의 누님에게 '저는 이런 일을 하고 싶은데 남이 뭐라고 할까 봐 겁이 납니다.'라고 말할 정도였다. 그러자 데어도오 루스벨트의 누님은 엘리너 루스벨트의 눈을 한참 들여다본 후, '네 마음에 옳다고 생각되는 한 누가 뭐라고 하든지 절대로 개의치 마라.'라고 말했다. 엘리너 루스벨트는 나에게 그녀의 그 말 한마디가 그 후 백악관에 있는 동안 '지브롤터의 바위와 같은 무게 있는 역할을 했다.'라고 말했다.

그녀는 모든 비판을 피할 수 있는 유명한 방법은 마치 튼튼한 질그릇 같은 인간이 되어 조금도 움직이지 않는 데 있다고 말했다.

"하여간 남의 비판은 있을 것이므로 자기가 옳다고 생각하는 일을 해야 한다. 그렇더라도 욕을 먹을 것이다."

이것이 그녀의 충고였다.

누가 우리에 대해 어떤 거짓말을 하든지, 우리를 조소하고 배반하며 음해하든지, 우리는 절대로 자기 자신을 가엾게 여겨서는 안 된다. 그렇다고 모든 비판을 무시하라고 말하는 것이 아니다. 절대로 그런 것이 아니라, 오직 부당한 비판만을 무시해야 한다는 것이다.

코치의 질문

**이번 장의 내용들을 바탕으로 아래 질문에 스스로 답해보거나,
동료와 대화를 나누어 봅시다.**

① 이번 장에서 마음에 와닿는 내용은 어떤 것들이 있었나요?

② 오늘 자신의 정신적, 육체적 컨디션은 10점 만점에 몇 점이라고 할 수 있나요?

③ 정신적 컨디션을 관리하는 자신의 방법은 무엇인가요?

④ 육체적 컨디션을 관리하는 자신의 방법은 무엇인가요?

⑤ 주로 어떤 상황이 자신에게 스트레스를 주나요?

⑥ 그 상황에서 자신의 머릿속에 떠오르는 생각들은 어떤 것인가요?

⑦ 그 생각들을 어떤 생각으로 바꾸면 스트레스는 줄이고 효과와 효율을 높일 수 있을까요?

⑧ 자신의 일과 삶에서 스트레스는 줄이고 효과와 효율은 높일 수 있는 방법을 5가지 이상 적어 본
다면 어떤 것들이 될 수 있을까요?

⑨ 오늘 당장 무엇부터 하면 좋을까요?

성공적인
대화 기술

맹목적인 찬사는 상대의 능력과 노력을 고무시키기는커녕
반대로 불쾌하게 만든다. 상대가 칭찬이나 격려를 인정하고
기분 좋게 받아들일 수 있을 정도로 해야 한다.

1 대화를 잘하는 기본 공식

대화는 자기 뜻을 적절하고 효과적으로 피력해 원만한 인간관계와 더불어 그 목적을 달성해야 한다. 따라서 대화에는 호소력과 설득력이 있어야 한다. 이제 대화를 잘하는 요령에 관해 설명하기로 한다.

❖❖❖
대화를 시작하는 방법

일반적으로 대화하면서 어떤 목적이나 특정한 화제로 들어가기 전에 대화의 능률을 올리기 위해서는 간단한 인사말이나 자기소개를 하는 것이 좋다. 잘 모르는 상대방과의 대화에서는 대화의 시작을 어떻게 꺼내야 할 것인가가 망설여진다. 그러한 경우 다음의 사항을 실제 대화에서 응용하면 편리하다.

1) 날씨나 기후에 관한 얘기
2) 취미나 기호 등에 관한 얘기
3) 시사성 있는 얘기
4) 일과 직업에 관한 얘기
5) 가족·친구·친척 등 사람에 관한 얘기

6) 건강·질병·의약·치료법 등에 관한 얘기 등을 화제로 시작하면 좋다.

화제 선택의 요령

화제는 말하는 사람이나 듣는 사람 모두에게 적합해야 한다. 따라서 화제를 선택할 때는 사회적 관심도가 높거나 친밀감이 있는 것, 구체적이고 알기 쉬운 것, 상대방의 요구와 필요에 적절한 것이어야 한다. 이러한 화제를 선택하는 요령은 다음과 같다.

◆ 목적에 맞는 화제를 선택해야 한다.

아무리 좋은 내용의 화제라도 목적에 맞지 않는 것은 유용성이 없다. 화제의 선택에서 가장 중요한 것은 대화의 목적에 맞는 화제를 선택해야 한다는 것이다.

◆ 구체적인 내용이어야 한다.

화제는 구체적이고 명확해야 대화의 목적을 효과적으로 달성할 수 있다. 추상적이고 모호한 화제는 상대방이 관심을 끌지 못할뿐더러 분명한 대답을 기대하기 힘들다.

◆ 생활과 밀접한 관계가 있는 얘기를 화제로 삼아야 한다.

일상생활에서 항상 듣고 보는 얘기나 현실 생활과 밀접한 관련이 있는 얘기를 화제로 삼으면 듣는 사람의 관심은 물론 친밀감을 높여 준다.

◆ 시사성 있는 문제

진부하거나 구태의연한 얘기는 지루하고 흥미가 없다. 누구나 새로운 문제, 새로운 변화에 관해서 관심과 흥미를 갖는다.

◆ 경험에 관한 얘기

경험을 화제로 삼으면 듣는 사람은 신뢰와 관심을 갖게 되고 말하는 사람은 자신 있게 말할 수 있다.

◆ 스릴이 있는 화제

사람은 누구나 평범하고 일상적인 화제보다는 돌발적이고 아슬아슬한 변화와 손에 땀을 쥐게 하는 모험에 관심과 흥미를 느낀다.

◆ 실현 가능한 화제

화제의 선택에 있어서 실현성은 대단히 중요하다. 허황한 공상이나 현실 생활과 거리가 먼 발상은 아무리 좋은 아이디어라도 상대의 관심을 끌지 못한다. 효과적으로 대화를 성공시키려면 비록 쉽지는 않더라도 노력하면 반드시 실현될 수 있는 것을 화제로 선택해야 한다.

◆ 욕망에 호소하는 화제

상대방의 욕망이 무엇인가를 잘 분석해 그것에 화제의 초점을 맞춘다면 큰 효과를 얻을 수 있다. 인간은 욕망을 충족시키기 위해 노력하고 있다. 이러한 인간 행동의 원동력인 욕망에 호소하는 화제를 선택하면 대화의 목적을 달성할 수 있다.

✤✤✤
대화 시 주의사항

◆ 음식점이나 식탁에서 불쾌하거나 불결한 얘기를 해서는 안 된다.

◆ 음식을 앞에 두고 맛에 불평해서는 안 된다.

◆ 공적인 모임에서는 개인적 화제나 사사로운 화제를 얘기해서는 안 된다.

◆ 자기 자신의 얘기에만 열을 올려서는 안 된다. 듣는 이로 하여금 거부감을 느끼게 하거나 지루한 느낌을 준다.

◆ 윗사람과 대화를 할 때는 설교나 교훈적인 얘기는 하지 말아야 한다.

◆ 때와 장소에 어울리지 않는 화제는 삼가야 한다.

◆ 당사자 이외에 다른 사람이 함께 한 자리에서는 상대방을 꾸짖거나 화내면 안 된다.

✤✤✤
대화의 원리

효과적으로 의사표현을 하는 데는 어떤 원리나 법칙이 있는지 많은 사람이 세련되고 훌륭하게 말하는 방법을 터득하기 위해 노력한다. 다음의 몇 가지 사항을 연습해서 실천하면 여러분도 말을 잘할 수 있을 것이다.

첫째, 중요한 부분은 억양을 강하게 하자.

표현이 서툰 사람들은 말의 억양이나 속도에 변화가 없이 단조롭고 처음부터 끝까지 강한 억양으로 소리를 지르는 사람이다.

둘째, 단순히 목소리만을 내지 말고, 말하려는 내용을 상상하면서 감정이 깃든 목소리로 성의를 가지고 말하자.

셋째, 거리에 따라 음성의 크기를 조절해야 한다.
회화에 있어서 원근법이 입체적 표현의 시각적 효과를 나타내는 것처럼 대화에서도 상대방과의 거리에 따라 목소리 크기를 조절할 필요가 있다.

2 매력적인 대화법

대화의 목적은 단순한 의사 표현이나 의사전달의 수단을 얻는 것이 아니라 대화를 통해서 사람됨을 형성하고 인간관계를 맺는 것을 의미한다. 그러므로 한 사람의 대화가 빈약한지, 풍부한지, 애매한지, 분명한지, 정리되어 있는지에 따라서 그 사람의 인격·실력·사상·감정·인간성 등이 평가된다. 왜냐하면 사람은 대화를 통해 마음속에 있는 것을 표현하기 때문이다.

내용이 제아무리 알차고 훌륭해도 깨뜨려보지 않고서는 알 수 없듯이 인간이란 존재는 곧 그 사람의 언어로밖에 판단할 수가 없다. 정확한 어휘 구사, 요령 있는 언어 표현, 사람의 마음을 끌어당기는 언어는 상황에 따른 사용법을 알아야 성공할 수 있다.

❖❖❖

화법을 연습해야 한다

화법은 대인관계의 성패를 가름할 수도 있으며, 그것은 궁극적으로 인생의 성패를 가름할 수 있는 중요한 것이다. 그러므로 성공하기 위해서는 말하는 법을 배우고 연습을 할 필요가 있다.

고대 그리스의 웅변가 데모스테네스가 그 대표적인 예이다. 처음에 그의 음성은 거칠고 품위가 없었으며 발음도 불명료했다. 그러나 그는 자신의 결점을 깨닫고 강한 의지와 노력으로 대화법을 익혀 사람을 감동시키는 웅변을 터득했다.

그러면 좋은 화법을 구사하기 위해서는 어떻게 해야 하는가.

첫째, 발음을 정확히 해야 한다. 말끝을 얼버무리거나 말마디를 잇달아 발음하지 말고 띄어 말하기를 연습해야 한다.

둘째, 적당한 음성과 억양에 주의해야 한다. 그것은 말의 의미를 상대에게 전달하는 데 중요한 관건이 된다.

셋째, 좋은 어휘를 선택해야 한다. 언어란 누구나 쉽게 이해하면서도 여러 가지 의미가 함축된 것을 골라 사용하면 좋다. 그러므로 의사소통이 원활한 어휘를 골라야 하며, 이 선택된 어휘에 감정을 실어야 한다.

넷째, 묘사적인 언어를 선택해 말하는 연습을 하자. 그러면 점차 세련된 화법을 지니게 된다. 묘사적인 언어는 다음을 참조하면 된다.

① 숫자의 마력을 이용하자

대화 속에 삽입되는 수의 마술은 대단한 힘을 지닌다. 보통 사람들은 숫자에 대한 관념이 희박하며 숫자를 실감하지 못하고 살아가는 것이 사실이다.

숫자를 무시할 수 없다는 것은 잠재적으로 인정하면서도 숫자가 생활화되어 있지 않다. 특히 통계 숫자는 믿을 수도 믿지 않을 수도 없는 마력을 지니고 있다. 그러면서도 사회에서 가장 신뢰받는 정보는 숫자 정보이다.

따라서 대화하면서 통계 숫자를 잘 섞어서 활용하면 원만한 대화로 성공시킬 수 있다. 즉 얘기 자체에 흥미를 끌고 숫자의 힘으로 신뢰할 수 있게 만드는 것이다.

② 말의 순서를 뒤바꾸어 보자

말의 순서를 뒤바꾸면 강한 인상을 얻게 된다. 우리가 일상에서 사용하는 말도 단어의 순서를 뒤바꾸어 놓으면 보편적인 고정관념을 벗어나 강한 인상을 준다.

고정관념을 탈피하면 새로운 감동을 얻을 수 있는 신선함을 발휘할 수가 있다.

③ 시각적 언어를 사용하자

말을 들으면 동작적인 영상이 떠오를 수 있는 시각적 언어를 대화 속에 많이 포함하면 강한 이미지를 남긴다.

사람은 언어를 전달하고 받아들이는 데 동작의 보조를 받는다. 내용을 충실하게 전달하기 위해서는 언어를 동작과 얼마만큼 조화시키느냐가 중요하다.

④ 짧게 말하자

촌철살인寸鐵殺人이라는 말이 있다. 이것은 아주 짤막한 한마디 말로써 사람을 감동하게 하는 것을 말한다. 대화에서도 무수히 많은 말 중에서 화제에 벗어나지 않고 핵심을 찌르는 짧은 말일수록 강한 인상을 준다.

대개는 한 가지 한 가지를 수식해 나열해야만 쉽게 이해가 될 것이라는 생각에 말을 길게 한다. 그러나 장식이 많고 화려한 것일수록 실제 전달된 말의 내용은 충실하지 못한 경우가 많다.

상대의 마음에 강한 암시와 지워지지 않는 말은 아주 짧으면서도 정곡을 찌르는 말이다.

짧으면서도 핵심을 찌르는 말을 하는 방법을 배워야 한다.

❖❖❖
상대방을 설득하기 위한 대화법

복잡한 인간관계를 조화 있게 융화시켜 나가는 설득의 자세는 친교와 교제에 있어서 필수적이다. 상대를 자기가 의도한 대로 설득하고 회유할 수 있는 사람은 지혜롭고 성공할 수 있는 사람이다. 그러면 설득과 유도를 어떻게 해야 지혜롭게 할 수 있는가?

① 친근감 있고 부드러운 어조로 말하자

상대방을 설득하면서 상대에게 상처를 주거나 비난하는 투로 말해서는 안 된다. 꾸짖고 야단치고 싶은 충동이 일더라도 뒷일을 생각하고 고려해 자제하는 자세가 필요하다. 상대를 정답고 부드러운 말투로 감싸주면서 감정에 호소해야 한다. 그러면 반드시 기대 이상의 효과를 얻을 수 있다. 설령 조직사회에서의 유기적인 질서를 위해 꾸짖고 힐책할 경우가 생기더라도 섣부른 꾸짖음으로 역효과가 발생할 경우를 고려해 상대의 마음에 상처가 남지 않도록 배려해야 한다.

② 진실한 감정에 호소하자

상대방의 감정에 공감해 같은 입장이 되어 보는 것이 설득의 기본적 태도이다. 보통 상대가 이론으로 반박하면, 이론으로써 상대를 설득하려 하지만 실제는 감정적인 이해가 앞서지 않고서는 설득의 효과를 기대하기

어렵다.

대인관계에서 획기적인 성공을 얻지 못한 사람들의 얘기를 종합해 보면 대부분 이론적으로 설득을 폈을 뿐이다.

설득을 위한 대화가 효과를 거두지 못하는 원인은 상대의 미묘한 감정의 흐름을 이해하지 못하는 데 있다.

③ 견해가 대립하였을 때는 먼저 자신의 잘못을 시인하자

서로의 감정이 강하게 대립하였을 때는 먼저 자신의 잘못을 인정하는 태도를 보이고 상대의 감정에 호소해야 한다.

서로가 자기 입장에만 신경을 쓴 나머지 어느 한쪽도 양보하지 않거나 먼저 잘못을 시인하지 않는다면 설득은 기대할 수 없다.

④ 같은 입장에서 관심을 가지도록 유도해야 한다

상대를 설득시키려면 우선 상대를 자기의 관심사에 집중시켜 같은 입장에서 관심을 가지도록 유도해야 한다.

상대의 입장과 내 입장이 동등한 것임을 강조하고 내 입장에서 보면 여러분도 이해할 것이라는 설득은 가장 효과적인 테크닉이다.

인간은 이해와 협력의 심리가 작용하게 되면 다른 어떤 욕망의 힘보다도 강하다. 상대에게 자기 헌신의 기회를 줄 수 있도록 솔직하게 협조를 바랄 수 있는 설득자는 성공의 지름길을 가는 사람이다.

⑤ 반박할 마음의 여유를 주어서는 안 된다

설득이 꼭 필요해서 대화할 때 상대방은 듣기가 싫어지므로 그때의 설득은 항상 고도의 테크닉을 필요로 한다. 이럴 때 상대방은 자기의 입장을 내세워 변명만 하려고 할 것이다. 그러나 상대의 변명을 듣다 보면 설득하고자 하는 자신의 결심이 자꾸만 힘을 잃게 되고 결국은 상대의 변명을 듣기에만 급급해진다.

따라서 설득을 필요로 할 때는 상대가 자기의 입장을 변명할 시간도, 생각할 여유도 주어서는 안 된다. 처음부터 끝까지 조리 있게 지속해서 상대를 휘어잡아서 자기의 페이스 속으로 상대를 붙들어 매야 한다.

따라서 설득의 말은 짧으면서도 상대에게 반박할 여유를 주지 않는 적극적인 표현을 써야 한다.

⑥ 자기 자랑을 하게 해야 한다

설득의 효과를 달성하려면 먼저 상대방에게 충분히 말하도록 한다. 상대방의 얘기 속에 잘못이 있거나 반대하고 싶은 충동이 일어나도 우선 참도록 해야 한다. 그리고 상대에게 자기 자랑을 하게 만드는 재치가 설득의 확률을 높인다.

인간은 누구나 상대보다 많이 뛰어나 있을 때는 자신감이 생겨 우월한 기분에 잠기게 되므로 이런 순간을 포착해 설득하면 쉽게 그 효과를 이룰 수 있다.

그러므로 상대에게 우월감을 인정해 주고, 충분히 자랑하게 만든 후 설득의 말문을 열면 결과는 절대적인 것이 된다.

❖❖❖
효과적인 설득법

① 경쟁 심리를 자극해야 한다

인간은 경쟁의 욕구가 있고 또 경쟁 심리가 작용해 승리하고자 하는 집념이 생긴다. 상대의 능력을 신장시키기 위해서는 경쟁 심리를 자극해 의

욕을 불러일으켜야 한다.

② 감각적인 언어를 사용해야 한다

대화의 묘미는 자신의 감각을 상대방의 감각에 접촉시켜 전달하는 데 있다. 감각이 풍부한 젊은 층의 사람들이 감각을 자극하는 말에 익숙하듯이 감각적 언어를 적절히 구사할 줄 아는 사람은 대화의 성공적 효과를 거둘 수 있다.

이성적인 것보다 감정이 앞서는 것은 인간의 속성이다. 더욱 친밀한 관계로 이끌기 위해서는 감각적 언어의 활용이 큰 효과를 가져다준다.

③ 말과 표정을 일치시켜야 한다

말과 표정을 일치시키면 상대방에게 신뢰와 친근감을 준다. 말에는 진실성이 담겨 있어야 하며 무관심하고 무덤덤하면 상대에게 호감을 줄 수 없다.

대화 속에 진실성이 어느 정도인지를 짐작할 수 있는 척도는 말하는 태도와 표정에 달려 있다.

말과 표정이 다른 얘기는 상대의 의심을 사게 될 여지가 있다. 그러므로 자연스러운 표정과 몸짓 등 대화의 내용에 어울리는 태도는 상대의 마음을 쉽게 붙잡을 수 있다.

④ 공명심을 자극해야 한다

상대에게 협조나 동의를 얻고자 한다면 상대의 공명심을 자극해 마음을 사로잡아야 한다. 인간은 명분을 내세운 말에는 약하다. 명분은 항상 인간들에게 희망적인 꿈을 갖게 하고 공명심을 자극해 새로운 체계를 열망하게 만드는 힘을 가지고 있다. 그것은 도전적이고 용기가 있어야 하는 사람에겐 기폭제가 된다.

어떠한 문제라도 그럴듯한 명분을 내세워 상대를 매혹시키면 쉽게 협조를 얻을 수 있다.

⑤ 긍정의 답을 선택하도록 유도해야 한다

세일즈맨이 상품을 들고 모 회사를 방문한다. 사장은 세일즈맨이 열심히 제품을 소개하는 말을 듣는 둥 마는 둥 하고 있다가 '그럼 어느 것으로 할까요.' 하는 물음에 얼떨결에 대답을 해 생각에도 없던 상품을 사고 말았다.

협력과 목적을 달성하기 위해서는 상대방이 거절하지 못하고 선택하도록 해야 한다.

상대가 거절할 것이라는 전제를 가지고 묻지 말고, 상대가 협력해줄 것을 전제로 하는 질문을 해야 한다.

가령 바쁘다는 핑계로 만나기를 거절하는 사람에게는 '시간 좀 내주십시오.'라기보다는 '몇 시에 만나는 게 좋을까요.'라고 묻는 것이 바로 그것이다. Yes냐 No냐를 선택해야 한다고 하여 상대의 회피심리를 막는 것이다. 상대의 협력과 동의를 구하려면 회피할 수 있는, 즉 거절할 수 있는 여지를 최대한 줄여야 한다.

⑥ 맞장구를 쳐야 한다

대화를 잘하기 위해서는 상대방이 지닌 정보를 더 많이 얻어내고, 상대방의 의도를 알아내야 한다. 따라서 상대가 말문을 열었을 때 지속해서 자기의 정보를 이쪽의 의도대로 털어놓을 수 있도록 노력해야 한다. 즉 상대가 말을 쉽게 할 수 있도록 맞장구를 치라는 것이다. 그러면 상대방은 이러한 심리적 배려에 감사하여 자기가 하고 싶은 얘기를 다 하게 된다.

상대의 말에 맞장구를 쳐주면 한마디의 말로 백 마디 이상의 효과를 거둘 수 있다. 서로의 인격이 존중되고 있다는 의식의 공감대가 이루어지면서 얘기하기를 꺼리던 상대도 허심탄회하게 자기를 표현할 것이다.

⑦ 동류의식을 자극해야 한다

상대를 설득하는 데는 같은 분야, 같은 지역, 같은 성격 등을 지니고 있다는 동류의식을 강조하면 의외로 설득 효과가 크다.

가족애, 동포애, 조국애 등은 모두 동류의식에서 나온다. 대인관계에서도 마찬가지이다. 비록 같은 집단 내의 사람이 아니라는 외형적 전제가 따를 때라도 이와 같은 인상을 상대에게 심어주는 노력은 설득에 있어서 성공하기 쉽다.

⑧ 지나친 칭찬은 삼가해야 한다

누구나 자기의 장점을 인정해 주고 추켜세워 주면 행복한 기분에 사로잡히게 된다. 그러나 그 정도가 지나치면 아첨이나 아부하는 것같이 들리며, 나아가 불안한 기분에 사로잡히게 된다. 또한 상대의 진심을 의심하게 되고 결국 심리적 불신을 갖게 된다.

아울러 맹목적인 찬사는 상대의 능력과 노력을 고무시키기는커녕 오히려 불쾌하게 만든다. 상대가 칭찬이나 격려를 인정하고 기분 좋게 받아들일 수 있을 정도로 해야 한다.

❖❖❖
세일즈 대화법

세일즈맨에 있어서의 대화는 상품의 내용 이상의 영향력을 발휘해 판매와 직결된다. 대화의 방법이 세련되지 못한 세일즈맨은 고객의 흥미를 끌지 못함은 당연하다.

그러면 어떤 방법으로 대화를 해야 하는가?

① 열의와 개성이 있어야 한다

서투른 말의 내용이라도 얘기에 진실성이 있고 박력이 있으면 구매자의 마음을 끈다. 아무리 세련되고 능숙한 말을 해도 열의가 없으면 인정받지 못한다.

그리고 누구나 세일즈맨이라면 연상할 수 있는 상투적인 얘기는 결코 고객을 사로잡지 못한다. 따라서 독특한 분위기를 풍기며 신선하고 흥미롭게 대화를 전개해 나가야 한다.

② 질문을 많이 해야 한다

판매를 권유하기 전에 우선 고객이 마음의 문을 열도록 질문을 많이 해야 한다. 처음부터 물건 판매를 권유하면 고객은 흥미를 느끼기 전에 이질감을 느껴 회피하려고 한다.

고객의 구매심리를 자극해 구매의 충동을 불러일으키려면 먼저 인간적인 관심으로 고객의 마음을 사로잡아야 한다. 그리하여 상대방의 거부심리를 무산시켜 버리거나 억제해야 한다.

③ 새롭다는 이미지를 강조해야 한다

새로운 것은 언제나 주목을 받게 마련이다. 새롭다는 말은 상품에 있어서 가장 중요한 이미지 메이킹이다.

고객들은 새로 나왔다는 호기심에 마음이 끌린다. 고객의 흥미를 돋우는 데 내용만으로 설득하고자 하는 것은 무리다.

무엇보다 새롭게 탄생했다는 신선감을 부각시켜야 한다. '새로운 기술', '새로운 맛', '뉴 비즈니스', '새롭고 산뜻한 상품'이란 말들은 모두 고객의 호기심을 일으키기에 충분하다.

④ 필요성을 자극해야 한다.

아무리 값싼 물건이라도 필요하지 않으면 사지 않는다는 것이 기본적 상식이다. 반면에 '꼭 필요한 것'은 누구라도 외면하지 않는다.

유능한 세일즈맨은 고객의 잠재적 '필요심리'를 발견하고 눈뜨게 하는 사람이다. 어떤 상품이라도 고객에게 필요의 가치가 있다는 것을 주지시키면 관심을 끌 수 있다.

따라서 세일즈맨은 자기가 팔고 있는 상품에 대해 어떤 효용가치를 지니고 있는지, 그것이 고객에게 어떻게 도움을 주는지 전문가적 입장에서 상세히 설명하고 필요심리를 자극할 수 있는 분위기를 조성해야 한다.

데일 카네기와 함께한 인간관계론 수업이 어떠셨나요?
이제 수업을 마치고 새로운 인간관계와 미래를 향해 나아가는 자신에게
아래 질문을 하고 스스로 답해봅시다.

① 자신의 인간관계 능력을 10점 만점으로 표현해본다면, 현재의 자신은 몇 점 정도라고 생각되나요?

② 책을 읽기 전에는 몇 점이었나요?

③ 점수가 올라가는 데에 도움이 된 책의 내용, 질문 및 행동이 있다면 어떤 것들이 있나요?

④ 앞으로 인간관계 능력을 더 개발하기 위한 10가지 방안을 적어 본다면 어떤 것들이 있을까요?

⑤ 앞으로 자신의 계발과 성장을 위해 어떤 것들을 더 배우면 좋을까요?

⑥ 어떤 사람이나 책, 교육이 도움이 될까요?

⑦ 오늘 당장 무엇부터 하면 좋을까요?